# LES HALLUCINATIONS

## TÉLÉPATHIQUES

# LIBRAIRIE FÉLIX ALCAN

BRIERRE DE BOISMONT. **Des Hallucinations**, ou Histoire raisonnée des apparitions, des visions, des songes, de l'extase, du magnétisme et du somnambulisme. 3e édit. très augmentée. 1 vol. in-8. 7 fr.

BERTRAND. **Traité du Somnambulisme**. 1 vol. in-8. 7 fr.

BINET. **La Psychologie du raisonnement**, étude expérimentale par l'hypnotisme. 1 vol. in-18. 2 fr. 50

BINET. **Les Altérations de la personnalité**. 1892. 1 vol. in-8 cart. 6 fr.

BINET et FÉRÉ. **Le Magnétisme animal**. 3e édit., 1890. 1 vol. in-8 avec fig. Cartonné. (Bibliothèque scientifique internationale). 6 fr.

DUPOTET. **Traité complet du magnétisme**, cours en douze leçons. 4e édit. 1 vol. in-8. 8 fr.

— **Manuel de l'étudiant magnétiseur**, ou Nouvelle instruction pratique sur le magnétisme, fondée sur *trente années* d'expériences et d'observations. 5e édit. 1 vol. gr. in-18. 3 fr. 50

GAUTHIER. **Histoire du somnambulisme connu chez tous les peuples** sous les noms divers d'extases, songes, oracles, visions. 2 vol. in-8. 10 fr.

JANET (Pierre). **L'Automatisme psychologique**. Essai sur les formes inférieures de l'activité humaine. 1 vol. in-8. 1889. 7 fr. 50

LAFONTAINE. **L'Art de magnétiser**, ou le magnétisme vital considéré au point de vue théorique, pratique et thérapeutique. 6e édit., 1890. 1 vol. in-8. 5 fr.

PHILIPS (J.-P.). **Cours théorique et pratique de braidisme**, ou hypnotisme nerveux, considéré dans ses rapports avec la psychologie, la physiologie et la pathologie, et dans ses applications à la médecine, à la chirurgie, à la physiologie expérimentale, à la médecine légale et à l'éducation. 1 vol. in-8. 3 fr. 50

---

**Annales des Sciences psychiques.** *Recueil d'observations et d'expériences* dirigées par le D<sup>r</sup> DARIEX. — Deuxième année, 1892.

Les *Annales des Sciences psychiques*, dont le plan et le but sont tout à fait nouveaux, paraissent tous les deux mois depuis le 15 janvier 1891. Chaque livraison forme un cahier de quatre feuilles in-8 carré, de 64 pages, renfermé sous une couverture.

Elles rapportent, avec force preuves à l'appui, toutes les observations sérieuses qui leur sont adressées, relativement aux faits soi-disant occultes, de **télépathie**, de **lucidité**, de **pressentiments**, de **mouvements d'objets**, **d'apparitions objectives**.

En dehors de ces recueils de faits, sont publiés des documents et discussions sur les *bonnes conditions pour observer et expérimenter*, des *analyses*, des *bibliographies*, des *critiques*, etc.

---

Abonnements, un an, du 15 janvier, 12 francs ; la livraison, 2 fr. 50

---

On s'abonne sans frais chez l'éditeur FÉLIX ALCAN, chez tous les libraires, et dans les bureaux de poste de la France et de l'étranger.

# LES
# HALLUCINATIONS
## TÉLÉPATHIQUES

PAR MM.

**GURNEY, MYERS ET PODMORE**

TRADUIT ET ABRÉGÉ

DES

*PHANTASMS OF THE LIVING*

Par L. MARILLIER

Maître de conférences à l'École des Hautes-Études

AVEC UNE PRÉFACE DE M. CHARLES RICHET

DEUXIÈME ÉDITION REVUE

PARIS

ANCIENNE LIBRAIRIE GERMER BAILLIÈRE ET C$^{ie}$
FÉLIX ALCAN, ÉDITEUR
108, BOULEVARD SAINT-GERMAIN, 108

1892

Tous droits réservés.

# PRÉFACE

Voici un livre de science qui ne rentre pas dans les cadres classiques. Tout y est nouveau, le but et la méthode. C'est donc une tentative extrêmement hardie, qui mérite la profonde attention du public.

Pour ma part, je crois cette hardiesse absolument légitime, et je vais essayer de la justifier.

Certes, nous avons le droit d'être fiers de notre science de 1890. En comparant ce que nous savons aujourd'hui à ce que savaient nos ancêtres de 1490, nous admirerons la marche conquérante que l'homme a faite en quatre siècles. Quatre siècles ont suffi pour créer des sciences qui n'existaient pas, même de nom, depuis l'astronomie et la mécanique jusqu'à la chimie et la physiologie. Mais qu'est-ce que quatre siècles, au prix de l'avenir qui s'ouvre à l'homme? Est-il permis de supposer que nous ayons, en si peu de temps, épuisé tout ce que nous pouvons apprendre? Est-ce que dans quatre siècles, en 2290, nos arrière-petits-neveux ne seront pas stupéfaits encore de notre ignorance d'aujourd'hui? et plus stupéfaits encore de notre présomption à nier sans examen ce que nous ne comprenons pas?

Oui! notre science est trop jeune pour avoir le droit d'être absolue dans les négations; il est absurde de dire: « Nous n'irons pas plus loin. Voici des faits que l'homme n'expliquera jamais. Voici des phénomènes qui sont absurdes et qu'il ne faut pas même chercher à comprendre, car ils dépassent les bornes de notre connaissance. » Parler ainsi, c'est se limiter au petit nombre des lois déjà établies et des faits déjà connus; c'est se condamner à l'inaction, c'est nier le progrès, c'est se refuser d'avance à une de ces découvertes fondamentales qui, ouvrant une voie inconnue, créent un monde nouveau; c'est faire succéder la routine au progrès.

En Asie, un très grand peuple est resté stationnaire depuis trente siècles pour avoir raisonné ainsi. Il y a en Chine des mandarins, très doctes, très érudits, qui passent des examens prodigieusement difficiles et compliqués, où ils doivent faire preuve d'une connaissance approfondie des vérités enseignées par Confucius et ses disciples. Mais ils ne songent pas à aller au delà ou en avant. Ils ne sortent pas de Confucius. C'est leur horizon tout entier, et ils sont à ce point abêtis qu'ils ne comprennent pas qu'il en existe d'autres.

Eh bien, dans nos civilisations, plus amies du progrès, il règne une sorte d'esprit analogue ; nous sommes tous, plus ou moins, semblables aux mandarins ; nous voudrions enfermer dans nos livres classiques le cycle de nos connaissances, avec défense d'en sortir. On révère la science, on lui rend, non sans raison, les plus grands honneurs ; mais on ne lui permet guère de s'écarter de la voie battue, de l'ornière tracée par les maîtres, de sorte qu'une vérité nouvelle court grand risque d'être traitée d'antiscientifique.

Et cependant il y a des vérités nouvelles, et, quelque étranges qu'elles paraissent à notre routine, elles seront un jour scientifiquement démontrées. Cela n'est pas douteux. Il est mille fois certain que nous passons, sans les voir, à côté de phénomènes qui sont éclatants et que nous ne savons ni observer ni provoquer. Les hallucinations véridiques, qui sont le principal objet de ce livre, rentrent probablement dans ces phénomènes ; difficiles à voir, parce que notre attention ne s'y est pas suffisamment portée, et difficiles à admettre, parce que nous avons peur de ce qui est nouveau, parce que la néophobie gouverne les civilisations anciennes et brillantes ; parce que nous ne voulons pas être dérangés dans notre paresseuse quiétude par une révolution scientifique qui troublerait les idées banales et les données officielles.

Donc, dans l'étude des hallucitations véridiques, MM. Gurney, Meyers et Podmore — et une part prépondérante doit être faite à M. Ed. Gurney (1), dont la mort prématurée a été une perte

---

(1) M. E. Gurney a seul rédigé le corps de l'ouvrage ; l'introduction seule est due à M. F. Myers. N. D. T.

irréparable (1) — ont cherché à concilier ce qui est en apparence inconciliable ; d'une part, une précision rigoureuse dans la démonstration ; d'autre part, une audace extraordinaire dans l'hypothèse. C'est pourquoi l'ouvrage est vraiment scientifique, si extraordinaire que puisse paraître la conclusion aux yeux de ceux qui s'attribuent le monopole de l'esprit scientifique.

Supposons qu'il s'agisse de démontrer qu'il est certaines hallucinations, lesquelles, au lieu d'être dues au hasard de l'imagination, présentent un rapport étroit avec un fait réel, éloigné, impossible à connaître par le secours de nos sens normaux (2) : comment pourrait-on procéder à cette démonstration ? Je ne vois guère que trois moyens : 1° le raisonnement, 2° l'observation, 3° l'expérience.

Eh bien, prenons ces trois moyens successivement, et voyons ce qu'ils valent les uns et les autres.

Le raisonnement est insuffisant, cela est clair. Jamais par $A \times B$ on ne pourra prouver qu'il y a de par le monde des revenants ou des fantômes. A vrai dire, on sera tout aussi mal fondé à prouver par le raisonnement la négative. Raisonnements, déductions, syllogismes, paralogismes, calcul des probabilités ou calcul intégral, tout cet appareil sera inefficace à prouver qu'il y a des revenants ou qu'il n'y en a pas. C'est du verbiage, et il faut passer à une autre preuve.

L'observation est une ressource précieuse ; mais cette observation a un caractère empirique, fortuit, qui ne permet pas une démonstration absolument irréfutable. Toutefois, à force de patience et de persévérance, certains cas bien complets, bien démonstratifs, qu'on lira plus loin, ont été recueillis, qui constituent des faits positifs. L'interprétation en est évidemment très délicate ; mais, à mon sens, il n'est pas permis d'invoquer la

(1) M. Ed. Gurney était un psychologue aussi érudit qu'ingénieux. Il a fait un travail remarquable de psychologie physiologique : *The Power of sound*. Ses recherches sur l'hypnotisme témoignent d'une perspicacité pénétrante et rare, et je ne crois pas être désagréable à ses collaborateurs en disant que la part qu'il a prise au plan comme à l'exécution des *Phantasms of the Living* a été considérable.

(2) Pour prendre un exemple précis, A, étant dans l'Inde, voit, le 12 janvier, à huit heures du soir, l'ombre, le fantôme de son frère B, qui est en Angleterre et qu'il a tout lieu de savoir bien portant, et ne courant aucun danger. Or, B est précisément mort d'accident, le 12 janvier, quelques heures auparavant, ce qu'A ne peut savoir. Donc l'hallucination de A est véridique, en rapport avec la mort de B qui est réelle.

mauvaise foi des observateurs ou la possibilité d'un coïncidence fortuite.

Alors la conclusion s'impose. Il y a une relation entre l'hallucination de A et la mort de B, relation qui nous échappe absolument et que nous devons nous borner à constater. Faisons-la franchement, résolument, et concluons qu'il y a un lien entre les deux phénomènes.

A vrai dire, cette observation est une donnée empirique. Elle ne se produit pas comme nous le désirons. C'est un fait, ce n'est pas une loi, c'est un phénomène entrevu, ce n'est pas un phénomène étudié. C'est à peu près ainsi qu'avant Franklin et Galvani, on connaissait l'électricité! On savait que les maisons, les meules, les hommes sont frappés par la foudre du ciel, mais on se bornait à constater les effets destructifs de l'éclair. On ne connaissait ni les conditions de l'étincelle électrique, ni les causes qui la faisaient naître. En un mot, c'était un grossier empirisme; car les sciences d'observation ne peuvent guère dépasser l'empirisme.

Toutefois, plusieurs observations rapportées dans ce livre sont si bien prises, si complètes, qu'il est difficile de ne pas se sentir ébranlé par de pareilles preuves.

Si l'on me permettait de citer mon propre exemple, je pourrais parler des impressions successives par lesquelles j'ai passé en lisant certains des récits exposés dans les *Phantasms of the Living*. Je n'ai pas abordé cette lecture sans une incrédulité railleuse; mais peu à peu, comme je n'avais aucun fétichisme pour la science dite officielle, j'ai fini par acquérir la conviction que la plupart de ces récits étaient sincères; que les précautions multiples, nécessaires pour assurer par des témoignages exacts l'authenticité du fait, avaient été prises, et que, si extraordinaire que fût la conclusion, on ne pouvait se refuser à l'admettre.

Mais — c'est là le défaut des sciences qui reposent sur l'empirisme et non sur l'expérience — la conviction que donnent de pareils récits est fragile. Quand il s'agit d'un fait qui peut être à chaque minute vérifié, comme la composition centésimale de l'eau en hydrogène et en oxygène, il n'y a pas de place pour le doute ni l'hésitation. La composition de l'eau est un fait d'une certitude absolue, tandis que l'authenticité et la bonne observation d'une hallucination sont d'une certitude relative et imparfaite.

Peu importe cependant: car, à moins de refuser toute valeur au témoignage humain, ces histoires sont vraies et exactes. Le long et patient travail de MM. Gurney, Myers et Podmore a consisté précisément dans la collection de témoignages, la vérification des faits allégués, la constatation des dates, des heures et des lieux, par des documents officiels. On devine quelle immense correspondance cette précision a exigé. Pourtant il ne faut pas regretter tant d'efforts, car le résultat a été excellent. Des faits bien exacts, indiscutables, ont été rapportés. En un mot, autant que la preuve pouvait être faite par des témoignages, cette preuve a été faite ; et si la certitude n'est pas plus grande, c'est qu'elle ne pouvait l'être davantage, à cause de la méthode même qui n'est pas capable d'une aussi grande perfection, d'une précision aussi irréprochable que l'expérimentation.

Voyons alors ce que donne en pareille matière l'expérimentation. Eh bien, je ne crains pas de l'avouer, c'est assez peu de chose. Malgré tous nos efforts, nous n'avons pu, ni les uns ni les autres, démontrer rigoureusement qu'il y a suggestion mentale, transmission de la pensée, lucidité, sommeil à distance. La démonstration adéquate nous échappe ; car, si nous l'avions, elle serait si éclatante qu'elle ne laisserait pas un incrédule. Hélas ! les démonstrations expérimentales sont assez faibles pour qu'il soit bien permis d'être incrédule. Certes, par ci par là on a rencontré de très beaux résultats, que pour ma part je regarde comme très probants, sans prétendre qu'ils sont définitifs. Les alchimistes parlaient avec envie de la dernière expérience, *experimentum crucis*, qu'ils méditaient comme couronnement de leurs efforts. Eh bien, cet *experimentum crucis*, personne n'a pu encore le produire. Il y a eu de remarquables expériences, des tentatives qui ont *presque* réussi, mais qui, malgré leur succès, ont toujours laissé une certaine place au scepticisme et à l'incrédulité, comme un *caput mortuum*, suivant l'expression des alchimistes, qui permet le doute et empêche l'entraînement absolu de la conviction.

En parlant ainsi, je ne veux pas à coup sûr déprécier les résultats qui ont été obtenus, résultats très importants, et qui entraîneraient l'absolue conviction de tous, si nous étions les maîtres de les produire de nouveau à notre gré, et de les recommencer aussi souvent qu'il nous plairait avec la certitude de réussir comme précédemment et suivant les mêmes errements. Ce qui rend les démonstrations expérimentales fragiles, ce n'est pas qu'elles soient mauvaises — il y en a d'excellentes qu'on trouvera dans le cours de ce livre, — c'est qu'elles ne sont pas répétables, ce qui se comprend si l'on songe à l'infinie variété des intelligences humaines qui se modifient elles-mêmes à chaque seconde suivant des lois mystérieuses qui nous sont absolument fermées.

Assurément c'est grand dommage, car la démonstration expérimentale, quand elle sera donnée — et je ne doute pas qu'elle le soit bientôt — a cet avantage de ne plus laisser le moindre refuge à l'hésitation. Le jour où on aura fourni une preuve expérimentale de la télépathie, la télépathie ne sera plus discutée, et elle sera admise comme un phénomène naturel, aussi évident que la rotation de la terre autour de son axe ou que la contagion de la tuberculose. Que l'on pense un peu à ce qui s'est passé pour le magnétisme animal et l'hypnotisme. Personne ne voulait l'admettre; c'était comme une fable, une légende ridicule. Il y a quelque dix-huit ans, quand je m'en suis occupé (avec une grande ardeur), j'étais presque forcé de me cacher, pour ne pas exciter la raillerie, dédain ou pitié. On me disait que c'était me perdre, tomber dans le domaine des charlatans ou des songe-creux. Eh bien, est-ce que, dans ce court espace de 1873 à 1890, les idées sur l'hypnotisme n'ont pas subi une étrange transformation ?

*Omnia jam fient fieri quæ posse negabam.*

Je m'imagine que pour la télépathie nous assisterons à une transformation pareille, et que notre audace d'aujourd'hui paraîtra dans quelques années une banalité tant soit peu enfantine.

C'est qu'en effet jusqu'à présent bien peu d'expérimentateurs ont abordé scientifiquement la télépathie. Soit paresse d'esprit, soit néophobie, soit scepticisme, ce grand problème a été à peu près laissé à l'écart. Que l'on compare le petit nombre de ceux qui l'ont étudié au nombre immense de chercheurs qui ont par exemple étudié la composition de la pyridine et de ses dérivés.

Certes, l'histoire de la pyridine est bien intéressante, et on a fait sur ce point limité de la chimie de bien importantes découvertes, mais peut-être en somme la connaissance approfondie de cette substance est-elle moins grave pour la destinée humaine que l'analyse des plus secrètes fonctions de l'âme humaine. Les liaisons des atomes de carbone entre eux sont une fort belle étude; mais il ne faut pas dédaigner une série d'expériences qui nous ouvriront peut-être — pour la première fois — une nouvelle faculté, tout à fait inconnue, de l'intelligence, un de ces problèmes de l'*au-delà*, sur lesquels depuis vingt siècles se sont exercés sans succès les plus grands génies de l'humanité. Eh bien, on trouverait sans peine cinq cents chimistes qui ont écrit des mémoires sur la pyridine et ses dérivés, mémoires excellents et ingénieux, fondés sur de difficiles et laborieuses investigations; mais on ne trouverait pas vingt psychologues ayant analysé avec méthode la télépathie, ses causes, ses conditions, les procédés à suivre pour la démontrer. Peut-être même ce chiffre de vingt est-il encore beaucoup trop fort. Non, ce n'est pas vingt expérimentateurs, c'est bien cinq ou six qu'il faudrait dire. Or, quoiqu'ils soient très peu nombreux, ils ont obtenu des résultats formels, très importants. Quelle ample moisson de faits nouveaux, s'ils avaient pu trouver des aides ou des imitateurs? On trouverait, je suppose, mille heures de travail dépensées à l'étude de la pyridine contre une heure de travail à l'étude de la télépathie.

Mais revenons à l'ouvrage que nous présentons au public français. Nous ignorons l'accueil qui lui sera fait. L'esprit français est positif et sceptique, et peut-être l'idée que les revenants et les fantômes ont quelque réalité fera sourire plus d'un de nos compatriotes. Mais ces sourires nous touchent peu, si nous pouvons susciter quelques travailleurs à nous aider dans notre entreprise. Les faits d'hallucinations véridiques ont été surtout recueillis en Angleterre et en Amérique. Il n'est pas douteux qu'on en trouvera beaucoup en France. Nous voulons étendre le champ de nos investigations, et c'est pour cela que nous faisons appel au concours de toutes les bonnes volontés.

Nous demandons des observations; nous demandons des expériences. Pour les observations, on voit comment elles doivent être prises; des récits de première main sont indispensables. Il faut que celui qui a eu une hallucination la raconte lui-même avec tous les détails, et toutes les circonstances, même les plus futiles en apparence, qui ont accompagné le phénomène. L'observation doit être impartiale, et même écrite avec scepticisme plutôt qu'avec crédulité. Le narrateur ne doit pas exprimer son opinion; il doit raconter ce qu'il a vu, et accumuler les preuves et documents qui corroborent son récit.

Quant aux expériences, elles sont plus difficiles à faire que les observations ne sont difficiles à prendre. Il faut du temps; il faut surtout une patience qui ne connaît ni la lassitude ni le découragement, malgré des obstacles toujours renaissants; il faut aussi l'application permanente d'une méthode expérimentale rigoureuse. Mais, quelque difficiles que soient ces multiples conditions, elles ne sont pas impossibles à rencontrer. Parmi les nombreux sujets hypnotiques qui existent actuellement en France, il en est beaucoup qui seraient susceptibles d'une sorte d'éducation, de *dressage*, dans le sens des facultés dites surnaturelles. Qu'on les étudie, qu'on les exerce à ce point de vue. Par exemple, qu'on mette à profit ce qui a excité (assez vainement d'ailleurs) la sagacité (?) des magnétiseurs du milieu de ce siècle, c'est-à-dire l'étrange faculté de connaître les maladies, si tant est que cette faculté existe; ou encore qu'on essaye de reproduire le sommeil à distance, ce qui semble bien être un fait réel quoique extrêmement rare.

Vraiment il est temps de prendre souci de ces nobles problèmes; et pourtant nous craignons fort qu'on n'accueille cet ouvrage avec indifférence. Nous ne redoutons pas les critiques. Pour peu qu'elles soient loyales et sincères, nous les recevrons avec grande reconnaissance. Non, ce qui nous effrayerait, ce serait de voir le silence se faire devant un tel travail. La masse du public ne se laisse toucher que par des considérations pratiques. Elle est disposée à s'intéresser à une invention mécanique nouvelle, à une réforme de l'hygiène. Rien n'est plus juste assurément; mais pourquoi ne pas regarder comme extrêmement important ce qui peut jeter une lumière éclatante sur l'intelligence humaine, ce mystère des mystères? Certes, nous ne voyons pas l'application pratique immédiate des recherches de cet ordre, mais en quoi en sont-elles moins intéressantes ?

C'est la première fois qu'on ose étudier *scientifiquement* le lendemain de la mort. Qui donc osera dire, sans avoir jeté les yeux sur cet ouvrage, que c'est une folie ?

Nous espérons que tous les lecteurs de ce livre comprendront qu'il s'agit d'une grande chose. C'est le premier pas fait dans une voie absolument nouvelle. De là la nécessité de l'indulgence. L'ouvrage n'est pas parfait ; il y a des lacunes ; il appartient au public d'y suppléer par des conseils, des observations, des expériences, de nous aider, de devenir notre collaborateur éclairé et assidu. Sans lui, nous ne pouvons rien. Avec lui, au contraire, nous pouvons — c'est du moins notre ferme espoir — créer les fondements d'une science métaphysique positive qui, au lieu de s'appuyer sur de vagues et nuageuses dissertations, s'appuie sur des faits, des phénomènes et des expériences.

Ch. Richet.

# AVANT-PROPOS DU TRADUCTEUR

Cette traduction a été entreprise sur la demande des auteurs des *Phantasms of the Living* qui désiraient voir s'acclimater et se répandre en France les recherches auxquelles ils ont consacré tant d'années et de si persévérants efforts. Bien que je ne sois pas convaincu, comme M. Ch. Richet, qu'il faille tenir dès à présent pour démontrée l'existence de la suggestion mentale et des actions à distance, il m'a paru intéressant de porter à la connaissance du public français un ordre de questions qui préoccupe très vivement les psychologues anglais et américains les plus éminents. Je remplis depuis deux ans les fonctions de secrétaire de la *Society for Psychical Research*, et j'ai entrepris en cette qualité une enquête statistique et critique sur les hallucinations, en France, en Belgique et en Suisse ; les résultats de cette enquête qui n'est pas terminée seront exposés au congrès international de psychologie expérimentale de 1892 (1). Ce n'est qu'en accumulant des faits, recueillis dans de bonnes conditions critiques et appuyés de témoignages multiples, que l'on a chance de parvenir à donner de la réalité des phénomènes télépathiques cette démonstration, que M. Ch. Richet croit pour sa part dès à présent acquise. Aussi est-il désirable que toutes les personnes qui connaissent des faits analogues à ceux qui sont contenus dans ce livre veuillent bien nous les communiquer. La Société de psychologie physiologique a constitué pour l'étude des phénomènes télépathiques une commission composée de MM. Sully Prud'homme (de l'Académie française), président ; G. Ballet, professeur agrégé à la Faculté de médecine ; H. Beaunis, professeur à la Faculté de médecine de Nancy ; Ch. Richet, professeur à

---

(1) La même enquête se poursuit en Angleterre sous la direction de M. Henry Sidgwick et aux États-Unis sous celle de M. William James.

la Faculté de médecine; lieutenant-colonel de Rochas, administrateur de l'École Polytechnique ; L. Marillier, secrétaire. Les communications devront être adressées à l'un des membres de cette commission ou à M. F.-W.-H. Myers, secrétaire général de la *Society for psychical Research* (Leckhampton house, Cambridge).

L'enquête qui a été entreprise simultanément en Angleterre, en France et aux États-Unis avait un triple but : 1° Recueillir des documents relatifs à la télépathie ; 2° déterminer la proportion des hallucinations qui coïncident avec un événement réel au nombre total des hallucinations des sujets normaux ; 3° déterminer la proportion des personnes qui ont éprouvé une ou plusieurs hallucinations au chiffre de la population.

Pour atteindre ces deux derniers résultats, il suffira de remplir avec soin, en se conformant aux instructions qui y sont annexées, les questionnaires qui ont été préparés pour cet objet par la *Society for psychical Research*. Ces questionnaires seront envoyés à toutes les personnes qui en feront la demande. Il va sans dire que pour que cette statistique ait une valeur les réponses négatives doivent être rapportées aussi bien que les réponses affirmatives.

La commission croit pouvoir donner aux personnes qui voudront bien lui communiquer des faits de télépathie les avis suivants : 1° Il est extrêmement désirable d'obtenir de la personne même qui a éprouvé l'hallucination une relation détaillée des faits. Ces récits devront être signés (les noms des personnes ne seront publiés en aucun cas, sans une autorisation expresse, donnée par écrit) ; 2° la date de l'événement, que l'on donne comme ayant coïncidé avec l'hallucination, doit être autant que possible établie par des témoignages indépendants de celui du sujet ; 3° il est fort désirable que les personnes qui au moment où les faits ont eu lieu en ont entendu parler ou qui les ont connus de quelque manière, joignent leurs récits à celui du sujet. Il faut autant que possible qu'elles ne se concertent point entre elles, ni avec le sujet, afin que les récits puissent servir de contrôle les uns aux autres ; 4° si la personne qui a éprouvé l'hallucination ou celles qui en ont entendu parler ont pris des notes au moment où le fait a eu lieu, il serait à souhaiter qu'elles en donnent copie à la commission : 5° il est particulièrement nécessaire que les dates et les heures soient rapportées avec une grande précision.

Ce sont là les conditions exigibles pour que la coïncidence entre un événement réel et une hallucination puisse être établie scientifiquement, mais la commission sera reconnaissante aux personnes qui s'intéressent à cet ordre de recherches de lui signaler tous les faits qu'elles connaissent, qui se rapportent de près ou de loin à la télépathie (1).

L. MARILLIER.

(1) Je dois adresser tous mes remerciements à MM. H. de Varigny et E.-J. Dupuy et à M<sup>me</sup> C. Zetkine, qui m'ont aidé dans ma tâche de traducteur.

## SOCIETY FOR PSYCHICAL RESEARCH

*Président :*

M. HENRY SIDGWICK, professeur à l'Université de Cambridge.

*Membres honoraires :*

| MM. J.-C. ADAMS F. R. S. | Lord TENNYSON. |
| WILLIAMS CROOKES F. R. S. | MM. ALFRED RUSSELL WALLACE. |
| W.-E. GLADSTONE. | G.-F. WATTS. |
| JOHN RUSKIN. | |

*Membres correspondants français :*

| MM. BEAUNIS. | MM. A. LIÉBEAULT. |
| BERNHEIM. | TH. RIBOT. |
| FÉRÉ. | CH. RICHET. |
| PIERRE JANET. | H. TAINE. |

*Secrétaire pour la France :*

M. LÉON MARILLIER, 7, rue Michelet, Paris.

# LES
# HALLUCINATIONS TÉLÉPATHIQUES

## INTRODUCTION

### I

§ 1. — Le titre de ce livre ne peut suffire à en expliquer le sujet. Notre intention est de nous occuper dans cet ouvrage de toutes les classes de phénomènes qui peuvent nous offrir quelque raison de supposer que l'esprit d'un homme ait agi sur l'esprit d'un autre, sans que l'on ait prononcé une parole, ou écrit un mot, ou fait un signe.

Nous avons donné ailleurs le nom de *télépathie* à cette transmission des pensées ou des sentiments, et nous rappelons dans cet ouvrage les preuves expérimentales sur lesquelles nous nous fondons pour affirmer la réalité de la *télépathie*. Mais nous avons rangé parmi les phénomènes télépathiques une vaste classe de faits qui semblent, au premier abord, fort différents d'une simple transmission de pensée. Je veux parler des apparitions ; nous ne nous occuperons point cependant des prétendues apparitions des morts, mais seulement des apparitions des vivants. Nous étudierons les cas où, à la veille de mourir ou pendant qu'elle traversait quelque crise grave, une personne est apparue à une autre.

§ 2. — Quelques mots d'explication sont nécessaires pour indiquer nettement notre but ; les questions que nous traitons sont si nouvelles, en effet, que nous ne saurions nous étonner d'être mal compris. Nous croyons avoir adopté une méthode qui nous tient à l'abri des fantaisies individuelles et des exagérations, et nous sommes fort éloignés du désir d'étonner les gens ; nous ne cherchons à renverser aucune conclusion scientifique établie ; c'est une tâche scientifique que celle que nous avons entreprise, et nous sommes convaincus que les problèmes dont nous nous occupons ici auront, quelque jour, droit de cité dans le domaine des sciences psychologiques. Notre seul paradoxe, à vrai dire, c'est d'affirmer que notre thèse n'est pas une thèse paradoxale.

§ 3. — Ce livre, dont nous sommes cependant seuls responsables, nous avons entrepris de l'écrire à la demande du Conseil de la *Society for Psychical Research*, qui nous a fourni une grande partie des documents sur lesquels s'appuient nos conclusions. Il semble donc nécessaire de dire quelques mots de l'objet de cette Société.

En lisant son programme, on aura probablement l'impression que, bien que les sujets sur lesquels elle appelle l'attention soient très nouveaux, la manière dont elle entend les traiter est celle même qui est depuis longtemps en honneur dans la science : « s'attacher à l'étude de ces questions nouvelles, sans préjugés ni préventions d'aucune espèce, dans le même esprit d'exacte et impartiale recherche qui a permis à la science de résoudre tant de questions tout aussi obscures, tout aussi chaudement débattues ». Les raisons qu'on pourrait invoquer contre nos recherches, leur inutilité par exemple pour le progrès humain, le lointain où semble fuir leur objet, ces raisons-là, on les a invoquées contre bien d'autres recherches d'ordre scientifique. Socrate limitait l'effort de l'esprit humain à la solution des problèmes moraux et politiques ; Comte voulait enfermer la science dans les limites du système solaire.

Toutes les orthodoxies, l'orthodoxie scientifique comme l'orthodoxie religieuse, nous ont adressé des critiques. Le malheur, c'est que ces critiques sont incohérentes ou contradictoires, ce qui rend les réponses difficiles. Tantôt on nous accuse d'inviter le vieil esprit théologique à envahir une fois de plus le domaine de la science ; tantôt, de livrer aux mains impies de la science les mystères de la religion. Tantôt l'on nous dit que les savants compétents ont déjà complètement exploré le champ de nos recherches ; tantôt, au contraire, qu'aucun homme de science digne de ce nom ne consentira à s'occuper de tout ce mélange confus de fraude et de folie.

§ 4. — Le meilleur moyen de répondre à des objections aussi confuses et aussi contradictoires, ce sera de montrer, aussi clairement que nous le pourrons, en quels points nos recherches touchent aux plus récentes découvertes de la science. Nous réussirons peut-être à montrer que dans plusieurs directions, on s'arrête et on hésite, comme à la veille de conceptions nouvelles. Nous ne prouverons pas ainsi que notre tentative a été heureuse, mais nous prouverons, du moins, qu'elle était justifiée. C'est tout d'abord à la biologie qu'il faut nous adresser. On sait les incroyables progrès qu'elle a accomplis pendant ce dernier demi-siècle. Plus que toutes les autres sciences, elle a été aidée dans son développement par la doctrine de l'évolution. Elle retrace le développement de la vie depuis le protiste jusqu'à l'animal, depuis la bête jusqu'à l'homme. Elle cherche à expliquer la genèse complexe des pensées et des émotions humaines, considérées sous leur aspect physique, par le développement des mouvements moléculaires de fragments de protoplasma à peine différenciés. Les recherches qui nous ont permis de comprendre les relations qui existent entre notre vie organique et celle des animaux et des plantes, nous ont permis également de nous rendre mieux compte des relations qui existent entre les phénomènes cérébraux et les émotions ou les pensées qui les accompagnent. De là, pour quelques physiologistes intransigeants, la conséquence, chaque jour plus probable, que nous sommes des automates physiologiques et que notre conscience n'est qu'un phénomène surajouté. Mais, c'est là une illusion qui tient à ce que, connaissant mieux l'aspect physique de nos opérations mentales, nous sommes portés à exagérer son importance relative; non seulement il est certain que la netteté croissante avec laquelle nous nous représentons le côté physique de notre vie mentale, ne peut prouver que la vie psychique dépende de conditions physiologiques, mais on peut même concevoir qu'elle prouve qu'elle en est indépendante.

§ 5. — Voici un exemple de ce que j'avance :

C'est à l'hypnotisme que je l'emprunte. L'intérêt réel de l'hypnotisme n'est pas d'être, comme le veut Elliotson, un procédé thérapeutique ni, comme le montre Heïdenhain, un exemple d'inhibition cérébrale. Cet intérêt, c'est de rendre possible l'expérimentation dans le domaine psychique en une beaucoup plus large mesure qu'autrefois. La réelle valeur des expériences hypnotiques ne consiste pas en ce qu'elles empêchent, mais en ce qu'elles révèlent. Si elles méritent de nous occuper, ce n'est point parce qu'elles soustrayent l'esprit à l'action des excitants périphériques, mais parce qu'elles manifestent des sensibilités et peut-être des pouvoirs nouveaux. C'est pendant le sommeil magnétique que l'on a observé pour la première fois, il y a à peu près un siècle, la transmission de la pensée. Elle fut constatée sous la forme d'une communauté de sensations entre l'opérateur et le sujet. On n'en vit pas tout d'abord l'importance. Il fallait, pour que cette question fût étudiée systématiquement, qu'elle le fût par des hommes qui s'intéressaient moins à la thérapeutique pratique qu'aux théories psychologiques, et qui étaient bien décidés à étudier le phénomène non seulement pendant l'hypnose, mais aussi pendant le sommeil normal et la veille.

§ 6. — Dans nos tentatives pour démontrer l'existence de la télépathie et pour en expliquer la nature, les difficultés que nous rencontrerons ne seront pas toutes d'ordre physiologique, mais nous réclamerons tout d'abord cependant l'aide des psycho-physiciens, dont l'œuvre, encore dans l'enfance, n'a été possible que de notre temps, grâce à l'exactitude croissante des méthodes expérimentales dans le domaine des sciences de la vie.

La liste des membres correspondants de notre Société (1) peut servir à montrer que notre confiance dans l'aide que peuvent nous fournir les sciences biologiques n'est pas sans fondements, et que nous ne sommes point seuls à croire qu'il ne faut pas cesser de chercher à résoudre ces vieilles énigmes, mais bien plutôt les discuter à nouveau avec toute la rigueur scientifique.

§ 7. — De la biologie passons maintenant à l'anthropologie. On sait le rôle considérable que jouent dans les croyances et les coutumes des sauvages la sorcellerie, les apparitions, la divination. Pour certains auteurs, comme MM. Tylor et Spencer, comme sir John Lubbock, toutes ces croyances n'ont pour cause que l'esprit enfantin du sauvage. Ce sont à leurs yeux des absurdités dont le progrès de la civilisation doit graduellement débarrasser la raison de l'humanité éclairée par l'expérience. Mais l'insuffisance de cette explication est parfois frappante; elle avait attiré

---

(1) Cette liste a été donnée à la suite de l'Avant-Propos.

mon attention, lorsque je m'étais, il y a quelques années, occupé des oracles grecs. C'est dans l'étude des phénomènes hypnotiques qu'il faut chercher l'explication d'une grande partie de ces faits de divination, dont la connaissance nous a été léguée par l'antiquité et que les voyageurs constatent encore aujourd'hui chez les populations sauvages de la Sibérie et de l'Afrique.

§ 8. — Si nous passons de l'anthropologie à l'histoire, là encore nous verrons partout les faits dont nous nous occupons jouer un rôle dans l'évolution religieuse et sociale. Les enthousiasmes contagieux du moyen âge, ces étranges maladies endémiques, la sorcellerie, le vampirisme, la lycanthropie, l'inspiration individuelle même d'un Mahomet ou d'une Jeanne d'Arc sont des phénomènes que l'historien de profession se sent obligé d'abandonner au médecin et à l'aliéniste, et que le médecin et l'aliéniste, à leur tour, peuvent rarement expliquer d'une manière satisfaisante. Les phénomènes de cette espèce n'ont pas disparu à mesure que progressait la civilisation. Dans les histoires modernes détaillées, dans les biographies des grands hommes, nous rencontrons souvent des incidents qui présentent de tels caractères, qu'on pourrait les appeler *surnormaux*, et sur ces incidents l'historien passe avec un vague et insuffisant commentaire. Mais c'est surtout dans l'histoire des religions que nous sentons le plus profondément combien incomplète est jusqu'à présent la connaissance que nous possédons des phénomènes psychiques. Les progrès récents de l'étude comparée de l'histoire des religions nous ont permis cependant de poser sous leur forme générale les problèmes principaux dont aurait à s'occuper notre science « psychique » si nous réussissions à la fonder. A travers toute l'histoire du monde, on retrouve des séries de faits qui, bien qu'ils diffèrent considérablement dans les détails, ont cependant une certaine ressemblance générale les uns avec les autres, et qui ressemblent aussi à quelques-uns de ces événements de la vie civilisée et sauvage dont nous avons déjà parlé. Ces faits, communs à la grande majorité des religions, c'est, d'une part, la croyance que le réformateur religieux a reçu d'une manière surnaturelle la doctrine qu'il prêche; et, d'autre part, la croyance à des phénomènes qui ne peuvent s'expliquer par les lois ordinaires.

Notre société a eu déjà à s'occuper de la naissance d'une religion. Une commission de la *Society for Psychical Research* avait chargé M. Hodgson d'une enquête sur ce que l'on appelait la théosophie ; c'était une religion dont M^me Blavatsky était la prophétesse, et qui aspirait à devenir une religion universelle ; elle s'appuyait sur des phénomènes miraculeux, ou du moins *surnormaux*. Cette commission est arrivée à la conclusion qu'elle n'avait affaire qu'à un mélange des anciennes philosophies, déguisé sous un costume nouveau, et que tout le système reposait sur un ensemble de fraudes ingénieuses. Si ces fraudes n'avaient point été découvertes, si cette croyance s'était répandue, une nouvelle religion serait née, et dans des conditions qu'un sceptique aurait pu considérer comme un exemple typique de celles où naissent toutes les religions. Mais il serait prématuré de croire que l'ordinaire bon sens suffit pour se rendre compte de la manière dont se sont fondées les religions. Nous n'avons pas à aller bien loin pour découvrir deux religions où le fait central n'est point une fraude, mais un phénomène psychologique inexpliqué. Je fais allusion aux visions de Swedenborg et à la glossolalie qui s'est manifestée dans l'Eglise d'Irving. Chacun de ces faits est devenu comme le point central de la foi d'un certain nombre de personnes intelligentes et cultivées, et ces faits, la science ne peut les expliquer ni l'un ni l'autre d'une manière satisfaisante. La glossolalie semble être, en grande partie, un phénomène automatique réel, mais l'origine de ces mouvements automatiques, nous n'en trouvons pas l'explication dans les manuels qui sont dans toutes les mains. Le cas de Swedenborg nous transporte bien loin au delà des limites de la connaissance certaine : nous connaissons bien maintenant la folie, et ce serait un pur abus de langage d'appeler Swedenborg un fou. Avant même de critiquer ces visions célestes, il faudrait se rendre capable de juger à quelque degré les visions terrestres ; il faudrait envisager en face tout le problème de la clairvoyance, c'est-à-dire d'une faculté qui n'est point purement réceptive, mais active, et qui nous fait percevoir des scènes éloignées et des choses inconnues. Ce problème doit être abordé, d'une part, par l'étude de l'hypnose, l'état de conscience qui offre les exemples les mieux établis de clairvoyance, et, de l'autre, par l'examen de récits du genre de ceux qui ont trouvé place dans le présent livre.

§ 9. — Un problème qui se pose tout naturellement, c'est de se demander en quelles relations se trouvent nos études avec la religion. Nous voulons éviter jusqu'à l'apparence d'attirer à nous les sympathies du public en nous engageant sur un autre terrain que le terrain de la science ; nous nous tiendrons, dans les pages qui vont suivre, dans les limites que nous nous sommes assignées, et nous parlerons aussi peu que possible de la lumière qui pourrait être jetée par les témoignages que nous avons réunis sur la possibilité d'une existence après la mort. Mais nous pensons que nous avons prouvé par l'expérimentation directe que deux esprits peuvent communiquer entre eux par des moyens que ne peuvent expliquer les lois scientifiques connues, et nous affirmons que, par nos recherches sur les phénomènes les plus élevés du magnétisme, nous en sommes arrivés à un point où certains faits étranges prennent un aspect intelligible. Il me semble tout à fait improbable que la télépathie puisse recevoir une explication purement physique, bien que cette explication soit logiquement concevable. Il est difficile en effet de compter au nombre des forces de la nature matérielle une force qui, à l'encontre de toutes les autres, semble n'être point diminuée par la distance ni arrêtée par aucun obstacle. Si donc la télépathie est un fait démontré, il faut introduire dans l'ensemble des faits d'expérience un élément nouveau qui constituera un sérieux obstacle à la synthèse matérialiste. Cette conception d'un esprit actif et indépendant du corps, tout à fait nouvelle dans la science expérimentale, se retrouve dans les formes les plus élevées de la religion. Nos expériences suggèrent l'idée qu'il peut exister entre les esprits des relations qui ne peuvent s'exprimer en termes de matière et de mouvement, et cette idée jette une nouvelle lumière sur l'ancienne controverse entre la science et la foi. Si les faits que nous allons étudier sont établis, la science ne pourra admettre plus longtemps qu'il soit impossible que d'autres intelligences que celles des hommes vivants agissent sur nous.

§ 10. — Nos recherches ne peuvent fournir d'appui à aucun dogme particulier ; ce qu'elles peuvent montrer, c'est que les témoignages humains relatifs à des faits surnormaux peuvent être dignes de foi, et qu'il y a dans l'homme un élément capable d'être impressionné par l'action de forces surnormales. S'il était démontré, tout au contraire, que tous les témoignages qui se rapportent à cet ordre de faits doivent s'écrouler devant des recherches exactes, il n'est pas douteux que l'on ne soit amené à se demander jusqu'à quel point les religions historiques auraient pu résister à une enquête du même genre. Et si nous étions obligés de reconnaître que ces pouvoirs surnormaux de l'homme ne sont qu'illusion, nous en viendrions légitimement à douter que personne les ait jamais possédés. Il pèserait donc ainsi sur toutes les religions un doute rétrospectif.

§ 11. — Il s'est fait un divorce entre les opinions scientifiques des hommes cultivés et leurs croyances. La vieille orthodoxie religieuse était trop étroite pour contenir la science de l'homme, la nouvelle orthodoxie matérialiste est devenue trop étroite à son tour pour contenir ses aspirations et ses sentiments. Le moment est venu de s'élever au-dessus du point de vue matérialiste et d'arriver à des conceptions qui nous permettent de considérer comme possibles ces subtiles communications d'esprit à esprit, ces communications même entre les choses visibles et invisibles dont la pensée remplit, de notre temps, l'art et la littérature.

> Star to Star vibrates light; may soul to soul
> Strike thrö some finer element of her own ?

L'amant, le poète, tous ceux qui se sont enthousiasmés pour quelque cause généreuse, ont à tous les siècles inconsciemment répondu à la question de lord Tennyson. Pour quelques-uns, comme Gœthe, à certaines heures de passion, cette subtile communion des esprits est apparue avec une lumineuse clarté. Chez d'autres, comme Bacon, cette conviction s'est lentement formée de ces menus indices que révèle l'étude quotidienne de l'homme. Mais, pour la première fois, nous savons que ces messages muets voyagent vraiment, que ces impressions se répandent et se mêlent.

§ 12. — Notre tâche n'est pas seulement de découvrir la vérité, mais aussi de démasquer l'erreur.

Les hommes qui croient avoir été témoins de phénomènes surnormaux ne peuvent se résigner à ce qu'on traite les phénomènes de cet ordre comme des faits sans importance dont il est hors de propos de parler. Ce que les savants relèguent en quelques maigres paragraphes à une fin de chapitre, ils le grandissent, ils s'en occupent sans cesse, et les hommes de science auront beau condamner cet ordre de recherches, les croyants reviendront toujours errer autour du terrain défendu. Ils ont fait de leur croyance à ces phénomènes surnormaux le centre de toute leur vie intellectuelle et morale, ils les ont déformés et mal interprétés de mille façons. Le nombre des personnes dont l'esprit a été bouleversé par le spectacle de phénomènes de cette nature ou par les imitations frauduleuses qui en ont été faites est assurément fort restreint. Mais le mal que ces interprétations erronées et ces fraudes ont causé est très grand. Cela diminue notre respect pour la raison humaine et notre croyance dans le progrès humain, que des religions aient pu naître, des formes de culte s'établir qui, en réalité, ne perpétuent qu'une erreur, qui n'entraînent point en avant les hommes, mais les ramènent en arrière, dans la conception qu'ils se font des choses invisibles. Le temps n'est pas venu cependant de montrer comment chaque espèce de phénomène surnormal a été dénaturée et transformée de mille façons par d'ardents esprits, ni comment des lignées entières d'enthousiastes et de charlatans ont fondé sur ces merveilles leurs revendications à la sainteté, à l'inspiration, à la prophétie. Il nous suffira de citer la fausse interprétation que les Irvingiens ont donnée de l'automatisme et les Swedenborgiens de la clairvoyance. En 1848, certains événements dont la nature précise est encore en discussion se sont produits en Amérique, et ils ont déterminé un grand nombre de personnes à croire que dans certaines circonstances déterminées des sons, des mouvements, certaines apparitions tangibles peuvent être produits ou évoqués par la volonté. C'est sur ce fondement que s'est élevé l'édifice du spiritisme moderne. Une question se pose tout d'abord, celle de savoir s'il existe des phénomènes surnormaux d'ordre physique, ou si ces phénomènes ne sont, dans tous les cas, que le résultat de la tromperie et de la fraude, ce qu'ils sont, à n'en pouvoir douter, dans un grand nombre des cas observés. Cette question doit être traitée avec la plus scrupuleuse attention, et malgré les plus minutieuses observations faites par plusieurs d'entre nous pendant bien des années, nous n'avons point encore réussi à en donner une solution définitive. Je n'ai pas besoin de donner d'autres exemples de l'attitude critique et réservée qu'a adoptée notre société. Nous sommes obligés de mettre toute notre attention à éviter les fondrières où d'autres sont tombés. Cela suffit à expliquer notre attitude souvent désobligeante en apparence ; nous n'avons pu, en effet, accepter sans contrôle les travaux de nos prédécesseurs, dont nous aurions été heureux de louer le dévouement et l'activité.

## II

§ 13. — C'est dans un jeu de société (*willing-game*) que nous avons trouvé la méthode pour amener un sujet à accomplir un acte que l'on souhaite par un contact si léger qu'aucun mouvement n'a été senti ni par l'opérateur ni par le sujet. De minutieux observateurs ont expliqué le *willing-game* par des mouvements musculaires involontaires. L'opérateur donne, sans le vouloir, des indications au sujet. Mais, s'il n'était point difficile de découvrir le *modus operandi* habituel de ce qu'on avait faussement appelé *lecture de pensée*, il semble bien que de temps en temps il y ait eu réellement transmission de pensée, et le professeur Barrett, l'un des premiers, a appelé l'attention sur ce point. Comme on le verra dans le chapitre II de ce livre, ce n'est qu'après six ans de recherches et d'expériences (1876-1882), que l'on a pu donner la preuve de la transmission de pensée à l'état normal. On avait déjà parlé de l'existence de ce phénomène dans l'état hypnotique, mais, à notre connaissance, c'était la première fois qu'on s'était appuyé sur des expériences précises pour établir son existence à l'état de veille. En ces huit dernières années (1882-1890), un grand nombre de témoignagnes sont venus confirmer ces expériences.

§ 14. — La fondation de la *Society for Psychical Research* en 1882 donna à M. Gurney et à moi-même, secrétaires du Comité de publication, l'occasion d'inviter le public à nous informer des faits qu'il pourrait connaître relativement aux apparitions qui se produisent au moment de la mort ou après la mort. En examinant les témoignages ainsi recueillis, nous avons été frappés de ce fait qu'un très grand nombre d'apparitions ont lieu au moment de la mort, ou à un moment qui en est très voisin. Et il nous a semblé qu'une nouvelle lumière était jetée sur ces phénomènes par la fréquence inattendue des apparitions de personnes vivantes qui coïncidaient avec des dangers qu'elles avaient courus ou des crises qu'elles avaient traversées. Nous avons été conduits à supposer qu'il existait une forte analogie entre la transmission de pensée telle que nous l'avions observée dans nos expériences et ces cas spontanés de ce que nous appelons *télépathie*.

Un article signé par M. Gurney et par moi-même, qui a paru dans la *Fortnightly Review* en mars 1883, a indiqué pour la première fois cette analogie. Nous nous sommes mis à réunir et à examiner les cas avec le concours de M. Podmore, et le Conseil de la Société nous a demandé de réunir en un livre toute cette masse de témoignages. Ce n'est pas une fantaisie arbitraire qui nous a déterminés à nous occuper tout d'abord de la télépathie, c'est l'abondance des témoignages.

§ 15. — Dans un certain sens, on peut dire que cette action cachée d'un esprit sur un autre est très voisine de l'action cachée que l'esprit exerce sur lui-même. Il faut rappeler que la première tentative scientifique pour expliquer les phénomènes du spiritisme, ce fut de les ramener à la cérébration inconsciente (Carpenter) ou, ce qui revient au même, à l'action musculaire inconsciente (Faraday). C'étaient là les explications les plus logiques et les plus vraisemblables que l'on pût donner dans l'état actuel de la science. Mais l'analyse de ces phénomènes n'a pas montré qu'ils pussent être expliqués par les lois ordinaires de la physiologie, comme semblait le supposer le D$^r$ Carpenter; elle a bien plutôt mis en évidence ce fait, que les opérations inconscientes de l'esprit ne sont elles-mêmes que le point de départ d'opérations entièrement nouvelles pour la science.

Ce que nous soutenons, c'est que les objets qui apparaissent à la conscience dans des états anormaux ne sont pas seulement des objets anciens qui réapparaissent, mais aussi en de rares occasions des objets nouveaux aussi réels que les anciens. Et parmi les nouvelles énergies qui se manifestent ainsi, la plus évidente est pour nous le pouvoir d'entrer en communication directe avec d'autres intelligences. Dans l'état normal, la transmission de pensée est le seul phénomène surnormal que nous ayons acquis le pouvoir de produire. Ce phénomène, nous le retrouvons dans l'hypnose sous les formes variées, de communauté de sensations, de suggestion mentale, etc. Et c'est encore dans la transmission de pensée qu'il faut chercher, semble-t-il, l'explication d'un bon nombre des cas de clairvoyance magnétique et d'un bon nombre aussi des phénomènes communément attribués aux esprits. On voit donc nettement quelle est la place qu'occupe la télépathie et quels sont les liens qui la rattachent aux autres branches de nos études.

§ 16. — Nous pouvons maintenant indiquer très nettement les thèses que nous avons cherché à établir dans ce livre.

1° L'expérience prouve que la télépathie, c'est-à-dire la transmission des pensées et des sentiments d'un esprit à un autre sans l'intermédiaire des organes des sens, est un fait.

2° Le témoignage prouve que des personnes qui traversent quelque crise grave ou qui vont mourir apparaissent à leurs amis et à leurs parents, ou se font entendre par eux avec une fréquence telle que le hasard seul ne peut expliquer les faits.

3° Ces apparitions sont des exemples de l'action supra-sensible d'un esprit sur un autre.

La seconde thèse confirme donc la première et est confirmée par elle. Car si la télépathie existe, on peut prévoir d'avance qu'il en existe des manifestations spontanées plus frappantes que celles que nous révèlent nos expériences ; et, d'autre part, les apparitions sont rendues plus faciles à comprendre et à croire, par l'analogie qui pour la première fois les unit aux résultats d'expériences.

Telles sont les thèses sur lesquelles les auteurs et ceux de leurs amis qu'ils ont consultés sont pleinement d'accord. La première thèse peut être attaquée en soutenant que nos expériences ne sont pas concluantes. La deuxième thèse peut être attaquée en soutenant que les témoignages que nous avons recueillis sont insuffisants. On ne peut attaquer séparément la troisième thèse, qui n'est qu'un corollaire des deux premières, mais il faut, pour qu'elle demeure à l'abri de toute attaque, que l'analogie que nous avons indiquée entre la transmission de pensée et les apparitions, entre la télépathie expérimentale et la télépathie spontanée, ne soit exprimée que sous une forme très générale et très vague. Dès que l'on essaie de donner plus de précision à cette analogie, l'accord cesse entre les gens qui ont étudié la question. L'un dira qu'il ne faut pas multiplier les causes sans nécessité, et que, puisque nous avons maintenant dans la télépathie une cause réelle, nous devons nous en servir pour expliquer tout ce qui est explicable par elle, avant de recourir à des causes plus éloignées dont nous ne pouvons prouver l'existence. L'autre, au contraire, sentira peut-être que la télépathie telle que nous la connaissons est une conception préliminaire, une façon simplifiée de nous représenter à nous-même un groupe de phénomènes qui, embrassant toutes les relations entre les esprits, est probablement plus complexe que celui des phénomènes qui peuvent se traduire en termes de matière et de mouvement. Il sentira qu'il ne faut pas demander à cette clef d'ouvrir toutes les serrures, et que nous devons rechercher s'il n'existe pas d'autre mode de liaison entre les phénomènes épars que nous connaissons. C'est à la première de ces deux attitudes qu'ont incliné M. Gurney et M. Podmore, et le fait que M. Gurney a été chargé de la rédaction de l'ouvrage indique bien que c'est là l'opinion dominante parmi les personnes que nous avons consultées.

§ 17. — Les théories ne tiennent néanmoins que la plus petite place dans ce livre. Il est clair que, pour que les faits que nous avons recueillis puissent être probants, il faut que nous les ayons, pour la plupart, recueillis nous-mêmes. Les apparitions au moment de la mort, que l'on trouve dans les écrivains antérieurs, montrent assez qu'à bien des époques et dans bien des pays, on a cru à ces apparitions ; mais les faits n'ont jamais été recueillis et critiqués avec soin ; et il en est peu qui soient assez certainement établis pour qu'il vaille la peine de les soumettre à nos lecteurs. Si même il avait existé des témoignages assez nombreux et assez bien établis pour nous dispenser d'en recueillir d'autres, il eût été utile pour nous de voir les personnes qui ont été les sujets de ces phénomènes étranges, de causer et de correspondre avec elles. C'était le seul moyen de nous assurer de la bonne foi des témoins. Nous ne sommes pas, bien entendu, à l'abri des erreurs involontaires d'observation et de mémoire, mais il ne faudrait pas croire cependant que nos correspondants aient d'une manière générale des intelligences moins exactes ou moins fines que la généralité des hommes. Notre méthode d'exacte et précise recherche nous a débarrassés de tous les esprits sentimentaux et mal équilibrés qui aiment le mystère pour le mystère. Tout au contraire, nous avons reçu de très franches réponses d'un fort grand nombre de personnes, qui ont senti avec raison que l'obscurité dont ces événements sont entourés rend plus nécessaire encore de les raconter avec exactitude et sobriété. Le style simple et précis de la plupart de nos correspondants, les noms honorés que portent quelques-uns d'entre eux, pourront donner aux lecteurs un peu de cette confiance, qu'un contact plus intime avec les faits a mis dans nos esprits. Il nous a semblé nécessaire que le recueil de faits que nous apportions au public fût très considérable. Nous avons réuni dans un supplément (1) les cas que nous ne connaissions que de seconde main, et qui pour cette raison n'avaient pu entrer dans le corps du livre. Nous avons cru que c'était notre devoir de fournir des matériaux aussi abondants que possible aux hypothèses qui diffèrent de la nôtre. Nous n'avons pas voulu choisir uniquement les cas qui semblaient établir notre théorie.

§ 18. — Ce livre, cependant, n'est point un livre définitif. Ce n'est qu'un essai pour pénétrer dans un monde nouveau ; nous savons qu'il faut du temps pour accoutumer l'esprit à des conceptions nouvelles, et nous n'espérons pas du premier coup faire accepter notre manière de penser. Ce que nous espérons, c'est que notre livre augmentera le nombre de ceux qui nous aideront dans notre double tâche, la tâche de recueillir des témoignages et celle de multiplier les expériences.

(1) Nous n'avons pas cru devoir donner ces cas de seconde main dans cette édition abrégée. N. D. T.

# CHAPITRE PREMIER

## PRÉCAUTIONS ET RÉSERVES

§ 1er. — Malgré les progrès incessants de la science, l'univers n'est pas devenu moins merveilleux. Expliquer scientifiquement un fait, cela consiste seulement à déterminer les relations constantes qui l'unissent à d'autres faits. L'ensemble n'en est pas moins mystérieux. Le critérium de la connaissance scientifique achevée, c'est, dit-on, la capacité de prévoir les phénomènes, mais c'est là un critérium qui ne s'applique qu'aux sciences inorganiques comme la physique et la chimie. Dès qu'apparaît l'organisme vivant, bien des phénomènes se produisent que nous pouvons constater, mais non pas expliquer ni prévoir. Ils sont, sans aucun doute, pour tout esprit scientifique, les inévitables résultats des conditions antérieures, mais ces conditions, nous ne savons pas les déterminer. Et si cela est vrai des manifestations physiques de la vie, cela n'est pas moins vrai de ses manifestations mentales. Nous ne nous étonnerions pas d'être si peu capables de prévoir les phénomènes psychiques si nous nous rappelions quelle est la nature du fondement physique sur lequel ils reposent. Les faits psychologiques, en effet, sont liés indissolublement à une classe de phénomènes physiques que la science connaît encore bien imparfaitement, les changements moléculaires des centres cérébraux.

§ 2. — En matière psychologique, il nous est donc fort difficile de prévoir; nous n'en devons être que plus scrupuleux à peser et à critiquer les témoignages, à étudier les causes d'erreur, à adapter exactement nos théories aux faits que nous connaissons. C'est précisément parce que notre *science* de l'esprit est dans une large mesure hypothétique que ceux qui ne sont point des savants deviennent plus hardis dans leurs affirmations et leurs théories. Partout où la science ne peut parler avec autorité, ceux qui ne se sont point assujettis aux méthodes scientifiques affirment avec audace. Personne ne nie aujourd'hui la loi de la conservation de la force ; mais, s'il s'agit des relations d'esprit à esprit, toutes les hypothèses se donnent libre carrière. Sans doute, sous l'influence d'un demi-siècle de brillantes découvertes en physique, le langage des gens du monde eux-mêmes s'est modifié ; on couvre maintenant ses hypothèses du nom de lois. Mais c'est un changement plus apparent que réel. Les conjectures sont tout aussi faciles, qu'il s'agisse de la nature ou du surnaturel, et il n'est pas de domaine où l'on use aussi largement de cette liberté que dans celui de la vie psychique. Ajoutons que les phénomènes les plus obscurs, les assertions les plus douteuses, sont précisément celles où s'attache avec le plus de force l'esprit populaire, et que les termes qu'aime la langue populaire sont précisément ceux qui possèdent la signification la plus large et la plus vague. Les personnes même qui se sont occupées des phénomènes obscurs de la vie psychique d'une manière sérieuse et sagace, ont été souvent incapables de conserver une attitude scientifique en traitant de questions qui depuis bien longtemps étaient en dehors de la science. Elles n'ont pas pris les précautions qu'on était en droit d'exiger d'elles, et elles se sont aussi bien indignées contre leurs adversaires, quand ils demandaient des preuves, que quand ils refusaient d'examiner celles qu'elles leur fournissaient.

§ 3. — Les obligations particulières qui découlent de ces faits ne devraient jamais être perdues de vue par ceux qui étudient sérieusement des phénomènes analogues à ceux qui font l'objet de ce livre. On ne peut s'avancer sur la route qu'avec la plus grande circonspection. Les savants de profession en effet éprouvent chaque jour une difficulté croissante à briser les cadres de la science établie, cadres qui vont se remplissant chaque jour. D'autre part, l'on se trouve fréquemment en contact avec des gens qui ont étudié les phénomènes psychiques, mais qui ne comprennent pas que si leurs observations peuvent un jour trouver pour elles une place dans la science, ce n'est certes pas en affichant le mépris des règles et des méthodes scientifiques qu'ils réussiront à la leur donner. C'est là une situation où n'est jamais placé le physicien ; jamais il ne lui arrive de voir ses observations confondues avec celles de personnes qui s'occupent des mêmes questions que lui, mais qui ignorent les méthodes par lesquelles on peut les étudier.

§ 4. — Dans ce livre, nous nous occuperons de questions qui sont en un sens familières à tous, et nous les traiterons avec des méthodes critiques qui ont fait leurs preuves en d'autres domaines, mais il nous faudra nous appuyer sur des conceptions qui n'ont point encore trouvé place dans la psychologie classique. Aussi les idées que nous venons d'indiquer nous ont-elles toujours été présentes. Ce n'est pas que le lecteur doive trouver ici beaucoup de théories, les faits tiennent plus de place dans ce livre que les spéculations. Mais les faits mêmes nous entraînent au delà des frontières communément acceptées. Ils prouvent, en effet, à supposer que nous les interprétions bien, qu'un esprit peut agir sur un autre esprit, ou être impressionné par lui par d'autres voies que celle des sens. Nous n'avons considéré jusqu'ici comme télépathiques que les cas où en raison de la distance on ne pouvait admettre que l'action ordinaire des sens eût joué aucun rôle. Mais on peut étendre cette désignation à tous les cas où l'esprit du sujet éprouve des impressions, sans que ses sens aient été affectés, quelle que soit, du reste, la distance où se trouve l'agent. Quand nous parlons d'impressions qui se sont produites sans l'intermédiaire des sens, nous ne voulons pas dire seulement que le sujet n'a eu conscience d'aucune sensation. Nous voulons dire que la cause ou la condition de l'impression transmise est réellement et en elle-même inconnue, qu'elle est aussi mystérieuse pour tout observateur que pour le sujet même. Il nous faut bien recourir en ce cas à quelque faculté spéciale d'ordre supra-sensible, faculté qui, sans aucun doute, est nouvelle dans la science. Mais nous ne faisons cette hypothèse qu'après avoir été contraints d'écarter tous les modes de connaissance actuellement reconnus.

§ 5. — C'est, au reste, beaucoup moins à expliquer qu'à établir les faits que nous nous sommes attachés. Nous avons évité autant que possible les discussions sur la nature de cette nouvelle faculté. Si elle existe, de nombreux problèmes métaphysiques, psychologiques, peut-être même physiques, se poseront à son sujet. Mais il nous faut tout d'abord démontrer la réalité des faits. Notre livre sera donc, avant tout, un recueil de témoignages. On trouvera dans cet ouvrage deux classes différentes de faits : les uns se rapportent à la transmission expérimentale de la pensée ; les autres sont des cas de télépathie spontanée. La démonstration, en ce qui concerne la télépathie spontanée, consistera en récits qui proviennent de sources diverses, mais pour la plus grande partie de personnes actuellement vivantes, que nous connaissons nous-mêmes. Nous n'avons trouvé que peu de secours dans les récits déjà publiés. Presque toujours les noms, les dates, manquent et les termes mêmes dont se sont servis les témoins. La plupart du temps, ceux qui ont recueilli ces récits ne se sont rendu compte ni de la force des objections *a priori* que la démonstration doit renverser, ni des causes d'erreur qui se peuvent trouver dans les témoignages eux-mêmes. C'est à analyser et à apprécier ces causes d'erreur que nous nous sommes surtout attachés dans le travail que nous présentons aujourd'hui au public ; c'en a été la partie la plus difficile. L'originalité de ce livre consiste essentiellement à avoir rapproché les cas de télépathie spontanée des faits expérimentaux de transmission de pensée. Nous sommes convaincus que ce sont surtout les expériences précises que nous avons faites qui nous permettent d'affirmer l'existence dans l'esprit d'une faculté nouvelle ; c'est cette faculté à son tour qui nous permet de comprendre et de nous expliquer à nous-mêmes les hallucinations véridiques.

# CHAPITRE II

### BASE EXPÉRIMENTALE : LA TRANSMISSION DE LA PENSÉE

§ 1. — Il est très difficile de trouver un nom satisfaisant qui puisse s'appliquer à tous les faits dont nous avons à traiter dans cette partie de notre livre. C'est du mot de « lecture de pensée » qu'on s'est servi tout d'abord, mais il a plusieurs inconvénients. Tout d'abord, on l'a appliqué à des faits qui peuvent se ramener à l'interprétation de mouvements inconscients. Puis, le mot « de lecture de pensée » a effrayé et choqué certaines gens ; supposer que l'esprit d'un homme soit ouvert comme un livre où chacun puisse lire, ce serait nier, semble-t-il, les conditions même sur lesquelles reposent les relations sociales. En réalité, aucun esprit n'est ouvert ainsi à l'esprit d'autrui. Il faut que le sujet concentre sa pensée avec une grande intensité, ce qui est souvent très pénible, pour qu'on puisse la déchiffrer. Le sujet n'est point comme une page écrite qu'on peut lire à son gré. Toutes les expériences de cette nature nécessitent le concours actif de la volonté de deux personnes, et, des deux esprits, c'est celui du sujet qui est le plus actif. Nous avons substitué au terme de « lecture de pensée » celui de « transmission de pensée » ; le mot pensée est ici entendu dans son sens large, il signifie pour nous les phénomènes psychiques de tous ordres. Nous avons désigné du nom de phénomènes télépathiques à la fois les expériences et les phénomènes spontanés.

§ 2. — C'est dans l'état magnétique que l'on a observé pour la première fois la transmission de la pensée. Les observations sont en très petit nombre. Elles sont éparses ; elles ont été faites, en France surtout, de 1823 à 1830. Le phénomène que l'on observait, c'était une certaine communauté de sensations entre l'opérateur et le sujet. Pour nous le rapport magnétique n'est rien autre chose, à ce point de vue du moins, que la faculté de transmettre la pensée restreinte pour l'opérateur au sujet seul, et rendue plus intense par cela même. La déconsidération qui a longtemps pesé sur le magnétisme a atteint en même temps les expériences sur la transmission de la pensée. Lorsque l'on s'est mis à étudier scientifiquement l'hypnotisme, on a été si frappé des effets de la suggestion verbale que l'on n'a accordé que peu d'attention aux très rares phénomènes de télépathie. M. Esdaile, le D$^r$ Elliotson, Reichenbach, ont rapporté cependant de nombreux exemples de télépathie dans l'état hypnotique. Mais, malgré leur intérêt, leurs observations et celles de quelques autres savants, le professeur Grégory par exemple, le D$^r$ Mayo, le Révérend H. Townsend, ont perdu beaucoup de leur importance pour n'avoir point été contrôlées à l'époque où elles ont été faites. C'est surtout à l'étude des faits les plus récents que nous avons dû nous attacher.

§ 3. — Les phénomènes dont nous avons maintenant à parler ont été observés à l'état de veille. A l'automne de 1876, le professeur W. F. Barrett, dans une note qu'il lut à l'Association Britannique à Glasgow, attira l'attention sur quelques faits remarquables qu'il avait observés chez des sujets hypnotisés. La discussion qui s'éleva dans la presse donna l'occasion au professeur Barrett de faire allusion pour la première fois à une faculté de transmettre la pensée, indépendante du rapport magnétique.

Les circonstances où cet article parut étaient très favorables à cet ordre de recherches: l'attention était attirée vers elles par le jeu de société connu sous le nom de *willing-game*. On sait que ce jeu consiste à faire exécuter, par une personne qui vous tient la main, une action dont on avait convenu d'avance avec d'autres personnes. Il semble que, lorsque la personne réussit à accomplir l'action convenue, c'est par une interprétation inconsciente des très petits mouvements involontaires de celui dont elle tient la main. Ce jeu ne pouvait donc fournir de documents utiles pour l'étude de la transmission de pensée. Mais il avait rendu le service de tourner l'intérêt du public vers cet ordre de questions. On faisait, en même temps, des observations analogues en Amérique. Dans la *Detroit Review of medicine* (août 1875), le D$^r$ Mac-Graw disait que quelques-unes de ces expériences ne pouvaient s'expliquer d'une manière satisfaisante par l'hypothèse des mouvements musculaires inconscients. Mais tous ces phénomènes étaient cependant trop vagues pour qu'il fût facile d'en tirer quelque chose, et les chances d'erreur étaient trop nombreuses. Il était impossible de faire le départ de ce qui appartenait dans les phénomènes à l'interprétation des mouvements inconscients et de ce qui appartenait à une transmission hypothétique de la pensée.

§ 4. — On s'aperçut bientôt que le contact n'était pas nécessaire pour la transmission d'une impression, et que l'on pouvait non seulement, sans l'intervention d'aucun signe, commander des actes, mais faire décrire un objet pensé par un expérimentateur. Il est beaucoup plus facile, dans ce cas, de se mettre à l'abri des chances d'erreur. On peut certainement indiquer involontairement l'objet par la direction du regard, mais il suffit de choisir un objet qui ne soit pas dans la pièce où l'on se trouve. Il faut aussi faire grande attention aux mouvements des lèvres et éviter tout signe d'approbation ou de désapprobation qui, si léger qu'il soit, pourrait guider le sujet. Mais il semble que ce soient là des dangers moins à redouter, quand les expériences sont faites entre personnes qui se connaissent et qui ont l'habitude de l'observation scientifique. Nous ne rappelons que pour mémoire les cas où, par un système de signaux, l'expérimentateur avertit le sujet; ces signaux ne peuvent guère consister qu'en bruits alternativement longs et courts, et l'on peut, en observant avec grand soin l'expérimentateur, en s'assurant qu'il ne tousse pas, qu'il ne fait aucun bruit avec le pied, qu'il respire régulièrement, se mettre à l'abri dans une large mesure contre les causes d'erreurs volontaires qui pourraient être introduites dans l'expérience. Il sera plus sûr, néanmoins, de n'opérer jamais qu'avec des personnes dont l'absolue bonne foi est certaine. Voici quelles sont les conditions qui doivent être remplies, pour qu'une expérience soit démonstrative. Il faut, ou bien être soi-même expérimentateur ou sujet, ou bien être aussi sûr de l'expérimentateur ou du sujet qu'on peut l'être de soi-même, ou bien enfin il faut qu'il y ait plusieurs expérimentateurs et plusieurs sujets choisis de telle sorte que de la part de chacun, la fraude ou une inintelligence qui ferait croire à la fraude soient assez improbables pour que la combinaison de tant d'improbabilités soit moralement impossible. C'est ce troisième mode de démonstration qui est, pratiquement, le plus important. C'est de l'accumulation des expériences que doit résulter la certitude. Ce n'est pas sur l'honnêteté et l'intelligence de chaque expérimentateur pris en particulier que nous faisons reposer la preuve de l'exactitude de nos expériences; c'est sur ce fait qu'il est inadmissible qu'un grand nombre de personnes réputées intelligentes et honnêtes se soient toutes laissé entraîner à des fraudes, ou se soient toutes laissé tromper.

§ 5. — Citons tout d'abord les expériences qui ont été faites par M. Richet, et dont les résultats ont paru dans la *Revue Philosophique* (décembre 1884), sous ce titre: *la Suggestion mentale et le Calcul des Probabilités*. Sur une série de 2,997 expériences, il obtint 789 succès, tandis que le nombre probable était de 732. Nous avons, depuis, reçu les résultats de 17 séries d'expériences : le nombre total des expériences est de 17,653, le nombre total des succès est de 4,760, et ce nombre dépasse de 347 le nombre probable.

Dans une série d'expériences faites par M$^{lles}$ Wingfield (*The Redings, Totteridge*), le nombre des succès fut encore plus remarquable. Le sujet devait deviner un nombre de deux chiffres (de 10 à 99). Sur 2,614 expériences, on obtint 275 succès, tandis que le nombre probable était de 29. Dans la dernière série de 506 expériences, on obtint 21 succès.

Dans une série de 400 expériences faites en juin 1886, M$^{lles}$ Wingfield obtinrent 27 succès complets. Le nombre probable était 4 (1). Dans 21 autres cas, les deux chiffres étaient exacts, mais leur ordre était renversé. Dans 162 autres cas, un des chiffres était exact et à la place où il devait être (Edit. angl., t. II, p. 653) (2).

---

(1) Les quelques nombres qui contiennent deux chiffres étaient écrits sur quelques morceaux de papier qu'on mettait dans une coupe. Miss M. Wingfield s'asseyait à six pieds du sujet, derrière lui, prenait un morceau de papier au hasard et fixait son attention sur le nombre qui y était inscrit ; Miss K. Wingfield (le sujet) disait un nombre et on écrivait dans la table le nombre vrai et le nombre conjecturé. On remettait alors le morceau de papier dans la coupe, on brouillait les morceaux de papier et on tirait de nouveau un nombre.

(2) Cf. le récit du chanoine Lefroy, St-Andrews, Liverpool ; t. II, p. 655. — Expériences de M. le D$^r$ Liébeault, de Nancy, t. II, p. 657, 660. — Expériences du D$^r$ Ochorowicz dans la *Suggestion mentale* (édit. angl., t. II, p. 661) (sur 101 expériences 21 succès complets, 7 succès partiels); de M. Chiltoff, de Kharkow, Russie, t. II, p. 663.

Sur la transmission des nombres, voir tout spécialement l'article de M$^{me}$ Sidgwick dans les *Proceedings of S. P. R.* (XV).

## BASE EXPÉRIMENTALE : LA TRANSMISSION DE LA PENSÉE 23

§ 6. — Il faut maintenant passer à une autre classe d'expériences. L'expérimentateur fait un dessin grossier et concentre toute son attention sur lui ; au bout de quelques minutes, le sujet reproduit le dessin ou un dessin analogue sur un morceau de papier. On ne permet pas à l'expérimentateur de communiquer d'aucune manière avec le sujet. Nous devons les plus remarquables expériences de cette espèce à M. Malcolm Guthrie, J. P. (Liverpool). Il commença ses expériences en octobre 1883. Les agents étaient : M. Guthrie, M. Steele, président de la Société philosophique et littéraire de Liverpool ; M. Birchall, secrétaire de la même Société ; M. Hughes, B. A., de Saint-John's College (Cambridge), et moi-même. Les sujets étaient Mlle Relph et Mlle Edwards ; on exécutait la plupart du temps le dessin original dans une autre pièce que celle où se trouvait le sujet. Dans les cas où il n'en était pas ainsi, le sujet avait les yeux bandés pendant qu'on faisait le dessin. Lors de l'expérience, l'agent tenait les yeux fixés sur le dessin qui était placé sur un pupitre ; il gardait rigoureusement le silence. Le sujet était assis de l'autre côté du pupitre, les yeux bandés, et tout à fait immobile. On enlevait son bandeau au sujet lorsqu'il disait qu'il était en état de reproduire le dessin, et la position qu'il occupait était telle qu'il lui était impossible de jeter même un regard sur le dessin original. Un grand nombre de ces expériences eurent un succès complet, comme l'on peut s'en assurer par les expériences qui ont été publiées dans l'édition anglaise (1).

Peu de temps après la publication de ces expériences, M. Guthrie eut l'heureuse chance d'obtenir la collaboration active de M. Olivier D. Lodge, professeur de physique à University College, Liverpool. Les résultats de ces nouvelles expériences furent aussi frappants que ceux des expériences précédentes. Il convient d'en rapprocher les recherches faites par la Société américaine pour les recherches psychologiques, et tout spécialement par M. W. N. Pickering et sa belle-sœur (*Science*, juillet 1885).

---

(1) Voir vol. I, p. 39-48 ; vol. II, p. 644-653 ; voir aussi *Proceedings of the Society for Psychical Research*, t. I (1882-1883), p. 83-97 et 175-215 ; t. II (1883-1884), p. 208-215. Partie XI, mai 1887, p. 327 ; partie XII, juin 1888, p. 169-215, p. 56-110 (expériences de M. Ch. Richet).

§ 7. — A côté de ces transmissions d'idées et de pensées, il faut faire une place aux transmissions de sensations ; ce sont même les phénomènes qui, logiquement, devraient être exposés les premiers ; mais nous avons suivi l'ordre dans lequel les recherches ont été faites. Les expériences ont porté principalement sur le goût, l'odorat et le toucher. Il faut rapprocher ces faits de la communauté de sensations qui peut exister entre un sujet magnétisé et son magnétiseur. Les expériences sur le goût ont été faites d'abord par M. Guthrie (30 août 1883) ; il les a continuées la semaine suivante avec M. Myers et moi. On avait pris des précautions minutieuses pour que le sujet ne pût deviner par l'odeur quelle était la substance goûtée par l'expérimentateur. L'expérimentateur tenait la main du sujet, il savait seul quelle était la substance qu'il goûtait. Le sujet devait nommer la substance, et s'il ne pouvait y réussir indiquer la sensation qu'il éprouvait. Sur une série de 32 expériences, il y eut 13 succès complets, et la plupart des échecs ne sont en réalité que des demi-échecs. Dans une nouvelle série d'expériences, M. Guthrie essaya de se mettre à l'abri des causes d'erreur qui pouvaient provenir de l'odorat. Les sujets et l'expérimentateur étaient placés dans des pièces différentes. Une ouverture de 10 centimètres carrés et demi avait été faite dans la cloison qui séparait les deux chambres ; un panneau de bois recouvert de caoutchouc s'adaptait exactement dans l'ouverture. A travers une fente pratiquée dans ce panneau, l'expérimentateur passait sa main, que les deux « sujets » pouvaient alors toucher. Avec ces précautions, il était impossible à la moindre odeur de pénétrer dans la pièce. M. Guthrie fit, en même temps et avec le même dispositif, des expériences sur l'odorat.

Ces expériences furent reprises en juin 1885 par le D$^r$ Hyla Greves et M. R. C. Johnson. En décembre 1882, nous commençâmes à faire quelques expériences sur la transmission de la douleur. Dans une série de 20 expériences, faites de novembre 1884 à juillet 1885 à Liverpool, par M. Guthrie, le professeur Herdman, le D$^r$ Hicks, le D$^r$ Hyla Greves, M. R. C. Johnson, F. R. A. S. M. Birchall et M$^{lle}$ Redmond, la douleur fut localisée avec précision par le sujet 10 fois ; dans 6 cas les localisations furent à peu près exactes, et il n'y eut qu'une réponse tout à fait fausse (1).

Citons enfin pour terminer le cas suivant (nous devons ce récit à M. C. Kegan Paul) :

27 mai 1884.

Je demeurai à Great Tew, dans l'Oxfordshire, depuis mars 1851 jusqu'en mai 1852. Pendant que je demeurais dans ce village, il m'arriva ce que je vais raconter. Je ne puis fixer le mois avec précision; je puis dire seulement que c'était, à ce qu'il me semble, à la fin de l'été de 1851. (Non, je suis maintenant convaincu que c'était en avril 1852.)

J'avais l'habitude de magnétiser fréquemment M. Walter Francis Short, alors simple étudiant au New College (Oxford); c'était, sans exception, la personne de l'un ou de l'autre sexe la plus « sensible » que j'aie jamais connue. Il arrivait d'ordinaire à ce que l'on appelle la clairvoyance, mais cet état le fatiguait toujours, et je fis rarement sur lui des expériences prolongées. En différentes occasions, je m'aperçus qu'une communauté de goût s'établissait entre nous, mais je ne fis qu'une fois une expérience avec plus d'une substance; je me contentais habituellement d'essayer avec un biscuit ou un verre d'eau.

A Great Tew, je poursuivis l'expérience plus avant avec son assentiment, mes deux sœurs seules assistaient à l'expérience. Nous avions dîné dans mon unique salon, *et le dessert se trouvait encore sur la table*. Je crois que mes souvenirs sont exacts (bien que ma sœur F... en doute). J'endormis Short; il était dans un fauteuil, dont je plaçai le dossier contre la table; la figure de Short regardait le mur. Il n'y avait pas de glace dans la chambre. Je demandai à Short, en prenant sa main, s'il croyait pouvoir goûter ce que je prenais dans ma bouche, et il répondit qu'il croyait pouvoir en sentir le goût. Je fermai les yeux, en lui tenant toujours la main, et mes sœurs me mirent dans la bouche diverses choses qui se trouvaient sur la table. Je me souviens seulement des raisins, mais je goûtai de quatre ou cinq substances diverses. Elles furent toutes très exactement décrites; je pense cependant qu'il y eut une certaine hésitation sur l'espèce du vin. Short, toutefois, avait su ce qu'il y avait sur la table, mais il ne pouvait savoir, ni moi non plus, l'ordre dans lequel je goûterais les divers aliments.

Pour pousser l'expérience plus loin, une de mes sœur quitta la chambre, et rapporta diverses choses que je ne connaissais nullement, qu'elle me donnait; j'avais toujours les yeux fermés. Je me souviens des

(1) Cf. édit. angl. t. II, cas 353. M. Townshend, *Facts in Mesmerism*. D$^r$ Eliottson, *Loisl*, vol. V, p. 242-245 (édit. angl., t. II, cas 359). Professeur Smith, de l'université de Sidney (édit. angl., t. II, cas 360). *Proceedings of the S. P. R.*, vol. I, p. 223, vol. II, p. 17, p. 205; vol. III, p. 425, rapport de M. Guthrie sur les expériences de transmission de pensée faites à Liverpool.

épices, du poivre noir, du sel, du riz cru, et enfin du savon. Short reconnut tout, et il rejeta le savon avec grand dégoût en crachant. L'expérience ne s'arrêta que lorsque nous ne trouvâmes plus rien à goûter.

J'avais déjà à ce moment quitté Oxford; Short en fit autant peu après, et nos occupations différentes nous permirent rarement de nous rencontrer. Il était si convaincu de mon pouvoir sur lui qu'il me supplia de ne jamais essayer de le placer sous mon influence magnétique lorsque je serais à une certaine distance de lui, il craignait que je ne le fisse tandis qu'il serait sur la rivière (il était rameur dans le canot d'Oxford). Je l'avais une fois influencé à distance, dans des circonstances assez singulières, et naturellement je lui promis volontiers ce qu'il me demandait.

C. KEGAN PAUL.

Ma sœur F... me fait remarquer avec raison que nous étions les quatre seules personnes qu'il y eût dans la maison. Mon unique domestique était une femme du village, qui vivait tout auprès, qui arrivait et s'en allait à heures fixes, comme un garçon d'Oxford.

Ce récit fut envoyé par M. Paul à sa sœur M<sup>lle</sup> Paul, avec la lettre suivante :

En causant avec mon ami Henry Sidgwick de mes expériences magnétiques d'il y a bien des années, j'en mentionnai une que j'avais faite sur Short à Tew, en votre présence, à M... et à vous. Il m'a demandé de la lui raconter par écrit et de lui envoyer, si possible, vos souvenirs à ce sujet.

Je veux parler de cette expérience où Short, que j'avais magnétisé, put sentir le goût de ce que j'avais dans la bouche. Si vous vous rappelez le moins du monde l'affaire, je voudrais qu'avant de lire ce que j'ai écrit, vous écriviez vous-même ce dont vous vous souvenez avec autant de détails que possible : le moment, l'endroit, les personnes présentes, les choses goûtées, etc.; *lisez* alors mon récit, et écrivez-moi *aussi* jusqu'à quel point vos souvenirs, ainsi rafraîchis, concordent avec les miens; conservez les deux récits, même si vous les trouvez contradictoires ; puis envoyez mon récit et le vôtre avec les remarques sous pli à M..., en même temps que cette lettre; demandez-lui de suivre exactement le même plan et de me renvoyer mon récit, le vôtre et le sien *avec cette lettre*.

Je désirerais que vous disiez aussi que vous avez suivi la manière de procéder que je vous ai indiquée ci-dessus.

C. KEGAN PAUL.

M<sup>lle</sup> Paul répondit comme suit, le 27 mai :

Le jeudi 29 avril 1852, ma sœur et moi, nous allâmes passer quelque temps chez mon frère à Great Tew, dans l'Oxfordshire ; M. Short nous rejoignit à Oxford, et vint avec nous à Tew. Comme il rentrait à Oxford, le samedi 1er mai, les expériences de magnétisme, dont je me souviens bien, doivent avoir eu lieu le vendredi 30 avril, dans la soirée, après le dîner. Mon frère magnétisa M. Short, et, lorsqu'il fut endormi, il fit quelques expériences.

Mon frère but du vin (je crois que c'était du Porto), et nous vîmes les lèvres et la gorge de M. Short s'agiter comme s'il avalait; mon frère lui ayant demandé ce qu'il buvait, il répondit aussitôt en disant ce que c'était. L'on avait été prendre le vin dans le buffet, et M. Short, eût-il été éveillé, n'eût pu savoir ce que c'était avant d'avoir goûté.

(Je crois que mon récit est plus exact. — C. K. P.).

Ma sœur alla alors chercher du poivre noir dans la cuisine et le mit dans la main de mon frère, qui en prit un peu dans sa bouche. M. Short aussitôt le goûta, et, mon frère lui demandant ce qu'il avait dans la bouche, il répondit que c'était très chaud et désagréable, mais qu'il n'était pas très sûr de ce que c'était. Mon frère tenait tout le temps la main de M. Short.

La seule autre chose que je me rappelle, c'est que, mon frère ayant retiré sa main et substitué à la sienne celle de ma sœur, M. Short parut souffrir et déclara que le changement lui était désagréable.

Il n'y avait que nous dans le petit cottage à ce moment-là.

C. K. Paul.

*P. S.* — Après avoir écrit mon récit, j'ai lu celui de mon frère, et je le crois très exact, car maintenant que l'on me rappelle le savon, etc., je puis vaguement m'en souvenir, mais non pas clairement, comme des choses que j'ai écrites.

Je crois de même que le dessert avait été enlevé et qu'on avait sorti le vin exprès.

Je me rappelle la date, parce que j'ai toujours noté très brièvement les événements de chaque jour.

L'autre sœur de M. Paul, Mme P..., écrit le 29 mai 1889 :

Je me souviens que dans l'année 1852 ou 1853, à Bloxham, je crois (certainement Tew. — C. K. P.), mon frère fit des expériences sur un de nos amis, M. Short, qu'il avait l'habitude de magnétiser. Un soir, je le vis magnétiser M. Short, et, pendant qu'il se trouvait dans cet état, mon frère demanda un verre d'eau ou de vin et le but. M. Short parut boire, et fit le simulacre d'avaler; puis il répondit, lorsqu'on lui demanda ce que c'était; mais l'expérience que je me rappelle le mieux, c'est la suivante. J'allai chercher du poivre, et je le donnai à mon frère, il en mit dans sa bouche; M. Short parut souffrir, et il dit, « chaud ». Alors je pris sa main : sa figure changea, et je crois qu'il dit : « dégoûtant ». Je sais qu'il semblait ne pas aimer d'autre contact que celui de mon frère; je sais qu'il y eut d'autres expériences, mais il y a si longtemps de cela que je ne puis m'en souvenir très bien. — M. E. P.

*P. S.* — Après avoir écrit cette note, j'ai lu le récit de mon frère; il me semble exact dans l'ensemble.

### Le Révérend W. F. Short écrit à M. Podmore :

The Rectory, Donhead St Mary, Salisbury, 12 juin 1884.

Cher Monsieur, Stock me dit que vous désireriez avoir un récit de quelques-unes des expériences magnétiques que j'ai faites à Great Tew dans l'année 1852. Bien volontiers, mais trente-deux ans peuvent avoir affaibli ma mémoire en ce qui concerne les détails, et je voudrais que Kegan Paul vît le récit avant qu'on en fît usage.

J'étais venu par hasard à New-College une semaine avant l'époque réglementaire, et, trouvant le collège vide, j'acceptai l'invitation de Paul, alors vicaire à Great Tew. Un soir, le jeudi suivant, je crois, il me magnétisa, et fit, je crois, quelques expériences heureuses de « transmission du goût »; mais je ne puis rien en dire, car j'étais plongé dans un profond sommeil. Lorsque je fus éveillé, il me dit : Nous avons essayé de vous faire visiter New-College, mais vous disiez que ce n'était que des conjectures et vous n'avez voulu rien nous dire.» Je répondis : » Il me semble avoir rêvé de la salle commune des Juniors de New-College, et avoir vu B... et G... assis à une petite table ronde près du feu, avec la lampe sur la grande table près d'eux, et en train de jouer aux cartes. » On convint que je vérifierais la vérité de mon assertion à mon retour à Oxford, le vendredi (un jour avant la rentrée générale). En entrant au collège, je rencontrai B..., et lui dit : « Déjà là? Y en a t-il d'autres arrivés? — Oh! oui, une demi-douzaine, G... et tel et tel, etc. — Étiez-vous dans la salle commune hier soir à 10 heures (?)? — Oui. — Qui était avec vous? — Oh! toute la bande. Non, vers dix heures tout le monde était parti, sauf G... et moi. — Où étiez-vous assis? — A une petite table près du feu, il faisait si froid. — Avec la lampe sur la grande table auprès de vous? — Oui, tout près de nous. — Alors je vous dirai ce que vous faisiez. Vous jouiez aux cartes. — Comme c'est bizarre! Nous ne jouions pas aux cartes, mais G... me montrait des tours de cartes. »

J'ai toujours considéré ceci comme un excellent cas, trop exact pour être une simple coïncidence; mais ceux qui ne croient pas, comme moi, à la seconde vue, jugeront probablement que j'ai fait une conjecture heureuse.

Je n'ai été mêlé depuis bien des années à aucune expérience de magnétisme, mais, après celle dont je viens de parler, j'en ai vu pendant quelques années beaucoup d'autres, et je ne doute pas plus de la réalité du magnétisme, même sous ses formes les plus élevées, la seconde vue, etc., que de mon existence.

Je doute que B... se rappelle ce que je vous ai raconté (je ne crois pas que G... en ait jamais entendu parler); je lui écrirai si vous le désirez, mais je suis débordé de travail en ce moment.

Croyez-moi votre très sincère.

W. H. SHORT.

M. Short nous a écrit, le 18 février 1885 :

Mon ami B... ne s'est point rappelé les faits (c'est assez naturel), bien que je sois sûr de cet incident.

M. C. Kegan Paul nous écrit, le 16 juin 1884 :

Je regrette d'avoir à dire que je ne me rappelle pas grand'chose à propos de la seconde vue qui se serait manifestée chez Walter Short, lors de l'expérience que j'ai faite sur lui, bien que je me souvienne très nettement de la communauté de goût dont j'ai parlé à M. Sidgwick.

Short présenta la seconde vue plusieurs fois lorsque je le magnétisai, mais je ne puis me rappeler les détails avec exactitude. Je me rappelle seulement que le soir en question, après avoir essayé quelques expériences, Short déclara qu'il était fatigué et qu'il désirait être réveillé. Je ne me rappelle pas qu'il ait parlé de « son rêve », et je ne me souviens pas d'avoir appris ensuite qu'il avait été exact. Il est probable qu'il a parlé de son rêve, mais que j'y fis peu d'attention, tout entier à ma première expérience, et que, comme je ne le voyais que de temps en temps et que nous n'étions pas en correspondance, je n'entendis jamais parler de la vérification que le rêve avait reçue.

§ 8. — Passons maintenant à une autre classe d'expériences. Nous voulons parler des cas où la conscience du sujet n'intervient pas ; ces cas sont de deux espèces : A l'une, la première, appartiennent les actes purement automatiques ; à l'autre, au contraire, les phénomènes où quelque idée de ce qu'il y avait à faire a précédé ou accompagné le mouvement musculaire. Parlons d'abord des faits de la seconde catégorie. Nous avons constaté souvent qu'un expérimentateur pouvait, sans parler, par un simple ordre mental, empêcher un sujet d'exécuter un mouvement. Les premières expériences ont été faites en janvier 1883. Le sujet était notre ami M. Sydney H. Beard, qui avait été légèrement hypnotisé par M. Smith. Une liste de douze *oui* et *non* fut écrite par l'un de nous et mise dans la main de M. Smith. M. Smith devait *vouloir* que le sujet répondît ou ne répondît pas d'après le oui ou le non porté sur la liste. Les *oui* et les *non* étaient dans un ordre complètement arbitraire. M. Beard était couché, les yeux fermés. On faisait vibrer un diapason auprès de son oreille, et on lui demandait : Entendez-vous ? Il répondait : oui ou non, d'après l'ordre mental que lui donnait M. Smith. Le succès fut complet. Une plus longue série d'expériences fut entreprise à Dublin en novembre 1883 par M. Barrett. L'hypnotiseur était encore M. Smith.

Dans une série de 12 expériences faites à Brighton, le 10 septembre 1883, par M. Smith, sur un jeune menuisier du nom de Conway, on obtint 11 succès.

§ 9. — Dans les expériences de cette espèce, il est fort difficile de s'assurer que l'idée consciente de l'action que l'expérimentateur commande ou interdit, ne précède ou du moins n'accompagne pas les mouvements musculaires. Nous avons un meilleur procédé pour étudier les phénomènes inconscients de cette espèce, c'est l'écriture automatique. Si les mots automatiquement écrits par le sujet correspondent à la pensée qui était dans l'esprit de l'expérimentateur, il faudra bien admettre qu'il y a eu action de la pensée de l'expérimentateur sur celle du sujet. Nous avons recueilli plusieurs exemples de cette forme motrice de la télépathie expérimentale. Souvent le sujet a répondu en écrivant soit avec la planchette, soit avec un simple crayon, à une question qui lui avait été mentalement posée, sans qu'il ait eu la moindre conscience de la question, ni de la réponse. Les meilleurs exemples que nous puissions citer de cette espèce de phénomènes, ce sont les expériences faites sur sa femme par le Rév. P. H. Newnham ; il était alors curé de Maker, Devonport ; il est mort depuis. M. Newnham a fait 309 expériences. En voici les détails : « M^me Newnham était assise à une petite table basse sur une chaise basse, penchée en arrière ; j'étais assis à huit pieds d'elle, à une table un peu plus haute, et je lui tournais le dos, en écrivant la question que je voulais lui poser. Et il était absolument impossible qu'elle vît ou qu'elle perçût d'aucune façon aucun geste ou aucun jeu de physionomie. D'ordinaire elle avait les yeux fermés, mais jamais elle n'a été hypnotisée. Les expériences furent prolongées pendant huit mois environ. Les réponses ont été souvent exactes (1). »

(1) Fr. W. H. Myers : *On a telepathic explanation of some so called spiritualistic phenomena* (Proceedings of S. P. R., 1883-84, p. 217). — *Automatic writing* (Proc. of S. P. R., 1885, p. 1 ; mai 1887, p. 209 ; juin 1889, p. 222). Cf. les cas de

Il faut remarquer que dans les cas de télépathie expérimentale que nous venons de rapporter, l'idée et le mot transmis semblent souvent n'avoir point été présents à ce moment à la conscience de l'agent. L'idée qu'il existe une intelligence inconsciente aussi bien chez l'agent que chez le sujet, s'imposera à nous quand nous en viendrons à considérer les cas de télépathie spontanée. Les phénomènes étudiés par M. Richet nous permettent aussi de conclure que ce qui agit ce n'est pas la volonté, mais l'idée qui occupe consciemment ou inconsciemment l'esprit de l'expérimentateur (1).

M<sup>lle</sup> Robertson, 229, Marylebone Road, Londres, W.; de M. George D. Trent, 65, Sandgate Road, Folkestone ; voir *Ph. of L.*, t. I, p. 71, éd. angl. — Cf. Ch. Richet, *la Suggestion mentale et le Calcul des probabilités*, dans la *Revue Philosophique*, décembre 1884. — Des cas analogues à ceux que M. Richet a constatés ont été observés par MM. F. W. H. Myers et A. T. Myers (expérience du 2 septembre 1885).

(1) Il faut rapprocher encore de ces cas ceux qui sont cités par M<sup>me</sup> Wingfield, 34, Ennismore Gardens, Londres, S. W.; M<sup>lle</sup> Birrel, 37, Addison Gardens, North Kensington, Londres, W.; M<sup>me</sup> Medley, Walden House, All Saints Street, Nottingham (*Ph. of L.*, t. II, p. 670-671 ; éd. angl.)
Citons encore les cas suivants de transmission expérimentale de la pensée : Ch. Richet, *Bulletin de la société de Psychologie physiologique*, 1885, éd. angl., cas 362; Beaunis, *Bulletin de la société de psychologie physiologique*, éd. angl., cas 363 ; Macario, *Du Sommeil, des rêves et du somnambulisme*, 1857, p. 185-186, éd. angl., cas 364-365 ; M<sup>me</sup> Pinkey, 18, Bassett Road, Ladbroke Grove Road, Londres, W., éd. angl., cas 366 ; Capitaine Battersby, Ordnance House, Enniskillen (Irlande) ; éd. angl., cas 367. — D<sup>r</sup> Pétletin, *Electricité animale*, p. 62-65, éd. angl., cas 368; Sergeant Cox, *Méchanism of man*, t. II, p. 175-187, éd. angl., cas 369.

# CHAPITRE III

## PASSAGE DE LA TÉLÉPATHIE EXPÉRIMENTALE A LA TÉLÉPATHIE SPONTANÉE

§ 1. — Dans les cas que nous venons d'étudier dans le chapitre précédent, l'expérimentateur et le sujet prenaient part consciemment et volontairement à l'expérience. Dans les cas de télépathie spontanée, l'agent n'exerce aucune action consciente ni volontaire et la personne qui éprouve l'impression ne s'attend pas d'avance à l'éprouver. Mais il y a des cas où un expérimentateur cherche à exercer une action sur un sujet qui n'est point prévenu. Ce sont là les cas que nous étudierons dans ce chapitre; ils peuvent servir de transition entre les transmissions expérimentales de pensées et les cas de télépathie spontanée.

§ 2. — Ce sont tantôt des idées et des sensations qui se transmettent ainsi, tantôt des ordres plus ou moins exactement obéis. Il semble au premier abord que ce soit l'ordre d'exécuter tel ou tel mouvement qui se transmette le plus aisément, mais c'est là une idée qui n'a pas en réalité de fondement. Beaucoup de personnes affirment qu'elles peuvent faire retourner les gens à l'église ou au théâtre simplement en le voulant. Mais ce sont des affirmations vagues qui ne reposent jusqu'à présent sur aucune preuve. Dans le cas même où les phénomènes sont réels, ils peuvent s'expliquer dans la plupart des cas par des suggestions qui n'ont rien à faire avec la transmission de pensée. La plupart du temps il existe une influence générale de l'opérateur sur le sujet, influence qui s'exerce même en l'absence de l'opérateur, et qui suffit à rendre compte des faits, sans qu'il y ait besoin de recourir à un acte spécial de volonté. Il semble cependant que dans certains cas, l'opérateur ait réussi à endormir à distance son sujet. Les meilleurs exemples que l'on puisse citer de ce fait, ce sont les expériences faites au Havre par M. Pierre Janet et M. le docteur Gibert (1). On peut en rapprocher le cas publié par le docteur Dussart, dans la *Tribune Médicale* (16 et 30 mai 1875). Cette observation a été reproduite par M. le professeur Gley dans le *Bulletin de la Société de Psychologie physiologique*, 1886, p. 38.

§ 3. — Il existe des cas où des personnes, qui semblaient être dans un état parfaitement normal, ont été contraintes par la volonté d'une autre à des actions qu'elles ne voulaient pas faire. Il semble qu'on ait toujours affaire, dans ce cas, à un expérimentateur doué d'un très grand pouvoir magnétique. Le révérend J. Lawson Sisson, recteur d'Edingthorpe, North Walsham, rapporte l'expérience suivante qui a été faite sur une dame qui ne croyait point à la réalité de ces phénomènes; elle avait été soumise pour la première fois, pendant le cours de cette soirée même, à une très légère action hypnotique, qui n'avait duré que quelques instants.

I. (2) La conversation tomba sur d'autres sujets, et l'on se mit alors à souper. Quelques-uns des hommes, et j'étais de ce nombre, furent forcés de rester debout. J'étais appuyé contre le mur et je causais avec un ami, je me trouvais derrière le dos de M<sup>lle</sup> Cooke, à trois ou quatre pieds d'elle à peu près. Son verre était rempli de vin, et je décidai qu'elle ne boirait pas sans ma permission. Je continuai à causer tout en surveillant les nombreuses et vaines tentatives qu'elle faisait pour porter le verre à sa bouche. Elle le levait parfois à quelques pouces au-dessus de la table, parfois un peu plus haut; mais elle sentait très certainement que, pour une cause ou pour une autre, il lui était impossible de boire. A la fin, je lui dis : « M<sup>lle</sup> Cooke, pourquoi ne buvez-vous pas votre vin? » et elle de répondre tout de suite : « Je le ferai, quand vous me le permettrez. »

On peut rapprocher de cette expérience les cas suivants: M. Barth, *Zoïst*, vol. VIII, p. 280 (éd. angl., cas 3); M. N. Dunscombe, J. P. *Zoïst.*, vol IX, p. 438 (éd. angl., cas 4); M. H. S. Thompson, de Moorfields, Yorkshire (éd. angl., cas 5).

Le cas suivant est un échec partiel, mais il est fort intéressant. Nous avons, en effet, l'avantage d'avoir le témoignage de la per-

---

(1) *Bulletin de la Société de Psychologie physiologique*, 1885, p. 24; 1886, p. 70; cf. les expériences de M. le professeur Ch. Richet, *Bulletin de la Société de Psychologie physiologique*, 1888, p. 1, cf. docteur Esdaile, *Natural and mesmeric Clairvoyance*, pp. 227-228 (éd. angl., cas 1).

sonne même qui a ressenti l'impression. Cette dame est une cousine de M. Thompson; elle a eu plusieurs fois d'autres impressions analogues, mais elle ne peut se souvenir avec précision que de celle-ci:

II. (6) J'étais assise un jour dans la bibliothèque. Il n'y avait dans la chambre personne que mon cousin Henry Thompson, qui était occupé à lire à l'autre extrémité de la pièce. Peu à peu je me sentis gagnée par une impulsion dont je ne me rendais pas compte, celle de me lever et d'aller l'embrasser. J'avais l'habitude de l'embrasser depuis son enfance, à certains moments, lorsque je quittais le salon pour aller me coucher, ou lorsqu'il me disait au revoir à la fin d'une visite, etc., je le faisais par habitude, et non par plaisir. Dans ce cas-ci, l'envie de l'embrasser me parut chose si extraordinaire et si ridicule, qu'il me fut impossible de l'embrasser en réalité. Je ne me rappelle pas avoir quitté la chambre, bien que *j'aie pu* le faire, mais quand le soir il me dit à dîner : « J'ai essayé de vous imposer ma volonté, mais je n'ai pas réussi. » Je répondis : « Je sais parfaitement quand vous l'avez essayé, et je sais aussi ce que vous vouliez que je fisse, bien que je ne m'en sois pas doutée à ce moment-là. Ce que vous vouliez, c'était que je vous embrasse dans la bibliothèque, et j'avais la plus grande envie de le faire! — Et pourquoi donc ne l'avez-vous pas fait? » me demanda-t-il, et il se mit à rire aux éclats, lorsque je lui répondis que j'avais été si étonnée d'éprouver ce désir de l'embrasser que cet étonnement même m'avait permis de résister à mon désir. Je n'avais jamais été hypnotisée par lui, et ma volonté n'était pas soumise à la sienne.

Il faut dire ici un mot sur le rôle de la volonté dans les expériences télépathiques. Il est certain que la volonté de l'opérateur joue dans ces expériences un rôle actif; mais on se trompe souvent sur l'étendue de son action. Dans la transmission de pensée ordinaire, son rôle se borne probablement à déterminer une concentration énergique de l'attention de l'agent sur la sensation ou l'idée qu'il désire transmettre. L'expérimentateur désire naturellement que l'expérience réussisse; mais en admettant même qu'il désirât la voir échouer, rien ne démontre que ce désir eût la moindre influence sur le résultat, pourvu seulement que sa pensée conservât la concentration nécessaire. Le cas est un peu différent lorsqu'il s'agit de mouvements à exécuter. Nous nous imaginons plus facilement diriger nous-mêmes les mouvements que la pensée d'un sujet. Mais même en ce cas, il y a peu de raisons de croire que c'est grâce à sa force de volonté que l'opérateur fait exécuter au sujet les mouvements qu'il désire. Ce qui est suggéré au sujet, c'est une image motrice qui détermine directement des mouvements musculaires. Il faut remarquer que la plupart du temps, les actions exécutées par le sujet sont très simples, et que le sujet et l'opérateur se trouvent à une très petite distance l'un de l'autre. Nous avons, cependant, dans notre recueil, deux exemples de cas où la distance entre l'agent et le sujet était assez grande, et où l'action à accomplir était un peu plus compliquée qu'à l'ordinaire. C'est l'expérimentateur lui-même, M. S.-H. B., notre ami, qui nous a envoyé, en 1883, le cas que voici ; (nous avons copié la première partie du récit sur un manuscrit où M. B. l'avait consigné avec d'autres expériences.)

III. (7) Le mercredi, 26 juillet 1882, à 10 heures 30 du soir, je *voulus* très fortement que M$^{lle}$ V..., qui demeurait Clarence Road, à Kew, quittât l'endroit de la maison où elle se trouvait à ce moment, et allât dans sa chambre à coucher prendre un portrait placé sur sa toilette.

Lorsque je la vis un peu plus tard, elle me raconta qu'à cette heure et ce jour là elle s'était sentie fortement poussée à aller dans sa chambre et à ôter quelque chose de sa table de toilette, mais qu'elle ne savait pas au juste quel objet déplacer. Elle accomplit l'action qui lui était suggérée et enleva un objet de sa table, mais ce n'était pas le portrait encadré auquel j'avais pensé.

Entre le jour de cet événement et celui de notre rencontre, je reçus une ou deux lettres, dans lesquelles elle faisait allusion à l'affaire, et répondait à mes questions sur ce qui s'était passé.

S.-H. B

M. B. lui-même se trouvait à Southall, à 6 ou 7 kilomètres de Kew, le soir où il fit cette expérience. Il nous a montré les lettres dont il parle, et nous a permis d'en faire quelques extraits.

Le jeudi 27 juillet, n'ayant pas vu M. B..., et n'ayant eu aucune communication avec lui, M$^{lle}$ Verity (qui demeure maintenant Castelain Road, Londres, W., et qui nous autorise à publier son nom) lui écrivit en ces termes :

Que faisiez-vous entre 10 et 11 heures mercredi soir ? Si vous m'agitez ainsi, je commencerai à avoir peur de vous. Je ne *pouvais* réellement pas rester dans la salle à manger, et je pense que vous désiriez que je monte, et que j'enlève quelque chose de ma table de toilette. Je veux voir si vous savez ce que c'était. En tout cas, je suis *sûre* que vous pensiez à moi.

M. B. écrivit alors à M^me Verity que l'objet auquel il avait pensé, c'était la photographie de M. G... Elle répondit:

> Je dois vous dire que ce n'était pas la photographie de G..., mais un objet qui était sur ma table et auquel vous n'auriez jamais pensé. Toutefois, l'impossibilité où je me trouvais de penser ou de faire quoi que ce soit jusqu'à ce que je sois montée et que j'aie su, sans doute aucun, que l'objet auquel vous pensiez était là, est vraiment surprenante ; en réalité, il me semblait que vous étiez tout près.

Plus d'une année après que ces lettres eurent été écrites, un récit absolument identique nous fut fait de vive voix par M^lle Verity, que nous considérons comme un témoin très exact et très consciencieux.

Nous avons un autre exemple tout semblable et qui s'appuie sur un témoignage très digne de foi, mais nous ne sommes pas autorisés à le publier.

§ 4. — Venons-en maintenant aux cas où il s'agit de la transmission d'idées et de sensations. Les témoignages recueillis par les observateurs antérieurs sont pour cette classe de faits tout à fait insuffisants. L'exemple le plus frappant de transmission d'idées est celui qui est donné par le Rev. L. Lewis (*Zoist*, vol. V, p. 324) (éd. angl., cas 8) (1).

Dans ce cas, l'agent et le sujet étaient tout près l'un de l'autre ; le sujet était hypnotisé. Nous n'avons pas d'exemple d'une *idée* transmise à grande distance à un sujet éveillé. Dans les expériences de transmission de pensée, le sujet se met lui-même en état de réceptivité, l'attente joue un rôle incontestable ; ce sont là des conditions favorables qui ne sont pas remplies lorsque le sujet n'est pas prévenu de l'expérience qui va être faite sur lui. Une idée qui n'est jointe à aucune émotion ne peut guère, semble-t-il, exercer sur un esprit qui n'est point préparé à la recevoir une action assez considérable pour être perçue. Si même elle était perçue, elle serait comme perdue au milieu de l'essaim des autres idées, et le sujet, qui ne serait point prévenu qu'on a fait une expérience sur lui, n'en garderait aucun souvenir. La même remarque s'applique aux cas de télépathie spontanée. C'est seulement lorsque la vision

---

(1) Cf. M. J.-A. Smith, 102, Arches. Brighton. (éd. angl., cas 9).

du sujet coïncide avec une circonstance très frappante de la vie de l'agent que la preuve est possible. Mais il se peut fort bien que, dans le cours ordinaire de la vie, il se produise fréquemment des transmissions de pensée que nous n'avons aucun moyen de constater (1).

§ 5. — Voici maintenant des cas que nous avons recueillis nous-mêmes :

IV.(13) Le sujet de l'expérience est notre ami, le Rév. W. Stainton Moses; il croit posséder un récit contemporain de l'événement, mais il n'a pu encore le retrouver au milieu de ses papiers. Nous connaissons un peu l'agent. Son récit a été écrit en février 1879, et on n'y a fait en 1883 que quelques changements de mots, après l'avoir soumis à M. Moses, qui l'a déclaré exact.

Un soir, au commencement de l'année dernière, je résolus d'essayer d'apparaître à Z... qui se trouvait à quelques milles de distance. Je ne l'avais pas informé d'avance de l'expérience que j'allais tenter, et je me couchai un peu avant minuit, en concentrant ma pensée sur Z...; je ne connaissais pas du tout sa chambre, ni sa maison. Je m'endormis bientôt, et je me réveillai le lendemain matin sans avoir eu conscience que rien se fût passé. Lorsque je vis Z..., quelques jours après, je lui demandai : « N'est-il rien arrivé, chez vous, samedi soir ? — Certes oui, me répondit-il, il est arrivé quelque chose. J'étais assis avec M... près du feu, nous fumions en causant. Vers minuit et demi, il se leva pour s'en aller, et je le reconduisis moi-même. Lorsque je retournai à ma place, près du feu, pour finir ma pipe, je vous vis

(1) On trouvera des exemples de transmission de sensations dans le *Zoist*, vol. IV, p. 263, cas de M. H.-S. Thompsom (éd. angl., cas 10); cf. Rev. L. Lewis, *Zoist*, vol. V, même article que plus haut (éd. angl., cas 11); M. H.-S. Thompson, *Zoist*, vol. V, p. 257 (cas 12).

Il s'agit dans les cas précédents de sensations musculaires et tactiles, mais les cas les plus probants seraient ceux qui se rapporteraient à des sensations visuelles. Nous n'avons pour ainsi dire pas trouvé d'observations de ce genre dans les recueils antérieurs ; c'est là un fait dont je n'ai en aucune manière l'intention de diminuer l'importance. Il faut remarquer cependant que dans les expériences de cette espèce c'est presque toujours un mouvement que l'expérimentateur cherche à produire. Dans la transmission de la pensée, où il semble bien qu'il y ait place, au contraire, pour des hallucinations visuelles, nous n'en avons jamais observé ; l'image interne ne s'objective pas. Aussi devons-nous être très difficiles en matière de preuves, en raison même de l'extrême rareté du phénomène. Nous ne connaissons que quatre allusions à des faits de ce genre dans des ouvrages antérieurs : Dr Elliotson (*Zoist*, vol. VIII, p. 69); Dr Charpignon, *Physiologie du magnétisme*, Paris, 1848, p. 325 ; Dr Dagonet, *Annales médico-psychologiques*, 6ᵉ série, vol. V, p. 379 ; H. M Wesermann, *Archiv. für den Thierischen Magnetismus*, vol. VI, p. 136-139, 15 juin 1819, Dusseldorf.

assis dans le fauteuil qu'il venait de quitter. Je fixai mes regards sur vous, et je pris un journal pour m'assurer que je ne rêvais point, mais lorsque je le posai, je vous vis encore à la même place. Pendant que je vous regardais sans parler, vous vous êtes évanoui. Je vous voyais, dans mon imagination, couché dans votre lit, comme d'ordinaire à cette heure, mais cependant vous m'apparaissiez vêtu des vêtements que vous portiez tous les jours. — C'est donc que mon expérience semble avoir réussi, lui dis-je. La prochaine fois que je viendrai, demandez-moi ce que je veux ; j'avais dans l'esprit certaines questions que je voulais vous poser, mais j'attendais probablement une invitation à parler. » Quelques semaines plus tard, je renouvelai l'expérience avec le même succès. Je n'informai pas cette fois-là non plus Z... de ma tentative. Non seulement il me questionna sur un sujet qui était à ce moment une occasion de chaudes discussions entre nous, mais il me retint quelque temps par la puissance de sa volonté, après que j'eus exprimé le désir de m'en aller. Lorsque le fait me fut communiqué, il me sembla expliquer le mal de tête violent et un peu étrange que j'avais ressenti le lendemain de mon expérience. Je remarquai du moins alors qu'il n'y avait pas de raison apparente à ce mal de tête inaccoutumé. Comme la première fois, je ne gardai pas de souvenir de ce qui s'était passé la nuit précédente, ou du moins de ce qui semblait s'être passé.

M. Moses nous écrit :

21, Birchington Road, N. W., le 27 septembre 1883.

Ce récit est, autant que je m'en souviens, exact, et il m'est impossible de le compléter, n'ayant pas de notes à ma disposition.

W. STAINTON MOSES.

Le cas suivant est plus remarquable encore, parce que deux personnes ont éprouvé l'hallucination ; le récit a été copié sur un manuscrit de M. S.-H. B. ; il l'avait lui-même transcrit d'un *journal*, qui a été perdu depuis.

V. (14) Un certain dimanche du mois de novembre 1881, vers le soir, je venais de lire un livre où l'on parlait de la grande puissance que la volonté humaine peut exercer. Je résolus avec toute la force de mon être d'apparaître dans la chambre à coucher du devant, au second étage d'une maison située 22, Hogarth Road, Kensington. Dans cette chambre couchaient deux personnes de ma connaissance : M<sup>lle</sup> L. S. V... et M<sup>lle</sup> C. E. V..., âgées de vingt-cinq et de onze ans. Je demeurais à ce moment 23, Kildare Gardens, à une distance de trois milles à peu près de Hogarth Road, et je n'avais pas parlé de l'expérience que j'allais tenter à aucune de ces deux personnes, par la simple raison que l'idée de cette expérience me vint ce dimanche soir en allant me coucher. Je voulais apparaître à une heure du matin, très décidé à manifester ma présence.

Le jeudi suivant, j'allai voir ces dames, et, au cours de notre conversation (et sans que j'eusse fait aucune allusion à ce que j'avais tenté), l'aînée me raconta l'incident suivant :

Le dimanche précédent, dans la nuit, elle m'avait aperçu debout près de son lit et en avait été très effrayée, et, lorsque l'apparition s'avança vers elle, elle cria et éveilla sa petite sœur qui me vit aussi.

Je lui demandai si elle était bien réveillée à ce moment, elle m'affirma très nettement qu'elle l'était. Lorsque je lui demandai à quelle heure cela s'était passé, elle me répondit que c'était vers une heure du matin.

Sur ma demande cette dame écrivit un récit de l'événement et le signa.

C'était la première fois que je tentais une expérience de ce genre et son plein et entier succès me frappa beaucoup.

Ce n'est pas seulement ma volonté que j'avais fortement tendue, j'avais aussi fait un effort d'une nature spéciale, qu'il m'est impossible de décrire. J'avais conscience d'une influence mystérieuse qui circulait dans mon corps, et j'avais l'impression distincte d'exercer une force que je n'avais pas encore connue jusqu'ici, mais que je peux à présent mettre en action à certains moments, lorsque je le veux.

S.-H. B.

M. B... ajoute :

Je me souviens d'avoir écrit la note qui figure dans mon journal à peu près une semaine après l'événement et pendant que le souvenir que j'en avais était encore très frais.

Voici comment M<sup>lle</sup> Verity raconte l'événement :

Le 18 janvier 1883.

Il y a à peu près un an qu'un dimanche soir, à notre maison de Hogarth Road, Kensington, je vis distinctement M. B... dans ma chambre vers une heure du matin. J'étais tout à fait réveillée et fort effrayée ; mes cris réveillèrent ma sœur qui vit aussi l'apparition. Trois jours après, lorsque je rencontrai M. B..., je lui racontai ce qui était arrivé. Je ne me remis qu'au bout de quelque temps du coup que j'avais reçu et j'en garde un souvenir si vif qu'il ne peut s'effacer de ma mémoire.

L.-S. VERITY.

En réponse à nos questions, M<sup>lle</sup> Verity ajoute :

Je n'avais jamais eu aucune hallucination.

M^lle E.-C. Verity dit :

Je me rappelle l'événement que raconte ma sœur. Son récit est tout à fait exact. J'ai vu l'apparition qu'elle voyait, au même moment et dans les mêmes circonstances.

E.-C. Verity.

M^lle A.-S. Verity dit :

Je me rappelle très nettement qu'un soir ma sœur aînée me réveilla en m'appelant d'une chambre voisine. J'allai près du lit où elle couchait avec ma sœur cadette, et elles me racontèrent toutes les deux qu'elles avaient vu S.-H. B... debout dans la pièce. C'était vers une heure ; S.-H. B. était en tenue de soirée, me dirent-elles.

A.-S. Verity.

M. B... ne se rappelle plus comment il était habillé cette nuit-là.

M^lle E.-C. Verity dormait quand sa sœur aperçut l'apparition, elle fut réveillée par l'exclamation de sa sœur : « Voilà S... » Elle avait donc entendu le nom avant d'avoir vu l'apparition, et son hallucination pourrait être attribuée à une suggestion. Mais il faut faire remarquer qu'elle n'avait jamais eu d'autre hallucination et qu'on ne pouvait, par conséquent, la considérer comme prédisposée à éprouver des impressions de ce genre. Les deux sœurs sont également sûres que l'apparition était en habit de soirée; elles s'accordent aussi sur l'endroit où elle se tenait. Le gaz était baissé et l'on voyait plus nettement l'apparition que l'on n'eût pu voir une figure réelle.

Nous avons examiné contradictoirement les témoins avec le plus grand soin. Il est certain que les demoiselles V... ont parlé tout à fait spontanément de l'événement à M. B... Tout d'abord elles n'avaient pas voulu en parler, mais, quand elles le virent, la bizarrerie de l'affaire les poussa à le faire. M^lle Verity est un témoin très exact et très consciencieux; elle n'aime nullement le merveilleux, et elle craint et déteste surtout cette forme particulière du merveilleux.

VI. (15) M. S.-H. B. Ce récit est copié sur le manuscrit dont nous avons parlé plus haut.

Le vendredi 1^er décembre 1882, à 9 heures 30, je me retirai tout seul dans une chambre, je m'assis au coin du feu et je m'efforçai avec tant d'intensité de fixer ma pensée sur l'intérieur d'une maison de Kew (Clarence Road), où demeurait M^lle V... et ses deux sœurs, qu'il me sembla que je m'y trouvais effectivement. Pendant cette expérience je dois m'être endormi d'un sommeil magnétique, car je ne perdis pas conscience, mais je ne pouvais remuer mes membres. Il ne me semblait pas avoir perdu la faculté de les mouvoir, mais je ne pouvais faire l'effort nécessaire pour cela. J'eus la sensation que mes mains, posées légèrement sur mes genoux à peu près à six pouces l'une de l'autre, allaient se rejoindre involontairement, et elles semblaient se rencontrer quoique j'eusse conscience qu'elles ne remuaient pas.

A 10 heures, un effort de volonté me ramena à mon état normal. Je pris un crayon, et je notai sur une feuille de papier ce que je viens de dire.

La même nuit, quand j'allai me coucher, je pris la résolution d'apparaître à minuit dans la chambre à coucher située sur le devant de la maison dont nous venons de parler, et d'y rester jusqu'à ce que j'eusse rendu sensible ma présence spirituelle aux habitants de la chambre.

Le lendemain, samedi, je me rendis à Kew pour y passer la soirée, et j'y rencontrai une sœur mariée de M^lle V... (M^me L...). Je n'avais rencontré cette dame qu'une seule fois, c'était à un bal costumé, deux ans auparavant; nous n'avions pas échangé plus d'une demi-douzaine de mots. Cette dame devait donc avoir perdu tout vif souvenir de mon extérieur, si même elle l'avait jamais remarqué.

Je ne pensai pas une minute à lui poser une question relative à l'expérience que j'avais tentée, mais dans le cours de notre conversation elle me raconta qu'elle m'avait vu distinctement deux fois la nuit précédente. Elle avait passé la nuit à Clarence Road, et elle avait couché dans la chambre du devant. Vers 9 heures et demie à peu près, elle m'avait vu passer dans le couloir pour aller d'une chambre à une autre, et, vers minuit, étant parfaitement réveillée, elle me vit entrer dans sa chambre à coucher, me diriger vers l'endroit où elle dormait et prendre dans ma main ses cheveux qui sont très longs. Elle me raconta aussi que l'apparition lui saisit la main et la regarda avec beaucoup d'attention, de sorte qu'elle dit : « Vous ne devez pas regarder les lignes, car je n'ai jamais eu aucun malheur. » Puis elle réveilla sa sœur, M^lle V..., qui couchait avec elle, et lui raconta ce qui venait de se passer. Après avoir entendu son récit, je sortis de ma poche ce que j'avais écrit la veille ; je le montrai à quelques-unes des personnes présentes qui furent fort étonnées, malgré leur incrédulité.

Je demandai à M^me L... si elle ne rêvait pas, au moment de la deuxième apparition, mais elle dit de la manière la plus nette qu'elle était tout à fait éveillée. Elle me dit qu'elle avait oublié comment j'étais fait, mais qu'elle m'avait reconnu tout de suite en me voyant.

M^me L... a une imagination très vive. Elle m'a dit qu'elle était sujette depuis son enfance à des impressions, à des pressentiments (*fancies*) (1), etc. Mais la coïncidence étrange, merveilleuse, des heures (qui

---

(1) Comme on demandait à M. B. d'expliquer cette phrase, il dit : « Je n'ai jamais entendu dire que M^me L. eut eu des hallucinations. Les phénomènes auxquels je fais allusion sont simplement des phénomènes qu'on peut expliquer par le rapport télépathique qui existe entre elle et M. L. » Par exemple elle avait l'impression qu'il reviendrait à l'improviste à la maison (pendant qu'il était dans le nord de l'Angleterre) et il se trouva plusieurs fois que ses impressions étaient exactes.

était exacte)me convainquit que ce qu'elle venait de me raconter n'était pas dû à son imagination seule. Sur ma demande, elle écrivit brièvement ce qu'elle avait éprouvé et le signa.

S.-H. B.

M. B... se trouvait à Southall lorsqu'il fit cette expérience. Il m'a raconté que le récit donné plus haut avait été écrit à peu près dix jours après l'expérience, et qu'il renferme la note qu'il avait écrite dans son journal, la nuit même.

Voici maintenant le récit de M$^{me}$ L... qui fut remis à M. B... « quelques semaines après l'événement ».

8, Wordsworth Road, Harrow.

Le vendredi 1$^{er}$ décembre j'étais en visite chez ma sœur, 21, Clarence Road, Kew. Vers 9 heures et demie je sortis de ma chambre à coucher pour aller chercher de l'eau dans la salle de bain et alors je vis distinctement M. S. B..., que je n'avais vu qu'une fois auparavant, il y avait deux ans. Il marchait devant moi, se dirigeant vers la chambre à coucher au bout du couloir. Vers 11 heures nous allâmes nous coucher et vers minuit j'étais encore éveillée. Alors la porte s'ouvrit · M. S. B... entra, se dirigea vers mon lit et se tint debout, un genou appuyé sur une chaise. Il prit ensuite mes cheveux dans sa main et saisissant la mienne il en regarda la paume avec une grande attention. « Ah ! dis-je (en m'adressant à lui), vous ne devez pas regarder les lignes, car je n'ai jamais eu de malheur. » Puis je réveillai ma sœur. Je n'étais pas nerveuse, mais excitée. J'eus peur qu'elle ne tombât sérieusement malade, car elle était délicate à cette époque, mais elle va mieux à présent.

H. L... (Le nom est donné en toutes lettres.)

M$^{lle}$ Verity corrobore ce récit de la manière suivante :

Je me rappelle fort bien que M$^{me}$ L... a parlé avant la visite de M. S. H. B... de ses deux visions, dont l'une avait eu lieu à 9 heures et demie, l'autre à minuit. *Lorsqu'il vint nous voir*, ma sœur lui raconta ce qui s'était passé. Immédiatement il sortit de sa poche une carte (ou un papier, je ne me le rappelle plus), qui contenait un récit de l'événement de la veille. Je considère mon témoignage comme aussi valable que celui de M$^{me}$ L..., parce que je me rappelle très exactement ce qui s'est passé ces deux jours-là.

Ma sœur m'a dit qu'elle n'avait jamais éprouvé d'hallucination sauf dans cette unique occasion.

L.-S. VERITY.

VII. (15) Nous avions demandé à M. B... de nous prévenir quand il voudrait faire une nouvelle expérience. Le lundi 24 mars, par le premier courrier, nous reçûmes la lettre suivante :

Cher Monsieur Gurney,

Cette nuit, vers minuit, je veux essayer d'apparaître au numéro 44, Norland Square ; je vous ferai savoir le résultat d'ici quelques jours.
Sincèrement à vous.

S.-H. B.

Je reçus la lettre ci-dessous dans le cours de la semaine suivante :

Le 3 avril 1884.

Cher Monsieur Gurney,

J'ai à vous faire un étrange récit à propos de l'expérience que j'ai tentée à votre instigation et en observant strictement les conditions que vous m'aviez imposées.

Ayant tout à fait oublié dans quelle nuit j'ai tenté l'expérience, il m'est impossible de dire si j'ai brillamment ou médiocrement réussi jusqu'à ce que j'aie vu la lettre que je vous ai envoyée le soir même.

Vous ayant envoyé cette lettre, j'ai cru inutile de mettre une note dans mon *journal*. Aussi ai-je oublié la date exacte.

Si les dates correspondent, le succès est complet pour tous les détails. Je vous ferai voir un récit, signé par les témoins, qu'on m'a donné.

Hier soir j'ai vu la dame (qui a servi de sujet), pour la première fois depuis l'expérience. Elle m'a fait d'elle-même un récit que j'ai écrit sous sa dictée et qu'elle a signé. La date et l'heure de l'apparition sont spécifiés dans ce récit. A vous de vérifier si elles sont identiques avec celles que je vous ai données dans ma lettre. Je les ai complètement oubliées, mais je pense que ce sont les mêmes.

S.-H. B.

Voici le récit :

44, Norland Square, W.

Samedi soir, le 22 mars, vers minuit, j'eus l'impression distincte que M. B. était présent dans ma chambre. Je le vis distinctement, pendant que j'étais tout à fait réveillée. Il vint vers moi et caressa mes cheveux. Je lui ai donné de moi-même ce renseignement quand il est venu me voir, mercredi 2 avril, et je lui ai dit l'heure et les détails de l'apparition sans qu'il m'ait rien suggéré. La forme qui m'est apparue semblait être vivante ; il était impossible de ne pas reconnaître M. B...

L.-S. Verity.

M^lle A.-S. Verity confirme cette déclaration dans les termes suivants :

> Je me souviens que ma sœur m'a dit qu'elle avait vu S.-H. B..., et qu'il lui avait touché les cheveux ; elle m'a fait ce récit avant qu'il ne vint nous voir, le 2 avril.
>
> A.-S. VERITY.

Voici le récit de M. B... lui-même :

> Samedi, le 22 mars, je pris la résolution d'apparaître à minuit à M^lle V..., qui demeurait 44, Norland Square, Notting Hill ; j'avais antérieurement convenu avec M. Gurney de lui envoyer le soir même où je tenterais l'expérience, une lettre contenant l'heure et les détails de l'expérience. Je lui envoyai donc une note, comme je le lui avais promis.
>
> Environ dix jours après, j'allai voir M^lle V... ; elle me raconta alors de son propre mouvement que le 22 mars, à minuit, elle m'avait vu très nettement dans sa chambre (tout en étant parfaitement éveillée), que ses nerfs en avaient ressenti une violente secousse. Elle avait été même obligée de faire venir un médecin le matin.
>
> S.-H. B.

Malheureusement, il n'est pas question dans le récit de M. B... de son intention de donner à M^lle V... l'impression qu'on lui caressait les cheveux, mais le 21 août 1885 il m'écrivit : « Je me rappelle que j'avais cette intention. » Je me rappelle moi-même que bientôt après l'événement il me dit que c'était là surtout ce qui lui faisait considérer le succès comme complet. Je lui recommandai alors d'essayer à l'avenir de faire entendre au sujet quelque phrase, de tâcher de produire l'impression d'une phrase parlée au lieu de celle d'un contact.

On observera que dans tous ces divers exemples l'agent concentrait sa pensée sur l'objet qu'il avait en vue au moment de s'endormir. M. B... n'a jamais réussi à produire une action semblable, tandis qu'il était éveillé. Cela rend difficile de tracer un plan d'expériences qui permette à un observateur de rester auprès du sujet. Il n'est pas facile non plus de répéter ces expériences ; elles ne sont pas agréables au sujet, et sont souvent suivies d'une prostration nerveuse considérable. La valeur des expériences diminue quand elles sont faites sur le même sujet. Aussi avons-nous demandé à M. B... d'essayer sur nous-mêmes ; mais, bien qu'il ait tenté plusieurs fois l'expérience, il n'a jamais réussi.

VIII. (685) MM. H.-P. Sparks, Overbeck Villa, Woodstone, près Southampton, et M. A.-H.-W. Cleave, 28, Vardens Road, New Wandsworth, S. W. Londres. Ils étaient à ce moment tous deux élèves à l'école du génie maritime de Portsmouth.

A bord du *Marlborough*, Portsmouth.

Depuis l'année dernière, ou depuis ces quinze derniers mois environ, j'avais l'habitude de magnétiser un de mes camarades. Voici comment je procédais : Je le regardais simplement dans les yeux lorsqu'il était couché à son aise sur son lit. Je réussissais ainsi à l'endormir. Après quelques essais je m'aperçus que le sommeil devenait plus profond en faisant de longues passes lorsque le sujet était déjà endormi. C'est alors que se produisaient les phénomènes remarquables qu'on pouvait observer dans cette espèce particulière de sommeil magnétique. [M. Sparks décrit alors la faculté que possède son « sujet » de voir, durant sa crise, les endroits auxquels il s'intéresse, s'il décide qu'il les verra avant d'être hypnotisé; mais rien ne prouve que ces visions ne sont pas purement subjectives.] C'est la semaine dernière que j'ai été saisi de surprise par un événement plus extraordinaire que les autres. Vendredi dernier au soir (15 janvier 1886), mon ami exprima le désir de voir une jeune fille qui habitait Wandsworth, et ajouta qu'il essaierait de se faire voir par elle. Je le magnétisai donc et je continuai de longues passes pendant environ 20 minutes, en concentrant toute ma volonté sur son idée. Lorsqu'il revint à lui (je le réveillai en lui touchant la main et en voulant qu'il se réveillât, après un sommeil d'une heure vingt minutes), il déclara qu'il l'avait vue dans la salle à manger, et qu'au bout d'un moment elle était devenue agitée, puis que soudain elle l'avait regardé et s'était couvert les yeux avec les mains. C'est juste à ce moment qu'il revint à lui. Lundi dernier au soir (18 janvier 1886), nous recommençâmes l'expérience, et cette fois il déclara qu'il croyait avoir effrayé la jeune fille, car, après qu'elle l'eut regardé quelques minutes, elle tomba à la renverse sur sa chaise dans une sorte de syncope. Son petit frère était à ce moment dans la chambre. Nous attendions naturellement une lettre après cet incident pour savoir si la vision était réelle. Le mercredi matin mon ami reçut une lettre de cette jeune personne demandant s'il ne lui était rien arrivé; elle écrivait parce que le vendredi soir elle avait été saisie de frayeur en le voyant debout à la porte de la chambre. Au bout d'une minute il avait disparu, et elle avait pensé que ce pouvait être une vision, mais le lundi soir elle avait été encore plus effrayée en le voyant de nouveau, et cette fois plus distinctement, et elle en avait même été effrayée à un tel point qu'elle avait failli se trouver mal.

Le récit que je vous envoie est parfaitement exact : je puis le prouver, car j'ai deux témoins qui se trouvaient dans le dortoir au moment où mon ami a été magnétisé et lorsqu'il est revenu à lui. Le nom de mon sujet est Arthur H.-W. Cleave; il est âgé de dix-huit ans. J'ai moi-même dix-neuf ans. A.-C. Darley et A.-S. Thurgood, nos camarades, sont les deux témoins dont je viens de parler.

H. Percy Sparks.

M. Cleave nous a écrit le 15 mars 1886 :

A bord du Marlborough, Portsmouth.

Sparks et moi nous avions l'habitude de faire des séances de magnétisme dans nos dortoirs pendant ces derniers dix-huit mois. Les deux premiers mois nous n'obtînmes aucun résultat satisfaisant, mais ensuite nous réussîmes à nous endormir l'un l'autre. Je ne pouvais qu'endormir Sparks, tandis qu'il pouvait me faire faire ce qu'il voulait pendant que je me trouvais sous son influence, de sorte que je renonçai à l'endormir, et tous nos efforts tendirent à ce qu'il me magnétisât complètement. Au bout de peu de temps tout allait si bien que Sparks amena trois ou quatre autres camarades pour voir ce que je faisais. J'étais insensible à toute douleur, les camarades m'ayant souvent pincé les mains et les jambes sans que je l'aie senti. Il y a environ six mois j'essayai si ma force de volonté me ferait voir, pendant mon état hypnotique, des personnes auxquelles j'étais très attaché. Pendant quelque temps je n'obtins aucun succès, je crus cependant une fois voir mon frère (qui est en Australie), mais je n'eus aucun moyen de vérifier l'exactitude de la vision.

Il y a quelque temps, j'essayai de voir une jeune personne que je connais très bien, et je fus absolument surpris d'avoir si bien réussi. Je pouvais la voir aussi clairement que je vois maintenant, mais je ne pouvais me faire voir d'elle, quoique je l'eusse souvent essayé. Après plusieurs expériences, je résolus d'essayer encore et de me faire voir d'elle, et je communiquai à Sparks mon idée qu'il approuva. Nous tentâmes cette expérience pendant cinq nuits successives sans plus de succès. Nous arrêtâmes nos essais pendant une nuit ou deux, parce que j'étais assez surmené par ces efforts continuels et que j'avais attrapé de grands maux de tête. Nous essayâmes encore (un vendredi, je crois, mais je n'en suis pas sûr), et avec succès, à ce qu'il me sembla; mais, comme la jeune personne ne m'écrivit pas à ce sujet, je crus m'être trompé, et je dis à Sparks que nous ferions mieux d'y renoncer. Mais il me supplia de recommencer encore une fois, ce que nous fîmes le lundi suivant, et nous obtînmes un tel succès que je me sentis assez inquiet. (Je dois vous dire que j'ai l'habitude d'écrire à la jeune personne chaque dimanche, mais je n'écrivis pas cette semaine, pour la forcer à penser à moi.) Cette expérience fut faite entre 9 heures 30 et 10 heures le lundi soir, et le mercredi matin suivant je reçus la lettre ci-incluse. Alors, je vis que j'avais réussi. Je retournai à la maison une quinzaine plus tard, et je vis la jeune fille qui paraissait très effrayée en dépit de mes explications et qui me supplia de ne plus jamais essayer, ce que je lui promis.

Je dois maintenant vous décrire notre manière de magnétiser. Je me couchais sur mon lit, la tête soulevée par deux oreillers, Sparks était assis en face de moi sur une chaise à environ trois pieds du lit. Les lumières étaient baissées, et alors je le regardais fixement dans les yeux, pensant tout le temps à la jeune fille que je voulais voir. Au bout de peu de temps (environ sept minutes) je cessais d'entendre et je ne voyais plus rien si ce n'est deux yeux, qui au bout d'un instant disparaissaient, et alors je me trouvais sans connaissance. (Lorsque nous fîmes nos premières expériences, je n'allai pas plus loin que cet état, et ce ne fut qu'après des essais répétés que je parvins à le dépasser.) Il me sembla voir alors (vaguement au début) la figure de la jeune fille qui devint graduellement de plus en plus distincte jusqu'à ce qu'il m'ait semblé être dans une autre chambre; j'aurais pu détailler minutieusement tout ce qui s'y trouvait. Je racontai à Sparks, lorsque je revins à moi, ce que j'avais vu, je lui dis quelles étaient les personnes qui se trouvaient avec la jeune fille et ce qu'elle faisait, toutes choses vérifiées par sa lettre.

A.-H.-W. CLEAVE.

Les deux témoins de la dernière expérience décrite écrivent comme suit:

J'ai vu le récit que M. Cleave a fait de ses expériences magnétiques, et je puis en garantir toute l'exactitude.

A.-C. DARLEY.

J'ai lu le rapport de M. Cleave et puis en garantir l'exactitude, car j'étais présent lorsqu'il fut magnétisé et j'entendis son récit lorsqu'il revint à lui.

A.-E.-S. THURGOOD.

La lettre suivante est la copie que nous avons faite nous-mêmes de la lettre de la jeune fille, miss A... L'enveloppe portait les cachets de la poste: « Wandsworth, 19 janv. 1886. » « Portsmouth, 20 janv. 1886 », et l'adresse « M. A.-H.-W. Cleave H. M. S. *Marlborough*, Portsmouth ».

Wandsworth, mardi matin.

Cher Arthur, vous est-il arrivé quelque chose? Écrivez-moi s'il vous plaît et que je le sache vite ; j'ai eu si peur.

Mardi soir dernier, j'étais assise dans la salle à manger en train de lire, lorsqu'il m'arriva de lever les yeux et j'ai cru vous voir debout à la porte me regardant. Je mis mon mouchoir sur les yeux, et, lorsque je regardai de nouveau, vous étiez parti. Je pensais que ce n'était qu'un effet de mon imagination, mais hier soir (lundi), pendant que j'étais à souper, je vous vis de nouveau, comme l'autre fois, et j'eus si peur que je faillis me trouver mal. Heureusement il n'y avait là que mon frère, sinon j'aurais attiré l'attention sur moi. Aussi écrivez-moi de suite et dites-moi comment vous allez. Je ne puis réellement plus rien écrire maintenant.

(Signé d'un prénom.)

MM. Sparks, Overbeck Villa, Woodstone, près Southampton, et M. Cleave, Vardens Road, New Wandsworth, S. W., sont élèves de l'Ecole de Génie naval de Portsmouth. Nous connaissons personnellement ces jeunes gens, et nous pouvons témoigner de leur intelligence et du soin avec lequel ils savent observer. Ils n'ont pas vu tout d'abord l'intérêt exceptionnel de leurs expériences. On remarquera que M$^{lle}$ A... parle du mardi, tandis que MM. Sparks et Cleave indiquent le vendredi comme le jour où, pour la première fois, il leur sembla que M. Cleave avait réussi à voir la chambre où était M$^{lle}$ A... Et bien que dans une lettre écrite le 21 mars M. Cleave exprime quelque doute à cet égard, et incline à penser que c'est le mardi qu'il a eu la première vision de la chambre, il est impossible d'écarter tout à fait leur première affirmation. Mais dans une conversation, M. Cleave et M. Sparks, ont exprimé cette opinion que le mardi devait être un des cinq jours consécutifs pendant lesquels ils tentèrent l'expérience ; le premier événement devient ainsi une confirmation du second. L'idée de M. Cleave de ne point écrire comme d'habitude à M$^{lle}$ A... le dimanche est peut-être une faute de méthode. On peut dire, en effet, que le fait de n'avoir point reçu de lettre le lundi matin a agi sur elle assez fortement pour déterminer une nouvelle vision à laquelle elle était préparée par son hallucination de la semaine précédente.

IX. (686) Ce cas est dû à M$^{me}$ Russell, de Belgaum (Inde), femme de M. H.-R. Russell, inspecteur de l'instruction publique dans la présidence de Bombay.

8 juin 1886.

Suivant le désir que vous avez exprimé, je vous envoie le récit des événements dont je vous ai parlé ; je les rapporte aussi exactement que je le puis. Je vivais en Écosse, ma mère et mes sœurs étaient en Allemagne. J'habitais chez une amie qui m'était très chère, et chaque année j'allais en Allemagne voir les miens. Il arriva que pendant deux ans je ne pus aller dans ma famille comme j'en avais l'habitude. Je me décidai tout à coup à partir. Ma famille ne savait rien de mon intention; je n'étais jamais allée auprès des miens au commencement du printemps, et je n'avais pas le temps de les prévenir par lettre. Je ne voulais pas envoyer de dépêche, de peur d'effrayer ma mère. La pensée me vint de désirer de toutes mes forces d'apparaître à l'une de mes sœurs, de manière à les avertir de mon arrivée. Je pensai à elles avec le plus d'intensité possible pendant quelques minutes seulement; je désirais de toutes mes forces être vue par l'une d'elles (j'éprouvai moi-même une vision qui me transportait à demi au milieu des miens). Je ne concentrai pas ma pensée pendant plus de dix minutes, je crois. Je partis par le vapeur de Leith, un samedi soir, fin avril 1859. Je désirais apparaître à la maison vers six heures du soir, ce même samedi. J'arrivai à la maison vers six heures du matin le mardi suivant. J'entrai dans la maison sans être vue, car on venait de faire le vestibule et la porte d'entrée était ouverte. Je pénétrai dans la chambre. Une de mes sœurs se tenait le dos tourné à la porte; elle se retourna lorsqu'elle entendit la porte s'ouvrir, et, en me voyant, elle me regarda fixement, devint d'une pâleur mortelle et laissa tomber ce qu'elle tenait à la main. Je n'avais rien dit. Alors je parlai et je dis : « C'est moi. Pourquoi es-tu si effrayée ? » Elle me répondit alors : « Je croyais te voir comme Stinchen (une autre de mes sœurs) t'a vue samedi. »

En réponse à mes questions, elle me raconta que le samedi soir, vers six heures, ma sœur m'avait vue distinctement entrer par une porte dans la chambre où elle se trouvait, ouvrir la porte d'une autre chambre où se trouvait ma mère, et fermer la porte derrière moi. Elle s'élança à la suite de ce qu'elle pensait être moi, m'appelant par mon nom, et fut absolument stupéfaite lorsqu'elle ne me vit pas avec ma mère. Ma mère ne pouvait pas comprendre l'excitation de ma sœur. On me chercha partout, mais naturellement on ne me trouva pas. Ma mère en fut très malheureuse; elle pensait que je pouvais être mourante.

La sœur qui m'avait vue (c'est-à-dire qui avait vu mon apparition) était sortie le matin de mon arrivée. Je m'assis sur les marches pour voir, lorsqu'elle rentrerait, ce qu'elle éprouverait en me voyant moi-même. Lorsqu'elle leva les yeux et m'aperçut, assise sur l'escalier, elle m'appela et faillit s'évanouir. Ma sœur n'a jamais rien vu de surnaturel, ni avant, ni depuis; et je n'ai pas renouvelé ces expériences depuis lors, et je ne les renouvellerai pas, parce que celle de mes sœurs qui me vit la première lorsque je vins réellement à la maison tomba sérieusement malade dans la suite, à cause du choc qu'elle avait ressenti.

J.-M. RUSSELL.

M^me Russell a écrit à sa sœur (M^lle Holst, 7, Wohler's Allee, Altona, Holstein) pour lui demander si elle se rappelait le fait; elle a copié un extrait de sa réponse, en voici la traduction :

> Évidemment je me rappelle l'affaire aussi bien que si c'était arrivé aujourd'hui. Je te demande de ne plus m'apparaître.

M^lle Holst refuse, cependant, de donner un récit personnel des faits parce que le sujet lui est désagréable.

§ 6. — On peut se demander si nous avons le droit d'établir un lien entre les résultats expérimentaux que nous avons discutés dans les chapitres précédents et les phénomènes que nous venons de décrire. J'ai dit que c'étaient des phénomènes de transition et qu'ils pouvaient permettre de passer des phénomènes de transmission expérimentale de pensée aux cas de télépathie spontanée ; mais on pourrait soutenir qu'il y a un abîme infranchissable entre les phénomènes ordinaires de transmission de pensée et ces apparitions de l'agent. La différence radicale c'est que l'objet qui apparaît n'est pas celui sur lequel s'était concentrée la pensée de l'opérateur. Dans les cas que nous venons d'étudier, l'agent ne songeait pas à lui, à sa forme visible. L'aspect extérieur d'une personne tient relativement peu de place dans l'idée qu'elle se fait d'elle-même ; et cependant c'est seulement cet aspect extérieur qui est perçu par le sujet. Nous nous heurterons à cette même difficulté dans les cas de télépathie spontanée ; tant que l'impression produite sur l'esprit du sujet n'est que la reproduction d'une image ou d'une idée qui existe dans l'esprit de l'agent, on peut concevoir un fondement physiologique aux phénomènes de transmission de pensée. Mais l'interprétation des faits devient beaucoup plus difficile lorsque ce n'est plus l'image qui est présente à l'esprit de l'agent, qui apparaît au sujet. A... meurt, il apparaît à B... qui est à une grande distance de lui. Nous ne pouvons saisir de lien entre les deux phénomènes, du moins dans le domaine de la conscience claire. Nous pourrions cependant concevoir l'action de l'agent sur le sujet en faisant intervenir les phénomènes inconscients. Mais peut-être vaut-il mieux encore reconnaître la difficulté et dire que, dans le rapprochement que nous avons tenté entre la transmission expérimentale de la pensée et la télépathie spontanée, nous n'avons tenu compte que de l'aspect psychologique des phénomènes. Si nous nous plaçons à ce point de vue, nous pourrons établir un certain ordre entre ces diverses classes de phénomènes, en le fondant sur leurs caractères et non sur leurs causes hypothétiques, et nous serons alors en droit d'affirmer que ceux que nous venons de décrire constituent bien une transition entre les faits de transmission de pensée et les cas de télépathie.

# CHAPITRE IV

## CRITIQUE GÉNÉRALE DES TÉMOIGNAGES RELATIFS A LA TÉLÉPATHIE SPONTANÉE

§ 1. — Nous avons maintenant à nous occuper des cas où il n'existait aucun désir chez l'agent d'exercer une action sur le sujet, des cas où l'effet produit sur le sujet n'était certainement pas un effet que l'agent chercha à produire. Le caractère des témoignages qu'il nous faut utiliser n'est plus le même. Il nous faut nous appuyer sur les récits de personnes qui, au moment où les événements se sont produits, ignoraient tout à fait que l'on pût se servir de ces événements pour démontrer l'existence de la télépathie, ignoraient même que l'on pût s'en servir pour quelque usage que ce fût. Mes collègues et moi nous n'avons pas fait d'observations que nous puissions comparer à celles des témoins; les faits ne nous sont connus que par leur intermédiaire; notre méthode de recherches est donc une méthode historique, méthode plus délicate à manier et plus sujette à erreur que la méthode expérimentale. Ce n'est plus contre la possibilité de donner consciemment ou inconsciemment des indications au sujet qu'il faut se tenir en garde, mais contre des dangers de toute espèce et que nous pouvons à peine prévoir d'avance. Aussi nous a-t-il paru nécessaire de consacrer un chapitre entier à exposer les règles de critique que nous avons suivies.

§ 2. — Voici tout d'abord l'objection la plus générale : Toutes les croyances, même les plus erronées, ont pu, à leur jour, s'appuyer sur une masse considérable de témoignages, dont un grand nombre certainement étaient sincères. Les formes de la superstition varient avec les croyances religieuses et l'instruction de chaque époque. Il y a à chaque période une limite que l'on ne peut franchir, si l'on veut passer pour un homme sensé et d'esprit cultivé : l'on ne pourrait aujourd'hui recueillir des témoignages de quelque valeur pour prouver que les vieilles femmes se transforment à l'occasion en lièvres et en chats ; mais il existe tout un ensemble d'idées et de croyances voisines de celles-là que l'on est autorisé à rejeter, que la science peut dédaigner, mais que l'on peut partager cependant, sans être pour cela taxé d'inintelligence ou passer pour ignorant. Bien que les progrès de la science aient limité le champ de la superstition, nous ne savons point encore toutes les erreurs que de mauvaises observations, des interprétations inexactes, l'agrandissement involontaire des événements peuvent créer en des esprits de bonne foi. Malgré la force de cette objection, sous sa forme générale, je crois que l'on peut montrer qu'elle n'atteint pas sérieusement les témoignages sur lesquels repose la démonstration de la télépathie spontanée. C'est ce que montrera clairement une comparaison entre le cas où nous sommes placés et celui qui offre, dans les temps modernes, le plus frappant exemple d'une croyance fausse appuyée sur un vaste ensemble de témoignages contemporains, le cas de la sorcellerie.

Il faut commencer par exclure tous les témoignages qui ont été arrachés aux sorcières par la torture, la terreur ou les fausses promesses. Si l'on écarte les faits dont on ne songerait pas à contester l'existence de nos jours, mais dont on ne saurait rien conclure, le fait, par exemple, de posséder une grenouille apprivoisée (et ce sont ceux-là qui ont bien souvent amené des condamnations), on s'apercevra que les témoignages sur lesquels reposent les faits allégués proviennent exclusivement de gens sans instruction ; et que si des gens plus instruits acceptaient aisément ces témoignages, cela était dû à l'ignorance où l'on était à cette époque des hallucinations, de l'hystérie et de l'hypnotisme. On se trouvait donc en présence de cette alternative : il fallait admettre ou que les faits s'étaient passés comme on le racontait ou que les témoins apportaient de faux témoignages. Cette dernière hypothèse pouvait bien s'appliquer à tel ou tel cas particulier, mais il est bien certain qu'elle ne pouvait rendre compte de l'ensemble. Si l'on écartait la fraude, il ne restait alors d'autre parti à prendre que de croire que les faits étaient exacts. Comme l'ont dit Glanvil et d'autres écrivains de la même époque, si nous rejetons en bloc tous ces faits, il nous faut rejeter aussi tous les faits qui reposent sur le témoignage humain. Nous avons heureusement maintenant un moyen d'échapper à ce dilemme. Nous savons que les hallucinations peuvent être si semblables à des perceptions véritables que le sujet soit impuissant à les en distinguer. Nous connaissons maintenant les suggestions que l'on peut faire dans l'état hypnotique ; nous connaissons aussi ces grandes crises d'hystéro-épilepsie qui peuvent se développer sous la seule influence de la terreur. Quant aux personnes qui ont affirmé avoir vu des sorcières chevaucher à travers les airs, ou des hommes se métamorphoser en animaux, etc., je ferai remarquer tout d'abord que c'est à peine si en fouillant en tous sens la littérature de la sorcellerie, on peut trouver une demi-douzaine de témoignages de cette espèce qui soient des témoignages de première main. Il faut se souvenir, en outre, qu'il y a, chez tous les esprits peu cultivés, une tendance à transformer les images internes en faits objectifs, on croit aisément avoir vu ce que l'on s'est imaginé. Ajoutons que les personnes qui affirmaient avoir vu les faits croyaient d'avance à leur réalité.

§ 3. — Le cas n'est point du tout le même pour la télépathie. Nous avons un très grand nombre de témoignages de première main, qui proviennent de personnes intelligentes et instruites, dont le bon sens n'a jamais été mis en question. En majorité, elles n'étaient point disposées d'avance à admettre la réalité des phénomènes. Pour beaucoup d'entre elles ce qu'elles racontaient ne semblait pas présenter d'intérêt spécial. Quelques-unes même, bien qu'elles ne pussent nier les faits dont elles avaient été témoins, professaient à l'égard de cette classe de phénomènes un entier scepticisme. Les faits eux-mêmes ne sont liés à aucune croyance particulière. Il y a ici un contraste frappant entre la télépathie et les apparitions des morts. C'est une croyance populaire très répandue que la croyance dans la survivance des morts au delà du tombeau, et dans leur apparition à leurs parents et à leurs amis. Mais on ne peut pas en dire autant des apparitions au moment de la mort. On en trouvera des exemples, sans aucun doute, dans des livres d'histoire et des récits de voyage, mais, bien que ces exemples soient nombreux, ce sont cependant des exemples isolés, et ceux mêmes qui parlent de ces faits en parlent comme de prodiges rares, ils ne s'en servent point comme de témoignages à l'appui de quelque croyance générale. Cette idée est même si nouvelle que la plupart du temps ces apparitions ont été considérées par ceux qui les ont vues comme des apparitions de morts. Ce que nous disons est encore plus vrai des hallucinations véridiques qui coïncident avec quelque circonstance grave de la vie d'un agent, et non plus avec sa mort. Les personnes qui admettraient volontiers l'existence de ces faits, parce qu'ils sont d'accord avec leur manière générale de penser, ne s'en occupent guère parce qu'ils leur semblent dépourvus d'intérêt et elles ne sont point disposées à admettre à priori leur réalité ; et ceux au contraire qui en comprennent toute l'importance les écartent d'ordinaire, comme des énigmes dont l'explication est malaisée, comme des événements que l'on ne sait où placer parmi les phénomènes de la nature.

§ 4. — Mais bien que la télépathie ne soit point une superstition populaire et que les témoignages que nous avons recueillis proviennent d'hommes honnêtes et instruits, cela cependant ne nous met pas à l'abri de toutes les causes d'erreur. La première classe d'erreurs qu'il nous faut d'abord signaler, ce sont les erreurs d'observation. On peut prendre une personne pour une autre. On peut prendre par exemple un étranger pour un ami, et il se peut faire qu'à ce moment même cet ami meure et qu'on affirme l'avoir vu. Nous avons observé quelques cas de cette espèce, mais ils sont rares. Dans la plupart des cas, les faits dont il s'agit sont des hallucinations véritables, des faits internes pour lesquels, par conséquent, il ne peut s'agir d'erreurs d'observation.

Les erreurs de raisonnement ont peu d'importance dans la question. Qu'un homme qui voit lui apparaître un ami, prenne l'apparition pour son ami en chair et en os, ou pour l'esprit de son ami, peu nous importe. Ce qui nous intéresse, c'est qu'il ait vu son ami.

§ 5. — Les erreurs dont il nous faut surtout tenir compte sont les erreurs de narration et de mémoire. Un motif qui peut inconsciemment conduire un homme sincère et instruit à ne point raconter les faits exactement comme ils se sont passés, c'est le désir d'édifier. Il faut être particulièrement attentif à cette cause d'erreur, lorsqu'on a affaire à un récit qui est plus ou moins étroitement lié aux croyances d'une secte particulière. Mais nous avons déjà vu que la télépathie n'est liée à aucune foi religieuse particulière, et quiconque étudiera avec quelque soin les récits que nous avons recueillis, sera obligé d'avouer que les erreurs de narration, que nous avons pu y rencontrer, ne sont point dues au zèle religieux.

Une cause d'erreur beaucoup plus fréquente et plus importante, c'est le désir de rendre le récit frappant et pittoresque. Ceux qui racontent une histoire désirent intéresser leurs auditeurs, et ils désirent aussi se mettre en évidence et attirer sur eux l'attention des autres. Aussi cherche-t-on naturellement à rendre les choses aussi merveilleuses qu'il se peut, et un homme fort sincère dans la vie courante, peut très bien éprouver le désir de faire ouvrir les yeux tout grands à ceux qui l'écoutent. Mais, c'est là un désir auquel on cède plus aisément en racontant une histoire, qu'en écrivant un récit à tête reposée, quand on sait surtout que ce récit sera soumis à une sévère critique. Il ne faut point oublier, au reste, qu'il y a un désir qui est en contradiction directe avec celui-là, c'est le désir de se faire croire, et que l'on est amené ainsi à ne point exagérer les faits pour les rendre croyables. C'est pour cela que les témoignages de première main sont si supérieurs aux autres. On ne se prive point de raconter des merveilles quand on peut dire que c'est un autre qui vous les a racontées.

§ 6. — Venons-en maintenant à ces causes d'erreur qui sont dues à la mémoire. On peut désirer dire simplement la vérité, et être fort empêché de le faire parce qu'on a une mémoire infidèle. Les gens qui croient fortement aux influences surnaturelles et aux interventions de la Providence, ont une irrésistible tendance à voir du surnaturel partout. Aussi leur mémoire leur représente-t-elle les faits sous leur jour préféré, les détails discordants s'effacent, et ce qui reste forme un ensemble harmonieux et trompeur. Mais nous répéterons ce que nous avons déjà dit, que les faits de télépathie ne sont liés d'ordinaire à aucune croyance religieuse ou philosophique de celui qui les raconte ; nous pouvons même dire que les croyances religieuses ont sur cette question fait taire plus de gens qu'elles n'en ont fait parler.

Mais en dehors de tout motif de cette espèce, il y a chez tout le monde une tendance générale à donner à ses souvenirs plus de précision et de netteté qu'ils n'en ont réellement. Nous précisons et nous faussons les faits, à la fois, sans nous en apercevoir. Enfin, nous avons une tendance à simplifier les choses. Nous laissons les détails s'effacer, nous ne gardons que l'essentiel ; mais cela peut souvent modifier profondément le caractère des faits.

On pourrait croire qu'à distance les événements s'agrandissent, que ce qui est particulièrement mis en lumière, c'est ce qu'il y a en eux de frappant, de caractéristique. En fait, ce n'est point toujours là ce qui arrive. Ainsi, bien des gens qui ont eu une hallucination, tandis qu'ils étaient éveillés, en arrivent-ils peu à peu à s'imaginer qu'ils ont simplement rêvé. Toutes les mémoires ne sont donc point portées à exagérer, mais il faut avouer cependant que c'est là la règle ordinaire.

§ 7. — Le témoignage en matière de télépathie est un témoignage d'espèce très particulière ; il faut examiner de près en quoi il consiste, pour déterminer où peuvent se trouver les points faibles.

Voici exactement en quoi consiste le phénomène télépathique type : A (l'agent) est mort, B (le sujet), étant éveillé, a aperçu A dans sa chambre ; les deux faits ont coïncidé dans le temps ; la mort de A, la vision de B, et la coïncidence des deux faits doivent être établis par d'indiscutables témoignages. Les erreurs peuvent donc porter sur la mort de l'agent, sur la vision du sujet, sur la date de la mort et la date de la vision.

Les chances d'erreur sont dues, avant tout, au sujet. C'est le récit même du sujet qui fait qu'il y a un cas à examiner ; si le sujet n'avait rien dit, nous n'aurions pas de témoignage à contrôler. Quand nous parlons de cas de première main, nous voulons parler de cas où nous avons le témoignage du sujet même. Il est bien clair que la plupart du temps nous ne pouvons songer à demander son témoignage à l'agent, puisqu'il est mort. C'est donc au témoignage d'autrui qu'il nous faut recourir, pour établir le premier fait, à savoir la mort de l'agent.

§ 8. — Nous avons dit qu'un phénomène télépathique consistait essentiellement dans la coïncidence entre un fait objectif réel et une hallucination. C'est sur le fait objectif qu'il est le moins aisé de se tromper. Lorsque ce fait, c'est la mort de l'agent (et c'est là le cas le plus fréquent), on ne voit guère comment une erreur pourrait être commise à cet égard. De toutes façons, l'erreur, si elle existe, est fort aisée à corriger. Quand l'événement n'a pas eu cette gravité, il est cependant d'ordinaire assez frappant, pour que le sujet et les autres témoins n'aient guère pu s'y tromper; ajoutons que dans ce cas il est facile d'obtenir le témoignage de l'agent lui-même. Pour la vision du sujet, les chances d'erreur sont plus considérables. Le témoin ne peut apporter aucune preuve objective à l'appui des faits qu'il raconte, il dit qu'il a vu, entendu ou senti quelque chose, et il faut le croire sur parole. Aucune observation extérieure, quand bien même il y aurait eu quelqu'un avec lui au moment de l'hallucination, ne peut démontrer qu'il ait bien éprouvé les sensations qu'il a ultérieurement décrites. On peut dire que le sujet était malade ou qu'il avait l'imagination très vive, ou que c'était un nerveux, et qu'alors on ne peut accepter comme exact le récit qu'il fait. Mais il faut remarquer que nous avons déjà répondu à cette objection. Il ne s'agit pas de savoir si le sujet a réellement perçu ce qu'il s'imagine avoir perçu, mais s'il s'imagine l'avoir perçu. Peu nous importe quel sujet croit avoir vu réellement l'un de ses amis, tandis qu'en réalité il a simplement éprouvé une hallucination ; cela n'empêche point que ce phénomène ne soit un phénomène inaccoutumé et ce qu'il nous faut pour que ce phénomène nous serve de preuve, c'est tout simplement qu'il soit inaccoutumé. Le seul danger contre lequel nous ayons à nous mettre en garde, c'est que le sujet affirme avoir éprouvé certaines sensations, qu'en réalité il n'a point éprouvées. Mais cela est invraisemblable, s'il raconte les impressions qu'il a éprouvées avant de connaître les faits réels avec lesquels elles coïncident. Il faudra donc toujours nous efforcer de déterminer si le sujet a fait son récit avant de rien savoir de l'agent; c'est pour cela que les notes écrites dans un journal au moment même où les faits se sont passés, ou les lettres contemporaines des événements, ont pour nous tant de valeur. Il se peut faire aussi que le sujet ait au moment même parlé de son hallucination à quelqu'un qui en ait pris note, ou qui en ait gardé un souvenir distinct. Mais même en l'absence de témoignages contemporains, nous pourrons avoir foi au récit du sujet si l'impression qu'il a éprouvée l'a déterminé à faire quelque action dont il ait conservé un souvenir très net, lui ait fait par exemple entreprendre un voyage; et surtout si ce fait peut être attesté par d'autres témoins que lui-même. Si même le sujet s'est trouvé dans un état de malaise et d'anxiété à la suite de son hallucination, s'il a attendu avec angoisse des nouvelles, ce sont là des faits précis sur lesquels il ne lui est guère possible de se tromper et qui peuvent du reste être attestés par les personnes qui l'entouraient.

§ 9. — Dans le cas où le sujet n'a compris l'importance de l'impression qu'il a éprouvée qu'en apprenant ce qui est arrivé à l'agent, les chances d'erreur sont naturellement beaucoup plus considérables. Il est bien certain que la nouvelle qu'un de nos amis est mort ne nous suggérera pas l'idée qu'il nous est apparu quelque temps auparavant; mais cette nouvelle pourra nous faire voir les faits sous un jour tout différent et nous amener à les altérer inconsciemment.

Vous avez cru vous entendre appeler par votre nom, vous étiez seul; comme vous n'êtes pas sujet aux hallucinations auditives, ce fait vous a frappé : puis vous n'y avez plus pensé. Un jour ou deux après, vous apprenez la mort d'un ami; vous vous vous dites alors que les deux faits sont peut-être liés; vous essayez de vous rappeler le son des mots que vous avez entendus, il vous semble reconnaître les accents d'une voix familière; puis vous arrivez bientôt à être certain de la liaison des deux faits; et, lorsque vous racontez l'histoire, vous dites très sincèrement que vous avez du premier coup reconnu la voix de votre ami. C'est ainsi que l'on peut prendre après coup une vague hallucination du toucher pour un serrement de main, ou quelque apparition indécise pour la figure d'un ami.

Nous avons tenu grand compte de ces causes d'erreur dans l'examen critique que nous avons fait des témoignages. Mais l'interrogation des témoins, la comparaison des récits de dates diverses, ne nous ont montré aucun exemple précis d'erreurs de cette espèce. Et cependant, le nombre des cas que nous avons examinés (ceux qui sont contenus dans ce livre n'en forment que le *vingtième* à peine) est assez grand pour que nous ayons eu chance de trouver des exemples de toutes les erreurs imaginables. La question, cependant, resterait ouverte s'il n'existait pas un grand nombre de cas où cette cause d'erreur doit nécessairement être écartée, puisque le sujet ignorait au moment où il a fait son récit l'état de l'agent ; mais ces cas existent. Il devient donc difficile de soutenir que, lorsque le sujet connaissait l'état de l'agent au moment où il a raconté les faits, son récit est toujours dépourvu de valeur. Au reste, lors même que le sujet aurait donné après coup à son hallucination une précision qu'elle n'avait pas, son témoignage ne perdrait pas pour cela toute valeur ni tout intérêt. Il est certain que la coïncidence d'une impression vague avec la mort d'une personne n'est point une preuve aussi frappante en faveur de la télépathie que la coïncidence de cette mort avec l'apparition de la personne à l'un de ses amis. Mais toutefois, si le sujet est un homme intelligent, s'il affirme qu'il n'a jamais éprouvé d'hallucination, et qu'un jour cependant il s'est imaginé sentir quelqu'un auprès de lui ; s'il est certain qu'il était seul et si cette illusion coïncide avec la mort d'un de ses amis, le phénomène sera certainement une preuve de plus de la réalité des actions à distance. Des cas de cette espèce ne peuvent suffire à eux seuls à démontrer l'existence de la télépathie, mais ils viennent corroborer les cas où le sujet a nettement reconnu la figure de l'agent ou le son de sa voix, et il ne serait pas d'une bonne méthode de ne pas en tenir compte.

§ 10. — Il est clair que pour que nous puissions affirmer une liaison entre les deux phénomènes, il faut qu'ils coïncident dans le temps. Cette coïncidence doit-elle être exacte ; et sinon, quelle est la limite qu'il convient de fixer? Plus grand est l'intervalle qui sépare les deux faits, plus il y a de chances de n'avoir affaire qu'à une coïncidence fortuite. Mais, pour pouvoir calculer précisément les chances de coïncidence fortuite, il était nécessaire de fixer une limite arbitraire à l'espace de temps que nous admettrions entre les deux phénomènes. Cette limite, nous l'avons fixée à 12 heures. Il est certain que cette règle ne s'applique point au cas où l'on a affaire à un événement de longue durée, à une maladie par exemple, mais dans ce cas la force de la preuve est considérablement diminuée. Nous avons naturellement rejeté les cas où l'impression éprouvée par le sujet précède l'événement. Mais il peut arriver que l'hallucination ait précédé de douze heures la mort de l'agent et qu'elle doive cependant être rapportée. C'est lorsque par exemple l'agent était fort malade au moment où l'hallucination s'est produite.

§ 11. — C'est bien plus sur les dates que sur les faits que de graves erreurs peuvent être commises. On se souvient difficilement des dates, et une nouvelle cause d'erreur vient ici s'ajouter à ce défaut habituel de mémoire. Un de vos amis est mort au loin, vous avez entendu, vous en êtes bien sûr, une voix qui ressemblait à la sienne; vous n'avez pris note ni du jour ni de l'heure de cette hallucination, vous n'en avez pas gardé le souvenir. Vous liez les deux faits l'un à l'autre, et vous en arrivez à croire qu'ils ont coïncidé. C'est la mort de l'ami qui a donné un sens à la voix qu'on entendait, il est tout simple d'établir un lien entre les deux phénomènes. On donne ainsi satisfaction à sa raison et on soulage sa mémoire. Souvent on saisit sur le vif ce travail de l'esprit : une personne est morte à trois heures un quart dans l'océan Indien, le fait est consigné dans le journal du bord ; et, lorsque l'hallucination a eu lieu, l'aiguille marquait trois heures un quart à une horloge d'Angleterre. La télépathie peut bien comme l'électricité supprimer l'espace, mais elle ne peut faire que l'heure soit la même à deux longitudes différentes.

§ 12. — Examinons maintenant les deux dates séparément, et voyons quels moyens nous avons d'établir l'exactitude de l'une et de l'autre. C'est presque toujours par le sujet que nous entendons, tout d'abord, parler de l'événement; et cet événement il l'a connu lui-même, soit par une lettre, soit par un télégramme, ou bien il en a été informé par quelque personne, ou bien il en a lu le récit dans un journal. Dans bien des cas, qu'il s'agisse d'une lettre, d'un télégramme ou d'un journal, la date est donnée avec la nouvelle.

Si, d'autre part, le sujet a été vivement ému par sa vision, et s'il se souvient clairement que les nouvelles sont arrivées presque tout de suite, un jour ou deux par exemple, après l'hallucination, et qu'alors il a comparé des dates précises des deux faits et constaté leur coïncidence, cette coïncidence sera bien mieux établie que si elle ne reposait que sur le simple souvenir que le sujet aurait gardé d'une date. La valeur de ce témoignage sera cependant d'autant plus grande que le récit aura suivi de plus près l'événement. A quelques années de distance, l'imagination peut jouer à tout le monde d'étranges tours ; nous connaissons un cas où une vision, qui n'a eu lieu que trois mois après la mort de l'agent supposé, a été rapportée au bout de dix ans à la nuit même de la mort par une personne très digne de foi. Il est facile de se mettre en garde contre cette cause d'erreurs, puisque, dans la grande majorité des cas, on peut fixer la date de la mort par des témoignages indépendants du sujet, et, très souvent, par des témoignages écrits contemporains.

§ 13. — Mais où nous pouvons surtout nous tromper, c'est sur la date de l'hallucination. Si le sujet n'a pas noté son hallucination au moment même où il l'a éprouvée, un intervalle d'une semaine suffit pour rendre impossible d'en fixer la date avec certitude. Il peut, cependant, arriver que le sujet se souvienne clairement que la coïncidence a été clairement démontrée au moment, bien qu'il ne puisse produire aucun document qui établisse actuellement cette coïncidence. Si les souvenirs d'autres personnes sont d'accord avec les siens, on aura là une sorte de preuve, mais il faut avouer qu'elle restera assez faible. Il ne faut pas cependant s'exagérer le danger. D'ordinaire, les nouvelles de l'agent arrivent assez vite pour qu'il ne s'écoule pas plus de deux jours entre l'hallucination du sujet et le moment où il apprend l'événement. Nous n'avons donc pas à demander au sujet un grand effort de mémoire ; il lui faut simplement se souvenir si un fait qui l'a beaucoup frappé s'est passé l'avant-veille d'un jour donné. Si nous avons constaté que plusieurs coïncidences que l'on nous avait données comme exactes, ne l'étaient point tout à fait (les jours seulement coïncidaient), nous n'avons trouvé qu'un très petit nombre de cas où une enquête plus approfondie nous ait montré qu'un intervalle de plus de 12 heures séparât les deux événements.

§ 14. — Il est utile de résumer sous forme de tableau les divers degrés de certitude que peuvent présenter les cas de télépathie.

A. Cas où l'événement qui est arrivé à l'agent et sa date sont consignés dans des notices imprimées ou dans les documents contemporains que nous avons examinés, ou bien nous ont été rapportés par l'agent lui-même indépendamment du sujet, ou par des témoins indépendants ; et où :

1° Le sujet (α) a consigné par écrit son hallucination avec sa date, au moment ou il a éprouvé cette hallucination (nous avons vu le document, où nous nous sommes, de quelque autre manière, assurés de son existence); ou bien (β), où il a, avant l'arrivée des nouvelles, fait part de son hallucination à une ou plusieurs personnes, par le témoignage desquelles le fait peut être corroboré ; ou bien (γ) où il a été entraîné immédiatement par l'intensité de son impression à quelque action spéciale qui peut être prouvée par des témoignages extérieurs écrits ou oraux.

2° L'existence des documents mentionnés en (1 α) et en (1γ) est affirmée, mais nous n'avons pu examiner ces documents; ou bien on affirme que l'hallucination a été racontée à une ou plusieurs personnes comme en (β 1), ou que l'action exécutée sous l'influence de cette hallucination a été connue d'une ou plusieurs personnes comme en (γ 1), mais parce qu'elles sont mortes ou pour toute autre cause, la personne ou les personnes à qui l'hallucination a été racontée, ne peuvent plus corroborer le fait.

3° Le sujet n'a pas (α) consigné par écrit son hallucination, ni (β) raconté cette hallucination à personne, jusqu'au moment où les nouvelles sont arrivées ; mais *alors* il a fait l'une ou l'autre de ces choses, et nous en avons la preuve.

4° Le sujet affirme qu'immédiatement après l'arrivée des nouvelles il a consigné l'hallucination par écrit, ou il l'a racontée ; mais la perte des papiers, la mort des amis, ou toute autre cause empêche de donner aucune confirmation du fait.

5° Le sujet affirme qu'il a remarqué la coïncidence quand il a appris les nouvelles, mais il n'a pas consigné le fait par écrit, et n'en a parlé à personne qu'après un certain intervalle de temps.

B. Cas où le sujet est notre seule autorité pour la nature et la date de l'événement qu'il affirme être arrivé à l'agent.

§ 15. — Nous avons publié dans l'édition anglaise de ce livre un certain nombre de récits de seconde main que nous avons rejetés dans un Supplément (1). On ne peut mettre sur le même rang les récits de première et de seconde main. Il faut faire une exception cependant pour quelques récits de seconde main, qui ont été admis dans le corps même du livre. Ce sont ceux qui reposent sur le témoignage d'une personne à qui le sujet a raconté son hallucination, à un moment où il ignorait l'événement qui correspondait à cette hallucination. Mais tous les autres récits de seconde main ont une valeur extrêmement inférieure à celle des récits de première main. Il ne faut tenir que peu de compte de ceux qui sont faits par des personnes qui n'étaient point dans une étroite intimité avec le sujet, mais nous ne pouvons pas écarter aussi légèrement le témoignage de proches parents, ou d'amis très intimes, d'autant qu'il arrive assez fréquemment dans ce cas que des témoignages de seconde main se confirment les uns les autres, bien qu'ils soient parfaitement indépendants. Il est clair cependant que les chances d'erreur sont ici beaucoup plus grandes. Le narrateur a une tendance à embellir les faits, à éliminer les détails gênants, à altérer les dates et les circonstances. Des rêves mêmes sont donnés pour des hallucinations.

Si le nombre des intermédiaires augmente, les chances d'erreur croissent d'autant; le narrateur supprime, sans s'en douter d'ordinaire, quelques-uns des intermédiaires, et il rapporte comme des faits dont il a presque été témoin, des histoires qui ont passé par la bouche de cinq ou six personnes.

§ 16. — Le tableau que nous avons donné tout à l'heure ne tient pas compte d'éléments qu'il faut nécessairement prendre en considération : le caractère, l'éducation, les habitudes d'esprit des témoins. Nous avons bien entendu écarté tous les cas où les témoins n'étaient, à notre jugement, ni assez sincères, ni assez intelligents pour rapporter avec exactitude les faits auxquels ils disaient avoir été mêlés. Mais les récits que nous avons conservés n'ont pas tous la même valeur : le témoignage d'un savant ou d'un homme de loi sceptique qui ne croyaient absolument pas à l'existence de ces phénomènes avant d'en avoir été

---

(1) Nous n'avons pas cru nécessaire de leur donner place dans l'édition française. N. D. T.

eux-mêmes les sujets, a naturellement plus de valeur que le récit d'une dame qui n'a point reçu d'éducation scientifique, et qui ignore les objections à priori que l'on peut faire à la télépathie. Chaque cas doit être jugé en lui-même. C'est au lecteur à se former une opinion avec les documents que nous lui fournissons. Nous rapportons autant qu'il est possible les mots mêmes dont s'est servi le témoin. Nous avons cherché de tous côtés des confirmations aux récits que nous publions ; nous avons mis à profit les journaux privés, les notes publiées dans les journaux, les documents officiels. Lorsque ces preuves extérieures nous ont manqué, nous l'avons indiqué aussi clairement que possible. Mais ce que nous ne pouvons pas donner à nos lecteurs, c'est ce supplément d'informations qui est fourni par la connaissance personnelle, par la vue même du narrateur. Les phénomènes télépathiques sont au nombre de ceux où, dans bien des cas, la qualité des témoins importe peu, nous l'avons montré, la démonstration se fait pour ainsi dire d'elle-même, mais nous avons tenu à être sévères pour nous-mêmes, et nous avons écarté tous les témoins dont l'éducation nous semblait insuffisante. La plupart de nos témoins, comme nous l'avons déjà dit, n'étaient pas disposés à croire à la réalité des phénomènes, jusqu'au moment où il les ont constatés eux-mêmes. On voit donc que les opinions à priori et les superstitions populaires n'ont à jouer ici qu'un rôle peu important.

§ 17. — Mais il faut considérer ici aussi bien la quantité que la qualité des faits. Le fondement de notre démonstration doit être solide, mais il doit surtout être large. Nous pourrions avoir constaté quelques coïncidences rigoureusement exactes, et être hors d'état d'en tirer aucune conclusion, car il se pourrait, dans ce cas, que ces coïncidences fussent des coïncidences fortuites. Mais la masse de faits que nous avons réunis est telle que ce n'est pas l'ordre d'objections que nous avons le plus à redouter. L'objection capitale, c'est que les témoignages ne rapportent point les faits comme ils se sont passés. La réponse à cette objection, c'est le *nombre* des hypothèses improbables qu'il faudrait imaginer si l'on rejetait la réalité de la télépathie. Et c'est là une difficulté dont on ne se débarrassera pas, en disant, par exemple, que d'une manière générale on ne peut guère se fier aux témoignages des hommes. S'il s'agissait de faits mal critiqués, de témoignages de deuxième ou de troisième main, on pourrait aisément les écarter par cette fin de non-recevoir. Mais tel n'est pas le cas. Nous avons examiné, avec grand soin, chaque cas particulier, et nous n'avons accepté que les faits qui résistaient à la critique. Ces faits sont de nature très variée : il faut, pour en rendre compte, sans recourir à notre explication, faire un très grand nombre de suppositions, les unes vagues, les autres d'une violente invraisemblance ; tantôt il faut admettre qu'à la suite d'une nouvelle douloureuse il se produit une lacune dans la mémoire d'une personne à qui cela n'était jamais arrivé ; tantôt il faut supposer que les gens datent leurs lettres sans se soucier du calendrier, ou se trompent de pages en écrivant leur journal, et qu'ils ne s'aperçoivent jamais de leur erreur ; tantôt que toute une famille a eu cette hallucination collective : qu'un de ses membres a fait une remarque qu'en réalité il n'a jamais faite. Il nous faudra admettre que c'est une coutume reconnue d'écrire des lettres de condoléances pour la mort de gens bien portants ; que lorsque A... dit à un ami qu'il a distinctement entendu la voix de B..., c'est de celle de C... qu'il voulait parler ; et qu'enfin, lorsque D... affirme qu'il n'est pas sujet aux hallucinations de la vue, c'est qu'il oublie momentanément que la semaine dernière encore il lui est apparu un spectre. Sans doute, chacune de ces improbabilités se peut réaliser dans un cas particulier. Mais quand il nous faut, pour chaque cas, recourir à ces expédients désespérés, nous en arrivons à penser que la mauvaise foi systématique est plus vraisemblable encore ; et cependant quelle invraisemblance n'est-ce point de supposer que des centaines de personnes d'une honorabilité bien établie, que nous connaissons en majorité et qui ne se connaissent point entre elles, se sont mises d'accord pour nous tromper dans un but que l'on ne comprend pas !

§ 18. — Au milieu de toutes leurs différences, les cas que nous avons examinés ont un caractère général commun : une personne se trouve dans un état inaccoutumé et cet état n'est en relation avec aucun autre fait que la situation exceptionnelle d'une autre personne, situation que la première personne ignore. C'est ce caractère commun qui fait de l'ensemble de ces phénomènes un véritable groupe naturel. Comment admettre que toutes ces causes diverses, toutes ces erreurs d'inférences, ces manques de mémoire, ces exagérations et ces altérations de récit, aient pu aboutir enfin à créer un type bien défini de phénomènes explicables et complètement explicables par une seule hypothèse bien définie? Pourquoi, si les témoins altèrent la vérité, l'altèrent-ils tous de la même façon? Pourquoi, s'ils forgent des contes merveilleux, s'arrêtent-ils tous au même point? Pourquoi l'ami qui apparaît à son ami ne tient-il pas avec lui de longues conversations? Pourquoi la vision ne mouille-t-elle pas de ses larmes l'oreiller, ne laisse-t-elle pas la porte ouverte derrière elle? Dans les récits de seconde main, on trouve parfois des détails merveilleux qui font toujours défaut dans les récits de première main, et ce sont précisément les détails qui ne se peuvent point expliquer par la télépathie. Il n'est pas question dans les témoignages de première main de blessures faites aux visions, ni de rien de semblable. On ne comprend pas bien pourquoi, si nos témoins ont raconté des histoires faites à plaisir, ils ont tous renfermé leurs fantaisies dans les mêmes limites.

§ 19. — Il nous faut reconnaître que, si les preuves nous semblent concluantes, elles ne sont cependant point frappantes. A nos yeux, l'existence de la télépathie est démontrée, mais ce n'est pas là une évidence à laquelle on ne saurait se soustraire. Il faudrait que chacun des faits soit entouré de témoignages assez clairs, pour qu'il faille nécessairement choisir entre l'une de ces trois hypothèses : le fait est dû à la télépathie ; c'est une coïncidence accidentelle rigoureusement exacte, ou c'est le résultat d'une entente frauduleuse entre plusieurs personnes dont l'honnêteté est par ailleurs bien établie. Nous avons recueilli un assez grand nombre de témoignages bien critiqués pour que nous puissions, à notre avis, exclure la seconde et la troisième de ces alternatives. Mais il faut reconnaître que ces cas probants ne constituent qu'une petite minorité et que si les autres cas viennent apporter des confirmations à la preuve, ils ne sauraient servir de preuve à eux tous seuls. Beaucoup de faits nous ont échappé, parce que les faits que nous cherchons à recueillir sont des faits que la crainte du ridicule, la crainte aussi de la publicité font cacher à la plupart de ceux qui en ont été les témoins.

La plupart des témoignages ont disparu, même pour ces vingt dernières années; mais si l'attitude de l'esprit public change, nous pouvons espérer une large moisson de faits dans l'avenir, de faits bien critiqués et appuyés sur des témoignages sérieux.

§ 20. — On peut nous faire cette objection : qu'une accumulation de témoignages ne signifie rien, si chaque témoignage n'est point irréprochable. Ce que nous pouvons répondre, c'est qu'il ne faut pas considérer les faits que nous rapportons comme les anneaux d'une chaîne, mais bien plutôt comme les brins d'un fagot. Notre argument repose sur ceci : que le rejet de notre hypothèse oblige dans chaque cas à affirmer quelque chose d'improbable. L'accumulation de ces improbabilités est en elle-même si improbable qu'elle nous oblige à admettre la télépathie. Chaque fait qui oblige à une nouvelle hypothèse improbable accroît donc d'autant la force de notre preuve.

Ajoutons enfin, et pour conclure, que l'on accepte beaucoup plus aisément la réalité des faits en matière de télépathie spontanée, lorsque l'on connaît les faits de transmission expérimentale de la pensée. Ce sont des faits qui, au point de vue psychologique, sont de même nature, et qui se confirment les uns les autres.

# CHAPITRE V

### TRANSMISSION DES IDÉES ET DES IMAGES

§ 1er. — Il nous faut passer maintenant en revue les témoignages sur lesquels repose la preuve de l'existence de la télépathie spontanée. Il convient tout d'abord de classer les phénomènes ; ils peuvent être répartis en deux groupes principaux : tantôt, l'impression éprouvée par le sujet reste une impression purement interne, image ou émotion ; tantôt, au contraire, elle est objectivée et devient une hallucination, c'est-à-dire pour le sujet un objet identique ou presque identique aux perceptions normales. De ces hallucinations, les unes sont des rêves, les autres (*Borderland cases*) ont été éprouvées dans un état intermédiaire entre la veille et le sommeil. D'autres, enfin, et ce sont les plus intéressantes, ont été éprouvées pendant la veille. Ajoutons que divers sens peuvent être affectés. Nous avons observé des cas d'hallucinations visuelles, d'hallucinations auditives et d'hallucinations tactiles. Il existe enfin deux types de phénomènes télépathiques qui présentent assez d'importance pour qu'il convienne de constituer pour les y placer deux classes spéciales : ce sont d'abord les hallucinations *réciproques*, dans lesquelles le sujet et l'agent semblent avoir agi l'un sur l'autre, et les hallucinations *collectives*, où une même impression a été éprouvée à la fois par plusieurs personnes.

§ 2. — Il convient de commencer l'étude de ces phénomènes par l'examen de ceux qui présentent le plus d'analogie avec les faits que nos recherches sur la transmission expérimentale de la pensée nous ont appris à connaître. Ces faits appartenaient en grande majorité à la classe des impressions internes non-objectivées. Ce sont donc ces impressions que nous étudierons tout d'abord ; nous les diviserons en deux groupes, nous rangerons dans le premier les idées et les images, dans le second les émotions et les tendances motrices. Nous étudierons ensuite les rêves, puis les impressions éprouvées dans un état intermédiaire entre le sommeil et la veille. Nous passerons alors en revue les diverses classes d'hallucinations, et nous terminerons notre étude par l'examen des hallucinations réciproques et des hallucinations collectives.

§ 3. — *Transmission des idées et des images*. — Rien n'est plus commun que d'entendre parler des liens de sympathie qui unissent si étroitement les habitants d'une maison, qu'au même moment une même remarque vient aux lèvres de plusieurs personnes. Mais il est fort naturel que des esprits qui sont perpétuellement en contact soient occupés des mêmes idées; de plus, bien des signes imperceptibles à un étranger peuvent être interprétés aisément et à demi inconsciemment par un membre de la famille. Aussi faudra-t-il surtout tenir compte des cas où la transmission des images ou des idées a paru s'opérer entre des personnes qui ne vivaient pas habituellement ensemble.

X. (19) Le cas suivant nous a été envoyé par notre ami le Révérend J.-A. Macdonald, de Rhys:

Comme je me trouvais à Liverpool en 1872, j'entendis raconter à mon ami feu Rév. M. W. Stamp. D. D., une histoire remarquable sur la faculté de seconde vue que possédait le Rév. John Drake d'Arbroath (Écosse). J'allai à Arbroath en 1874, et je racontai à M. Drake l'histoire que le D$^r$ Stamp m'avait communiquée. M. Drake m'affirma qu'elle était exacte, et il appela la faculté qu'il possédait « clairvoyance ».

Dans la suite, en 1881, les faits m'ont été confirmés en détail par M$^{me}$ Hutcheon qui était elle-même le sujet sur lequel s'était exercée la clairvoyance de M. Drake.

Lorsque le Rév. John Drake était ministre de l'Église wesleyenne à Aberdeen, M$^{lle}$ Jessie Wilson, fille d'un des principaux membres laïques du conseil de cette église, partit pour les Indes. Elle y devait rejoindre le Rév. John Hutcheon, M. A., son fiancé, qui était alors missionnaire à Bangalore. Un matin M. Drake vint voir M. Wilson à son comptoir et lui dit: « Monsieur Wilson, je suis heureux de pouvoir vous informer que Jessie a fait un bon voyage et qu'elle vient d'arriver saine et sauve aux Indes. » M. Wilson lui demanda alors: « Comment savez-vous cela, Monsieur Drake? » Sur quoi M. Drake répondit: « Je l'ai vue. — Mais, répliqua M. Wilson, c'est impossible, c'est quinze jours trop tôt; à la marche habituelle du vaisseau, c'est quinze jours encore qu'il faut, étant donnée la date où Jessie est partie. » M. Drake répon-

dit : « Notez dans votre journal que John Drake est venu vous voir
ce matin pour vous dire que Jessie est arrivée ce matin même aux
Indes après un bon voyage. »

M. Wilson prit en note cette conversation. M^me Hutcheon m'assure
avoir vu après son retour à la maison la note de son père; elle était
conçue en ces termes : « Monsieur Drake, Jessie est arrivée aux Indes le
matin du 5 juin 1860. » Il se trouva que c'était exactement vrai. Le
vaisseau avait eu bon vent pendant tout le trajet, et il était arrivé quinze
jours plus tôt que d'habitude.

M. Macdonald envoya le récit donné plus haut à M. Drake pour
qu'il en vérifiât l'exactitude, et le Rév. Crawshaw Hargreaves, de
Wesleyan Manse, Arbroath, lui fit la réponse suivante :

29 avril 1885.

Cher Monsieur,

M. Drake regrette beaucoup que votre communication du 2 de ce
mois soit restée aussi longtemps sans réponse. Mais deux jours après
l'avoir reçue il a eu une attaque de paralysie, qui ne l'a pas seulement
cloué au lit, mais qui l'a privé de l'usage de tout un côté.

Il désire donc que je réponde à vos questions. Je dois vous dire que
le récit que vous aviez joint à votre lettre et qu'il vous renvoie est
exact, excepté qu'il ne se rappelle plus du tout avoir jamais parlé
de « clairvoyance ». Ce n'était ni « un rêve » ni « une vision », mais
une impression qu'il reçut entre 8 et 10 heures du matin à un
moment où son esprit était aussi clair qu'il le fut jamais, une impression qu'il croit lui avoir été donnée par Dieu pour la consolation
de la famille. De plus, cette impression fut si claire et si satisfaisante
pour lui-même que lorsque Wilson lui dit : « C'est impossible »,
M. Drake répondit : « Écrivez, écrivez » avec autant de chaleur que
si son affirmation avait été mise en doute par un de ses amis dans des
circonstances ordinaires.

M. Drake espère que ces détails vous suffiront.

Croyez-moi, cher Monsieur, votre sincèrement dévoué.

C. HARGREAVES.

Voici maintenant le récit que M^me Hutcheon donne de l'incident,
récit qui est tout à fait indépendant des autres :

Weston-super-Mare, 20 février 1885.

Voici tout simplement les faits :

Je partis pour les Indes le 3 mars 1860, sur le *Earl of Hardwicke*,
un bon voilier, mais assez mauvais marcheur. On compte ordinairement seize semaines pour le trajet, de sorte que nous ne devions arriver à Madras que vers le milieu de juin. Cependant, comme notre

voyage avait été extraordinairement rapide, nous mouillâmes dans la rade de Madras le matin du 5 juin et nous surprîmes absolument nos amis.

Mon ancien pasteur, ministre Wesleyen, intelligent et très estimé, vint le même matin voir mon père à une heure extraordinairement matinale. La conversation suivante s'engagea :

« — Comment, Monsieur D... Qu'est-ce qui vous a fait sortir de si bonne heure ?

« — Je suis venu pour vous apporter une bonne nouvelle, monsieur W... Votre fille Jessie est arrivée ce matin aux Indes, saine et sauve.

« — Cela serait en effet une bonne nouvelle, si je pouvais le croire, mais vous oubliez que le vaisseau ne doit pas arriver à Madras avant le milieu de juin. De plus, comment pourriez-vous savoir cela ?

« — Cependant, c'est un fait, répondit M. D..., et, voyant le regard incrédule de mon père, il ajouta : « Vous ne croyez pas ce que je dis, monsieur W..., mais notez la date. »

Pour le satisfaire, mon père écrivit dans son journal : « Rév. J. D. et Jessie. Mardi 5 juin 1860. »

En temps voulu, des nouvelles arrivèrent, qui, au plus grand étonnement de mes amis, confirmaient l'assertion de M. D... Mais lui-même ne manifesta aucune surprise et tout simplement fit la remarque : « Si je n'avais pas su que c'était un fait, je ne vous en aurais certainement pas parlé. »

J'ai appris ces détails par une lettre que je reçus à ce moment-là, et, lors de mon retour à la maison, sept ans plus tard, j'ai entendu raconter tout cela par mon père lui-même. Il est mort, mais j'ai raconté les choses comme il me les a dites. La petite note, écrite de sa propre main, qu'il me donna comme curiosité, est en ce moment même sous mes yeux.

JESSIE HUTCHEON.

M<sup>me</sup> Hutcheon ajoute en réponse à quelques questions :

23 mars.

Je souris à cette idée que je pourrais me tromper sur une date aussi mémorable dans l'histoire de ma vie et qui fut suivie immédiatement de mon mariage. Cependant pour rendre mon affirmation doublement valable, je me suis reportée au journal de mon mari et à mon propre journal. Dans tous les deux mon arrivée aux Indes le 5 juin tient une place importante.

Voici la note que mon mari a prise : « M. B... — le 5 juin 1860, un jour mémorable ! Le *Hardwicke* est arrivé. Quel voyage rapide ! Miss Wilson et la mission en bonne santé ! »

M. Macdonald nous dit que, pour lui, M. Drake avait éprouvé souvent de pareilles impressions, mais qu'il l'avait trouvé si peu disposé à en parler qu'il désespérait d'en obtenir jamais le récit. La mort de M. Drake a rendu depuis toute tentative impossible.

XI. (20) M^me Bettany, 2, Eckington Villas, Ashbourne Grove, Dulwich. (Transmission d'une image vive.)

Novembre 1889.

Lorsque j'étais enfant, j'ai éprouvé beaucoup d'impressions fort remarquables et je me souviens bien que je les regardais alors comme quelque chose d'ordinaire et de naturel.

Une fois (je ne puis fixer la date, mais il me semble que j'avais environ dix ans) je marchais dans une ruelle à A..., l'endroit où habitaient mes parents. Je lisais ma géométrie en cheminant, c'est un sujet peu propre à produire des visions et des phénomènes morbides d'aucune sorte. Cependant à un certain moment je vis une chambre à coucher, qu'à la maison on appelait la chambre blanche, et sur le plancher était couchée ma mère, morte d'après toutes les apparences. La vision doit avoir duré quelques minutes, pendant lesquelles ce qui m'entourait réellement sembla pâlir et s'effacer; mais, lorsque la vision disparut, ce qui m'entourait reparut, obscurément d'abord, puis clairement.

Je ne pus douter que ce que je venais de voir était vrai ; aussi, au lieu de retourner chez nous, j'allai tout droit à la maison de notre médecin que je trouvai chez lui. Il partit tout de suite pour m'accompagner chez nous ; en route il me posait des questions auxquelles je ne pouvais répondre, parce que d'après toutes les apparences, ma mère se portait parfaitement bien lorsque je l'avais quittée.

Je conduisis le docteur directement à la chambre blanche, où nous trouvâmes en réalité ma mère dans la position même où je l'avais vue dans ma vision. Tout était exact jusque dans les moindres détails. Elle avait brusquement été atteinte d'une attaque de cœur, et elle aurait rendu le dernier soupir si le docteur n'était arrivé à temps. Je demanderai à mon père et à ma mère de lire ce récit et de le signer.

JEANIE GWYNNE-BETTANY.

Nous attestons que le récit ci-dessus est exact.
S.-G. GWYNNE.<br>J.-W. GWYNNE.

Pour répondre à quelques questions M^me Bettany nous dit :

1° Je n'étais nullement inquiète de ma mère au moment où je vis la vision que j'ai décrite. Elle était bien portante comme d'habitude, lorsque je l'avais quittée.

2° Un accident un peu semblable était une fois arrivé à ma mère. Elle avait fait toute seule une promenade à cheval, et le cheval la rapporta à notre porte, évanouie et à moitié tombée de la selle. Il y avait déjà longtemps que c'était arrivé et elle ne montait plus à cheval depuis. Une maladie de cœur s'était déclarée. Elle *n'avait pas l'habitude* de s'évanouir à moins qu'elle ne fût prise d'une attaque de cœur. En dehors des attaques elle avait l'air d'être bien portante, et elle se conduisait comme une personne bien portante.

3° Le cas que j'ai décrit est le seul, je crois, où j'aie vu une scène qui, occupant en apparence le champ réel de la vision, ait fait disparaître les objets qui étaient réellement présents.

J'ai eu d'autres visions dans lesquelles j'ai vu des événements tels qu'ils se passaient en *réalité* à un autre endroit, mais j'ai toujours eu conscience en même temps de ce qui m'entourait *réellement*.

Pour répondre à de nouvelles questions, elle ajoute .

1° Personne ne pourrait dire si ma vision précédait le fait ou si elle le suivait. On pensait que ma mère était sortie. Personne ne s'aperçut que ma mère était malade jusqu'à ce que j'aie conduit le médecin et mon père que j'avais rencontré à la porte, à la chambre, où nous trouvâmes ma mère comme je l'avais vue dans ma vision.

2° Le médecin est mort. Il n'a pas laissé de parents. Personne à A... n'a rien su de cet incident.

3° On ne se servait pas de la chambre blanche où je vis ma mère et où je la trouvai ensuite en réalité. Il était tout à fait invraisemblable qu'elle y fût allée. Nous la trouvâmes couchée dans l'attitude même où je l'avais vue ; il y avait un mouchoir, garni de dentelles, sur le sol à côté d'elle ; j'avais vu distinctement ce mouchoir dans ma vision. Il y a d'autres coïncidences de détails que je ne puis indiquer ici.

Le père de M$^{me}$ Bettany complète ce récit par la note suivante:

Je me rappelle distinctement que je fus bien surpris de rencontrer devant la porte de la maison ma fille en compagnie du médecin de notre famille. Je lui demandai : « Qui donc est malade? — C'est maman », me répondit-elle en nous conduisant tout droit à la « chambre blanche », où nous trouvâmes ma femme en syncope, par terre. Je lui demandai quand elle s'était trouvée mal; d'après ce qu'elle me dit, je pense qu'elle devait s'être évanouie après que ma fille avait quitté la maison. Aucun domestique ne savait rien de cette subite maladie qui, à ce que m'assura le médecin, aurait eu une issue *fatale* s'il n'était pas arrivé à ce moment même.

Ma femme était tout à fait bien portante lorsque je l'avais quittée le matin.

S.-G. Gwynne.

XII. (21) M. Keulemans, 34, Mathilda Street, Barnsbury, Londres, N. M⁣ʳ K., est un dessinateur scientifique bien connu ; nous avons pu constater l'exactitude de ses observations en plusieurs circonstances.

(Idée abstraite et image.)

Le 16 octobre 1883.

Ma femme était partie le 30 septembre de cette année pour passer quelque temps au bord de la mer. Elle emmenait avec elle notre plus jeune enfant, un petit garçon, âgé de treize mois.

Le mercredi 3 octobre je ressentis fortement l'impression que le petit était plus mal (il n'allait pas bien au moment de son départ). Puis l'idée s'imposa à mon esprit qu'un petit accident lui était arrivé, et tout de suite l'image de la chambre à coucher, où il dormait, m'apparut (*in my mind's eye*). Ce n'était pas la forte sensation de crainte et de chagrin que j'avais souvent éprouvée dans de telles occasions ; toutefois je m'imaginai qu'il était tombé *hors de son lit* sur des chaises et qu'il avait roulé de là sur le plancher. C'était vers 11 heures du matin. J'écrivis tout de suite à ma femme, lui demandant de me faire savoir comment allait le petit garçon ; je crus par trop téméraire de dire à ma femme que, d'après ma conviction, l'enfant avait réellement eu un accident, sans pouvoir produire une preuve à l'appui. Je pensai même qu'elle prendrait une pareille question pour une accusation de négligence ; c'est pourquoi je ne lui écrivis à ce sujet qu'en post-scriptum.

Je n'entendis parler de rien et je m'imaginai que cette fois mon impression était simplement la conséquence de l'inquiétude. Mais samedi dernier, étant venu voir ma femme et mon enfant, je lui demandai si elle avait fait attention à mon avis de garantir l'enfant contre un pareil accident. Elle sourit tout d'abord, puis elle me raconta qu'il était tombé du lit sur des chaises placées auprès et qu'il avait roulé par terre sans se faire de mal.

« Il faut, ajouta-t-elle, que vous ayez pensé à cela lorsqu'il était trop tard, puisque l'accident est arrivé le jour même et quelques heures avant que j'aie reçu votre lettre. » Je lui demandai vers quelle heure il était arrivé. « Vers 11 heures », me répondit-elle. Elle me raconta qu'elle avait entendu le bruit de la chute et qu'elle était montée en courant pour ramasser l'enfant.

Je suis sûr, je n'ai pas même l'ombre d'un doute à cet égard, d'avoir écrit immédiatement après l'impression que j'avais éprouvée ; c'était entre 11 heures et 11 heures et demie du matin.

J'ai vu la lettre que M. Keulemans a écrite à sa femme. L'enveloppe porte le timbre « Worthing, 3 octobre », et le post-scriptum est conçu en ces termes : « Prenez garde que le petit Gaston ne tombe du lit. Mettez des chaises devant le lit. Vous savez qu'il y a souvent des accidents. Et, à dire vrai, je suis presque sûr qu'il lui est arrivé un accident de cette espèce ce matin même. »

La tante de Mᵐᵉ Keulemans nous a donné la confirmation suivante deux ou trois jours après la lettre de M. Keulemans du 16 octobre.

36, Teville Street, Worthing.

Mᵐᵉ Keulemans (ma nièce) et son bébé se trouvent chez moi. Le bébé était tombé du lit le matin même où la lettre (c'est-à-dire la lettre de M. Keulemans) nous est parvenue. C. GRAY.

XIII. (43) La personne à qui nous devons ce cas est une femme bien connue comme écrivain et comme philanthrope.

C'était un samedi pendant la nuit, à la fin d'octobre ou au commencement de novembre 1848, j'étais au presbytère de St-M..., Leicester. Mes deux sœurs étaient à la maison, à H..., à une distance de 14 ou 15 milles de Leicester. La pièce où je couchais était grande et basse, elle s'ouvrait dans un couloir large et bas; la chambre des enfants était sur le même carré; le reste de la famille couchait à l'étage au-dessous. J'avais dormi pendant quelque temps, et je n'avais pas conscience d'avoir rêvé. Je fus réveillée brusquement, mais ce ne fut pas par un bruit; je restai complètement éveillée, soulevée par un mouvement non de crainte, mais d'horreur : je savais que quelque chose d'horrible était tout près de moi. La pièce était encore à moitié obscurément éclairée par le feu qui s'éteignait. Je suppose que la vue de la chambre encore vide me fit comprendre que, ce qui était là, quoi que ce fût, se trouvait encore de l'autre côté de la porte, car je m'élançai d'un bond vers elle, pour la fermer à clef. L'impression que je ressentis était si vive que je ne peux pas la décrire autrement qu'en parlant de cela « comme d'un objet réel ». Cela était vivant, cela n'était pas humain, ni physiquement dangereux; je pense que cela était méchant, mais la sensation d'écrasement que j'eus était horrible. Je ne me l'imaginais pas sous une forme définie, mais comme des ténèbres indéfinies, pareilles à une colonne de nuages. Sa présence devant la porte sembla durer 5 minutes (mais probablement ce fut beaucoup moins long), et alors cela ne fut plus là. Je savais qu'il était presque 2 heures, au moment où cela était là, et la cloche de l'église sonna 2 heures à peu près 10 minutes après son départ supposé. Pendant que cela était là, je fus bien fâchée contre moi-même à cause de mon absurdité, et je me rappelle de m'être demandé si un jeune Allemand, qui était le protégé de Chauncey Townsend, et qui habitait la maison comme pensionnaire, ne me magnétisait pas. Il nous avait parlé le jour précédent de magnétisme et de clairvoyance, mais je n'avais pas la moindre foi ni dans l'un ni dans l'autre, pas plus que dans l'exactitude des observations de C. H. T.

Je retournai à la maison le mardi suivant, et la nuit, en causant avec mes sœurs de la visite que j'avais faite, je leur racontai l'étrange illusion que j'avais eue.

Toutes les deux furent bien étonnées, et elles se mirent à me raconter une impression pareille, qu'elles avaient éprouvée dans la même nuit du samedi ou plutôt le dimanche matin : toutes les deux furent d'accord à me dire qu'à ce qu'il leur semblait, elles avaient éprouvé cette impression vers deux heures du matin. Elles couchaient dans des chambres séparées, mais attenantes l'une à l'autre.

R... s'était réveillée brusquement comme moi, avec la conscience qu'il y avait quelque chose de terrible et de nuisible tout près d'elle, non pas dans sa chambre, mais à peu de distance. Son impression était la même que la mienne, mais moins vive.

E... s'était subitement réveillée comme moi, avec la sensation d'une horreur intense. Une présence épouvantable, mauvaise et puissante se tenait tout près d'elle. Elle ne put ni bouger ni crier ; elle croyait, elle aussi, que c'était une présence spirituelle. Sa chambre était tout à fait sombre, de sorte qu'elle ne put rien voir. L'impression avait tant de puissance, et ce quelque chose était si voisin d'elle qu'il me sembla en en causant que c'était cette impression qui avait causé les nôtres. Aucune de nous n'avait rapporté pour un moment cette impression à un esprit. Cette idée ne nous était jamais venue.

R... et E... s'étaient raconté l'incident avant mon retour, le lendemain, je crois. Plus tard nous avons raconté l'étrange coïncidence à nos parents. Si je me rappelle bien, ma mère avait aussi été réveillée cette nuit par un cri ; cependant son souvenir était trop vague pour qu'on pût s'y fier.

L'incident n'a pas eu de suites, mais la maladie qui a emporté E... a commencé le samedi suivant. Ni elle, autant que je sache, ni nous-mêmes n'avons jamais pensé à la rattacher à l'événement en question. Plus tard E... s'intéressait beaucoup à l'incident, mais elle n'en était nullement inquiète ni alarmée ; elle désirait vivement savoir comment on pourrait expliquer cette coïncidence. J'avais vingt-huit ans à cette époque, E... avait tout juste vingt-cinq ans.

R... se rappelle l'incident vaguement ; elle ne peut rien ajouter.

XIV. (52) M. le D<sup>r</sup> Ollivier, médecin à Huelgoat (Finistère).

20 janvier 1883.

Le 10 octobre 1881, je fus appelé pour service médical à la campagne à trois lieues de chez moi. C'était au milieu de la nuit, une nuit très sombre. Je m'engageai dans un chemin creux, dominé par des arbres venant former une voûte au-dessus de la route. La nuit était si noire que je ne voyais pas à conduire mon cheval. Je laissai l'animal se diriger à son instinct. Il était environ 9 heures; le sentier dans lequel je me trouvais en ce moment était parsemé de grosses pierres rondes et présentait une pente très rapide. Le cheval allait au pas très lentement. Tout à coup, les pieds de devant de l'animal fléchissent et il tombe subitement, la bouche portant sur le sol. Je fus projeté naturellement par-dessus sa tête, mon épaule porta à terre, et je me fracturai une clavicule.

En ce moment même, ma femme, qui se déshabillait chez elle et se préparait à se mettre au lit, eut un pressentiment intime qu'il venait de m'arriver un accident; un tremblement nerveux la saisit, elle se mit à pleurer et appela la bonne : « Venez vite, j'ai peur; il est arrivé quelque malheur; mon mari est mort ou blessé. » Jusqu'à mon arrivée, elle retint la domestique près d'elle, et ne cessa de pleurer. Elle voulait envoyer un homme à ma recherche, mais elle ne savait pas dans quel village j'étais allé. Je rentrai chez moi vers une heure du matin. J'appelai la domestique pour m'éclairer et desseller mon cheval. « Je suis blessé, dis-je, je ne puis bouger l'épaule. »

Le pressentiment de ma femme était confirmé. Voilà, monsieur, les faits tels qu'ils se sont passés, et je suis très heureux de pouvoir vous les envoyer dans toute leur vérité.

A. OLLIVIER,
*Médecin à Huelgoat (Finistère).*

XV. (56) M. Keulemans : Voir cas XII (21).

Novembre 1882.

Un matin, il n'y a pas longtemps, étant occupé d'un travail très facile, je voyais mentalement (*in my mind's eye*) un petit panier d'osier qui contenait cinq œufs. Deux des œufs étaient bien propres, mais d'une forme ovale plus allongée que celle que les œufs ont ordinairement, et d'une teinte jaunâtre; le troisième était rond, bien blanc, mais partout taché de crotte, les deux derniers n'avaient pas de signes particuliers. Je me demandai à moi-même ce que voulait dire cette image insignifiante, mais qui m'était apparue brusquement. Je ne pense jamais à des objets analogues. Cependant ce panier restait fixé dans mon esprit, et il me préoccupa pendant quelques moments. Deux heures plus tard à peu près, je passai dans une autre chambre pour déjeuner. Je fus tout de suite frappé de la ressemblance remarquable entre les œufs qui se trouvaient dans les coquetiers sur la table et les deux œufs allongés, que j'avais vus auparavant en imagination. « Pourquoi regardez-vous si attentivement ces œufs-là », me demanda ma femme, et elle fut tout à fait étonnée en apprenant de moi combien d'œufs sa mère lui avait envoyés une demi-heure plus tôt. Puis elle apporta les trois autres œufs, je reconnus l'œuf taché de crotte et le panier était le même que j'avais vu. En prenant d'autres renseignements, je constatai que ma belle-mère avait ramassé ces œufs, qu'elle les avait mis dans le panier et qu'elle avait pensé à me les envoyer ; et pour me servir de ses propres paroles : « Naturellement je pensais à vous dans ce moment-là. » C'était à dix heures du matin et d'après mes habitudes, qui sont très régulières, je puis conclure que c'était justement l'heure où j'éprouvai mon impression.

J.-G. KEULEMANS.

Mme Keulemans nous dit qu'elle a presque oublié l'incident. « Tout ce que je peux dire, c'est que mon mari regarda des œufs en faisant la remarque qu'ils les avait vus déjà. Je sais qu'il me dit que c'était ma mère qui nous les avait envoyés. »

XVI. (59) Mme Paris, née Griffiths, 33, High Street, Lowestoft.

30 avril 1884.

Nous étions une famille de huit enfants. Il y a vingt ans, nous étions tous à la maison, sauf un seul d'entre nous, H... Ce n'était pas à la suite d'un arrangement convenu, mais semblait-il le résultat d'une série de coïncidences. H... devait nous rejoindre le mercredi 3 août, en quittant sa position, pour passer quelques jours à la maison avant d'en occuper une autre. Le dimanche qui précédait son arrivée nous avions été à l'église ; c'était la première fois que j'y allais depuis une longue maladie.

Ma sœur, trop occupée de sa petite nièce, ne nous avait pas accompagnés. Nous rencontrâmes l'amie de ma sœur, Mlle J..., une dame russe des plus distinguées et très intelligente. Elle revint avec nous, et nous insistâmes pour qu'elle restât à déjeuner avec nous. Ma sœur était enchantée de l'avoir près d'elle pour lui raconter les charmes précoces de notre trésor d'enfant. C'était une matinée délicieuse.

J'ai donné ces détails presque minutieux pour démontrer qu'il n'y avait rien à ce moment qui put être la cause d'une inquiétude. Ma sœur était en bonne santé, elle se portait même mieux que d'habitude. Eh bien, nous avions fini le premier plat, et le deuxième fut placé sur la table, lorsque Mlle J... demanda : « Où est Marianne ? » — Marianne, c'était ma sœur. — Ma mère fit l'observation qu'elle avait quitté la table il y avait quelques minutes, et qu'elle semblait un peu indisposée. Je sortis immédiatement et après l'avoir cherchée partout dans la maison sans la trouver, j'allai dans le jardin. Là je la trouvai assise, la tête dans les mains, regardant la « Carrière », une carrière abandonnée, remplie d'eau depuis des années. D'où elle était, elle pouvait voir l'eau stagnante et noire. Elle ne s'aperçut pas de ma présence. Je

lui mis les mains sur les épaules en lui demandant : « Qu'y a-t-il ? »
Évidemment elle ne me sentit ni ne m'entendit ; je me mis alors à
côté d'elle et je n'oublierai jamais l'expression de sa figure. Elle avait
l'air d'être complètement paralysée par la peur et l'horreur. Ses yeux
semblaient être rivés à l'eau, comme si elle assistait à une scène horrible sans pouvoir être d'aucun secours. « Qu'y a-t-il, ma chère ? »
Elle ne s'aperçut pas encore que j'étais présente et que je la touchais.
Quelques secondes plus tard, elle poussa un cri d'angoisse contenue
et dit : « Oh ! il est parti. » Puis paraissant s'apercevoir de ma présence, elle tourna vers moi un regard de supplication anxieuse. Toutefois, elle était un peu soulagée, puis elle me dit : « Oh, J..., va-t'en et
laisse-moi. » Je la priai de rentrer et alors, comme si elle n'aurait pas
pu le supporter plus longtemps, elle dit : « Oh ! J..., il est parti. Oh !
mon Dieu, il est parti, mon pauvre cher H... » Je la priai de ne pas se
contraindre si terriblement, mais de me raconter quel malheur était
arrivé. Très lentement, comme si cela lui avait coûté des souffrances
indicibles, elle dit : « Il se passe quelque chose de terrible. » Je
répondis à la légère : « Bien entendu, cela est vrai pour toute l'année.
Quel est le moment où il n'y a pas d'âme qui paraisse devant son
créateur ? » Elle trembla, et je réussis en me donnant beaucoup de
peine à la faire rentrer avec moi dans la chambre. Évidemment *elle*
ne désirait pas m'agiter ni me troubler. Je ne pensais plus à l'incident.
M<sup>lle</sup> J... était allée avec ma sœur dans sa chambre, elle insista pour
qu'elle se couchât et puis elle la persuada de se soulager en lui
racontant tout ce qui s'était passé. *Elle* (M<sup>lle</sup> J...) fut si impressionnée
de ce qu'elle entendit qu'elle quitta ma sœur en lui promettant de
revenir après le service de l'après-midi. A peu près vers 3 heures
de cette après-midi, nous apprîmes la nouvelle que notre cher H...
s'était noyé. Il était en route pour l'église avec les autres membres
du chœur. Tentés par le temps délicieux et l'aspect séduisant de l'eau,
plusieurs d'entre eux proposèrent de prendre un bain : « Encore une
fois, c'est la dernière, H... » Il accepta, descendit le premier et il n'était
encore entré dans l'eau que jusqu'aux genoux, lorsqu'il s'écria qu'il
allait se noyer. Ses compagnons furent frappés de terreur et déclarèrent plus tard qu'il leur avait été impossible de faire un mouvement.
L'un d'eux cependant recouvra suffisamment sa présence d'esprit
pour pouvoir pousser un cri et puis pour courir à l'église qui était
tout près. Il s'écria : « G..., H... se noie, viens vite ! » G... s'élança hors
de l'église, se déshabillant en route et jetant ses vêtements le long du
chemin ; il sauta dans l'eau et aurait sans doute sauvé H... s'il ne s'était
pas cramponné à lui. Ils s'enfoncèrent tous les deux pour ne plus
reparaître, juste quelques minutes avant 2 heures et au moment
même où ma sœur s'était écriée : « Il est parti ! »

Nous la trouvâmes profondément endormie ayant l'air d'avoir vieilli
de plusieurs années, mais tout à fait préparée à la nouvelle. Lorsque

mon frère la réveilla, elle dit : « Est-ce qu'ils sont venus ? Ils ne l'ont pas encore amené à la maison, n'est-ce pas ? » M<sup>lle</sup> J... vint, selon toute apparence, tout à fait préparée à apprendre notre chagrin. Elle me raconta plus tard que ma sœur lui avait décrit la scène et l'endroit, quoique assurément elle n'y eût jamais été. H... ne se baignait pas le dimanche et rien ne pouvait suggérer à ma sœur l'idée qu'il le pût faire.

Si c'était moi qui avais reçu cet « avertissement », « ce pressentiment », « cette révélation » ou comme on la voudra nommer, on aurait pu croire que ma faiblesse et la nervosité qui s'en était suivie étaient une cause prédisposante. Mais cette raison ne pouvait pas être invoquée pour ma sœur. Elle avait alors vingt-sept ans et on a toujours déclaré que nous étions « des femmes raisonnables et d'esprit rassis ».

En réponse à nos questions, M<sup>me</sup> Paris écrit :

Le 10 mai 1884.

Ma sœur et M<sup>lle</sup> J... sont toutes les deux mortes...... Pour pouvoir répondre à l'autre question que vous m'adressiez, j'ai écrit à mon père pour lui demander la distance, etc. Il pense que « Bo'ness », où l'accident a eu lieu, est à peu près à treize ou quatorze milles de Blackhall, où notre famille habitait alors. Il me semble avoir dit que la nouvelle nous est parvenue à 3 heures. Mon père croit que c'était un peu plus tard. Quant à l'eau, c'était le Firth de Forth, mais je ne sais pas l'endroit. Mon père dit qu'il y avait une sorte de gouffre creusé par l'eau qui sortait d'une machine des établissements de M. Wilson, et que H... s'est engouffré dans ce trou profond. Le service de l'après-midi durait de 2 heures jusqu'à 3 heures et demie. Peut-être savez-vous que dans les églises écossaises il n'y a qu'un court intervalle entre les services. Mon frère allait avoir dix-neuf ans. Vous me demandez s'il y avait des raisons particulières pour que ma sœur ait éprouvé cette impression plutôt que moi, il y en a deux, à mon avis. Premièrement elle était d'un caractère beaucoup plus contemplatif. Elle était rêveuse et j'étais active. Mais la seconde raison est, selon mon opinon, la plus décisive. Vous aurez remarqué que dans toutes les grandes familles les membres vont deux par deux, d'après le principe : je suppose, qui se ressemble s'assemble. Ma sœur et H... étaient particulièrement intimes.

Jane Paris.

M<sup>me</sup> Paris nous a parlé, en causant avec nous, d'une autre hallucination véridique que sa sœur lui avait racontée au moment où elle s'était produite. Cette hallucination se rapportait à la mort d'un cousin qui s'était noyé en mer.

L'*Airdrie Advertiser* du samedi 6 août 1869 donne pour l'accident la date du dimanche précédent dans l'après-midi.

XVII. (60) Dʳ Goodall Jones, 6, Prince Edwin Street, Liverpool.

Le 28 novembre 1883.

Mᵐᵉ Jones, femme de M. William Jones, pilote à Liverpool, demeurant alors, 46, Virgil Street (elle habite maintenant 15, St. George's Street, Everton) gardait le lit le samedi 27 février 1869. Lorsque j'allai chez elle le lendemain, dimanche 28 février, à 3 heures de l'après-midi, je rencontrai son mari, qui était en chemin pour venir me chercher, parce que sa femme avait le délire. Il me raconta qu'à peu près une demi-heure auparavant, il était à lire dans la chambre de sa femme. Tout d'un coup elle se réveilla du profond sommeil où elle était plongée, en disant que son frère William Roulands (autre pilote de Liverpool) s'était noyé dans le fleuve (la Mersey). Son mari essaya de la calmer en lui disant que Roulands était à sa station du dehors et qu'il ne pouvait se trouver sur le fleuve à cette heure-là. Mais elle persista à dire qu'elle l'avait vu se noyer. Dans la soirée la nouvelle arriva que, vers l'heure indiquée, c'est-à-dire vers 2 heures et demie, Roulands s'était noyé. Il y avait un grand coup de vent en mer, le bateau du pilote ne pouvait pas mettre un pilote à bord d'un bâtiment qui voulait entrer. Il devait donc lui montrer la route. Lorsqu'on fut dans le fleuve, en face du phare, sur le rocher, on fit une autre tentative. Mais le petit bateau se renversa, et Roulands et un autre pilote furent noyés. Lorsque Mᵐᵉ Jones fut informée de sa mort, elle se calma et se rétablit aisément.

XVIII. (63) Le récit suivant est dû à une dame qui s'occupe activement d'œuvres de charité, et qui est aussi peu visionnaire et d'esprit aussi positif qu'il est possible. Elle ne prend pas à nos recherches un intérêt spécial, et ne veut pas que son nom soit publié parce que ses amis n'ont pour ces questions ni sympathie ni grand respect.

Le 9 mai 1883.

Ce que je vais raconter est arrivé en janvier dernier, un mardi. Je devais partir pour une de mes visites habituelles à Southampton. Dans la matinée je reçus une lettre d'un ami, qui me disait qu'il allait à la chasse ce jour-là, et qu'il m'écrirait le lendemain, de sorte que je trouverais sa lettre à mon retour. Dans le train, étant fatiguée, je laissai tomber mon livre et je fermai les yeux. Voici la scène qui se présenta aussitôt devant moi : Un terrain de chasse et deux hommes à cheval se préparant à sauter par-dessus un petit mur de pierre; le cheval de mon ami s'élança, ne put franchir le mur et tomba sur la tête en jetant son cavalier en bas. Toute la scène s'évanouit. J'étais parfaitement éveillée pendant tout ce temps-là. Mon ami est bon cavalier, et il n'y avait pas de raison pour qu'un pareil accident lui fût arrivé. Immédiatement à mon arrivée à Southampton, je lui écrivis, lui disant tout bonnement que je savais qu'il avait fait une chute, et que j'espérais qu'il ne s'était pas fait mal. A mon retour, le mercredi, fort tard dans la nuit, comme je ne trouvai pas la lettre promise, j'écrivis quelques lignes à mon ami pour lui dire que j'espérais avoir des nouvelles de sa *chute* le lendemain. Le soir même de mon retour, je racontai à deux personnes ce que j'avais vu ; et j'avais même parlé de ce qui m'était arrivé dans le train à des amis avec lesquels je dînai ce mardi soir, et tous s'étaient mis à rire de moi. Le jeudi matin je reçus une lettre de mon ami. Il me racontait qu'il avait fait une chute en voulant sauter par-dessus un petit mur de pierre, que le cheval n'avait pu le franchir et était tombé sur la tête, et que lui-même, n'étant pas grièvement blessé, était remonté à cheval un peu plus tard. Lorsqu'il m'avait écrit, il n'avait encore reçu aucune de mes lettres : ma lettre du mardi n'était arrivée en Ecosse que le jeudi matin et celle du mercredi le vendredi. Lorsqu'il reçut mes lettres, il dit seulement que je devais avoir dormi. Rien de semblable ne m'était arrivé antérieurement, ni rien de pareil ne m'est arrivé depuis. Tout me sembla très naturel et ne m'alarma pas du tout.

M<sup>me</sup> B... répond à nos questions :

Mon ami, qui est un Écossais d'esprit positif, refuse de dire un mot de plus sur cette affaire. Tout ce que je sais, c'est qu'il y avait deux cavaliers qui se dirigeaient vers le même endroit.

Dans une entrevue personnelle, M<sup>me</sup> B... nous a dit que sa vision avait eu lieu vers 3 heures de l'après-midi, et qu'elle avait appris de son ami que l'accident se passa « après le déjeuner ». Elle ne pensa pas une minute qu'un malheur (*disaster*) fût arrivé, elle était sûre que son ami n'avait pas eu de mal. Elle ne peut dire si elle avait les yeux fermés ou ouverts, mais elle est sûre de n'avoir jamais eu d'impression du même genre.

XIX. (65) C'est M. J. Bradley Dyne, 2, New Square, Lincoln's Inn, Londres, qui nous a communiqué ce cas ; le récit est dû à sa belle-sœur ; les faits se sont passés dans sa propre maison, à Highgate. Les images ont eu tant d'intensité qu'il semble presque qu'on ait eu affaire à une véritable hallucination sensorielle. Il faut remarquer aussi que la mort de l'agent a précédé l'impression du sujet d'environ 10 heures. Cela ne doit point étonner beaucoup, si l'on prête attention à ce fait que très souvent les sensations ordinaires ne sont point perçues, et que cependant, plusieurs heures après, elles arrivent à la conscience soit en rêve, soit en un moment de silence et de recueillement.

1883.

J'avais connu M. X comme médecin ; il m'avait soignée pendant quelques années et m'avait montré beaucoup de bonté. A l'époque de sa mort, il y avait beaucoup plus d'une année qu'il ne me soignait plus. Je savais qu'il n'exerçait plus la médecine, mais je ne savais rien de plus de ses affaires ni de l'état de sa santé. Lorsque je le vis pour la dernière fois, il semblait particulièrement bien portant, et il fit même quelques remarques sur la vigueur et l'activité qui lui étaient restées.

Le jeudi 16 décembre 1875, je me trouvais depuis peu de temps en visite à la maison de mon beau-frère et de ma sœur, près de Londres ; j'étais en bonne santé, mais depuis le matin et pendant toute la journée j'éprouvai une sensation d'oppression ; je n'étais pas en train, et j'attribuais cela au temps sombre qu'il faisait. Bientôt, après le déjeuner, vers 2 heures à peu près, j'eus l'idée de monter à la chambre des enfants pour m'amuser avec eux, et tâcher de me remettre. Mais ma tentative échoua, et je retournai dans la salle à manger, où je restai assise toute seule (ma sœur était occupée ailleurs). La pensée de M. X me vint à l'esprit et tout d'un coup, ayant les yeux grands ouverts, à ce que je crois, car je ne me sentais pas endormie, il me sembla que je me trouvais dans une chambre, où un homme mort était couché sur un petit lit. Je reconnus tout de suite à la figure de l'homme que c'était M. X et je ne doutai pas qu'il ne fût mort et non pas simplement endormi. La chambre me sembla nue, sans tapis et sans meubles. Je ne puis dire combien de temps la vision a duré. Je ne parlai de l'apparition ni à ma sœur ni à mon beau-frère à ce moment-là ; j'essayai de me prouver à moi-même que tout ce que j'avais vu ne signifiait rien, par la raison surtout que, d'après tout ce que je savais sur la situation de M. X, il était improbable que, s'il était mort, il se fût trouvé dans une chambre si nue et si dégarnie de meubles. Deux jours plus tard, le 18 décembre, je quittai la maison de ma sœur pour rentrer chez nous. A peu près une semaine après mon arrivée, une autre de mes sœurs lut dans les journaux l'annonce de la mort de M. X ; il était mort à l'étranger le 16 décembre, le jour même où j'avais vu l'apparition.

J'ai appris depuis que M. X est mort à l'hôpital d'un petit village, dans un pays chaud ; il avait succombé à une maladie subite pendant ses voyages.

En réponse à une question, M. Dyne dit :

Ma belle-sœur me dit que le cas dont je vous ai parlé est absolument le seul où « elle ait eu une vision de cette espèce ».

Nous apprenons de la veuve de M. X que la chambre où son mari est mort correspondait à la description donnée plus haut, et que sa mort a eu lieu à 3 heures et demie.

Sont également rapportés dans l'édition anglaise 41 cas analogues.

# CHAPITRE VI

### TRANSMISSION DES ÉMOTIONS ET DES TENDANCES AU MOUVEMENT

§ 1. — Nous abordons maintenant l'étude d'une classe de phénomènes qui sont caractérisés moins par la netteté de l'idée que par la force de l'émotion produite sur le sujet. Dans certains cas, l'émotion est liée à une idée définie : la pensée, par exemple, qu'un malheur est arrivé à une personne déterminée. D'autres fois, c'est une émotion qui semble sans cause et déraisonnable. Quelquefois l'état du sujet paraît reproduire réellement l'état d'un parent ou d'un ami qui traverse au moment même quelque crise physique ou morale. Le sujet peut beaucoup plus aisément commettre une erreur dans ces cas-là et s'imaginer après coup qu'il a éprouvé ce qu'en réalité il n'a point éprouvé, aussi est-il essentiel que son impression ait été notée, par lui ou communiquée à d'autres personnes, avant qu'il ait reçu aucune nouvelle de l'agent. Il est indispensable en outre de s'assurer que ces émotions violentes et fortes ne sont point habituelles au sujet. Il est à peine besoin d'ajouter qu'il faut rejeter tous les cas où le sujet avait quelque cause d'inquiétude.

XX. (22) Le narrateur est M<sup>lle</sup> Martyn, de Long Melford Rectory, Suffolk.

Le 9 septembre 1884.

Le 16 mars 1884 j'étais assise toute seule dans le salon, plongée dans la lecture d'un livre intéressant. Je me sentais tout à fait bien, lorsque je fus subitement saisie d'une sensation indéfinie de peur et d'horreur. Je regardai la pendule, et je vis qu'il était juste 7 heures du soir. Il me fut absolument impossible de continuer à lire ; je me levai donc et me promenai autour de la chambre, m'efforçant de me débarrasser de ce sentiment, mais je ne pouvais y réussir. Je devins tout à fait froide, et j'eus le ferme pressentiment que j'allais mourir. Ce sentiment dura à peu près une demi-heure et, quand il eut disparu, je restai très frappée par cet incident toute la soirée. Lorsque j'allai me coucher, je me sentis très faible, comme si j'avais été gravement malade.

Le lendemain, je reçus un télégramme m'annonçant la mort d'une proche cousine, M^me K..., qui habitait le Shropshire ; elle m'était très chère, et j'avais été intimement liée avec elle toute ma vie, mais je l'avais très peu vue les deux dernières années. Je n'avais pas associé ce sentiment de mort à sa pensée ou à celle de quelque autre personne, mais j'avais l'impression distincte que quelque chose de terrible se passait. Je sus plus tard que ce sentiment s'était emparé de moi au moment même où ma cousine mourait (7 heures du soir). La coïncidence de cette impression avec sa mort peut avoir été un simple hasard. Je n'ai jamais éprouvé quelque chose de semblable auparavant. Je ne savais pas que M^me K... était malade, et sa mort fut particulièrement triste et subite.

K. M.

M. White Cooper, à l'obligeance de qui nous devons ce récit, nous écrit ce qui suit :

19, Berkeley Square, W., le 7 avril 1885.

J'ai demandé à M^lle Martyn si elle avait parlé à quelqu'un de son sentiment d'horreur du 16 mars *avant* d'avoir appris la mort de sa cousine. Elle me dit que oui. Elle en était même tout à fait certaine et elle se rappelait parfaitement avoir dit le même soir à M^lle Mason, qui revenait de l'église, qu'elle avait éprouvé un sentiment particulier d'horreur et de crainte, sentiment dont elle ne pouvait donner aucune explication. J'ai questionné ensuite M^lle Mason et je vous envoie ci-joint ce qu'elle m'a dicté.

M^lle Mason dit :

The Rectory, Long Melford, Suffolk, le 5 avril 1885.

Je me rappelle que M^lle Martyn m'a raconté qu'elle avait été saisie d'un sentiment indescriptible de peur et d'horreur, le dimanche soir 16 mars, comme elle se trouvait toute seule au salon, pendant que nous étions à l'église. Il lui fut impossible de chasser ce sentiment ; elle se sentit très agitée, se leva et se promena autour de la pièce. Elle ne rapporta ce sentiment à personne et ne put trouver une cause à cette impression particulière. Il me semble qu'elle m'en a parlé le soir même (dimanche), et avant d'avoir appris la mort de sa cousine ; cependant je ne suis pas tout à fait sûre si c'est le dimanche ou le lundi qu'elle m'en a parlé.

Anna M. Mason.

Nous avons vérifié la date de la mort dans deux journaux locaux ; le jour de la mort était bien un dimanche, ce qui s'accorde avec les témoignages.

XXI. (76) Révérend J. M. Wilson, ex-principal de Clifton College, *Senior Wrangler* et mathématicien bien connu. (Action d'un jumeau sur l'autre.)

Clifton College, le 5 janvier 1884.

Autant que je puis me le rappeler, voici comment se sont passés les faits :

J'étais à Cambridge vers la fin de ma deuxième année d'études à l'Université. J'étais en parfaite santé, je canotais, je jouais au football et à d'autres jeux, je n'étais nullement sujet aux hallucinations ni aux imaginations maladives. Un soir je me trouvai fort mal, je tremblais sans cause apparente, mais il ne me semblait pas à ce moment être physiquement malade et je ne croyais pas avoir pris froid. J'étais effrayé, et tout à fait hors d'état de vaincre mon malaise. Je me rappelle avoir lutté avec moi-même, j'étais résolu à continuer à m'occuper de mes mathématiques, mais c'était en vain ; j'étais convaincu que j'allais mourir.

Je descendis chez mon ami, W. E. Mullins ; son appartement était dans le même escalier, et je me rappelle qu'il poussa une exclamation en me voyant et avant que j'eusse pu prononcer un mot. Il mit ses livres de côté, sortit une bouteille d'eau-de-vie et un jeu de tric-trac, mais je ne pus pas lui servir de partenaire. Nous restâmes assis près du feu pendant quelque temps, et puis mon ami alla chercher un autre de nos amis (M. E. G. Peckover) pour causer avec nous. Je sentais un malaise étrange, mais sans symptômes que je puisse me rappeler, sauf un malaise mental et la conviction que je devais mourir cette nuit.

Vers 11 heures, à peu près trois heures après cela, je me portais mieux ; je montai, je me couchai et au bout d'un peu de temps je m'endormis. Le lendemain matin je me portais tout à fait bien.

Dans l'après-midi je reçus une lettre qui m'apprenait que mon frère jumeau était mort le soir précédent dans le Lincolnshire. Je me rappelle bien clairement que je n'avais pas pensé à lui une seule fois et je n'avais même pas eu l'idée vague qu'il était là. Il était phtisique depuis longtemps, mais je n'avais pas eu de ses nouvelles depuis quelques jours, et rien n'aurait pu me faire soupçonner que sa mort était proche. Ce fut un coup de surprise pour moi.

James M. Wilson.

Nous nous sommes adressés à M. Mullins, mais il ne se rappelle plus l'incident.

En réponse à nos questions, M. Wilson nous écrit :

Je n'ai jamais éprouvé une pareille dépression nerveuse. C'était une sorte de frayeur panique qui me saisissait ; je frissonnais comme à l'approche de la mort. Il n'y avait pas coïncidence exacte entre les heures; mon frère est mort à peu près quatre heures avant que je n'aie été saisi de cette impression douloureuse.

XXII. (81) M. A. Skirving, maître maçon à la cathédrale de Winchester.

Cathedral Yard, Winchester, le 31 janvier 1884.

Je vous prie de me permettre de vous offrir respectueusement un court récit de mes expériences en une matière que je ne comprends pas. Laissez-moi vous dire tout d'abord que je ne suis pas savant. J'ai quitté l'école quand j'avais douze ans, en 1827, et j'espère donc que vous pardonnerez tous mes péchés contre la composition et la grammaire. Je suis maître maçon à la cathédrale de Winchester et je demeure dans cette ville depuis neuf ans; je suis né à Edinburgh. Il y a à présent plus de trente ans j'habitais à Londres, tout près de l'endroit occupé à présent par le Great Western Railway qui alors n'était pas encore construit. Je travaillais à Regent's Park pour MM. Mowlem, Burt et Freeman, qui à cette époque avaient un contrat avec le gouvernement pour toutes les entreprises de maçonnerie de la capitale, et qui font encore de grandes affaires à Millbank, Westminster. Je pense que c'était à Gloucester Gate, si je ne me trompe. Dans tous les cas, c'était cette porte de Regent's Park, à l'est du jardin zoologique, au coin nord-est du parc. La distance de ma maison était trop grande pour rentrer pour les repas, j'emportais donc ma nourriture avec moi, et c'est pour cela que je n'avais pas besoin de quitter mon travail dans la journée. Un certain jour cependant, je sentis brusquement un désir intense de rentrer chez moi. Comme je n'avais rien à faire chez moi, je tâchai de me débarrasser de ce désir, mais il m'était impossible d'y réussir. Le désir de rentrer chez moi augmenta de minute en minute. Il était 10 heures du matin, et il n'y avait rien qui pût me rappeler de mon travail à cette heure-là. Je devins inquiet et mal à l'aise; je sentis que je devais m'en aller, même au risque d'être ridiculisé par ma femme; je ne pouvais donner aucune raison de quitter mon travail et de perdre six pence l'heure pour une bêtise. Toutefois je ne pus rester; je partis pour la maison, mu par une impulsion à laquelle je ne pouvais résister.

Lorsque j'arrivai devant la porte de ma maison, je frappai; la sœur de ma femme m'ouvrit. C'était une femme mariée, qui demeurait quelques rues plus loin. Elle avait l'air d'être surprise et me dit : « Eh bien, Skirving, comment est-ce que vous le savez? — Savez quoi? lui dis-je. — Eh bien, à propos de Mary Ann. » Je lui dis : « Je ne sais rien sur Mary Ann (ma femme). — Alors qu'est-ce qui vous ramène à cette heure-ci? » Je lui répondis : « Je peux à peine vous le dire. Il me semblait que l'on avait besoin de moi à la maison. Mais qu'est-ce qui est arrivé? » demandai-je. Elle me raconta qu'un fiacre avait passé sur ma femme, il y avait peut-être une heure, et que ma femme était sérieusement blessée. Elle n'avait cessé de m'appeler depuis son accident, elle avait alors des crises, elle venait d'en avoir plusieurs de suite. Je montai et, quoiqu'elle fût bien malade, elle me reconnut tout de suite. Elle me tendit les bras, les enlaça autour de mon cou et posa ma tête sur sa poitrine. Les crises passèrent immédiatement, et ma présence la calma visiblement ; elle s'endormit et était assez bien. Sa sœur me raconta qu'elle avait poussé des cris à faire pitié pour me faire venir auprès d'elle, bien qu'il n'y eût pas la moindre probabilité que je viendrais. Ce court récit n'a qu'un mérite : il est strictement vrai.

Alexandre Skirving.

Nous avons demandé à M. Skirving si l'heure de l'accident correspondait avec celle où il avait senti le désir de rentrer chez lui ; voici ce qu'il nous a répondu :

Je demandai à la sœur de ma femme à quelle heure l'accident avait eu lieu, et elle me dit : « Une heure et demie » — c'est-à-dire avant mon arrivée. Or cette heure coïncidait exactement avec l'heure où je désirais quitter mon travail. Il me fallait une heure pour arriver chez moi, et avant de partir j'avais bien lutté une demi-heure pour vaincre le désir de m'en aller.

Il ajoute :

Vous me demandez si j'ai jamais éprouvé une impression pareille dans quelque autre circonstance. Je n'en ai jamais eue. C'est la seule et unique impression de ce genre que j'aie éprouvée.

La femme de M. Skirving est morte. Sa belle-sœur, M$^{me}$ Vye, est en Nouvelle-Zélande. Son mari nous a écrit d'Otago le 1$^{er}$ juillet 1885. Il nous dit qu'elle ne peut plus donner de détails sur l'événement, mais qu'elle se souvient très bien de l'accident.

XXIII. (85) Le narrateur est le major Kobbé, de l'armée des Etats-Unis.

Mt. Vernon Barracks, Ala, le 31 juillet 1884.

En 1858 ou 1859, à l'époque où j'habitais New-York, je sentis un jour le désir de visiter le cimetière de Greenwood, situé à une distance de six ou sept milles à Long Island, et où ma famille possédait un caveau, etc.

Lorsque j'y arrivai, je trouvai mon père nu-tête debout, près d'une tombe ouverte, dans laquelle il venait de faire placer la dépouille d'un fils en bas âge, mort avant ma naissance. Il avait fait exhumer les restes du caveau pour les placer dans la tombe pour l'enterrement définitif, et les ouvriers étaient justement sur le point de jeter la première pelletée de terre, lorsque je m'approchai.

Lorsque nous quittâmes le cimetière ensemble, je fis une observation sur la coïncidence étrange qui m'avait amené à ce moment même, et nous sûmes alors bien vite et tout naturellement que mon père avait laissé à la maison un mot qui devait m'être porté, et où il me disait d'aller le rejoindre au cimetière, à l'heure où je l'avais fait. Je n'avais pas reçu ce message, par la simple raison que je n'étais pas rentré.

Cette coïncidence est curieuse, parce que :

1° A ce moment-là, il n'était ni agréable, ni commode d'aller au cimetière.

2° Ni mon père lui-même, ni aucun membre de notre famille n'y allaient jamais ; aussi n'en parlait-on jamais. A l'exception de deux enfants en bas âge, morts il y avait bien des années, aucun de nos parents n'y était enterré, et, autant que je me rappelle, personne de notre famille n'y était allé depuis des années. La plupart d'entre nous n'y avaient jamais été.

3° Je n'avais pas de raison pour penser à cet endroit, et je n'avais jamais eu le désir ou l'intention de le visiter.

4° Si j'étais arrivé quelques minutes plus tôt ou plus tard (disons une demi-heure au plus), je n'aurais pas rencontré mon père, et probablement je n'aurais jamais entendu parler de l'affaire. Le messager que mon père m'avait envoyé lui aurait dit que je n'avais pas reçu son message, et mon père ne m'en aurait probablement pas parlé.

Pour tout résumer, on m'avait fait dire de me trouver à un certain endroit désagréable et peu fréquenté, difficile à atteindre, de sorte qu'il fallait plusieurs heures pour y arriver soit par bateau, soit autrement. Je n'avais pas reçu le message, mais je lui avais obéi implicitement à la minute.

William A. Kobbé.

Le Major Kobbé, en réponse à nos questions, nous écrit :

Mon père est mort il y a à peu près quatre ans. Depuis la rencontre mémorable que j'ai eue avec lui au cimetière, je ne suis allé à la maison qu'à de longs intervalles et je n'y suis resté que très peu de temps. C'est, à ce que je suppose, la raison pour laquelle je n'ai jamais eu l'occasion de parler de l'affaire, à lui ou à un autre membre de la famille. Depuis sa mort j'en ai parlé à d'autres personnes. Je suis à présent absolument libre de toute superstition, et je l'ai toujours été. De plus, j'ai, comme tous mes parents et toute ma race, des nerfs extraordinairement forts, un tempérament peu excitable et une aversion pour les « ismes » de toute espèce. Rien de semblable ne m'est arrivé, ni avant, ni après l'accident que j'ai raconté ; et je n'ai jamais éprouvé aucune impression dont je n'aie pu aisément indiquer la cause, et cette cause, en réalité, je l'ai toujours cherchée soigneusement et trouvée.

Nous avons demandé à M. le major Kobbé de s'enquérir si sa mère se souvenait de l'incident. Il a constaté qu'elle ne s'en souvenait pas, et il ajoute : « La part que ma mère avait eue dans l'affaire — quoique fort importante au point de vue du témoignage — était pour elle affaire de fort peu d'importance. »

XXIV. (87) Dʳ Liébeault, de Nancy.

4 septembre 1885.

Je m'empresse de vous écrire au sujet du fait de communication de pensée dont je vous ai parlé, lorsque vous m'avez fait l'honneur d'assister à mes séances hypnotiques à Nancy. Ce fait se passa dans une famille française de la Nouvelle-Orléans, et qui était venue habiter quelque temps Nancy, pour y liquider une affaire d'intérêt. J'avais fait connaissance de cette famille, parce que son chef, M. G..., m'avait amené sa nièce Mˡˡᵉ B... pour que je la traitasse par les procédés hypnotiques. Elle était atteinte d'une anémie légère et d'une toux nerveuse contractées à Coblentz dans une maison d'éducation où elle était professeur. Je parvins facilement à la mettre en somnambulisme, et elle fut guérie en deux séances. La production de cet état de sommeil ayant démontré à la famille G... et à Mˡˡᵉ B... qu'elle pourrait facilement devenir médium (Mᵐᵉ G... était médium spirite), cette demoiselle s'exerça à évoquer, à l'aide de la plume, les esprits, auxquels elle croyait sincèrement, et au bout de deux mois elle fut un remarquable médium écrivante. C'est elle que j'ai vue de mes yeux tracer rapidement des pages d'écriture qu'elle appelait des messages, et cela en des termes choisis et sans aucune rature, en même temps qu'elle tenait conversation avec les personnes qui l'entouraient. Chose curieuse, elle n'avait nullement conscience de ce qu'elle écrivait ; « aussi, disait-elle, ce ne peut être qu'un esprit qui dirige ma main, ce n'est pas moi. »

Un jour, c'était je crois le 7 février 1868, vers huit heures du matin, au moment de se mettre à table pour déjeuner, elle sentit un besoin, un quelque chose qui la poussait à écrire (c'était ce qu'elle appelait une *trance*), et elle courut immédiatement vers son grand cahier, où elle traça fébrilement, au crayon, des caractères indéchiffrables. Elle retraça les mêmes caractères sur les pages suivantes, et enfin, l'excitation de son esprit se calmant, on put lire qu'une personne nommée Marguerite lui annonçait sa mort. On supposa aussitôt qu'une demoiselle de ce nom qui était son amie, et habitait comme professeur le même pensionnat de Coblentz où elle avait exercé les mêmes fonctions, venait d'y mourir. Toute la famille G..., compris Mˡˡᵉ B..., vinrent immédiatement chez moi, et nous décidâmes de vérifier, **le jour même,** si ce fait de mort avait réellement eu lieu. M^lle B... écrivit à une demoiselle anglaise de ses amies qui exerçait aussi les mêmes fonctions d'institutrice dans le pensionnat en question ; elle prétexta un motif, ayant bien soin de ne pas révéler le motif vrai. Poste pour poste, nous reçûmes une réponse en anglais, dont on me copia la partie essentielle, réponse que j'ai retrouvée dans un portefeuille il y a à peine quinze jours, et égarée de nouveau. Elle exprimait l'étonnement de cette demoiselle anglaise au sujet de la lettre de M^lle B..., lettre qu'elle n'attendait pas si tôt, vu que le but ne lui en paraissait pas assez motivé. Mais, en même temps, l'amie anglaise se hâtait d'annoncer à notre médium que leur amie commune, Marguerite, était morte le 7 février, vers les huit heures du matin. En outre, un petit carré de papier imprimé était inséré dans la lettre : c'était un billet de mort et de faire part. Inutile de vous dire que je vérifiai l'enveloppe de la lettre, et que la lettre me parut venir réellement de Coblentz. Seulement, j'ai eu depuis des regrets. C'est de n'avoir pas, dans l'intérêt de la science, demandé à la famille G... d'aller avec eux au bureau télégraphique vérifier s'ils n'avaient pas reçu une dépêche télégraphique dans la matinée du 7 février. La science ne doit pas avoir de pudeur ; la vérité ne craint pas d'être vue. Je n'ai comme preuve de la véracité du fait qu'une preuve morale : c'est l'honorabilité de la famille G... qui m'a paru toujours au-dessus de tout soupçon.

A. A. Liébeault.

Outre l'improbabilité qu'il y a à supposer que toute la famille ait pris part à une conspiration dont le but aurait été de tromper un ami, la réponse reçue de Coblentz démontre que la dame qui l'avait écrite ne pouvait savoir qu'on eût envoyé aucun avis par le télégraphe.

Et il est même improbable que les autorités de l'école aient jugé nécessaire de communiquer immédiatement la nouvelle à M^lle B...

XXV. (692) M. J. C. Grant, 98, Cornvall Gardens, Londres, S.W. — Le récit a été copié sur son journal. M. Grant désire que les noms des personnes qui sont mentionnées dans le journal ne soient pas imprimés, mais il est tout disposé à donner tous les renseignements qui lui seront demandés.

Inscrit sur le journal à la date du 11 avril 1882 :

Une chose très étrange m'est arrivée la nuit dernière. Elle m'était déjà arrivée une fois auparavant. Après avoir dormi un peu de temps, je me suis réveillé, très tranquillement et sans angoisse ni terreur, mais avec la conviction absolue qu'il y avait une « présence » dans ma chambre. Je regardai de tous côtés dans l'obscurité, je le suppliai de paraître, mais cela sans aucun résultat ; car quoique j'aie le don du « sentiment », je n'ai pas celui de la « vue ». J'avais la certitude, et en réalité cette chose me le dit, que cela avait quelque rapport avec Bruce, (un prénom). Je croyais que c'était son père, j'en étais sûr ; je croyais qu'il devait être mort (1). Tout ceci se passa dans l'espace de deux minutes ou à peu près ; et comme je vis que je ne pouvais rien *voir*, je me levai, je frottai une allumette, j'allumai la bougie qui se trouvait près du lit, et je regardai ma montre. Il était juste minuit 14 minutes. J'éteignis alors ma bougie ; mais je n'avais plus le sentiment d'une « présence ». Cela avait parlé comme seulement un esprit peut parler, et puis avait disparu. Je ne m'endormis pas avant longtemps, et j'étais très malheureux pour le pauvre Bruce... J'ai été très mal à mon aise toute la journée à cause de ce pauvre vieux Bruce, à qui j'ai écrit ce matin. J'ai raconté à M... et R... mon sentiment et mes impressions de la nuit.

Le journal à la date du 12 avril rapporte une conversation avec M. et M^me M..., durant laquelle M. Grant se souvient d'avoir parlé de l'incident.

Journal, 13 avril.

Dans l'après midi j'allai voir ma tante M... ; j'eus une longue conversation avec elle, je lui racontai ainsi qu'à J... et tous les autres mon pressentiment. Je n'ai rien reçu de ce pauvre Bruce.

Journal, 14 avril.

Levé de bonne heure, à 7 heures et demie, attendant une lettre. Elle est venue, comme je m'y attendais — une bordure noire ; mais ce n'est pas son père, mais son frère qui est mort, pauvre vieil E..., date et tout, le mardi... Je lui ai écrit ce matin. Je ne lui parlerai pas de mon étrange aventure de mardi matin ou de lundi soir...

Témoins de mon étrange prévision : M^me R..., ma logeuse ; M^me C..., ma tante ; J..., mon cousin (capitaine C...) ; d'autres cousins, M^me M... et M. M..., M. H. R... et M^me G... Ainsi, vous voyez, je ne suis pas sans mes autorités, outre mon journal.

Journal, 15 avril.

Écrit une longue lettre à mon père, lui donnant les nouvelles et lui contant ma singulière impression.

(1) M. Grant explique cette idée de la manière suivante : « Je savais que son père était très sérieusement malade, et c'est sans doute la raison qui a donné cette direction à ma pensée. »

Voici une copie que nous avons faite d'une lettre adressée à M. Grant par M. M..., le 3 juin 1886 :

Nous nous rappelons fort bien que vous nous avez parlé de l'étrange événement qui eut lieu avant la mort d'un de vos amis. Les détails nous échappent, mais nous nous souvenons que c'était un avertissement, qui fut ensuite vérifié.

C. W. M.

La date de la mort se trouve dans la nécrologie du *Times* à la date du 10 avril 1882. C'était un lundi, et non un mardi ; M. Grant a cru probablement que son ami avait appris la mort de son frère le jour même. M. E. T. R... était mort en Chine ; sa mort ne peut tomber dans les douze heures qui ont précédé l'impression de M. Grant, que si elle a eu lieu quelques heures avant minuit.

M. E. T. R... était un ami intime de M. Grant, mais moins intime que son frère Bruce.

Journal, mercredi 10 déc. 1879. (M. Grant était à ce moment dans le sud de l'Inde.)

Hier j'ai eu une sensation étrange. Lorsque je dis hier, je veux dire la nuit dernière...... J'ai eu comme un œil intérieur qui s'ouvrait. J'avais une sorte de sentiment inconscient que, si je le voulais, je pourrais voir quelque étrange visiteur dans la chambre avec moi. — quelqu'un sorti de son corps, dépouillé de son enveloppe charnelle. [Ici suivent quelques mots de description qui, quoique vagues et généraux, s'appliquent parfaitement à la personne qui mourut à ce moment, comme on l'apprit ensuite, et qui ne se seraient appliquées aussi naturellement qu'à un petit groupe de personnes. M. Grant a, à ce qu'il m'a semblé, des raisons majeures pour ne pas permettre la publication du passage]. J'écartai cette idée de ma pensée et je m'endormis d'un sommeil agité.

Journal, 11 décembre :

Suis allé dans l'après-midi à la bibliothèque; de là chez C... appris par télégramme, là, la mort de mon oncle, M. C..., qui a eu lieu le mardi. Je me demande si cela avait quelque lien avec mes sentiments de l'avant-dernière nuit.

Nous trouvons dans la liste des décès d'un grand journal que la mort a eu lieu le 9 décembre 1879. M. Grant déclare qu'il n'avait aucunement l'idée que son oncle fût malade.

J'ai étudié dans le journal de M. Grant le récit complet d'un troisième cas qui était même plus remarquable que le premier, car il présentait cette particularité que, pendant un certain laps de temps après avoir éprouvé son impression, il se sentit fortement poussé à *dessiner* la figure de la personne qui était morte. Le cas me parut d'autant plus frappant que M. Grant se sentait si sûr de la coïncidence entre la date de la mort et celle de son impression qu'il ne s'était pas encore donné la peine de la vérifier. Il me laissa le soin de trouver dans la nécrologie du *Times* — il me prédisait en toute confiance que je trouverais l'indication de la mort à la date qu'il me donnait — que la mort (très inattendue) de son parent avait eu lieu, à des milliers de milles de l'endroit où il était, la veille du jour où il notait dans son journal son impression de la nuit précédente. L'impression qu'il avait éprouvée de cette mort-là, cependant, ne se rapportait pas d'une manière distincte à la personne qui était morte, mais c'était plutôt le sentiment vague d'un malheur dans la famille. Certaines raisons qui, actuellement, ne permettent pas de publier les détails de ce cas, peuvent à un moment donné cesser d'exister.

M. Grant écrit le 31 mai 1886 :

Sauf dans ces trois cas, je n'ai jamais eu la moindre sensation du genre de celles que j'ai décrites, aussi loin que vont mes souvenirs.

L'édition anglaise rapporte en outre 31 cas analogues aux précédents.

# CHAPITRE VII

## RÊVES

§ 1. — Les rêves nous permettent d'étudier les phénomènes qui occupent une situation intermédiaire entre l'idée ou l'image purement internes, et l'image objectivée qui est devenue sensation. Les objets matériels que nous voyons en rêve sont souvent des images très vagues qui ne sont rapportées à aucune place particulière. C'est l'idée générale d'une personne qui nous apparaît, bien plutôt que cette personne même dans une attitude spéciale ou vêtue d'un vêtement particulier. Un pareil rêve ne diffère de la rêverie de l'homme éveillé que par ce fait que dans le rêve le champ de l'attention n'est occupé alors par aucune sensation réelle.

Mais de cette espèce de rêve, vague et confus encore, nous pouvons nous élever par degrés jusqu'à un rêve où les images, à la fois intenses et nettes, soient aussi frappantes que les sensations mêmes que nous donnent les objets pendant la veille. A tous ces degrés divers du rêve nous constaterons la présence de phénomènes qui semblent pouvoir être rapportés à la télépathie.

Tant que dure notre rêve, les images qui nous apparaissent, indistinctes ou précises, faibles ou intenses, sont, pour nous, aussi indépendantes de notre esprit que pendant la veille les objets qui nous entourent. Mais, une fois que nous sommes éveillés, nos rêves nous semblent avoir perdu leur réalité, nous ne leur attribuons plus aucune valeur objective, nous ne les prenons plus pour des objets réels. Il n'en est point ainsi des impressions éprouvées pendant la veille, impressions auxquelles nous attribuons une valeur objective, aussi bien lorsque nous avons cessé de les éprouver qu'au moment même où nous en sommes les sujets. Les impressions que nous étudions dans ce livre, les impressions télépathiques n'ont à nos yeux aucune base objective d'ordre matériel. Aussi le sujet qui les perçoit est-il à quelques égards dans la même situation que l'esprit de l'homme endormi; le point de départ de ses sensations est dans les centres cérébraux et non point dans les organes des sens. Nous avons une tendance à attribuer une cause matérielle, extérieure à nous, à toutes les impressions de la veille; nous n'avons point la même tendance à attribuer aux rêves une pareille cause. Aussi nous a-t-il paru utile de commencer notre étude par l'étude des rêves.

§ 2. — Mais bien que les rêves nous offrent un point de départ logique pour les recherches que nous avons entreprises, il ne faut point nous dissimuler que les preuves que nous pouvons retirer de leur examen sont les plus faibles de toutes celles que nous avons recueillies.

La première objection que l'on peut faire, c'est que les rêves sont souvent confus et obscurs et que la connaissance du fait réel peut après coup donner à notre souvenir, une précision et une clarté que n'avait point l'image qui nous est apparue. Mais il y a une objection plus générale et plus grave encore. Toutes les nuits, des millions de personnes rêvent; il n'est point étonnant que parmi ces millions et ces millions d'images qui traversent des millions d'esprits, il y en ait quelques-unes qui coïncident par hasard avec des faits réels.

Disons tout d'abord qu'il est très difficile de répondre à cette objection en l'absence de toute enquête statistique sur les rêves; nous ne savons pas avec certitude quelle est la proportion des gens qui rêvent habituellement; nous ne savons pas quelle est la proportion des rêves dont on se souvient, quelle est la proportion de ceux dont le souvenir est profond et durable. Depuis trois ans, on a fait des recherches dans cette direction, et bien que le résultat de ces recherches ne permette pas encore de fonder la preuve de la télépathie sur l'étude des rêves seuls, il semble cependant qu'elle rende moins vraisemblable qu'on puisse expliquer par le hasard les coïncidences entre les rêves et les événements extérieurs.

§ 3. — Les deux points qu'il importe de considérer, c'est l'intensité et le contenu du rêve. Voici d'abord ce qui regarde l'intensité. On ne se souvient très distinctement plusieurs heures après le réveil que d'un très petit nombre de rêves. Parmi les rêves dont nous nous souvenons, il en est très peu dont le souvenir produise en nous une émotion vive et c'est un très petit nombre de ces rêves plus émouvants que les autres qui nous déterminent à des actes. Or c'est à ce petit groupe de rêves exceptionnellement intenses que nous limiterons nos recherches. L'on voit que si les coïncidences peuvent aisément s'expliquer par le hasard, si l'on fait entrer en ligne de compte cette foule innombrable de rêves qui, chaque nuit, traversent les esprits des hommes, cette explication perd beaucoup de sa valeur, si c'est ce groupe défini et fort restreint de rêves dont nous venons de parler qui devient l'objet de cette enquête.

Voici maintenant ce qui regarde le contenu. Pour que nous puissions attacher quelque importance à une coïncidence entre un rêve et un événement réel, il faut que l'événement dont on a rêvé soit précis, inaccoutumé et inattendu. Si un rêve n'est qu'une vague impression de malheur ou de bonheur, s'il a pour objet une catastrophe à laquelle pensait déjà le dormeur, ou quelque événement qu'il ait eu fréquemment l'occasion de voir pendant qu'il était éveillé, la coïncidence de ce rêve avec un fait réel, ne saurait rien prouver. Il faut tenir compte, enfin, des habitudes du dormeur; le fait qu'une personne aurait rêvé de la mort soudaine d'un ami, aura une valeur beaucoup moins grande, si cette personne rêve d'ordinaire d'événements horribles ou douloureux. Si on examine les rêves auxquels nous attribuons une origine télépathique, on sera frappé par ce fait que, sur 149 coïncidences que nous avons relevées, il y en a 79 où l'événement réel est la mort d'une personne. Or dans l'ensemble des rêves, les rêves de mort ne constituent qu'une très petite proportion. C'est donc à un groupe restreint de rêves que nous avons affaire en réalité. Dire que nous ne nous souvenons de la coïncidence que lorsque l'événement réel est une mort est un mauvais argument. Il faudrait, en effet, étant donné le petit nombre de rêves qui se rapportent à la mort, admettre que ces rêves ne constituent qu'une très petite proportion de ceux qui coïncident par hasard avec des incidents réels. Cela contraindrait donc les partisans de la théorie du hasard à multiplier presque indéfiniment le nombre des coïncidences, ce qui va à l'encontre de l'argument sur lequel ils s'appuient pour repousser comme inutile l'hypothèse de la télépathie.

§ 4. — Les rêves qui se rapportent à la mort de quelqu'un sont d'une espèce assez définie pour qu'ils puissent devenir l'objet d'une recherche statistique; c'est en grande partie de la proportion du nombre de ces rêves au chiffre total de la population que nous pourrons tirer des arguments pour ou contre la valeur des coïncidences que nous aurons constatées. Cette enquête, nous l'avons entreprise à partir de l'hiver 1883. Nous nous sommes adressés à un assez grand nombre de personnes, et à des personnes de situations et de classes assez diverses pour que le résultat de nos recherches s'applique à l'ensemble de la population anglaise. Voici le questionnaire qui avait été envoyé.

*Depuis le 1ᵉʳ janvier 1874, avez-vous jamais rêvé à la mort d'une personne de votre connaissance; ce rêve vous a-t-il particulièrement frappé; et vous en est-il resté une impression angoissante pendant une heure au moins après vous être levé?* Cette question a été posée à 5,360 personnes en l'an 1885-86. De ces personnes, 173 ont répondu : « Oui. » 7 d'entre elles étaient, au moment où elles ont fait ce rêve, extrêmement inquiètes de la personne dont elles ont rêvé. Le nombre des « oui » s'élève donc en réalité à 166; mais 18 personnes nous ont dit avoir eu un rêve de cette sorte plus d'une fois; si nous supposons que chacune d'elle en a éprouvé 3, cela nous conduira à ajouter 36 au nombre primitif de 166. Le total est donc de 202, c'est-à-dire que 1/26ᵉ du nombre total des personnes interrogées peut être considéré comme ayant répondu « oui ».

Il serait aisé de montrer qu'il importe peu que nous étendions ou que nous restreignions le sens du mot « personne de votre connaissance ». En effet, quel que soit le nombre de personnes que nous considérions, en un temps donné, il en mourra une même proportion. Supposons que le nombre des connaissances de quelqu'un soit $x$; que $x$ soit grand ou petit, tout ce qu'il nous importe de savoir, c'est la proportion des $x$ personnes qui ont dû mourir dans la période de 12 ans que nous avions indiquée. Et cette proportion, étant donnée la moyenne annuelle des morts, $\frac{23}{1000}$, est de 264 ou un peu plus du quart. Voici donc comment nous pouvons calculer la probabilité d'une coïncidence. La probabilité qu'une personne, prise au hasard, ait eu en 12 années un rêve intense se rapportant à la mort de quelqu'un est de 1/26°. La probabilité que quelqu'un soit mort dans les 12 heures qui précèdent ou qui suivent un moment déterminé du temps, est de $\frac{22}{1000} \times \frac{1}{365}$; d'où la probabilité qu'en 12 ans un rêve intense de mort et la mort de la personne dont on a rêvé, tombe en un même espace de 12 heures est de $\frac{1}{26} \times \frac{22}{1000} \times \frac{1}{365} = \frac{1}{431363}$; c'est-à-dire que, dans chaque groupe de 431,363 personnes que l'on peut trouver dans la population du Royaume-Uni, il y aura une coïncidence de cette espèce dans le temps donné.

Le nombre de rêves intenses se rapportant à la mort, et postérieurs au 1ᵉʳ janvier 1874 (l'enquête a été arrêtée au commencement de 1886) et séparés par moins de douze heures de la mort de la personne à qui ils se rapportaient est de 24; c'est-à-dire que ce nombre est vingt-quatre fois plus grand que la théorie du hasard ne nous permettrait de l'attendre. Et ce nombre est probablement beaucoup au-dessous de la vérité.

On ne peut attaquer notre raisonnement qu'en montrant, ou bien que les coïncidences que nous avons rapportées sont inexactes, ou bien qu'il y a eu dans les 12 dernières années plus d'une personne sur 26, qui, sans cause particulière, ait rêvé de la mort d'une personne de sa connaissance. Ajoutons que dans un très grand nombre des cas que nous avons recueillis, le caractère exceptionnel des rêves a été remarqué au moment même et avant que l'événement réel fût connu. Cette impression produite par le rêve sur celui qui l'a rêvé, a été notée ou racontée à d'autres personnes que nous avons pu interroger, ou a déterminé enfin quelque acte dont le sujet a conservé le souvenir.

XXVI. (23) M. Frédéric Wingfield, Belle-Isle-en-Terre (Côtes-du-Nord) :

Le 20 décembre 1883.

Je vous donne l'assurance la plus ferme que tout ce que je vais vous raconter est le compte rendu exact de ce qui s'est passé. Je puis faire remarquer que je mérite si peu l'accusation de me laisser facilement impressionner par le surnaturel que j'ai été accusé, et à juste titre, d'être d'un scepticisme exagéré à l'égard des choses que je ne puis expliquer.

Dans la nuit du jeudi 25 mars 1880, j'allai me coucher après avoir lu assez tard, comme c'était mon habitude. Je rêvai que j'étais étendu sur mon sofa et que je lisais, lorsqu'en levant mes yeux je vis distinctement mon frère, Richard Wingfield-Baker, qui était assis sur une chaise devant moi. Je rêvai que je lui parlais, mais qu'il inclinait simplement la tête, en guise de réponse, puis se levait et quittait la chambre. Lorsque je me réveillai, je constatai que j'étais debout, un pied posé par terre près de mon lit et l'autre sur mon lit, et que j'essayais de parler et de prononcer le nom de mon frère. L'impression qu'il était réellement présent était si forte et toute la scène que j'avais rêvée était si vivante que je quittai la chambre à coucher pour chercher mon frère dans le salon. J'examinai la chaise où je l'avais vu assis, je revins à mon lit et j'essayai de m'endormir, parce que j'espérais que l'apparition se produirait de nouveau, mais j'avais l'esprit trop excité, trop péniblement troublé par le souvenir que je gardais de mon rêve. Je dois cependant m'être endormi vers le matin, mais lorsque je me réveillai l'impression de mon rêve était aussi vive que jamais et je peux bien ajouter qu'elle est restée jusqu'à cette heure même aussi forte et aussi claire. Le sentiment que j'avais d'un malheur imminent était si forte que je notai cette « apparition » dans mon journal, et que j'ajoutai les mots : « Que Dieu l'empêche ! »

Trois jours après je reçus la nouvelle que mon frère Richard Wingfield-Baker était mort le jeudi soir, 25 mars 1880, à huit heures et demie, des suites de blessures terribles qu'il s'était faites dans une chute en chassant avec les chiens de Blackmore Vale.

Je dois seulement ajouter qu'il y avait un an que j'habitais cette ville, que je n'avais pas de nouvelles récentes de mon frère, que je le savais en bonne santé et que c'était un parfait cavalier. Je n'ai communiqué mon rêve immédiatement à aucun de mes amis intimes, parce que malheureusement aucun de mes amis n'était auprès de moi à ce moment, mais je racontai l'histoire après avoir reçu la nouvelle de la mort de mon frère, et je montrai la note que j'avais écrite dans mon journal. Je n'ai naturellement pas de preuves, mais je vous donne ma parole d'honneur que les choses se sont passées exactement comme je les raconte.

Fred. Wingfield.

Le 4 février 1884.

Je dois vous expliquer mon silence : mon excuse, c'est qu'il m'a fallu attendre jusqu'à aujourd'hui pour avoir de mon ami, le prince de Lucinge-Faucigny, une lettre où il atteste que je lui ai raconté les détails de mon rêve du 25 mars 1880. Lorsqu'il vint de Paris pour passer quelques jours avec moi au commencement d'avril, il vit la note que j'avais écrite dans mon journal et que je vous envoie ci-jointe.

Vous remarquerez les initiales R. B. W. B. ; une histoire curieuse est attachée à ces lettres. Pendant cette nuit d'insomnie, je me préoccupai naturellement de l'incident et je me rappelai les circonstances dont l'apparition était accompagnée.

Quoique j'eusse distinctement reconnu les traits de mon frère, l'idée me vint que la figure avait une légère ressemblance avec celle de mon ami le plus intime et le plus cher, le colonel Bigge. Dans ma crainte qu'un malheur menaçât quelqu'un à qui je suis si fort attaché, j'écrivis les quatre initiales R. B. pour Richard Baker, et W. B. pour William Bigge. Quand la nouvelle de la mort de mon frère arriva, je regardai de nouveau la note et je vis à mon grand étonnement que les quatre initiales étaient celles du nom complet de mon frère : Richard Baker Wingfield Baker, quoique je l'eusse toujours appelé comme tout le reste de la famille : Richard Baker. La figure que j'avais vue était celle de mon frère, mais, dans l'état d'anxiété où j'étais, je me tracassais de la pensée que ce pouvait bien être celle de mon vieil ami. Il y avait une ressemblance entre mon frère et mon ami dans la manière de porter la barbe. Je ne puis vous donner d'autres explications, ni produire d'autre témoignage pour confirmer mes assertions.

Fred. Wingfield.

M. Wingfield m'a envoyé avec cette lettre son carnet dans lequel, parmi bon nombre de notes d'affaires, etc., je relève cette mention : « Apparition, nuit du jeudi 25 mars 1880, R. B. W. B. Que Dieu l'empêche ! »

La lettre suivante était jointe à cette note :

Coat-an-nos, 2 février 1884.

Mon cher ami, je n'ai aucun effort de mémoire à faire pour me rappeler le fait dont vous me parlez, car j'en ai conservé un souvenir très net et très précis. Je me souviens parfaitement que le dimanche 4 avril 1880, étant arrivé de Paris le matin même pour passer ici quelques jours, j'ai été déjeuner avec vous. Je me souviens aussi parfaitement que je vous ai trouvé fort ému de la douloureuse nouvelle qui vous était parvenue quelques jours auparavant de la mort de l'un de MM. vos frères. Je me rappelle aussi, comme si le fait s'était passé hier, tant j'en ai été frappé, que, quelques jours avant d'apprendre la triste nouvelle, vous aviez, un soir, étant déjà couché, vu, ou cru voir, mais en tout cas très distinctement, votre frère, celui dont vous veniez d'apprendre la mort subite, tout près de votre lit, et que, dans la conviction où vous étiez que c'était bien lui que vous perceviez, vous vous étiez levé et lui aviez adressé la parole, et qu'à ce moment vous aviez cessé de le voir comme s'il s'était évanoui ainsi qu'un spectre.

Je me souviens encore que, sous l'impression bien naturelle qui avait été la suite de cet événement, vous l'aviez inscrit dans un petit carnet où vous avez l'habitude d'écrire les faits saillants de votre très paisible existence, et que vous m'avez fait voir ce carnet. Cette apparition, cette vision ou ce songe, comme vous voudrez l'appeler, est inscrit, si j'ai bon souvenir, à la date du 24 ou du 25 février (1), et ce n'est que deux ou trois jours après que vous avez reçu la nouvelle officielle de la mort de votre frère.

J'ai été d'autant moins surpris de ce que vous me disiez alors, et j'en ai aussi conservé un souvenir d'autant plus net et précis, comme je vous le disais en commençant, que j'ai dans ma famille des faits similaires auxquels je crois absolument.

Des faits semblables arrivent, croyez-le bien, bien plus souvent qu'on ne le croit généralement; seulement on ne veut pas toujours les dire, parce que l'on se méfie de soi ou des autres.

Au revoir, cher ami; à bientôt, je l'espère, et croyez bien à l'expression des plus sincères sentiments de votre tout dévoué.

FAUCIGNY, PRINCE LUCINGE.

M. Wingfield ajoute en réponse à nos questions :

Je n'ai jamais eu d'autre rêve effrayant de la même espèce, ni d'autre rêve d'où je me sois réveillé avec une pareille impression de réalité et d'inquiétude, et dont l'effet ait duré longtemps après mon réveil; je n'ai jamais eu en aucune occasion d'hallucination des sens.

La nécrologie du *Times* du 30 mars 1880 annonce la mort de M. R. B. Wingfield Baker d'Orsett Hall (Essex), en date du 25 mars.

Le *Essex Independent* donne la même date, et ajoute que M. Baker a rendu le dernier soupir vers 9 heures.

La vision de M. Wingfield a un caractère spécial qui mérite d'être noté : la figure de son frère lui est apparue, et c'est là tout son rêve; il n'y a aucun incident, ni aucun détail; il a pour ainsi dire rêvé à une apparition. A ce point de vue, son rêve ressemble beaucoup plus aux impressions télépathiques de la veille qu'aux rêves ordinaires. Il faut remarquer aussi qu'il ne s'est produit que plusieurs heures après la mort. Il est possible que l'impression se produise sur l'esprit du sujet assez longtemps

---

(1) Les mots « quelques jours auparavant », et ce fait que le chiffre du jour est exact, permettent de croire que février n'est qu'un simple lapsus et qu'il faut lire mars.

avant le moment où elle atteint sa conscience. Certaines expériences sur la transmission de la pensée confirment cette interprétation.

XXVII. (24) M⁰ˢ West, Hildegarde, Furness Road, Eastbourne :

Mon père et mon frère faisaient un voyage pendant l'hiver. Je les attendais à la maison, sans savoir le jour exact de leur retour. Autant que je m'en souviens, c'était pendant l'hiver de 1871 à 1872. Je m'étais couchée comme d'habitude vers 11 heures du soir. Pendant la nuit, je fis un rêve très frappant, qui produisit une grande impression sur moi. Je rêvai que je regardais par une fenêtre et que je voyais mon père dans un traîneau (*Spids sledge*), suivi d'un autre traîneau où se trouvait mon frère. Ils avaient à passer à une croisée de chemins, où s'avançait rapidement un autre voyageur, également dans un traîneau, attelé d'un seul cheval. Mon père semblait ne pas voir l'autre voyageur qui n'aurait pas manqué de passer sur lui, s'il n'avait fait cabrer son cheval, de sorte que mon père passa au-dessous des sabots de la bête ; je craignais que d'un moment à l'autre le cheval ne tombât et ne l'écrasât. Je m'écriai : « Père ! père ! » et je me réveillai bien effrayée. Le lendemain matin mon père et mon frère arrivèrent ; je leur dis : « Je suis bien contente de vous voir rentrer sains et saufs, car j'ai fait à votre sujet un horrible rêve la nuit dernière. » Mon frère me répondit : « Votre angoisse pour lui ne peut pas avoir été plus grande que la mienne », et il se mit à me raconter ce qui était arrivé et qui correspondait exactement à mon rêve.

Lorsque mon frère avait vu les sabots du cheval levés sur la tête de mon père, il s'était écrié plein d'angoisse : « Oh ! père, père ! »

Je n'ai jamais eu d'autre rêve de cette espèce, et je ne me souviens pas d'avoir jamais rêvé d'un accident arrivé à une personne à qui je m'intéressais. Je rêve souvent des gens de ma connaissance, et, lorsque cela m'arrive, je m'attends généralement à recevoir une lettre d'eux ou à entendre parler d'eux le lendemain. Ainsi, par exemple, lorsque je reçus de M$^{me}$ G. Bidder la lettre où elle me demandait un récit du rêve que je viens de raconter, j'avais rêvé d'elle la nuit précédente. Avant de descendre pour le déjeuner, je dis à M. West que je recevrais le jour même une lettre d'elle ; je n'avais aucune autre raison pour attendre une lettre de M$^{me}$ Bidder, et je n'avais pas reçu de lettres d'elle depuis quelque temps, depuis quelques années, je pense.

Hilda West.

Le père de M$^{me}$ West, Sir John Crowe, ancien consul général en Norvège, est mort depuis. Son frère, M. Septimus Crowe,

Librola, Mary's Hill Road, Shortlands, nous envoie la confirmation suivante :

Je me souviens très nettement que lorsque je revins avec mon père d'une excursion d'hiver dans le nord de la Norvège, ma sœur nous attendait à la porte du vestibule, lorsque nous sommes entrés. Elle nous dit vivement combien elle était contente de nous voir sains et saufs : elle était inquiète, car, ainsi qu'elle me le raconta tout de suite, elle avait fait un rêve désagréable la nuit précédente. Je lui demandai : « Quel rêve ? » et elle se mit à me raconter le rêve comme elle vous l'a raconté ; son rêve coïncidait exactement avec les faits. Mon père et moi-même nous fûmes naturellement très étonnés qu'elle eût vu dans son sommeil d'une manière si vivante et si exacte ce qui s'était passé et je dois dire aussi qu'elle l'eut rêvé au moment même où l'incident était arrivé, c'est-à-dire vers 11 heures et demie.

Septimus Crowe.

Notre amie, M<sup>me</sup> Bidder, femme de M. G. Bidder. Q. C., nous envoie la version suivante du récit, tel qu'il a été fait à sa table par M. S. Crowe, beau-frère de son mari.

Ravensbury Park, Mistham, Surrey, le 10 janvier 1883.

Le fait suivant nous fut raconté à table par le beau-frère de mon mari, M. Septimus Crowe. Son père, mort depuis, était Sir John Crowe, consul général en Norvège.

« Mon père et moi nous voyagions un hiver en Norvège. Nos
« carrioles étaient montées sur patins ; mon père allait le premier, je
« le suivais. Un jour nous descendîmes très vite une pente rapide, en
« bas de laquelle était un chemin, formant angle droit avec la route
« que nous suivions. Lorsque nous nous approchâmes du pied de la
« colline, nous nous aperçûmes qu'une carriole qui marchait aussi
« rapidement que nous, nous coupait la route. Mon père tira sur
« les rênes brusquement, son cheval se cabra et tomba en arrière.
« Tout d'abord je ne pus voir si mon père était blessé ou non. Heu-
« reusement il n'avait pas de blessures et « *in due time* » nous ren-
« trâmes chez nous. Comme nous approchions de la maison, ma sœur
« s'élança à notre rencontre en s'écriant : Vous n'êtes donc pas blessés !
« j'ai vu le cheval se cabrer, mais je n'ai pu voir si vous étiez blessés
« ou non. »

On remarquera que, si le récit de M<sup>me</sup> Bidder est rigoureusement exact, il y a une contradiction entre la version de M. Crowe et celle de sa sœur ; ce n'est pas le même cheval qui se cabre dans les deux récits. Mais les témoins oculaires même d'un accident aussi brusque et aussi déconcertant peuvent se contredire dans la suite sur un pareil point.

XXVIII. (108) Rév. Can. Warburton.

The Close, Winchester, le 16 juillet 1883.

Je partis d'Oxford, c'était je crois en 1848, pour passer un jour ou deux avec mon frère, Acton Warburton, alors avocat, qui demeurait 10, Fish Street, Lincoln's Inn. Lorsque j'arrivai chez lui, je trouvai un mot de lui sur la table; il s'excusait d'être absent et me disait qu'il était allé à un bal quelque part dans le West End, et qu'il avait l'intention de rentrer peu après une heure. Au lieu d'aller me coucher, je restai à sommeiller dans un fauteuil, mais à une heure exactement je m'éveillai en sursaut en m'écriant : « Par Jupiter, il est par terre ! » je voyais mon frère qui sortait d'un salon sur un palier brillamment éclairé, se prenait le pied à la première marche de l'escalier et tombait la tête en avant, ne parant le choc qu'avec ses coudes et ses mains. (Je n'avais jamais vu la maison, et je ne savais pas où elle se trouvait.) Me préoccupant fort peu de l'incident, je sommeillai de nouveau pendant une demi-heure et je fus réveillé par l'entrée brusque de mon frère qui me dit : « Oh, vous voilà ! j'ai risqué de me casser le cou autant que jamais dans ma vie. En quittant la salle de bal je me suis accroché le pied et je suis tombé tout de mon long en bas de l'escalier. »

C'est tout. Ce peut avoir été « seulement un rêve », mais j'ai toujours pensé qu'il devait y avoir là quelque chose de plus.

M. WARBURTON.

Le chanoine Warburton ajoute dans une seconde lettre :

20 juillet 1883.

Mon frère était fort pressé de rentrer du bal, ayant quelque remords de ne pas avoir été chez lui pour recevoir son hôte. Aussi est-il probable qu'il pensait à moi. Toute la scène se présenta vivement à moi sur le moment, mais je n'en ai pas plus noté les détails que je ne l'aurais fait dans la vie réelle. J'avais l'impression générale d'un palier étroit brillamment éclairé, et je me rappelle que j'ai vérifié l'exactitude de ce que j'avais vu en questionnant mon frère au moment même.

Dans une conversation cependant le chanoine Warburton me dit que, dans la scène qu'il avait vue, il y avait une horloge, et des tables disposées pour les rafraîchissements, et que son frère avait confirmé l'exactitude de ces détails.

Nous avons demandé au chanoine Warburton s'il avait eu d'autres visions intenses qui n'aient correspondu à aucun événement, il nous a répondu : « C'est la seule fois qu'une pareille chose me soit arrivée. »

XXIX. (125) M. G. Burges, 4, Lincoln's Inn Fields.

1879.

Quoique je sois à présent *solicitor*, j'ai été marin pendant les huit premières années de ma carrière. Dans un de mes voyages, étant second officier à bord d'un vaisseau des Indes, j'occupais une cabine en commun avec le médecin du bord. Le médecin s'appelait John Woolcott. En ma qualité de second officier, j'avais naturellement le quart du milieu, c'est-à-dire que je devais être sur le pont chaque nuit de minuit à 4 heures. Je descendis à ma cabine à la fin du quart, vers 4 heures et demie du matin, et j'allai me coucher comme d'habitude. Quelque temps avant que je ne remontasse pour reprendre le quart à 8 heures, le docteur me réveilla en me disant qu'il venait de faire un rêve horrible. Il lui semblait qu'il apercevait sa mère mourante et que, pendant qu'elle était dans cet état, un de ses cousins, médecin lui aussi, chirurgien dans l'artillerie et qu'il croyait en Chine à ce moment (c'était à l'époque de la guerre avec la Chine, en 1845), entrait tout d'un coup dans la chambre. Quand il vit sa tante, il dit : Vous vous trompez tout à fait sur ce qu'elle a. Elle ne meurt pas de ce que vous dites, mais de tel autre mal qu'il avait nommé. Je ne me rappelle pas à présent quelles étaient les maladies, mais la différence entre elles était bien définie et bien marquée. Il dit aussi qu'un autre chirurgien, qui vit encore et dont je ne voudrais pas publier le nom, était présent et qu'il insista en disant que la malade mourait de la maladie qu'on lui avait d'abord attribuée.

Le docteur fut, depuis ce temps, jusqu'à la fin du voyage tellement abattu par l'impression que son rêve lui avait causée que tout le monde le remarquait. Quand notre vaisseau arriva dans les docks des Indes, il revint près de moi lorsqu'il était sur le point d'aller à terre ; il m'était alors impossible de quitter le vaisseau aussi vite que lui. « Tout est bien, mon vieux », me dit-il, « le rêve m'avait trompé, mon frère Edouard est là sur le quai, il m'attend et il n'est pas en deuil. »

Malheureusement, la vérité était cependant que sa mère était morte ; son cousin, le chirurgien, était revenu de Chine avec un convoi de blessés, et il avait été présent au lit de mort comme mon camarade l'avait rêvé. Son frère, en venant à sa rencontre, avait mis des habits de couleur pour ne pas lui donner un choc trop brusque.

G. B.

M. Woolcott, F. R. C. S., chirurgien consultant du Kent County Ophthalmic Hospital, à qui on avait envoyé le récit ci-dessus, nous a écrit ce qui suit :

4, Elms Park Terrace, The Elms, Ramsgate, le 30 décembre 1883.

Ce qui est rapporté dans ce récit de la mort de ma mère et du rêve que j'ai fait en mer est exact. Le rêve et la mort ont eu lieu en même temps ou à quelques jours d'intervalle. Je me trouvais à bord du *Plantagenet*, vaisseau des Indes, et nous venions de quitter le Cap de Bonne-Espérance dans notre voyage de retour. J'y avais encore reçu des lettres de la maison affirmant que tout allait bien.

Il y a eu quelque chose de plus dans le rêve que ce que l'on vous a raconté, cela se rapportait à une *autopsie*, mais cela est trop pénible pour que j'y insiste ; il s'agissait de la différence d'opinion qui existait entre les médecins relativement à la nature de la maladie dont ma mère était morte. Je pense qu'il y a dans le rêve que j'ai fait en mer, en 1845, un détail très remarquable, c'est l'idée qui m'est venue qu'un de mes cousins, chirurgien de l'artillerie royale, était au lit de mort de ma mère. Tel avait été le cas en effet. Je pensais qu'il était encore en Chine, et je n'avais aucune idée du moment où il reviendrait en Angleterre. Mais il était revenu inopinément et il avait été appelé en consultation auprès de ma mère, comme cela vous a été raconté. Mon cousin était James E.-T. Parett, ex-chirurgien de l'artillerie royale, qui est mort maintenant. Ce rêve m'a fréquemment obsédé pendant le reste de mon voyage, et plusieurs fois dans la nuit je me réveillais en y pensant ; je ne pouvais m'en débarrasser.

M. Woolcott répond à nos questions :

J'ai fait des rêves saisissants à d'autres époques, mais ils n'ont jamais eu de rapport avec *la mort* de quelqu'un.

JOHN WOOLCOTT.

Nous ne pouvons affirmer avec certitude que la coïncidence ait été très exacte ; mais, d'autre part, le détail de la présence du cousin donne une grande valeur à ce cas.

XXX. (134) M<sup>me</sup> Storie, 8, Gilmour Road, Edinburgh. Ce récit a été écrit, à ce que nous a dit M<sup>me</sup> Storie, le jour même où elle a reçu la nouvelle du fatal accident, ou le lendemain. Le frère dont il s'agit dans ce récit est un frère jumeau.

Hobart Town, juillet 1874.

Dans la soirée du 18 juillet, j'étais extraordinairement nerveuse. Cela sembla commencer (à l'occasion d'un petit ennui domestique) vers huit heures et demie. Quand j'allai dans ma chambre, j'avais même le sentiment que quelqu'un était là. Quand je me mis au lit, je m'imaginai que quelqu'un dans *sa pensée* essayait de m'arrêter. Vers deux heures je m'éveillai du rêve suivant : C'était devant mes yeux comme un défilé d'images (*it seemed like in dissolving views*). Dans un clignotement de lumière je vis un chemin de fer et la vapeur qui s'échappait de la machine (*puff of the engine*). Je pensai : « Qu'est-ce qui se passe par là ? Un voyage ? » Je me demande si quelqu'un de chez nous voyage, et si c'est de cela que je rêve ? *Quelqu'un* que je ne voyais pas répondit : « Non, quelque chose de tout à fait différent, quelque malheur. — Je n'aime pas regarder ces choses-là », dis-je. Alors je vis derrière et au-dessus de ma tête la partie supérieure du corps de William penché sur moi, les yeux et la bouche à demi fermés; la poitrine se soulevait convulsivement, et il levait le bras droit. Puis il se pencha en avant, en disant : « Je pense que je devrais sortir de là. » Puis je le vis étendu sur le sol, les yeux fermés et tout à fait aplati. La cheminée d'une machine était près de sa tête. Je m'écriai pleine d'agitation : « Elle va le frapper. » Le *quelqu'un* répondit : « Eh bien! oui, voilà ce qui s'est passé », et immédiatement je vis William, assis en plein air, au pâle clair de lune sur un endroit un peu élevé, au bord du chemin. Il levait le bras droit, frissonnait et disait : « Je ne peux plus ni avancer ni reculer ; *non*. » Puis il sembla qu'il était couché à plat. Je m'écriai : « Oh! oh! » et d'autres semblaient répondre : « Oh! oh! » Puis mon frère sembla s'appuyer sur ses coudes en disant : « A présent il vient! » Puis, comme s'il s'efforçait de se lever, il tourna bien vite deux fois sur lui-même en disant : « Est-ce le train ? *le train, le train!* » tandis que son épaule droite faisait un mouvement comme si elle avait reçu un coup par derrière ; William tomba en arrière comme évanoui, ses yeux roulaient dans leur orbite. Un grand objet noir, pareil à des panneaux de bois, passait entre nous ou plutôt dans les ténèbres ; il y avait quelque chose qui roulait sur lui et quelque chose comme un bras se levant. Puis le tout s'en alla avec un *swish*. Tout près de moi, sur le sol il semblait y avoir un long objet noir. Je m'écriai : « On a laissé quelque chose derrière, on dirait un homme ! » Sur cela l'objet leva ses épaules et sa tête et retomba en arrière. Le même *quelqu'un* répondit : *Oui*, tristement. Après un moment, il me sembla qu'on m'appelait pour regarder et je dis : « Cette *chose* n'est-elle pas encore loin ? » Réponse : *Non*. Et en face, en pleine lumière il y avait un compartiment de chemin de fer, dans lequel était asssis le révérend Johnstone d'Echuce ; je disais : « Qu'est-ce qu'il fait par ici ? » Réponse : « Il est ici. » Un employé du chemin de fer se présenta à la portière et demanda : « Avez-vous vu quelque..... » Je n'entendis pas plus, mais je *pensai* qu'il voulait parler de la *chose* laissée derrière. M. Johnstone parut lui répondre : « Non. » Et l'homme s'en alla vite, à ce que je pensai, pour aller voir. Après tout cela, le *quelqu'un* dit tout près de moi : « A présent je m'en vais. » Je tressautai, et je vis tout d'un coup une grande figure noire près de ma tête, le dos de William près de moi. Il mit sa main droite sur sa figure (comme chagrinée), et son autre main touchait presque mon épaule; il passa devant moi, la mine sévère et grave. Il y avait comme un éclair dans ses yeux, et je vis en un clin d'œil une fine figure pâle, qui semblait l'emmener loin, et j'en vis une autre confusément. Effrayée je m'écriai : « Est-il fâché ? » Réponse : *Oui*, donnée par le même *quelqu'un*. Je me réveillai avec un profond soupir, qui réveilla mon mari; il me dit : « Qu'est-ce qu'il y a? » Je lui répondis que j'avais rêvé « quelque chose de désagréable »; je parlai d'un train, et je chassai tout cela de mon esprit comme un rêve.

Lorsque je me rendormis de nouveau, il me sembla que le « quelqu'un » disait : « Tout est parti », et qu'un autre répondait : « Je viendrai pour le lui rappeler. »

Je reçus des nouvelles une semaine plus tard. L'accident était arrivé à mon frère dans cette nuit-là même vers 9 heures et demie. Le révérend Johnstone et sa femme se trouvaient en effet dans le train qui l'avait frappé. Il avait marché le long des rails, qui sont à peu près à deux pieds au-dessus du niveau du pays environnant. Il semble qu'il avait fait 16 milles, qu'il était fatigué et qu'il s'était assis par terre pour ôter sa botte qu'on trouva à côté de lui. Il s'endormit et il fut probablement réveillé par le bruit du train; 76 wagons de moutons avaient passé sans le toucher, mais quelque morceau de bois qui dépassait les wagons, probablement le marche-pied, lui avait heurté le côté droit de la tête et broyé l'épaule droite. La mort avait été instantanée. La nuit était très sombre. Je crois (d'après la *manière* dont il me parlait) que *le quelqu'un* était William *lui-même*. La figure qui était avec lui était blanche comme de l'albâtre et à peu près comme cela (une petite esquisse collée à côté du récit) de profil. Il y avait encore beaucoup d'autres pensées et d'autres mots qui semblaient passer, mais il y en avait trop pour les noter tous ici.

La voix de l'invisible « quelqu'un » semblait *toujours au-dessus* de la figure de William que je voyais. Et lorsque je vis le compartiment du wagon où M. Johnstone se trouvait, le *quelqu'un* semblait être sur une ligne entre moi et le compartiment, *au-dessus* de moi.

Dans un livre de comptes de M$^{me}$ Storie, sur une page datée de juillet 1874, nous trouvons le 18 marqué et les mots : « Cher William est mort » auxquels est ajoutée cette phrase : « Rêvé, rêvé de tout cela. »

La première lettre écrite par le révérend J.-C. Johnstone au révérend John Storie, pour l'informer de l'accident, est perdue. Ce qui suit est composé d'extraits de sa deuxième et de sa troisième lettre sur le sujet.

Echuca, le 10 août 1874.

L'endroit où Hunter a été tué est une plaine ouverte, et il avait en conséquence la possibilité d'échapper au train, s'il avait été éveillé. Mais je pense que la théorie de Meldrum est juste : il s'était probablement assis par terre pour ajuster quelque bandage sur sa jambe, et insouciamment il s'était endormi. C'est une ligne à une seule voie, et le terrain est surélevé à peu près de deux pieds. Il s'était probablement assis près du bord en se couchant en arrière, de sorte qu'il pouvait être atteint par quelque partie du train.

Dans le moment même on ne savait pas qu'un accident avait eu lieu. M^me Johnstone et moi nous étions dans le train. Meldrum dit qu'il n'était pas écrasé. Le haut du crâne était enlevé et quelques côtes étaient brisées au-dessous du creux de l'aisselle. Un petit berger de la station voisine a trouvé son corps le dimanche matin.

Le 29 août 1874.

L'heure exacte où le train a écrasé le pauvre Hunter doit avoir été environ 9 heures 55, et sa mort doit avoir été instantanée.

Ces détails concordent avec les résultats de l'enquête, rapportés dans le *Riverine Herald* du 22 juillet. Le *Melbourne Argus* dit aussi que l'accident a eu lieu dans la nuit du samedi 18 juillet.

Nous empruntons les remarques suivantes aux notes, prises par M. le professeur Sidgwick pendant une entrevue qu'il a eue avec M^me Storie en avril 1884, et par M^me Sidgwick après une autre entrevue qui a eu lieu en septembre 1885 :

M^me Storie ne peut pas admettre que ce qu'elle a éprouvé ait été un rêve dans le vrai sens du mot, quoiqu'elle se soit réveillée ensuite. Elle est sûre que les scènes qu'elle a aperçues ne sont pas devenues plus distinctes par la suite dans son souvenir. Ses rêves n'ont jamais représenté une série de scènes et elle n'a jamais eu d'hallucinations (1). Avant la vision, elle entendait chuchoter une voix qu'elle ne reconnaissait pas pour celle de son frère. Il était assis sur le talus de la manière même dont il lui avait apparu dans le rêve. La machine qu'elle avait vue derrière lui avait une cheminée d'une forme particulière ; elle n'en avait point encore vu de pareille à ce moment-là. Elle se rappelle que M. Storie la trouvait absurde, tellement elle insistait sur cette cheminée qui ne ressemblait, disait-il, à aucune cheminée qu'il connût. Mais il l'informa, quand il revint de Victoria, où était son

---

(1) En causant avec nous, M^me Storie nous a raconté cependant que, dans une autre circonstance de sa vie, elle a éprouvé une hallucination, étant éveillée, et que cette hallucination coïncidait à quelques jours près, elle ne pouvait dire avec quelle exactitude, avec la mort d'un de ses frères en Amérique. Elle savait qu'il était délicat, mais elle ne s'attendait pas à le voir mourir.

frère, que des machines de cette espèce venaient d'y être introduites. Elle n'a pas de raison pour penser qu'une conversation entre l'employé et le clergyman ait véritablement eu lieu. Elle n'a pas reconnu les personnes qui semblaient emmener son frère, et elle a vu seulement la figure d'une d'entre elles.

M. Storie confirme que sa femme lui a dit au moment du rêve : « Quelle est cette lumière ? » Avant d'écrire le récit, cité le premier, elle avait bien fait mention du rêve à son mari, mais elle ne l'avait pas décrit. Elle désirait ne pas y penser, et elle n'en voulait pas inquiéter son mari à cause de sa tâche du dimanche. Ce dernier détail, comme on le remarquera, confirme le fait que le rêve a eu lieu la nuit du samedi, et il en résulte clairement, comme dit M$^{me}$ Sidgwick, que son souvenir d'avoir rêvé la nuit du samedi est un souvenir indépendant, et qu'il ne dépendait pas de la connaissance de la date de l'accident. L'étrange état nerveux qui a précédé le rêve est un fait unique dans la vie de M$^{me}$ Storie. Mais il semble que, d'après son souvenir, cet état commença une heure avant que l'accident n'ait eu lieu ; il n'est donc pas d'une importance capitale comme preuve. Elle n'a eu également que cette fois le sentiment d'une présence dans sa chambre.

M. Hunter était endormi, et, si nous pouvons concevoir que l'image de la machine qui s'avançait ait fait impression sur son esprit, il est certain qu'il ignorait la présence de M. Johnstone dans le train. Mais il est possible de supposer que c'est par accident que M$^{me}$ Storie a rêvé à M. Johnstone, tout en admettant que le reste du rêve est télépathique.

XXXI. (138) M$^{lle}$ Richardson, 47, Bedford Gardens, Kensington, W. Londres.

L'auteur de ce récit est la femme d'un marchand ; elle est très digne de foi. Il y a quelques années, elle m'a raconté l'événement avec plus de détails, l'ayant encore tout frais dans la mémoire. Son mari peut garantir qu'elle lui a raconté les faits au moment même ; il peut aussi témoigner de l'étrange effet que le rêve a exercé sur l'esprit de sa femme quelque temps plus tard.

Lettre de M$^{me}$ Green à M$^{lle}$ Richardson.

Newry, le 21 janvier 1883.

Mademoiselle, pour accéder à votre demande, je vous donne les détails de mon rêve :

Je voyais deux femmes, convenablement habillées, conduisant toutes seules une voiture pareille à une voiture à transporter les eaux minérales. Le cheval trouva de l'eau devant lui, il s'arrêta pour boire ;

mais, ne trouvant pas de point d'appui, il perdit l'équilibre et, en essayant de le reprendre, il tomba droit dans l'eau. Au choc les femmes se levèrent, appelant au secours ; leurs chapeaux tombèrent de leurs têtes, et comme tout fut englouti par l'eau, je me retournai en pleurant et je dis : « N'y avait-il personne pour les secourir ? » Sur ce je me réveillai, et mon mari me demanda ce qu'il y avait. Je lui racontai le rêve que je viens de vous communiquer ; il me demanda si je connaissais les femmes, et je lui répondis que non, qu'il me semblait que je ne les avais jamais vues. Pendant toute la journée, je ne réussis pas à me soustraire à l'impression du rêve et à l'inquiétude dans laquelle il m'avait plongée. Je fis remarquer à mon fils que c'était l'anniversaire de sa naissance et de la mienne aussi, le 10 janvier, et c'est la raison qui me fait souvenir de cette date.

Au mois de mars, je reçus une lettre et un journal de mon frère nommé Allen, qui habitait en Australie et qui me faisait part du chagrin qu'il avait eu de perdre une de ses filles, qui s'était noyée avec une amie. Vous verrez, par la description de l'accident dans le journal, combien l'événement correspondait à mon rêve. Ma nièce était née en Australie, et je ne l'avais jamais vue.

Je vous prie de me retourner le journal quand vous le pourrez. Si l'on prend en considération que notre nuit est le jour en Australie, j'ai été en sympathie avec les victimes à l'heure de l'accident, le 10 janvier 1878.

On parle de l'accident dans deux passages différents du journal.

Le passage du *Inglewood Advertiser* dit ce qui suit :

Vendredi soir, le 11 janvier 1878.

Un accident terrible a eu lieu dans les environs de Weddeburn, mercredi dernier, il a causé la mort de deux femmes du nom de Lehey et d'Allen. Il semble que les défuntes soient allées dans une voiture suspendue à Wedderburn dans la direction du Kinypanial. Elles essayèrent de faire boire leur cheval à un barrage près de la station de Torpichen. Le barrage à un certain endroit a une profondeur de dix à douze pieds, et elles doivent être allées par mégarde dans ce trou profond, car M. W. Mac Kechnie, chef de la station de Torpichen, qui alla quelques heures plus tard au barrage, trouva sous l'eau la voiture et le cheval ; deux chapeaux de femme flottaient à la surface.

..... On fit des recherches dans le barrage, et on trouva les corps de deux femmes, enlacés et serrés l'un contre l'autre.

Les lignes suivantes sont extraites de la déposition faite à l'enquête...

Joseph John Allen, fermier, dépose : « Je reconnais l'identité de l'un des deux cadavres, c'est celui de ma sœur. Je l'ai vue hier vers 11 heures du matin..... Le cheval s'était sauvé et je l'avais attrapé. Mᵐᵉ Lehey et ma sœur me rencontrèrent, lorsque je pris le cheval... Puis elles prirent le cheval pour aller chez M. Clarke. Je ne les ai pas revues vivantes.

William Mac Kechnic a fait la déposition suivante : « Hier, vers quatre heures de l'après-midi, je passais à cheval près du barrage, lorsque je vis les jambes et le poitrail d'un cheval au-dessus de l'eau. »

M. Green confirme le récit dans les termes suivants :

Newry, le 15 février 1885.

MADEMOISELLE EDITH RICHARDSON,

Pour ce qui est du rêve qu'a fait ma femme et où elle a vu deux femmes jetées à bas de la voiture par leur cheval qui s'était arrêté pour boire dans une eau profonde, je me rappelle qu'elle en fut profondément troublée et qu'elle semble ressentir une grande sympathie pour les victimes. Le rêve a eu lieu dans la nuit du 7 janvier.

Je me rappelle la date aussi exactement parce que le 10 était l'anniversaire de la naissance de ma femme et de notre fils. A mesure que le jour avançait, elle se sentait plus mal, et je lui conseillai de faire une promenade en voiture. Lorsqu'elle rentra, elle me dit qu'elle n'allait pas mieux; elle ajouta qu'elle avait dit au cocher de ne pas s'approcher de l'eau, de crainte que quelque accident n'arrivât parce qu'elle avait fait un rêve terrible la nuit précédente. Elle lui raconta alors ce rêve. La nièce de ma femme n'habitait pas avec son père, il ne reçut donc la nouvelle de l'accident que le lendemain matin, ce qui correspond à la soirée du 10 dans notre pays. Nous sommes d'avis que cette circonstance explique cet accroissement incessant d'inquiétude qu'elle ressentait en sympathie avec lui.

THOS. GREEN.

M<sup>me</sup> Green ne se rappelle pas avoir jamais eu aucun autre rêve du même caractère.

Un grand nombre de détails coïncident. Le fait que les figures vues par M<sup>me</sup> Green étaient celles de deux femmes quelconques, diminue naturellement la force de la coïncidence, mais on pouvait à peine s'attendre à ce que le sujet reconnût des personnes qu'il ne connaissait pas.

L'édition anglaise contient le récit de 136 autres cas analogues aux précédents.

# CHAPITRE VIII

## HALLUCINATIONS QUI SURVIENNENT DANS L'ÉTAT INTERMÉDIAIRE AU SOMMEIL ET A LA VEILLE (Borderland Cases).

§ 1er. — On ne passe pas brusquement du sommeil à la veille ; il y a entre ces deux états toute une région intermédiaire. Elle est particulièrement riche en hallucinations ; beaucoup de personnes qui n'ont jamais eu d'hallucinations pendant la veille complète en ont éprouvé au moment où elles s'endorment, ou au réveil. De ces hallucinations qui précèdent le sommeil, les mieux connues sont celles qui ont reçu le nom d'hallucinations hypnagogiques. Elles ont été soigneusement décrites par Müller, Alfred Maury, etc. qui ont eu l'occasion de les observer sur eux-mêmes. Les hallucinations qui se produisent au réveil sont souvent aussi la conséquence d'un rêve qui se prolonge pendant la veille. Les images du rêve se mêlent alors aux objets réels et sont perçues avec eux ; mais, dans d'autres cas, l'image, bien qu'elle apparaisse au moment même où l'on s'éveille, n'est pas liée à un rêve. Ce ne sont point toujours des hallucinations au sens strict du mot, mais très souvent des illusions. Ce n'est là, au reste, qu'une différence secondaire pour l'objet qui vous occupe ; ce que nous voulons mettre en lumière, c'est la tendance plus forte de l'esprit à objectiver ses impressions à ce moment.

Sur 302 cas d'hallucination de la vue (nous ne comprenons pas dans ces 302 cas ceux que nous avons rapportés dans ce livre comme preuve de la télépathie) que j'ai recueillis de première main pendant ces trois dernières années, il y en a 43 qui se rapportent à des hallucinations au réveil, et, sur les 259 hallucinations qui restent, il y en a 66 qui se sont produites tandis que les sujets étaient au lit. Il en est un très petit nombre qui appartiennent à la classe des hallucinations hypnagogiques, et elles ne peuvent s'expliquer toutes par des images consécutives, des réapparitions d'impressions passées. En effet, sur les 43 cas que nous avons cités plus haut, il n'y en a que 23 où l'hallucination ait représenté une personne ou un objet qui ait été reconnu, et, dans le nombre, il y en a plusieurs où la personne, dont la forme est apparue, était un ami ou un parent mort et que l'on n'avait point vu depuis des mois ou des années. De même sur les 66 cas que nous avons mentionnés plus haut, 26 seulement se rapportent à des hallucinations dont l'objet a pu être reconnu. Sur 187 hallucinations auditives, dont je possède l'observation de première main, 63 ont été éprouvées par des personnes qui étaient au lit ; 19 de ces 63 hallucinations ont réveillé les personnes qui les ont éprouvées, ou se sont produites au moment même où elles se réveillaient ; sur ces 19 hallucinations auditives, 10 étaient des voix qui ont été reconnues ; des 44 autres, 33 étaient des voix dont 16 seulement ont été reconnues ; les 11 qui restent consistaient en sons non articulés, en chocs par exemple. Aussi semble-t-il que si le séjour au lit constitue une condition spécialement favorable pour la production des hallucinations, cela ne tient pas seulement à l'état des organes des sens au moment qui précède ou qui suit immédiatement le sommeil, mais aussi à l'état de repos ou de passivité, où se trouve alors le cerveau.

§ 2. — Puisque les hallucinations, d'une manière générale, sont plus fréquentes chez les personnes qui sont au lit, il est raisonnable de supposer qu'il doit en être ainsi des hallucinations que nous appelons véridiques ou télépathiques (1).

XXXII. (25) D<sup>r</sup> Collyer, Beta House, 8, Alpha Road, Saint-Johns Wood, N. W. Londres (cas publié d'abord dans *The Spiritual Magazine*).

Le 15 avril 1861.

Le 3 janvier 1856, le vapeur *Alice*, que commandait alors mon frère Joseph, eut une collision avec un autre vapeur sur le Mississipi en amont de la Nouvelle-Orléans. Par suite du choc le mât de pavillon ou

---

(1) C'est en effet le cas ; les hallucinations véridiques qui se produisent au réveil ou bien au moment où l'on s'endort, sont presque aussi nombreuses que les rêves véridiques ; mais leur valeur est toute différente de celle des rêves. En effet, bien qu'elles soient les plus communes des hallucinations, elles sont, absolument parlant, fort rares. Sur 5,569 personnes prises au hasard, nous n'en avons trouvé que 18 qui aient pu se souvenir d'avoir éprouvé en ces douze dernières années une hallucination visuelle et 23 une hallucination auditive de cette espèce.

flèche s'abattit avec une grande violence et, venant heurter la tête de mon frère, lui fendit le crâne. La mort de mon frère fut nécessairement instantanée. Au mois d'octobre 1857, j'allai aux Etats-Unis. Pendant le séjour que je fis à la maison de mon père, à Camden, New-Jersey, la mort tragique de mon frère devint naturellement le sujet de notre conversation. Ma mère me raconta alors qu'elle avait vu, au moment même de l'accident, mon frère Joseph lui apparaître. Le fait fut confirmé par mon père et par mes quatre sœurs. La distance entre Camden, New-Jersey, et le théâtre de l'accident est en ligne directe de plus de 1,000 milles, mais cette distance s'élève à peu près au double par la route de poste. Ma mère parla de l'apparition à mon père et à mes sœurs le matin du 4 janvier, et ce ne fut que le 16, c'est-à-dire 13 jours plus tard, qu'une lettre arriva, qui confirmait les moindres détails de cette « visite » extraordinaire. Il importe de dire que mon frère William et sa femme, qui habitent à présent Philadelphie, demeuraient alors près du lieu du terrible accident. Eux aussi m'ont confirmé les détails de l'impression produite sur ma mère.

Le D<sup>r</sup> Collyer cite ensuite une lettre de sa mère, qui contient le passage suivant :

Camden, New-Jersey, Etats-Unis, le 27 mars 1861.

Mon cher Fils,

Le 3 janvier 1856, je ne me sentis pas bien et j'allai me coucher de bonne heure. Quelque temps après, je me sentis mal à mon aise, et je m'assis dans mon lit. Je regardai autour de la chambre et, à mon très grand étonnement, je vis Joseph, debout près de la porte. Il fixait sur moi des regards très graves et très tristes ; sa tête était entourée de bandages ; il portait un bonnet de nuit sale et un vêtement blanc, pareil à un surplis, également sale. Il était tout à fait défiguré ; je fus tout agitée le reste de la nuit à cause de cette apparition. Le lendemain matin Mary vint de bonne heure dans ma chambre. Je lui dis que j'étais sûre de recevoir de mauvaises nouvelles de Joseph. Au déjeuner je répétai la même chose à toute la famille ; on me répondit que ce n'était qu'un rêve, que ce n'avait pas de sens. Mais cela ne changea pas mon opinion. Mon esprit était hanté d'appréhensions, et le 16 janvier je reçus la nouvelle de la mort de Joseph. Chose étrange, William ainsi que sa femme, qui étaient sur le lieu de l'accident, m'ont affirmé que Joseph était habillé exactement comme je l'avais vu.

Votre mère affectionnée,
Anne E. Collyer.

Le docteur Collyer continue :

On dira sans doute que l'imagination de ma mère était dans un état maladif, mais cette assertion n'explique pas le fait que mon frère lui ait apparu au moment exact de sa mort. Ma mère ne l'avait jamais vu habillé comme il l'était d'après sa description, et ce ne fut que quelques heures après l'accident que sa tête fut entourée de bandages. Mon frère William me raconta que la tête de Joseph était presque fendue en deux par le coup, que son visage était horriblement défiguré et que son vêtement de nuit était extrêmement sali.

Je ne peux être surpris que d'autres restent sceptiques, car les preuves que j'ai obtenues ne pourraient être acceptées sur le témoignage d'autrui. C'est pour cela que nous devons être indulgents envers les incrédules.

Robert H. Collyer, M. D., F. C. S., etc.

Le docteur Collyer a répondu comme suit à la lettre que nous lui avons écrite :

25, Newington Causeway, Borough, S. E. Londres, le 15 mars 1884.

En réponse à votre communication, je dois maintenir que, si étranges que soient les faits racontés dans le *Spiritual Magazine* de 1861, ils sont rigoureusement exacts. Comme je l'ai affirmé dans cet article, ma mère reçut l'impression spirituelle de mon frère le 3 janvier 1856. Mon père, qui est un homme de science, a calculé la différence de longitude entre Camden, New-Jersey et la Nouvelle-Orléans, et il a établi que l'impression spirituelle s'est produite au moment précis de la mort de mon frère. Je puis dire que je n'avais jamais cru à aucun rapport spirituel, de même que je n'ai jamais cru que les phénomènes qui se produisent lorsque le cerveau est excité sont des phénomènes spirituels. Depuis quarante ans je suis matérialiste, et je suis convaincu que toutes les soi-disantes manifestations spirituelles admettent une explication philosophique basée sur des lois et des conditions physiques. Je ne désire pas faire de théories, mais d'après mon opinion il existait entre ma mère et mon frère, qui était son fils favori, des liens sympathiques de parenté. Lorsque les liens furent rompus par sa mort subite, ma mère était à ce moment dans un état qui devait favoriser la réception du choc.

Dans le récit publié dans le *Spiritual Magazine*, j'ai oublié d'indiquer que, avant l'accident, mon frère Joseph s'était retiré pour la nuit sur sa couchette ; le bateau était amarré le long de la levée au moment où il fut heurté par un autre vapeur qui descendait le Mississipi. Naturellement mon frère était en *chemise de nuit*. Aussitôt qu'on l'appela et qu'on lui dit qu'un vapeur se trouvait tout près de son propre bateau, il courut sur le pont. Ces détails me furent racontés par mon frère William qui se trouvait à ce moment même sur le lieu de l'accident. Je ne puis expliquer comment l'apparition portait des bandages, car on n'a pu en mettre à mon frère que quelque temps après la mort. La différence de temps entre Camden, New-Jersey et la Nouvelle-Orléans est à peu près de 15°, ou une heure.

Le 3 janvier au soir, ma mère se retira de bonne heure pour la nuit, vers 8 heures, ce qui donnerait comme heure de la mort de mon frère 7 heures (heure de la Nouvelle-Orléans).

Voici ce que rapporte M. Podmore :

Je passai chez le docteur Collyer le 25 mars 1884. Il me dit que son père, sa mère et son frère lui avaient raconté toute l'histoire en 1857. Ils sont tous morts maintenant, mais deux sœurs vivent encore et j'ai écrit à l'une d'elles. Le D<sup>r</sup> Collyer était tout à fait sûr de la coïncidence exacte des deux faits.

La note ci-après émane d'une des sœurs survivantes :

Mobile, Alabama, le 12 mai 1884

J'habitais à Camden, New-Jersey, à l'époque de la mort de mon frère. il habitait la Louisiane. Sa mort fut causée par la collision de deux vapeurs sur le Mississipi. Un morceau du mât tomba sur lui, lui fendit le crâne, ce qui causa la mort instantanément. Ma mère vit l'apparition au pied de son lit. Elle se tint là quelque temps, la regardant et puis disparut. L'apparition était habillée d'un long vêtement blanc, sa tête était enveloppée d'un linge blanc. Ma mère n'était pas superstitieuse et ne croyait pas au spiritisme. Elle était tout à fait éveillée au moment de l'apparition. Ce n'était pas un rêve. Lorsque je la vis le lendemain matin elle me dit : « J'aurai de mauvaises nouvelles de Joseph », puis elle me raconta ce qu'elle avait vu. Deux ou trois jours après, nous apprîmes le triste accident. J'avais un autre frère, qui se trouvait sur le lieu de l'accident, et, lorsqu'il revint à la maison, je lui demandai tous les détails et comment notre frère était arrangé. A notre grand étonnement sa description s'accordait parfaitement avec ce que ma mère avait vu.

A. E. Collyer (1).

XXXIII. (26) M. Marchant, Linkfield Street, Redhill.

Le 21 octobre 1881, à 2 heures du matin environ, j'étais tout à fait éveillé, je regardais une lampe allumée qui était placée sur ma toilette.

---

(1) Nous avions fait insérer un avis dans le *Daily Picayune*, le principal journal de la Nouvelle-Orléans. Nous promettions une récompense aux personnes qui pourraient nous donner des renseignements précis sur l'accident qui avait eu lieu à bord de l'*Alice*. Le 6 janvier 1886, nous avons reçu du rédacteur en chef une lettre où il nous prévenait qu'une personne s'était présentée aux bureaux du journal et avait fait la déclaration suivante: « Mon nom est J.-L. Hall. J'étais timonier sur le steamer *Red River* lorsqu'il aborda l'*Alice*, cap. John Collyer, à 20 milles au-dessus de la Nouvelle-Orléans. L'accident a eu lieu à 10 heures du soir, en janvier 1856 ; j'ai oublié le jour du mois. La *Red River* remontait et l'*Alice* descendait le courant. Le choc brisa la machine de tribord et fit des avaries graves à la cheminée et à la

Une personne entra dans ma chambre, par erreur, à ce que je pensai, s'arrêta et se regarda dans le miroir qui était sur la table. Il me vint bientôt à l'esprit que c'était Robinson Kelsey; c'étaient ses vêtements et ses cheveux, qu'il portait très longs par derrière, qui me donnaient cette idée. Je me soulevai dans mon lit et je l'appelai. Il disparut immédiatement. Le lendemain je dis à quelques-uns de mes amis combien cela était étrange. J'étais si profondément convaincu que je cherchai dans les journaux locaux le samedi et le mardi suivant, persuadé que je trouverais la mention de sa mort dans l'un d'entre eux. Le mercredi suivant, un homme qui avait été autrefois mon bouvier vint chez moi et me dit que Robinson Kelsey était mort. Comme je désirais savoir à quel moment il était mort, j'écrivis à M. Wood, entrepreneur de funérailles à Lingfield; il avait appris du beau-frère de Robinson Kelsey qu'il était mort à 2 heures du matin. C'était mon cousin-germain et il avait fait chez moi son apprentissage de meunier; puis il était resté chez moi pour m'aider, en tout huit ans. Je n'ai jamais auparavant rien vu qui ressemble à cela ; j'ai soixante-douze ans, je ne suis jamais nerveux, je n'ai peur ni des morts, ni de leurs esprits ; je vous envoie un mauvais croquis de ma chambre à coucher, etc.

En réponse à nos questions, M. Marchant nous a répondu : « Robinson Kelsey avait eu un accident, son cheval était tombé avec lui et depuis ce moment il semblait par intervalles incapable de faire ses affaires. Il avait une ferme à Penshurst, Kent. Ses amis le persuadèrent de la quitter ; il le fit et alla vivre dans sa propriété personnelle appelée Batners Hall, paroisse de Lingfield, Surrey. Je n'avais pas pensé à lui, et je n'avais pas parlé de lui depuis vingt ans. Trois ou quatre ans avant sa mort, je l'avais vu, mais je ne lui avais pas parlé. J'étais à la station de Redhill sur le quai du train montant, et je l'avais aperçu sur l'autre quai. Le matin qui suivit l'apparition, j'en parlai à une personne de la maison; le soir, je dis à deux personnes combien c'était étrange. C'est plusieurs jours après avoir dit ce que j'avais vu que j'appris sa mort. Ces gens-là confirmeront mon récit, car, lorsque j'ai appris sa mort, j'en ai parlé aux mêmes gens, je leur ai dit que mon parent était mort la nuit même où je l'avais vu m'apparaître. Quand j'ai parlé à ces trois personnes, je ne savais pas sa mort, mais je soupçonnais quelque chose en raison de ce que j'avais vu.

---

passerelle. La *Red River* vint aussi vite que possible au secours de l'*Alice* et quelqu'un de l'équipage du bateau désemparé dit que le capitaine avait été tué. On le trouva sur sa passerelle, à tribord, avec une grave blessure à la tête et déjà sans vie. L'équipage de l'*Alice*, qui était composé de nègres, affirma que le capitaine Collyer avait été tué par le choc, mais les officiers de la *Red River* croyaient qu'il avait dû être blessé avant l'abordage: le sang qui était sur le pont était déjà coagulé. Ce n'est probablement pas plus de dix minutes après l'abordage que les officiers de la *Red River* ont vu le corps. Après avoir aidé l'*Alice* à réparer ses avaries, la *Red River* a continué son voyage. Je ne puis l'affirmer, mais je ne crois pas que l'on ait jamais fait d'enquête sur la mort du capitaine Collyer. »

Comme l'apparition avait passé entre mon lit et ma lampe, je l'avais vue en plein. On ne pouvait pas s'y tromper ; quand elle s'arrêta pour regarder dans le miroir, je lui parlai, alors elle s'enfonça doucement dans le sol. C'était probablement dix jours avant que j'aie appris par M. Wood l'heure à laquelle R. Kelsey était mort, de sorte que les personnes dont j'ai parlé ne savaient rien de sa mort à ce moment-là.

Georges MARCHANT.

Nous avons reçu la confirmation suivante de cet incident.

18 juillet 1883.

Nous sommes sûrs d'avoir entendu dire un jour à M. Marchant qu'il avait vu l'apparition de Robinson Kelsey, la nuit précédente.

Anne LANGERIDGE,<br>
Linkfield Street, Redhill.<br>
Matilda FULLER,<br>
Station Road, Redhill.<br>
William MILES,<br>
Station Road, Redhill.

M. Antoine Kelsey, Lingfield, Surrey, beau-frère et cousin de Robinson Kelsey, nous a confirmé le 21 octobre 1881 l'exactitude de la date de la mort (nous l'avons du reste vérifiée au registre des décès), mais il a oublié l'heure, et la veuve de M. Robinson Kelsey étant morte, le souvenir de M. Marchant ne peut sur ce point recevoir de confirmation. En ce qui regarde le moment de l'apparition, l'heure donnée par M. Marchant n'est qu'une heure hypothétique; il l'a conclue de son habitude de veiller toutes les nuits jusqu'à 2 heures environ. Mais on ne peut raisonnablement douter que la mort et la vision aient eu lieu le même jour. Le 12 février 1884, j'ai eu une entrevue avec M. Marchant. C'est un vieillard très vigoureux, à l'esprit précis; il nous a donné tous les détails de son récit d'une manière très méthodique, et ce qu'il nous a raconté correspondait exactement à la note écrite qu'il nous avait envoyée plusieurs mois auparavant. M. Marchant était sûr de n'avoir jamais eu d'autre hallucination et il riait à l'idée seule de pareille chose. Il imaginait lui-même toutes les critiques que l'on peut faire d'ordinaire à propos d'une vision nocturne : on aurait pu dire par exemple qu'il avait pris un verre de trop ; il voyait aussi toute l'absurdité de ces critiques appliquées à son propre cas. Nous ne pouvons douter qu'il ne dise vrai quand il affirme qu'il a toujours été un homme très sobre. Il nous a montré dans sa chambre à coucher le chemin précis qu'a suivi l'apparition ; elle est apparue à sa droite, a passé devant une lampe qui était sur la toilette, et enfin s'est arrêtée entre le pied de son lit et une table (*dressing-table*). Il décrivait les longs cheveux emmêlés de Kelsey et disait qu'ils étaient très aisément reconnaissables. En réponse à nos questions sur ce point, il nous a dit : « Je ne doute aucunement que Robinson Kelsey n'ait porté les cheveux de cette façon le jour de sa mort. Je me souviens de lui aussi clairement que si j'avais sa photographie devant moi. » La figure a été visible, pense-t-il, pendant près d'une minute. Mais, dans ces circonstances, on est naturellement porté à exagérer la durée des faits. Nous avons vu aussi Mme Langeridge. C'est une personne fort sensée qui ne croit pas aux esprits ; elle nous a dit d'elle-même que M. Marchant lui avait raconté sa vision le lendemain matin.

XXXIV. (147) C. E. K. La narratrice, pour des raisons de famille, désire que son nom ne soit pas publié.

22 décembre 1883.

Il y a deux ans, mon fils était malade à Durban (Natal). Son médecin, qui est aussi mon gendre, me dit que la maladie était *sérieuse*, mais je n'avais aucune raison de prévoir une issue fatale. En ma qualité de mère, j'étais naturellement inquiète ; mais de meilleures nouvelles me parvinrent et bientôt après une lettre de mon fils lui-même. Il disait qu'il se sentait plus fort, exprimait son regret de son long silence, et ajoutait qu'il espérait écrire de nouveau régulièrement. Toute anxiété s'évanouit de mon esprit et je remarquai que je me sentais plus heureuse que je ne l'avais été depuis des mois. A cette époque j'étais malade moi aussi et j'avais auprès de moi une garde. Quelques nuits après avoir reçu cette lettre de mon fils, je m'imaginai que j'étais éveillée, et, désirant appeler ma garde qui était dans ma chambre, je m'assis sur mon lit et j'appelai à haute voix : « Edward ! Edward ! » Je fus complètement éveillée par ma garde-malade qui me répondit : « Je crains, madame, que votre fils ne soit pas en état de venir à vous. » J'essayai de rire, mais un frisson me traversa le cœur. Je notai l'heure : 3 heures 40, dimanche matin. Je racontai cet incident à mes filles sans parler de mes craintes, mais j'attendais de mauvaises nouvelles. Le lundi, je reçus la dépêche suivante : « Edward est mort la nuit dernière. » Les lettres qui suivirent m'indiquèrent l'heure de sa mort ; c'était celle à laquelle j'avais involontairement appelé mon bien-aimé.

(Cela n'est pas tout à fait exact). Sa sœur, M^me C..., en m'écrivant, me dit : « Oh ! mère, son unique pensée était pour vous et jusqu'au dernier moment nous avons vu le désir qu'il avait de vous voir; on le lisait dans ses yeux. » Je puis ajouter que nous étions plus unis que mère et fils ne le sont habituellement. Je crois qu'en ce même moment nos âmes se sont rencontrées et je remercie Dieu en me souvenant de cette heure.

C. E. K.

En réponse à nos questions, M^me K... nous a dit que son fils avait une santé délicate : « Durant des années j'avais l'habitude de me lever la nuit et d'écouter sa respiration ; s'il était au loin, je vivais avec l'appréhension constante de recevoir de mauvaises nouvelles. » Elle ajoute : « Sans doute je pensais à lui, mais sans tristesse, car j'avais reçu sa lettre et je supposais qu'il se remettait. Ce n'était certainement pas un rêve, j'étais assise dans mon lit pour appeler ma garde-malade lorsque, à ma grande surprise et pour un instant à mon grand amusement, je poussai le cri : Edward ! Edward !

« Le point important est de savoir si l'heure fut exactement celle de sa mort. Mon fils mourut la nuit ou plutôt de grand matin, le dimanche 28 août 1881. C'est durant cette même nuit que je l'ai appelé. Ce fut la seule fois de ma vie que pareille chose m'arriva. Je n'ai jamais parlé dans mon sommeil ni rien éprouvé de semblable avant ni depuis. »

La lettre suivante est de la fille de M^me K...

23 janvier 1884.

Je me rappelle que le 29 août au matin ma mère me parla de la curieuse coïncidence dont elle vous a parlé. Ce fut la première chose qu'elle me dit lorsque j'entrai chez elle. La garde-malade était aussi dans la chambre.

E. E. K.

Ayant fait remarquer à M^me K... que sa fille parlait du 29 août et non du 28, elle nous a expliqué ainsi cette divergence :

Ma fille E. E. K... dit que je lui ai parlé de mon appel le matin du jour après lequel je l'ai prononcé; ce fut donc naturellement le 28 que tout ceci se passa. Lorsqu'elle vous a écrit, elle n'a pas fait attention à ce fait que la mort et le cri ont eu lieu *après minuit* et, écrivant de mémoire, elle a désigné le 29 comme étant le jour qui suit le 28. Il n'y a nul doute que la mort d'Edward et mon cri ont eu lieu dans la nuit du 27 ou plutôt de grand matin le 28.

Tout cela n'est pas très clairement expliqué, mais il y a peu de doute que le cri n'ait été poussé le dimanche matin 28 août et que le fait n'ait été rapporté à E. E. K... quelques heures plus tard.

Mᵐᵉ K... a eu la bonté d'écrire à une autre de ses filles à Durban, afin de s'assurer de l'heure exacte de la mort, et elle nous envoie le passage suivant de la réponse :

Edward est mort à 5 heures moins 20 minutes ; sa montre était à côté de lui et je la regardai au moment où il expira en me disant : « Mère sera éveillée, comment supportera-t-elle cela ? » Elle ajoute que son mari a consigné dans son journal la note suivante pour le 28 août 1881 : « Ned est mort à 4 heures 40 du matin. »

XXXV. (151) Mᵐᵉ Purton, Field House, Alcester.

16 mars 1884

Nous attendions, à l'automne 1859, le retour d'Australie de mon plus jeune frère après une absence de huit années.

Il était passager à bord du *Royal Charter*. La nuit, ou plutôt dès les premières heures du matin fatal où eut lieu le naufrage de ce malheureux vaisseau, je me réveillai en sursaut en m'accrochant au bras de mon mari. J'étais terrifiée par d'affreux gémissements d'angoisse qui paraissaient remplir la maison. Trouvant mon mari toujours endormi (il était médecin et avait été en courses toute la nuit précédente, ce qui l'avait extrêmement fatigué), je me glissai hors du lit, j'allai voir mes enfants, les chambres de domestiques ; mais, trouvant tout le monde endormi, je supposai que c'était le vent qui m'avait éveillée ; je me recouchai, mais je ne pus me rendormir ; je remarquai que le jour venait de poindre. Dans la matinée je demandai à plusieurs personnes si elles n'avaient pas été troublées par un bruit inaccoutumé, mais personne n'avait rien entendu. La poste apporta une lettre de notre cousine de Liverpool nous annonçant que le *Royal Charter* avait été signalé télégraphiquement à Queenstown et que nous pouvions attendre Frank très prochainement. Nous passâmes la journée dans le joyeux espoir de le revoir. Ma mère avait préparé la chambre de mon frère ; un bon feu y brûlait et ses vêtements de nuit, ses pantoufles étaient prêts. Un bon souper était servi. On entendit le bruit d'une voiture, mais, au lieu de Frank, c'est ma cousine qui apparaît. Elle était partie aussitôt que l'horrible nouvelle du naufrage était arrivée à Liverpool, afin de nous faire part de ce triste événement. Même à ce moment je n'établis aucun rapport entre le bruit terrible que j'avais entendu et ce naufrage ; mais, lorsque les nouvelles arrivèrent avec la description du naufrage par les témoins oculaires et que j'entendis parler des cris qui avaient traversé l'air, lorsque le navire s'était brisé et que tous ceux qui étaient à bord avaient été engloutis par les flots, je tressaillis et je m'écriai : « C'est *là* ce que j'ai entendu ! » Il se passa des mois avant que je pusse oublier l'horreur qui traversa mon être au souvenir de cette terrible nuit.

Frances A. Purton.

En réponse à nos question, M$^{me}$ Purton ajoute :

Je n'ai jamais eu en aucune autre circonstance de rêve frappant se rapportant à la mort ni d'hallucination auditive.

Voici un extrait d'une lettre écrite à M$^{me}$ Purton par sa fille, M$^{lle}$ Sarah Sophia Purton, qui avait douze ans à l'époque du naufrage.

Je me rappelle distinctement vous avoir entendu parler des cris de détresse que vous aviez entendus lorsque le *Royal Charter* se perdit. Je me souviens que vous vous êtes réveillée avec ces cris résonnant dans vos oreilles, que vous vous êtes levée sans déranger mon père, qui avait été retenu tard dehors par une visite. Vous aviez constaté qu'il était environ 3 heures. Vous vous êtes recouchée après avoir visité toute la maison et avoir trouvé que tout était tranquille. Je crois me rappeler que le matin vous avez demandé à chacun si personne n'avait été dérangé par le bruit qui vous avait troublée, mais je ne saurais certifier ce dernier fait.

M$^{lle}$ Purton nous écrit :

7 avril 1884.

Autant que je puis me le rappeler, ma mère a parlé des cris qu'elle avait entendus le matin suivant. Je me souviens distinctement lui avoir entendu dire que lorsqu'elle entendit parler du cri terrible qui s'échappa du vaisseau au moment où il se brisa, elle s'écria : « C'est le cri que j'ai entendu. » Je me rappelle aussi le frisson que cela m'occasionna, mais cela a dû se passer un ou deux jours après l'événement, avant ou après qu'elle eût visité le lieu du sinistre.

S. S. Purton.

XXXVI. (153) Révérend Andrew Jukes.

Upper Eglinton Road, Woolwich.

Le lundi 31 juillet 1854, j'étais à Worksop, de passage chez M. Heming qui était alors chez l'agent du duc de Newcastle. Au moment où je me réveillai ce matin-là (d'aucuns diraient que je rêvais) j'entendis la voix d'un ancien camarade d'école (C. C...) mort depuis un ou deux ans au moins, me disant : « Votre frère Mark et Harriet sont partis tous les deux. » Ces paroles résonnaient encore à mon oreille, lorsque je me réveillai ; il me semblait les entendre encore. Mon frère et sa femme étaient alors en Amérique et tous deux se portaient bien, d'après les dernières nouvelles reçues; mais les paroles que j'avais entendues, et qui le concernaient ainsi que sa femme, avaient produit une impression si vive sur mon esprit que je les consignai par écrit avant de quitter ma chambre à coucher. Je les inscrivis sur un vieux morceau de journal, n'ayant pas d'autre papier sous la main dans ma chambre. Le même jour je retournai à Hall, et je racontai l'incident à ma femme. En même temps je notai le fait, qui m'avait profondément impressionné, sur mon journal que je possède encore. Je suis aussi sûr qu'on peut l'être de quoi que ce soit que ce que j'ai écrit dans mon journal est identique à ce que j'avais noté sur le morceau de journal. Le 18 août (c'était avant l'établissement de la ligne télégraphique transatlantique), je reçus un mot de ma belle-sœur Harriet, daté du 1er août, m'annonçant que son mari était mort du choléra. Après avoir prêché le dimanche, il avait eu une attaque de choléra le lundi, et le mardi matin il était mort. Elle ajoutait qu'elle-même était malade et elle demandait qu'on amenât ses enfants en Angleterre, au cas où elle viendrait à succomber. Elle mourut deux jours après son mari, le 3 août. Je partis immédiatement pour l'Amérique, d'où je ramenai les enfants.

La voix que j'avais cru entendre, et qui m'avait semblé un rêve, avait eu un tel effet sur moi que je ne descendis pas pour déjeuner malgré la cloche qui m'appelait. Pendant cette journée et les jours qui suivirent, je ne pouvais secouer cette idée. J'avais l'impression, la conviction même très nette, que mon frère était mort.

Je devrais ajouter, peut-être, que nous ignorions l'apparition du choléra dans le voisinage de la paroisse de mon frère. Mon impression, à la suite de la voix que j'avais entendue, fut que lui et sa femme avaient été enlevés par un accident de chemin de fer ou de bateau à vapeur. Il faut remarquer qu'au moment où je crus entendre cette voix, mon frère n'était pas mort. Il mourut de bonne heure le matin suivant, soit le 1er août, et sa femme presque deux jours plus tard, le 3 août. Je n'ai pas la prétention d'expliquer ce phénomène, je le constate simplement. Mais l'impression produite sur moi fut profonde, et la coïncidence en elle-même est remarquable.

Andrew JUKES.

M. Jukes a bien voulu me permettre de lire la note inscrite dans son journal; j'avais espéré pouvoir la transcrire textuellement ici, mais M. Jukes avait des raisons personnelles, sans rapport aucun avec le cas présent, pour désirer que la chose ne fût pas faite. J'appris dans une conversation que les mots entendus étaient, en fait, la continuation d'un rêve, mais que ce rêve ne concernait ni son frère ni sa belle-sœur. M. Jukes me dans les paroles suivantes : Mon impression est que l'incident eut lieu *alors que j'étais réveillé*.

A aucun autre moment de sa vie il n'a noté par écrit quoi que ce soit de relatif à un rêve. Lui ayant demandé s'il avait eu à d'autres occasions des hallucinations auditives, il me répondit que « jamais rien de semblable ne lui était arrivé », sauf une fois cependant où il avait eu l'impression subjective d'une audition musicale.

XXXVII. (157) Le premier récit de l'événement nous a été envoyé par le Révérend Augustin Field, pasteur à Pool-Quay, Welshpool. Il nous a indiqué que c'était un extrait d'une lettre qu'il avait reçue de son frère, Henry C. Field, ingénieur civil et directeur de travaux, qui résidait à Tutatihika, Wanganni, Nouvelle-Zélande, en réponse à des lettres où il lui avait parlé de la mort de leur mère. Une lettre que M. H. C. Field lui-même nous a écrite et qui est datée de Wanganni, 25 septembre 1886, nous donne des renseignements qui concordent exactement avec ceux qu'il a envoyés à son frère.

7 mars 1874.

J'ai été vivement intéressé par le récit de la dernière maladie de notre mère et j'ai été particulièrement frappé d'une circonstance. Elle a prononcé mon nom, et, bien qu'éloigné, je l'ai entendue. Je n'ai pas l'habitude de rêver et je suis certain de ne rien exagérer en disant que je n'ai pas rêvé 12 fois depuis mon mariage, soit depuis 23 ans. On suppose généralement que les rêves sont la conséquence d'une préoccupation de l'esprit ou d'une impression temporaire et violente. Rien n'avait pu m'impressionner qui se rapportât à ma mère.

Notre première exposition d'horticulture de la saison eut lieu le 27 novembre. Je gagnai divers prix et, après la clôture, à 10 heures du soir, il me fallut rapporter chez moi quelques-unes des plus petites pièces exposées, et je dus prendre des arrangements pour que le reste me fût amené le matin suivant. Il était ainsi près de minuit lorsque j'arrivai à la maison. Les seuls sujets dont nous parlâmes, X... et moi, se rapportaient à l'exposition et à des faits d'intérêt local. Si donc quelque chose m'avait préoccupé au moment où je m'étais endormi, cela avait dû se rapporter à un des sujets mentionnés ci-dessus. J'ignore depuis combien de temps je dormais, mais mon premier sommeil était passé, et j'étais couché, à demi réveillé, à demi endormi, lorsque j'entendis distinctement la voix de ma mère, qui m'appelait faiblement : « Harry ! Harry ! »

Quand le jour vint et que je réfléchis à ce qui s'était passé, je me demandai comment j'avais pu imaginer une pareille chose. Notre oncle C... et sa famille m'appelaient Harry, et l'oncle B... faisait quelquefois de même ainsi que les D..., mais, à ces exceptions près, tout le monde m'appelait Henry. Il est possible que ma mère m'ait appelé Harry pendant ma toute première jeunesse, mais, autant que je puis m'en souvenir, elle a toujours appelé notre père : Papa, et moi : Henry.

En conséquence, il me sembla absurde de supposer que ma mère pût m'appeler d'un nom dont je ne lui avais jamais entendu faire usage. Je riais mentalement à cette idée, m'étonnant qu'elle eût pu me venir à l'esprit. Et pourtant la chose me parut si étrange que je soulignai la date sur la marge de mon journal, afin que, si quelque événement survenait qui corroborât le fait, je pusse être certain de l'époque. Dès que j'arrivai à la maison avec les lettres de S... et les vôtres, je regardai mon journal, et je constatai que la date soulignée était celle du 28 novembre. C'était évidemment durant l'après-midi du 27 novembre que notre mère avait prononcé mon nom (il a dû en être ainsi, A. F.), et, en tenant compte de la différence de longitude, le moment correspondant devrait donc être ici le 28 au matin. Je ne pense donc pas que l'on puisse mettre en doute que mon oreille ait réellement entendu l'appel. Je regrette seulement de n'avoir pas été suffisamment éveillé pour noter l'heure exacte. J'imagine qu'il devait être entre 2 et 3 heures du matin, ce qui équivaudrait, à quelques minutes près, à 2 ou 3 heures de l'après-midi précédente chez vous.

Le Révérend A. Field ajoute que, dans une autre portion de la lettre, son frère fait allusion à une lettre écrite quelques semaines plus tôt et où il offrait un logement à sa sœur ; il disait « qu'il croit avoir été en partie amené à cette offre par l'impression que lui avaient laissée les faits qu'il avait racontés, c'est-à-dire par la mort probable de notre mère ».

Dans la lettre qu'il nous a écrite, M. H.-C. Field nous dit : « La voix, quoiqu'elle fût basse, était si distincte que, comme je n'avais pas eu le temps de reprendre mes sens, je me dressai dans mon lit, m'attendant à voir ma mère à côté de moi. » Ce mouvement réveilla sa femme et M. Field lui raconta ce qu'il venait d'éprouver. Il ajoute qu'il n'est pas superstitieux et qu'il sait à peine ce que c'est que rêver, ce qu'il attribue à sa vie en plein air et à son existence très active.

M$^{lle}$ Field nous a écrit, en octobre 1885 :

Le 26 novembre 1873, pendant que j'étais assise au chevet de ma mère, je lui entendis dire distinctement : « Harry ! Harry ! » Le jour suivant elle mourut. Quelque temps après, nous apprimes par mon frère, qui habitait la Nouvelle-Zélande, qu'à l'heure correspondante (la nuit là-bas) il entendit distinctement les mêmes paroles prononcées par la voix de sa mère. Il nota le fait dans son journal.

Sophia HUGHES FIELD.

Le Révérend A. M. Field nous a envoyé l'extrait suivant de son journal :

Novembre 1873, jeudi 27.

Arrivé à Londres à 7 heures 30 du matin, par le train, pour aller 70, Bassington Road ; trouvé ma mère, lucide d'esprit, etc. ; lu, etc., avec elle à de fréquents intervalles dans la journée ; K... et A... (mon frère et ma sœur) arrivés. Graduellement plus faible, à 5 heures 45 du soir, elle s'éteint.

Vous comprenez mon but en vous donnant ces détails. Je crois me rappeler avoir entendu ma mère appeler mon frère et j'en ai parlé à ma sœur et à ma tante. Je crois qu'elles m'ont répondu qu'elles lui avaient entendu, plusieurs fois, durant sa courte maladie, prononcer son nom. Ma mère fut atteinte de paralysie le mercredi 26, et sa parole devint de plus en plus difficile. C'est ce fait qui m'empêcha d'affirmer positivement que j'avais entendu ma mère prononcer le nom de mon frère, mais, après les affirmations de ma tante et de ma sœur, je n'eus plus aucun doute.

On voit que l'impression du sujet a probablement coïncidé exactement avec la mort, mais ce que nous a écrit M$^{lle}$ Field ne confirme pas, bien que cela ne la contredise pas non plus, l'idée de son frère, que le nom a été prononcé la même après-midi.

XXXVIII. (159) L'évêque de Carlisle (*Contemporary Review*, janvier 1884).

Mon correspondant, un étudiant de Cambridge, avait arrêté, il y a quelques années, avec un de ses camarades d'études, le projet de se rencontrer à Cambridge à une certaine époque, pour travailler ensemble. Peu de temps avant l'époque de ce rendez-vous, mon correspondant se trouvait dans le sud de l'Angleterre. Se réveillant une nuit, il vit ou crut voir son ami assis au pied de son lit ; il fut surpris de ce spectacle, d'autant plus que son ami était ruisselant d'eau. Il parla, mais l'apparition (car il semble que c'en ait été une) se contenta de secouer la tête et disparut. Cette apparition revint deux fois durant la nuit. Bientôt après vint la nouvelle que peu de temps avant le moment où l'apparition avait été vue par le jeune étudiant, son ami s'était noyé en se baignant.

Ayant appris que le correspondant de l'évêque était l'archidiacre Farler, nous nous adressâmes à ce dernier qui nous écrivit le 9 janvier 1884 :

Pampisford Vicarage, Cambridge.

La vision fut racontée le matin suivant à déjeuner, plusieurs jours avant de recevoir la nouvelle de la mort de mon ami. Je la racontai à mon professeur John Kempe, à sa femme, à sa famille. M. et M<sup>me</sup> Kempe sont morts maintenant, mais il est probable que leur famille se souvient de la chose, bien que les enfants fussent jeunes à ce moment-là. Je demeurais à Long Ashton dans le comté de Somerset; mon ami mourut dans le comté de Kent (1). Comme je n'étais nullement effrayé de cette vision à ce moment-là, j'en ai plutôt parlé comme d'un rêve singulier que comme d'une apparition.

Ma vision est du 2 ou 3 septembre 1878 (2), mais je n'ai pas ici mon mémorandum pour m'en assurer d'une manière absolue. Je revis encore la vision le 17 du même mois. C'est la seule apparition que j'aie jamais vue. Je n'ai jamais eu aucune espèce d'hallucination sensitive.

G.-P. FARLER.

M. W. J. Kempe nous écrit que l'archidiacre Farler lui a certainement parlé de ce fait, mais il ne se rappelle pas exactement l'époque. D'autres membres de la famille auxquels nous nous sommes adressés étaient à l'époque, ou bien absents, ou bien trop jeunes pour qu'il leur ait été parlé de ce fait.

Nous trouvons dans le registre des décès que l'ami du narrateur s'est noyé dans la rivière Crouch le 2 septembre 1868.

XXXIX. (162) M. J. A. Symonds, l'historien bien connu de la Renaissance.

Davos, 1882.

J'étais alors un jeune garçon, élève de sixième du collège de Harrow, et, comme *premier* de la pension de M. Rendall, j'avais une chambre à moi. C'était pendant l'été de l'année 1858. Je venais de me réveiller au moment où le jour se levait et j'étendais la main pour prendre mes livres qui se trouvaient sur une chaise entre mon lit et la fenêtre, quand je connus qu'il me fallait tourner la tête de l'autre côté, et à ce moment je vis entre moi et la porte le D<sup>r</sup> Macleane habillé du costume noir d'un *clergyman*. Il pencha légèrement sa figure blême de mon

---

(1) C'est un lapsus : dans une autre lettre l'archidiacre Farler indique un village du comté d'Essex comme l'endroit où son ami est mort.

(2) C'est une erreur. M. Farler avait d'abord écrit 1888, et en corrigeant il a mis un 6 au lieu d'un 7. M. Kempe est mort en 1874.

côté et dit : « Je vais partir pour un long voyage, prenez soin de mon fils. » Pendant que je le regardais, je vis subitement la porte à la place où avait été le D^r Macleane. Le D^r Macleane mourut cette même nuit à Clifton, mais je ne puis indiquer l'heure précise de son décès. Mon père, qui était son ami intime, se trouvait auprès de lui. Je ne savais pas qu'il était plus malade que d'habitude ; il était affecté d'une maladie chronique.

John Addington Symonds.

Nous apprenons par le Révérend D. Macleane de Codford St-Peter, à Bath, que son père le D^r Macleane mourut à Clifton le 14 mai 1858 à 6 heures moins un quart du matin.

(M. Symonds a eu une ou deux visions purement subjectives à l'état de veille.)

XL. (164) Révérend C. C. Wambey, Paragon, Salisbury.

Avril 1884.

M. B..., avec lequel j'étais très intimement lié avant qu'il ne quittât l'Angleterre, fut nommé professeur de mathématiques au collège Elizabeth, à Guernesey. Dix ans après environ, j'acceptai un poste temporaire dans cette île et je renouvelai connaissance avec mon ancien ami. Je passai presque tous les jours une partie de ma journée avec lui pendant tout le temps de mon séjour à Guernesey. Après mon retour en Angleterre, je correspondis régulièrement avec lui. Dans la dernière lettre que je reçus de lui, il me parlait de sa santé et me disait qu'il se portait exceptionnellement bien.

Un matin je causai une vive surprise à ma femme en lui disant que le pauvre B... était mort et qu'il m'était apparu durant la nuit. Elle tâcha de calmer mon chagrin en me suggérant que cette apparition, ou ce que ce pouvait être, était due à une indisposition. J'avais été souffrant pendant quelque temps.

Je répondis que j'avais reçu une nouvelle par trop certaine de la mort de mon ami.

Quelques jours plus tard, je reçus une lettre bordée de noir portant le timbre de Guernesey. Dans cette lettre, M^me B... me disait que son mari était mort après une maladie de quelques heures seulement et que pendant cette maladie il avait *fréquemment parlé de moi*.

En réponse à nos questions, M. Wambey nous dit :

J'ai eu d'autres apparitions que celle dont je viens de parler. Mon grand-père m'est apparu durant la nuit où il mourut, mais il était dans la même maison que moi, à ce moment, et il s'était affaibli peu à peu depuis plusieurs heures.

(Le seul autre cas est l'apparition d'une figure que M. Wambey ne reconnut pas. Cette vision se produisit un jour qu'il lisait fort tard dans la nuit, à un moment où il était surchargé de travail.)

Par la lettre de sa veuve, je pus m'assurer que M. B... était mort dans la nuit où il m'était apparu. J'étais éveillé lorsque j'eus la vision, je ne puis guère me tromper sur ce point. J'étais tellement absorbé dans la contemplation de sa figure et de son regard que je ne prêtai aucune attention à la façon dont il s'était habillé.

M$^{me}$ Wambey se souvient que je lui avais raconté, le matin suivant, que j'avais vu mon ami et que j'étais assuré de sa mort.

J'ai oublié la date à laquelle M. B... m'est apparu, je crois que c'était en 1870. Malheureusement la partie de mon journal qui se rapporte à cette époque se trouve au garde-meuble avec mon mobilier, et je ne puis me la procurer actuellement; autrement, je pourrais vous citer les dates.

Nous apprenons par un fils de M. B... que son père est mort le 27 octobre 1870.

M$^{me}$ Wambey confirme le fait dans la note suivante :

Salisbury, 17 mai 1884.

Mon mari le Révérend C. C. Wambey me dit un matin qu'il avait eu une apparition de M. B... dans la nuit, et il m'exprima avec un grand chagrin la conviction que son ami était mort.

M. B. WAMBEY.

XLI. (166) M$^{me}$ Wheatcroft (cas publié par M. Dale Owen, in *Footfalls on the Boundary of another World*, p. 299-303). L'un de nous a vu le sujet, M$^{me}$ Wheatcroft, mais des raisons de famille l'ont empêché de donner aucun renseignement nouveau.

Je suis redevable du récit qui va suivre à l'obligeance d'amis de Londres. Il est impossible de mettre en doute la bonne foi des narrateurs :

Au mois de septembre de l'année 1857 le capitaine G. W..., du 6$^e$ régiment des dragons de la garde, partit pour les Indes afin de rejoindre son régiment. Sa femme resta en Angleterre; elle demeurait à Cambridge. Dans la nuit du 14 au 15 novembre 1857, vers le matin, elle rêva qu'elle voyait son mari : il avait l'air anxieux et malade; puis elle se réveilla immédiatement, l'esprit très agité. Il faisait un magnifique clair de lune et en ouvrant les yeux elle vit de nouveau son mari debout à côté de son lit. Il lui apparut en uniforme, les mains pressées contre la poitrine, ses cheveux étaient en désordre et sa figure très pâle. Ses grands yeux noirs la regardaient fixement et il avait l'air très excité. Sa bouche était contractée d'une façon particulière, comme cela lui arrivait lorsqu'il était agité. Elle le vit, et avec toutes les particularités de ses vêtements, aussi distinctement qu'elle l'avait jamais vu durant toute sa vie, et elle se rappelle avoir vu entre ses deux mains le blanc de sa chemise, qui cependant n'était pas tachée de sang. Son corps semblait se pencher en avant avec un air de souffrance; et il faisait un effort pour parler; mais on n'entendait aucun son. Sa femme pense que l'apparition dura une minute environ, puis s'évanouit.

Sa première idée fut d'arriver à se rendre compte si elle était réellement éveillée. Elle se frotta les yeux avec son drap et sentit qu'elle le touchait réellement. Son petit neveu était dans son lit avec elle; elle se pencha sur l'enfant endormi, et elle écouta sa respiration. Elle en entendit distinctement le bruit et elle se rendit compte alors que ce qu'elle venait de voir n'était pas un rêve. Il est inutile d'ajouter qu'elle ne dormit plus cette nuit-là.

Le lendemain matin elle raconta tout cela à sa mère et elle exprima la conviction que le capitaine W... était tué ou dangereusement blessé, bien qu'elle n'eût pas vu de taches de sang sur ses vêtements. Elle fut tellement impressionnée par la réalité de cette apparition qu'elle refusa à partir de ce moment toutes les invitations. Une jeune amie la pressa, quelque temps après, d'aller avec elle assister à un concert, lui rappelant qu'elle avait reçu de Malte, envoyé par son mari, un joli manteau habillé, qu'elle n'avait pas encore porté. Elle refusa d'une façon absolue, déclarant que ne sachant pas si elle n'était point déjà veuve, elle ne fréquenterait aucun lieu d'amusements jusqu'à ce qu'elle eut reçu des lettres de son mari d'une date postérieure au 14 novembre.

Ce fut un mardi, au mois de décembre 1857, que le télégramme qui annonçait la mort du capitaine W... fut publié à Londres. Il disait que le capitaine avait été tué devant Lucknow le *15 novembre.*

Cette nouvelle, donnée par un journal de Londres, attira l'attention d'un solicitor de Londres, M. Wilkinson, qui était chargé des affaires du capitaine W... Quand, plus tard, ce monsieur rencontra la veuve, elle lui dit qu'elle avait été absolument préparée à recevoir cette triste nouvelle, mais qu'elle était sûre que son mari n'avait pas été tué le 15 novembre, car il lui était apparu dans la nuit du 14 au 15 dudit mois (1).

Le certificat délivré par le ministère de la guerre, que M. Wilkinson dut se procurer, confirma cependant la date du télégramme. Il était libellé de la façon suivante :

(1) La différence de longitude entre Londres et Lucknow est d'environ cinq heures; trois ou quatre heures du matin à Londres correspondraient par conséquent à huit ou neuf heures du matin à Lucknow. Mais c'est dans l'après-midi et non dans la matinée, comme on le verra dans la suite, que le capitaine W... fut tué. Si, par conséquent, il avait été tué le 15, l'apparition qu'a vue sa femme se serait produite plusieurs heures avant l'engagement dans lequel il a succombé, alors qu'il était encore vivant et bien portant (R. D. O.).

« MINISTÈRE DE LA GUERRE

« 30 janvier 1858.

« Nous certifions par la présente qu'il ressort des pièces contenues dans les archives de ce ministère que le capitaine G. W..., du 6e régiment de dragons de la garde, a été tué à l'ennemi le 15 novembre 1857 (erreur, comme l'indique M. Dale Owen : il s'agit du 6e dragons d'Inniskilling).

« Signé : B. Hawes. »

Pendant que M. Wilkinson restait dans l'incertitude, en ce qui concernait la date exacte de cette mort, il se produisit un incident singulier qui jeta un nouveau doute sur l'exactitude du télégramme et du certificat. M. Wilkinson rendait visite à un ami, dont la femme avait eu des apparitions; le mari était en outre médium.

Ces faits ne sont connus cependant que de leurs amis intimes. Quoique je connaisse ces personnes, je ne suis pas autorisé à citer leurs noms. Appelons-les M. et M<sup>me</sup> N...

M. Wilkinson leur parla comme d'une chose étonnante de la vision qu'avait eue la veuve du capitaine, et de la liaison qui l'unissait à la mort de son mari, et il décrivit l'apparition telle qu'elle s'était présentée à M<sup>me</sup> W... M<sup>me</sup> N..., se tournant vers son mari, dit immédiatement : « Ce doit être la même personne que j'ai vue un certain soir lorsque nous parlions des Indes et que vous dessiniez un éléphant avec un *howdah* (mot indien) sur le dos. M. Wilkinson a décrit exactement l'aspect et la position de la figure : uniforme d'officier anglais, les mains pressées sur la poitrine, le corps penché en avant comme dans la souffrance. » Elle ajouta, en s'adressant à M. W..., que la forme avait apparu juste derrière son mari et avait l'air de regarder par-dessus son épaule.

(M. et M<sup>me</sup> N... qui étaient spirites, obtinrent alors ce qu'ils appellent un message de cet étrange visiteur : il leur dit qu'il avait été tué dans l'après-midi par une blessure reçue à la poitrine. Mais ce message a fort bien pu être le résultat de leurs propres idées, puisqu'il ne contenait rien qu'ils n'auraient pu deviner par la nature même de l'apparition. Cette vision se produisit à 9 heures du soir, et la date, notée le même soir, est celle du *14 novembre*).

Cette confirmation du récit de M<sup>me</sup> W... fit une telle impression sur M. Wilkinson qu'il se rendit aux bureaux de MM. Cox et Greenwood, agents de l'armée, afin de s'assurer qu'il n'y avait pas d'erreur dans le certificat. Mais rien ne parut confirmer qu'il y avait eu une inexactitude commise. La mort du capitaine W... était mentionnée dans deux dépêches séparées de sir Colin Campbell, et dans toutes deux la date correspondait avec celle donnée dans le télégramme.

Les choses en restèrent là jusqu'en mars 1858, époque à laquelle la famille du capitaine W... reçut du capitaine G. C..., qui appartenait alors au train des équipages, une lettre datée d'un endroit voisin de

Lucknow, 19 décembre 1857. Cette lettre l'informait que le capitaine W... avait été tué à la tête de son escadron, devant Lucknow, non pas le 15 novembre comme le disaient les dépêches de sir Colin Campbell, mais le *14 novembre dans l'après-midi.* Le capitaine C... était à côté de lui quand il était tombé. Il fut atteint par un éclat d'obus et à partir de ce moment il ne prononça plus une parole. Il fut enterré à Dilkooska, et une croix en bois fut érigée sur sa tombe par son ami, le lieutenant R... du 9° régiment de lanciers. Les initiales G. W. et la date de sa mort, le 14 novembre 1857, furent gravées sur cette croix (1).

Le ministère de la guerre finit par corriger la date, mais un an seulement après la mort. M. Wilkinson ayant eu l'occasion de demander une nouvelle copie du certificat, au mois d'avril 1859, la trouva conçue dans les mêmes termes que la précédente, mais la date du 14 novembre avait été substituée à celle du 15 (2).

J'ai recueilli ce récit extraordinaire de la bouche des personnes intéressées elles-mêmes. La veuve du capitaine W... a obligeamment consenti à examiner et corriger le manuscrit et a bien voulu me permettre d'examiner une copie de la lettre du capitaine C... qui donnait les détails de la mort de son mari. Le manuscrit a été également soumis à M. Wilkinson qui a certifié son exactitude en ce qui le concernait. La partie du récit qui concerne M^me N... m'a été racontée par cette dame elle-même. Je n'ai par conséquent rien négligé pour m'assurer de l'authenticité des faits.

Ce fait a surtout sa valeur, parce qu'il fournit un exemple d'une double apparition. On ne peut prétendre que le récit de l'une de ces dames avait pu être la cause de l'apparition de la même personne à l'autre. M^me W... était au moment de l'événement à Cambridge et M^me N... à Londres; ce ne fut que plusieurs semaines plus tard que l'une apprit ce que l'autre avait vu.

Ceux qui voudraient expliquer la chose par une coïncidence auraient à tenir compte de trois faits distincts ; l'apparition vue par M^me N..., l'apparition vue par M^me W... et enfin le moment exact de la mort du capitaine W... et de la concordance exacte des trois faits.

M. W. Wilkinson, Winton House, Ealing W., Londres, nous écrit ce qui suit :

---

(1) Ce n'est pas dans son propre régiment qui se trouvait alors à Meerut, que le capitaine W... servait au moment de sa mort. Immédiatement après être arrivé d'Angleterre à Cawnpore, il avait offert ses services au colonel Wilson du 64° régiment. Ils furent d'abord refusés mais finalement acceptés, et il se joignit au détachement de train des équipages qui partait pour Lucknow. Ce fut dans les rangs de celui-ci qu'il trouva la mort. (R. D. O.)

(2) Les originaux de ces deux certificats sont en ma possession, le premier daté du 30 janvier 1858 et donnant la date du 15, comme je l'ai précédemment dit, et le second daté du 5 avril 1859, donnant celle du 14. (R. D. O.)

5 novembre 1884.

M. Robert Dale Owen a examiné personnellement les faits et a soumis les messages à la veuve du capitaine Wheatcroft. J'ai revu moi-même la partie qui me concerne et celle qui a trait à l'apparition de M^me Nenner a été revue par elle-même et par son mari, le professeur Nenner. J'ai remis les originaux des certificats du décès, délivrés par le ministère de la guerre à M. Owen.

W.-M. WILKINSON.

M. N... dont nous avons parlé est le révérend Maurice Nenner, professeur d'hébreu au collège des non-conformistes à Saint John's Wood. M. et M^me Nenner sont morts tous les deux.

On doit remarquer qu'il n'existe aucune preuve que M^me Nenner ait reconnu le capitaine Wheatcroft. Nous ne connaissons que les points suivants de sa vision qui se rapportent à la mort du capitaine Wheatcroft : attitude similaire, uniforme d'officier anglais, blessure à la poitrine, la date ; et en dehors de la vision de M^me Wheatcroft il n'y a rien de remarquable dans cette coïncidence. Mais il est certainement curieux que M^me N... ait eu ce même jour une vision qui correspondait du moins à certains égards à celle qu'a vue M^me Wheatcroft(1). Nous ne connaissons pas l'heure de la mort du capitaine Wheatcroft, car il a pu ne pas mourir au moment où il a été frappé par l'éclat d'obus. Si la mort a été instantanée, elle a dû précéder la vision de M^me Wheatcroft d'au moins douze heures.

XLII. (169) Nous devons la connaissance de ce cas à miss Beale, principale du collège des Dames, Cheltenham. Ce récit lui a été envoyé il y a quelques années par miss T.-J. C.

J'avais entre treize et quatorze ans lorsque j'allai passer quelques jours chez des amis. Je partageai la chambre d'une de mes compagnes, plus âgée que moi d'un an. M'étant réveillée une nuit, je vis distinctement la figure d'un homme (habillé d'une sorte de robe de chambre flottante), debout devant la table de toilette, le dos tourné

---

(1) Il existe un autre incident très curieux qui se rapporte à cette affaire. Dans une lettre adressée le 28 juillet 1876 au révérend B. Wrey Savile, lettre qu'il a eu l'obligeance de nous envoyer, un clergyman des comtés du Midland donne la permission de se servir du témoignage de sa femme pour établir que le capitaine Wheatcroft est apparu, à la même date à « une de ses anciennes amies et compagnes de jeux », à elle-même ! J'ai correspondu avec le clergyman en question, mais sans pouvoir me procurer d'autres détails pour le moment.

vers le lit et étendant la main comme pour chercher son chemin. Je me rappelle que je me frottai les yeux pour me convaincre que je ne rêvais pas. Lorsque je regardai de nouveau, un moment après, la figure avait disparu. Cela m'effraya, et je réveillai ma compagne. Elle s'efforça cependant de me persuader que ce devait avoir été son frère (le seul homme qu'il y eût dans la maison), et qu'il était probablement venu dans la chambre pour voir l'heure à une vieille montre placée toujours sur la table de toilette. Cette montre était une grande autorité dans la maison. J'ai oublié de dire qu'il y avait un clair de lune brillant, qui rayonnait dans la chambre. A moitié convaincue, je me rendormis, et pendant le déjeuner du lendemain je demandai à C... (le frère de mon amie) ce qu'il était venu faire dans notre chambre la nuit précédente. Il me répondit qu'assurément il n'y était pas venu et il me demanda ce que j'avais vu. Lorsque je le lui eus raconté, il eut l'air si troublé et si chagriné que je n'insistai pas sur ce sujet. Quelques jours plus tard, sa mère me dit que C... avait vu la même figure dans sa chambre pendant cette même nuit. Il avait reconnu en elle un ami intime, ancien camarade de navigation.

Quand C... avait quitté la marine, à cause de sa mauvaise santé, son ami avait reçu la permission de passer quelques jours avec lui sur la côte. En prenant congé de lui, il avait dit : « Eh bien, celui de nous deux qui mourra le premier viendra voir l'autre. » Le jour même où M$^{me}$ B... me parla de l'incident, C... avait appris la mort de son ancien camarade. Il était mort à bord d'un bâtiment près de la côte d'Espagne, dans la nuit où moi-même et C... nous avions vu l'apparition.

T.-J. C.

M$^{lle}$ C... nous écrit :

1, Clarendon Place Stirling, le 28 janvier 1884.

J'ai envoyé l'histoire, racontée plus haut, à M$^{lle}$ Beale, il y a déjà quelques années. Le C... dont il est question est mort depuis bien des années, et la mémoire de sa mère est tellement affaiblie par l'âge et la maladie que son témoignage n'a pas de valeur. Il me semble que je ne puis rien ajouter à ce que j'ai déjà écrit. L'incident est aussi frais dans ma mémoire que s'il venait de se passer. A cette époque-là j'étais encore presque une enfant, et l'idée que j'avais vu un esprit ne m'était pas venue jusqu'au moment où M$^{me}$ B... m'avait parlé de la mort de l'ami de son fils. Les deux chambres (celle où C... couchait et celle où mon amie et moi nous couchions) étaient au même étage et voisines l'une de l'autre.

Dans une conversation, M$^{lle}$ C... m'a dit qu'elle n'avait jamais eu aucune autre hallucination visuelle. La figure qu'elle avait vue correspondait tout à fait à celle qu'avait vue C... d'après la description qu'il en a faite ; la seule différence, c'est qu'elle ne l'a pas vue de face (1).

XLIII. (171) Le narrateur, M¹¹⁹ R..., consentait à ce que son nom et son adresse fussent publiés, mais sa famille s'y est opposée, et nous avons dû déférer à ses désirs.

8 mai 1879.

En 1871, mes parents habitaient à Soho Square; mon frère Alfred, âgé de vingt-quatre ans, et moi, nous habitions avec eux. Le 15 octobre, mon frère alla passer la soirée chez un ancien camarade d'école où, afin d'éviter de rentrer à la maison à une heure tardive, il lui arrivait quelquefois de passer la nuit. S'il rentrait après que mes parents s'étaient couchés, il allait doucement près du lit de ma mère, l'embrassait si elle était éveillée, sinon il déposait son chapeau sur la table; c'était le signe de son retour. Le 15 octobre, ma mère se coucha sans attendre son retour cette nuit-là, mais, après son premier sommeil, elle s'éveilla subitement et le vit au pied de son lit; elle lui dit doucement : « Je ne suis pas endormie, mon chéri » ; mais, au lieu de l'embrasser, il s'en alla, et cela la surprit.

Le matin du 16 octobre, à déjeuner, elle me dit : « Où est Alfred? » Je lui répondis : « Il n'est pas rentré hier au soir. » Elle répliqua : « Oh! si, il est rentré, il est venu dans ma chambre comme d'habitude, mais il ne m'a pas parlé; il était en partie déshabillé. » Une heure après, mon frère revint, et ma mère lui demanda s'il n'était pas entré dans sa chambre pendant la nuit. Il lui assura que non. Elle répliqua : « C'est très étrange, car je suis tout à fait sûre que quelqu'un se tenait au pied de mon lit, cette nuit, lorsque je me suis éveillée. » Vers le milieu du jour, une lettre nous arriva ; elle nous informait que notre cousin Frank, de quelques années plus âgé que mon frère Alfred, était mort à une heure du matin à Londres. Immédiatement ma mère s'écria : « C'est Frank que j'ai vu! Je puis me le rappeler exactement; bien qu'au moment même j'aie cru voir Alfred, je pensais qu'il y avait quelque chose d'étrange dans son apparence et je ne pouvais comprendre pourquoi il venait me voir sans sa jaquette. »

Nous trouvons la date du 16 octobre confirmée par la nécrologie du *Times*.

Le 20 mars 1814, le narrateur écrivit ce qui suit à M. Podmore

Avant d'écrire ce récit, j'ai écrit à la famille de mon cousin afin de m'assurer de la date exacte de sa mort, et on m'a répondu qu'il était

(1) Il convient de faire remarquer que dans ce cas, comme dans le cas précédent, on a affaire à l'apparition simultanée de la même figure à deux personnes qui se trouvent dans des pièces différentes, ce qui rend plus improbable l'explication par une coïncidence fortuite.

mort en effet à une heure du matin. Il n'y avait pas une grande ressemblance entre mon frère et mon cousin, un air de famille seulement. Tous les deux étaient blonds, mais Frank était plus grand qu'Alfred; il avait une barbe épaisse; celle d'Alfred était moins fournie.

M.-E. R.

Le frère de M<sup>lle</sup> R... nous écrit :

20 mars 1884.

Je me rappelle les faits, mais je n'y attache aucune importance et je ne vois rien de merveilleux dans ce récit.

G.-A. R.

XLIV. (174) La dame qui nous a raconté le cas suivant désire que son nom ne soit pas publié.

Mai 1885.

Pendant quelques semaines, le printemps dernier, je me portai assez mal à la suite d'une attaque de rhumatismes et de prostration nerveuse. Une nuit j'eus une vision étrange, dont je ne pouvais me rendre compte, et qui a laissé une vive impression sur ma mémoire. Je m'étais couchée de bonne heure, j'étais restée seule sans m'endormir, avec une veilleuse pour donner un peu de lumière dans la chambre. Tout à coup la figure du major G... passa à l'extrémité de la chambre. Il était habillé comme d'habitude ; ni ses traits, ni sa personne n'avaient le moins du monde changé. Ce n'était pas un rêve, et je n'avais pas non plus le délire, ni la fièvre. Aussi fus-je convaincue que quelque chose devait être arrivé. Je fis donc attention à l'heure, lorsque l'horloge sonna bientôt après 11 heures. Le lendemain matin, je ne fus pas surprise du tout, lorsque ma sœur me remit une lettre de M<sup>lle</sup> G... m'annonçant la mort de son frère. Avant de la lire, j'étais entièrement préparée à apprendre qu'il était mort la veille avant 11 heures du soir. Ce pressentiment, chose étrange à dire, fut entièrement justifié, car le major G... était mort à 11 heures moins le quart. Le major G... était revenu en mauvaise santé d'Égypte, où il avait pris part à la campagne de 1883. Pendant quelque temps, il sembla se rétablir, et fut en état de se promener et d'aller voir ses amis pendant l'hiver; mais, dans le courant du dernier mois, les symptômes de sa maladie avaient reparu, et son état s'était aggravé peu à peu. A la fin il n'y avait plus d'espérance de le voir se rétablir. Quoique je ne fusse pas personnellement liée avec lui, nous étions en bonnes relations avec sa famille. Naturellement son état était un sujet de conversation parmi nous. Nous avions reçu, il y avait quelques jours, de mauvaises nouvelles de lui et nous savions qu'il était dans une situation critique. Malgré tout cela, je ne pensais pas du tout à lui au moment de sa mort. Jusqu'à ce jour je n'avais jamais vu d'apparition d'aucune espèce, et cette vision n'a été suivie d'aucune autre.

C. P.

M^lle Scott Moncrieff, 44, Shooter's Hill Road, Blackheath, nous écrit :

J'étais à la ville où demeure M^lle P... à ce moment-là ; je puis confirmer moi-même l'histoire qu'elle raconte : le jour qui suivit l'apparition nous apprîmes que la jeune dame avait eu les nerfs ébranlés par sa maladie, qu'elle avait eu ce que vous appelleriez une hallucination et qu'elle partait pour Malvern pour changer d'air.

Elle ajoute que M^lle P... était avec elle, lorsque ce récit a été écrit. Quant à la date, « toutes les deux, elle et moi, nous nous rappelions que c'était un jeudi, vers la fin de mars ou au commencement d'avril ».

Une nécrologie nous apprend que le major G... mourut le *jeudi* 3 avril 1884.

Dans une entrevue avec M. Myers le 26 décembre 1885, M^lle P... a ajouté les détails suivants :

L'image du major G... était habillée de ses vêtements ordinaires (chapeau, ulster), avec lesquels M^lle P... le voyait habituellement. L'apparition passa vite au fond de la chambre, sans tourner la tête, mais le visage comme toute la personne pouvait distinctement être reconnu. L'apparition ne fit pas de bruit et disparut, lorsqu'elle arriva au mur (1).

M^lle P... supposa tout de suite que le major G... devait être sur le point de mourir, mais elle n'éprouva aucune peur. Bien qu'on sût que le major G... était condamné, on ne s'attendait pas à ce qu'il mourût d'un jour à l'autre. M^lle P... n'était pas préoccupée particulièrement de lui. Elle n'était pas alors tout à fait bien portante, mais elle n'a jamais éprouvé aucune hallucination de la vue ni de l'ouïe. Elle ne parla pas de l'incident à sa famille, de peur d'être ridicule.

La sœur de M^lle P... (à laquelle elle a tout d'abord raconté l'événement) dit qu'elle se rappelle avoir reçu le lendemain matin une lettre qui faisait part de la mort du major G... Elle se

---

(1) Ce mode de mouvement et de disparition n'est pas rare dans les hallucinations visuelles. Dans ma collection, à côté d'une douzaine de cas où la disparition a eu lieu à travers une porte, derrière un rideau, dans un coin, etc., je trouve quatre cas où la disparition a eu lieu à travers les murs, dans le mur, à travers la fenêtre et dans une bibliothèque. Le mouvement, de quelque espèce qu'il soit, comme nous allons le voir plus loin, est un caractère très fréquent des hallucinations subjectives comme des hallucinations télépathiques.

rappelle également que M^lle P... lui a raconté l'incident quelque temps après.

La connaissance que le sujet avait de l'état critique du major G... est naturellement le point faible de ce cas. Toutefois ce fait subsiste qu'il y a eu une coïncidence exacte entre l'heure précise de la mort et la seule hallucination sensorielle que M^lle P... ait jamais éprouvée.

XLV. (176) M. D.-H. Wilson, Rosemont, Hyères (1).

Ma mère m'a raconté un matin, quand je suis venu la voir, que dans la nuit précédente elle avait éprouvé une effrayante impression. Elle avait été éveillée par la sensation d'un poids très lourd posé sur ses pieds ; elle s'était mise sur son séant et avait vu la forme de son mari (mon père était alors à quelques milliers de milles de là) assise sur le lit. Il était en chemise de nuit et avait l'air d'un cadavre. Au bout de quelques minutes la forme disparut. Je recommandai à ma mère de noter cette vision dans son journal ; ce qu'elle fit.

Elle reçut au bout de quelques jours une lettre de son mari. Il lui écrivait que, cette nuit-là même, il était dans un état de coma, après avoir eu le délire pendant quelques jours, et que les docteurs désespéraient à ce moment de le sauver.

D.-H. WILSON.

En réponse à nos questions, M. Wilson nous a répondu, en février 1884 :

Autant que je me le rappelle, ma mère (qui est morte maintenant) n'avait jamais rien vu de semblable antérieurement.

D'après lui l'apparition a eu lieu dans l'hiver de 1862. La sœur de M. Wilson, M^me Kimber (3, Roland Gardens, Londres, S. W.), nous a donné un récit parfaitement concordant, mais elle ne se souvient pas combien de temps après l'incident sa mère lui en a parlé. Elle nous dit : « A l'époque de l'apparition, tout espoir de sauver sa vie (la vie de son père) était perdu. »

XLVI. (179) M. Georges Barth, 6, Highfield Villas, Camden Road, N. Londres (*Spiritual Magazine*, février 1863).

Le 14 mai 1861, notre fils Georges, un excellent et pieux garçon de dix-neuf ans, nous fut enlevé pour aller rejoindre le monde des esprits.

(1) Dans ce cas et dans les cas suivants, l'hallucination a affecté à la fois plusieurs sens.

Nous apercevant que son dernier moment était proche, sa mère et moi nous restâmes seuls à son chevet. Quand il eut rendu le dernier soupir, je dis tranquillement : « Il est parti maintenant. » Sa mère demanda l'heure qu'il était, et, voyant le soleil levant qui éclairait la chambre à travers le volet (la chambre donnait au levant), elle dit : « Regardez, le soleil naturel se lève juste au moment où notre cher fils s'élève vers sa patrie céleste. » C'est à dessein que je fais remarquer que le soleil se levait au moment de la mort.

M. Williams, de Romford et Bishopsgate Without, homme très intelligent et très respectable, est marié avec notre fille aînée. Il habitait à ce moment sa maison de la Cité, sa femme ayant accouché peu de jours auparavant. Il couchait dans une chambre dont la fenêtre donnait au levant. Il raconte qu'il dormait profondément, les mains hors des couvertures, quand il fut soudainement réveillé par le sentiment que chacune de ses mains était fortement saisie et pressée. Il se redressa immédiatement et vit, debout près du lit, Georges qui lui tenait les mains, la figure souriante et avec une expression particulièrement douce et bonne. Georges était (à ce qu'il lui paraissait) dans son costume de nuit. M. Williams ne fut nullement effrayé ; il savait que c'était l'esprit de Georges et sa présence remplit son beau-frère d'un sentiment de paix et de bonheur qu'il conserva pendant plusieurs heures. Ils se tinrent ainsi les mains et se regardèrent pendant une minute ou davantage ; l'étreinte de la main se relâcha alors, et l'esprit de Georges s'évanouit.

M. Williams remarqua que le soleil levant éclairait sa chambre à travers le volet. Son impression était alors et est toujours qu'il vit Georges avec cette lumière et non avec une autre. A 8 heures, M. Williams alla dans la chambre de sa femme et lui dit en présence de sa mère et de la nourrice que Georges était mort. « L'avez-vous su par mon père ? » fut la question toute naturelle. — « Non, mais j'ai vu Georges ; il est venu durant une minute au lever du soleil. — Oh ! quelle absurdité ! vous avez rêvé, James ! — J'ai rêvé ! Je n'ai jamais été plus éveillé dans ma vie. Je ne l'ai pas seulement vu, mais j'ai senti ses mains pressant les miennes. — Quelle niaiserie, James ! Je sais bien que le pauvre garçon est très malade, mais mon père ne croit pas qu'il doive nous quitter encore. J'espère encore que lorsque je me lèverai je pourrai le voir. » M. Williams répondit tranquillement : « Vous verrez, ma chère. Notez que nous allons avoir tout à l'heure une lettre ou un messager envoyé par papa, nous annonçant la chose. » Une heure plus tard, M. Williams reçut la lettre qu'il attendait.

M. Williams et Georges étaient très liés l'un avec l'autre, et, dans tous les moments difficiles de sa jeunesse, Georges prenait James (M. Williams) pour confident et ami. Aussi une visite d'adieu et un dernier sourire, un dernier et amical serrement de mains était ce que devait désirer donner à un frère et ami une âme qui s'envolait. Mais il ne pouvait aller matériellement auprès de lui, et l'âme de Georges ne pouvait s'approcher de son frère pendant qu'elle était encore retenue par le corps.

Georges BARTH.

La nécrologie du *Times* confirme la date de la mort.

Deux des filles de M. Barth nous écrivent ce qui suit :

Delmar Villa, 520 Caledonian Road, Londres, 20 avril 1882.

L'extrait du *Spiritual Magazine* que vous m'envoyez a été écrit par mon cher père, afin de donner un récit exact de l'apparition de mon frère Georges à mon beau-frère M. James Williams. Tout le monde parla de cet incident dans la maison de mon père au moment où il eut lieu. J'en ai également entendu le récit en rendant visite à ma sœur et à mon beau-frère, le jour qui suivit la mort de Georges. C'est mon beau frère lui-même qui me raconta la chose.

La raison pour laquelle mon père a envoyé cette notice au *Magazine*, ce fut qu'un de nos amis en avait publié un récit inexact.

Charlotte WALENN.

3, Park Place, West Gloucester Gate, Londres N. W., 29 juillet 1884.

J'étais très jeune au moment de la mort de mon frère George. La seule confirmation que je puisse vous donner du fait, c'est que j'ai entendu mon père en parler à diverses reprises avec des amis, dans les termes mêmes de son récit. Ma sœur aînée, M^me Williams, est morte depuis plusieurs années, mais mon beau-frère est encore vivant et il pourra sans doute vous aider à éclaircir la chose.

Alice BARTH (M^me Frederick Usher).

Ce récit a été envoyé à M. Williams, qui demeure à Fern Bank Crowborough, Tunbridge Wells. Il n'y a fait aucune correction ; il s'est exprimé à son sujet dans des termes qui impliquaient qu'il était exact en substance, mais il a refusé de continuer une correspondance à ce sujet.

XLVII. (183) M^me Richardson, Coombe Down, Bath.

26 août 1882.

Le 9 septembre 1848, au siège de Moultan, mon mari le major-général Richardson, chevalier du Bain, alors adjudant de son régiment, fut très grièvement et dangereusement blessé, et croyant qu'il allait mourir, il pria un des officiers qui l'accompagnaient de prendre la bague qui se trouvait à son doigt et de l'envoyer à sa femme qui était à ce moment à Ferozepore à une distance d'au moins 150 milles anglais. Dans la nuit du 9 septembre 1848, j'étais couchée dans mon lit à

ÉTAT INTERMÉDIAIRE AU SOMMEIL ET A LA VEILLE

moitié endormie quand je vis distinctement mon mari qu'on emportait du champ de bataille, blessé grièvement, et j'entendis sa voix disant: « Otez cette bague de mon doigt et envoyez-la à ma femme. » Pendant toute la journée suivante il me fut impossible de me débarrasser de l'impression causée par ce que j'avais vu et entendu. J'appris peu après que le général Richardson avait été grièvement blessé à l'attaque de Moultan. Il survécut cependant, et il est toujours vivant. Ce ne fut que quelque temps après le siège que j'appris par le colonel L.., l'officier qui aida à transporter le général Richardson loin du champ de bataille, que sa demande à propos de la bague avait réellement été faite, juste au moment où je l'avais entendue à Ferozepore.

M.-A. RICHARDSON.

Nous avons adressé plusieurs questions au général Richardson; les voici avec les réponses qu'il y a faites :

1° Le général R... se rappelle-t-il avoir dit, au moment où il fut blessé à Moultan : « Otez cette bague de mon doigt et envoyez-la à ma femme », ou des paroles du même genre ?

— Très distinctement. Je fis cette demande à l'officier qui commandait, le major E. S. Lloyd, qui me soutenait pendant que mon domestique allait chercher du secours. Je regrette d'avoir à dire que le major Lloyd est mort.

2° Peut-il se rappeler à quelle heure la chose se passait ? Etait-ce le matin, l'après-midi ou la nuit?

— Autant que ma mémoire peut me servir, j'ai été blessé à 9 heures du soir environ, le dimanche 9 septembre 1848.

3° Le général R... avait-il, avant de quitter sa demeure, promis ou dit quelque chose à M^me R... au sujet de l'envoi de sa bague, dans le cas où il serait blessé.

— Autant que je puis me le rappeler, jamais je n'avais eu aucun pressentiment à ce sujet. Je sentais naturellement qu'avec un feu comme celui auquel nous étions exposés, je pourrais être blessé.

Quatre ans après le moment où le récit ci-dessus a été écrit, M^me Richardson m'en a donné de vive voix l'exacte confirmation. Elle se dépeint elle-même comme une personne d'esprit positif ; elle ne rêve pas fréquemment, et ses rêves ne sont pas intenses.

XLVIII. (181) M. J.-G. Keulemans (1).

Au mois de décembre 1880, M. J.-G. Keulemans était avec sa famille à Paris. L'explosion d'une épidémie de petite vérole l'en-

---

(1) V. cas XII et XV.

gagea à envoyer trois de ses enfants, dont un petit garçon de cinq ans qui était son favori, à Londres, d'où il reçut dans le courant du mois suivant plusieurs lettres qui lui donnaient d'excellentes nouvelles de leur santé.

M. K... nous envoie le récit suivant :

Le 24 janvier 1881 à sept heures et demie du matin, dit-il, je fus soudainement réveillé croyant entendre sa voix (celle de son petit garçon favori) très près de moi. Je voyais devant moi une masse brillante, opaque et blanche, et au centre de cette masse la figure de mon petit chéri, les yeux brillants, la bouche souriante (1).

L'apparition, accompagnée par le son de la voix, était trop courte et trop soudaine pour être appelée un rêve ; elle était trop nette et trop précise pour être l'effet de l'imagination. J'entendais sa voix si distinctement que je regardai tout autour de la chambre, pour voir s'il était réellement là. Le son que j'entendis était celui d'un cri de plaisir, tel qu'un enfant heureux peut seul le pousser. Je me disais que c'était le moment où il se réveillait à Londres, heureux et pensant à moi. Je répétais en moi-même : « Dieu merci, le petit Isidore est heureux comme toujours. »

M. Keulemans parle du jour suivant comme ayant été particulièrement ensoleillé et heureux. Il fit une longue promenade avec un ami avec lequel il dîna. Il fit ensuite une partie de billard pendant laquelle il vit de nouveau apparaître son enfant. Cela le mit sérieusement mal à l'aise, et, en dépit des bonnes nouvelles qu'il avait reçues trois jours auparavant de la santé de son fils, il exprima à sa femme la conviction qu'il était mort. Le jour suivant il arriva une lettre disant que l'enfant était malade ; mais le père était convaincu qu'on essayait seulement d'amortir le coup. En réalité l'enfant était mort après quelques

---

(1) Mme Luther, Adelaide Crescent, Brighton, nous a fourni un cas absolument analogue de cette forme d'impression. Nous n'ajoutons pas ce fait à nos autres preuves, parce que la vision dont on parle, quoique coïncidant avec la mort de la personne qu'on avait vue, pouvait être due à l'état d'anxiété dans lequel se trouvait le sujet. L'incident fut raconté à Mme Luther par son amie Mlle D. Brooke (morte depuis lors dans l'année même où il avait eu lieu : « Soudainement son attention fut attirée par une lumière brillante dans la glace, qui l'arracha à ses pensées qui étaient à ce moment auprès de son jeune ami. Elle pensa que quelqu'un avait dû entrer dans la chambre, mais en regardant dans la glace elle vit, au milieu de la lumière brillante qui y apparaissait, son jeune ami l'air paisible, un sourire heureux sur la figure. Comme elle le regardait, la figure et la lumière disparurent graduellement et elle resta dans une obscurité relative. »

heures de maladie, au moment même où le père avait vu la première apparition.

Mme Keulemans nous dit :

Je me rappelle que le jour où le petit Isidore mourut, mon mari me dit qu'il était très impressionné et qu'il était arrivé quelque malheur à son petit garçon à Londres. Ce fut le soir qu'il me demanda si j'avais reçu de ma mère des nouvelles d'Isidore. Je répondis que je n'avais pas reçu de lettre et je lui demandai pourquoi il désirait le savoir. Il fit la même remarque que précédemment, mais il ne voulut pas donner d'autres explications. J'essayai de dissiper ses tristes pressentiments en lui rappelant une lettre que nous avions reçue de ma mère, et où elle disait qu'Isidore était très heureux et chantait toute la journée. Mon mari n'eut pas l'air d'être tranquillisé. Lorsque la lettre qui parlait de la maladie arriva, il fut très abattu et me dit qu'il n'était d'aucune utilité de cacher la vérité, car il était certain qu'un grand malheur était arrivé. Il me dit plus tard qu'il avait eu une vision.

A. KEULEMANS.

XLIX. (187) Le cas suivant est dû à Mlle Hosmer, le sculpteur célèbre.

Une jeune italienne du nom de Rosa, qui avait été à mon service pendant quelque temps, fut obligée de retourner chez sa sœur, à cause de son mauvais état de santé chronique. En faisant ma promenade habituelle à cheval, j'allais la voir fréquemment. Lors de l'une de ces visites que je lui fis à six heures du soir, je la trouvai plus gaie qu'elle n'avait été depuis quelque temps : j'avais abandonné depuis longtemps l'espoir de sa guérison, mais rien dans toute son apparence ne donnait l'impression qu'il y eût un danger immédiat. Je la quittai comptant la revoir souvent encore. Elle exprima le désir d'avoir une bouteille de vin d'une espèce particulière, que je promis de lui apporter moi-même le lendemain matin.

Pendant le reste de la soirée, je ne me rappelle pas avoir pensé à Rosa. J'allai me coucher en bonne santé et l'esprit tranquille. Mais je me réveillai d'un profond sommeil avec le sentiment pénible qu'il y avait quelqu'un dans la chambre. Je réfléchis que personne ne pouvait entrer excepté ma femme de chambre : elle avait la clef d'une des deux portes, qui toutes deux étaient fermées à clef. Je distinguais vaguement les meubles de ma chambre. Mon lit était au milieu de la pièce un paravent entourait le pied du lit. Pensant qu'il pouvait y avoir quelqu'un derrière le paravent, je m'écriai : « Qui est là ? » Mais je ne reçus aucune réponse. A ce moment la pendule de la chambre voisine sonnait cinq heures ; au même instant je vis la forme de Rosa debout à côté de mon lit ; et de quelque façon — je ne puis pas affirmer que ce fut au moyen de la parole — je reçus l'impression des mots suivants venant d'elle : « *Adesso son felice, son contenta* » (Maintenant je suis heureuse et contente). Puis la forme s'évanouit.

Au déjeuner, je dis à l'amie qui partageait mon appartement avec moi : « Rosa est morte. — Que voulez-vous dire ? me demanda-t-elle, vous me disiez que vous l'aviez trouvée mieux que d'habitude lorsque vous lui aviez rendu visite hier. »

Je lui racontai alors ce qui m'était arrivé le matin et je lui dis que j'avais la conviction que Rosa était morte. Elle rit et me répondit que j'avais rêvé tout cela. Je lui assurai que j'étais absolument éveillée. Elle continua à plaisanter sur ce sujet et elle m'ennuya un peu par la persistance qu'elle mettait à croire que j'avais fait un rêve, alors que j'étais absolument certaine d'avoir été entièrement éveillée. Afin de résoudre la question, j'envoyai un messager pour s'informer de l'état de Rosa. Il revint avec la réponse que Rosa était morte le matin à cinq heures. Je demeurais alors Via Babuino.

Ce qui précède a été écrit par M&#x1D50;&#x1D49; Balfour d'après un récit donné par Lydia Maria Child (à laquelle M&#x1D50;&#x1D49; Hosmer avait raconté ce fait) au *Spiritual Magazine* du 1&#x1D49;&#x02B3; septembre 1870, j'ai dicté des corrections (de peu d'importance) le 15 juillet 1885.         H.-G. HOSMER.

Le récit fait par M&#x1D50;&#x1D49; Child et que M&#x1D50;&#x1D49; Hosmer trouva exact à l'époque, donne quelques détails supplémentaires qui tendent à établir qu'elle était bien éveillée un bon moment avant d'avoir sa vision. Elle dit :

J'entendais dans l'appartement au-dessous de moi des bruits qui m'étaient familiers, ceux que faisaient les domestiques en ouvrant des fenêtres et des portes. Une vieille pendule sonnait l'heure avec des vibrations sonores ; je comptai : un, deux, trois, quatre, cinq et je résolus de me lever immédiatement. Comme je levais ma tête de dessus l'oreiller, Rosa me regarda en souriant à l'intérieur du rideau du lit. Je fus simplement surprise, etc...

M&#x1D50;&#x1D49; Hosmer ne se rappelle pas la date exacte de cet incident, mais elle dit qu'il a dû se passer en 1856 ou 1857. La vieille dame avec laquelle elle demeurait est morte.

L. (188) Révérend J. Barnby, Pittington Vicarage, Durham.

Le 29 décembre 1884.

Le récit suivant a été oralement communiqué au révérend J.-T. Fowler, bibliothécaire t professeur d'hébreu à l'université de Durham, par M. Clarke, un des principaux négociants de Hull, le 9 octobre 1872. M. Fowler prit en note par écrit, au moment même, ce que

M. Clarke lui raconta. Il m'a remis ces notes dans ce même mois d'octobre. Après les avoir reçues, je leur donnai la forme suivante, et je ne doute pas que le fonds et les détails ne soient exacts. Les événements racontés sont arrivés quatre ans avant l'entrevue de M. Fowler et de M. Clarke. « M. Clarke, de Hull, connaissait depuis une vingtaine d'années une certaine M$^{me}$ Palliser, qui habitait cette même ville. Elle avait un unique enfant, un fils du nom de Matthew, et qui était matelot. Vers l'âge de vingt-deux ans, il s'embarqua pour New-York. A peu près un mois après son départ M$^{me}$ Palliser vint trouver M. Clarke. Elle pleura et dit: « Oh! M. Clarke, le pauvre Mat est noyé. » M. C... lui répondit: « Comment pouvez-vous savoir cela ? » Elle répliqua: « Il s'est noyé la nuit dernière, comme il allait à bord ; pendant qu'il traversait la planche, elle a glissé. Je l'ai vu, et je l'ai entendu dire : Oh ! mère ! » Elle affirma qu'elle était dans son lit à ce moment-là, mais qu'elle était parfaitement éveillée. Elle déclara aussi avoir vu sa mère à elle, morte depuis bien des années, et qui se tenait au pied de son lit, en pleurant et en faisant quelques allusions à l'événement. M. C... lui dit: « Oh ! c'est de l'imagination, je ne crois rien de tout cela. » Elle persistait sérieusement dans sa conviction et vint voir M. C... une demi-douzaine de fois peut-être dans la semaine suivante. Pour la tranquilliser, il écrivit à New-York à l'agent du bâtiment à bord duquel était son fils. C'était sur la demande de M$^{me}$ Palliser qu'il avait fait cela, car celle-ci pensait, que lui, comme homme d'affaires, saurait mieux écrire qu'elle-même. Après le départ de la lettre, M$^{me}$ P... continua de voir M. C... chaque semaine, pour demander s'il avait appris quelque chose. Au bout d'un mois environ arriva une lettre de New-York, adressée à Mme Palliser, aux soins de M. Clarke. Le fils de Clarke l'ouvrit en présence de Mme Palliser, qui dit avant que la lettre ne fût ouverte: « Hélas, elle contiendra la nouvelle qu'il est noyé. » La lettre rapporta la nouvelle que Matthew Palliser, de tel bâtiment, s'était noyé dans telle ou telle nuit, parce que la planche avait glissé comme il la traversait pour monter à bord. La nuit était celle où M$^{me}$ P... avait eu sa vision.

M. Clarke dépeint M$^{me}$ Palliser comme une femme bien élevée, une respectable vieille dame qui avait vu de meilleurs jours. Elle avait environ soixante-cinq ans. Elle était, à ce que disait M. Clarke, veuve depuis quelques années au moment de la mort de son fils. Elle demeurait alors dans un passage qui débouchait de Blackfriar's Gate à Hull. Il l'avait vue avant-hier. « Elle avait raconté cette histoire des milliers de fois, et elle était bien connue à Hull. »

Le révérend J.-T. Fowler, à Bishop Hatfield's Hall, Durham, écrit:

Le 26 novembre 1884.

Je ne sais rien du cas dont j'ai parlé à M. Barnby, que ce que je lui en ai communiqué par écrit.

M. Clarke, négociant de Hull, me raconta le cas de M^me Palliser, et il la décida de venir à son bureau, dans Queen Street, à Hull, afin que je puisse entendre de sa propre bouche ce que j'ai noté et communiqué à M. Barnby; j'ai eu grand'peine pour écrire toute cette histoire exactement.

J.-T. Fowler.

M. Clarke écrit :

Winterton Hall, Doncaster, le 20 janvier 1885.

La veuve Palliser était une femme qui avait vu de meilleurs jours. Elle travaillait pour ma maison, Clarke et fils, confections et nouveautés, Queen Street, à Hull. Elle n'avait qu'un fils, Matthew ; je l'avais aidée à le placer à bord d'un navire. Un matin elle vint chez moi, le visage inondé de larmes, et dit : « Mat est mort ! je l'ai vu noyé ! pauvre Mat ! Les derniers mots qu'il disait furent : Oh ma chère mère ! Il leva les mains et alla au fond pour ne plus remonter. » Je lui demandai comment elle savait cela. Elle dit : « Je le voyais s'en aller à bord de son navire, la planche sur laquelle il passait glissa d'un côté, et il tomba entre le quai et le vaisseau et il se noya. Ma mère à moi, morte depuis beaucoup d'années, vint au pied de mon lit, et dit : Le pauvre Mat est parti ; il est noyé (1) ! » Je lui dis alors : « Mais Mat est à New-York » (je m'étais toujours intéressé à cette femme et à son fils). — « Oui, dit-elle, il s'est noyé la nuit dernière à New-York, je l'ai vu. »

Le but des visites que M^me P... me fit était de me demander d'écrire à l'agent de New-York, pour vérifier les faits. J'accédai à son désir, et j'écrivis, disant qu'une pauvre veuve avait son fils unique à bord de tel bateau, qu'elle avait eu la vision qu'un accident (je ne dis pas qu'il s'était noyé) était arrivé à son fils. Je regarderais donc comme une grande faveur qu'il vérifiât les faits et qu'il me fit connaître tous les détails. A la fin, à peu près quatre ou cinq semaines plus tard (elle venait chaque jour pour savoir si nous avions reçu une réponse, répétant qu'elle savait bien quelle réponse nous parviendrait), la lettre arriva. Nous envoyâmes chercher M^me P..., et, avant que mon fils n'eût ouvert la lettre, je lui dis : « Qu'est-ce qu'elle contiendra ? » Elle me répondit tout de suite et d'une manière assurée : « Mat s'est noyé la nuit même où je l'ai vu. Lorsqu'il voulut aller à bord, la planche chavira, et il tomba entre le vaisseau et le quai. » Il en était ainsi, M^me P... portait alors le deuil de Mat. Mon fils et une demi-douzaine de jeunes gens peuvent attester l'exactitude des faits s'il est nécessaire (2).

M^me P... est morte bientôt après.

M.-W. Clarke.

(1) M. Clarke est tout à fait sûr que M^me Palliser racontait qu'elle était éveillée au moment de sa vision.
(2) Dans une conversation, le fils de M. Clarke a entièrement confirmé ce récit.

Reproduction de la lettre reçue de l'agent du bâtiment ; c'est une reproduction aussi exacte que possible, d'après mes souvenirs et ceux de mon fils.

New-York (date inconnue).

J'ai fait des recherches au sujet de Matthew Palliser, âgé d'à peu près vingt ans ; j'ai appris qu'il est tombé d'une planche, comme il se rendait à bord de son vaisseau, et qu'il a été noyé le.... (La date était la même que celle indiquée par M$^{me}$ Palliser.)

L'officier a la garde de son coffre ; il le remettra à sa mère quand le bâtiment arrivera à Liverpool.

En réponse à nos questions, M. Clarke ajoute :

Le 6 avril 1885.

Nous n'avons pas de copie de la lettre de l'agent, mais mon fils et moi et d'autres encore nous sommes sûrs que la vision de M$^{me}$ P... et le récit de l'agent *étaient identiques*, en ce qui concerne et la date et la cause de l'accident. M$^{me}$ P... vit son fils glisser de la planche en allant à bord de son navire et se noyer entre le quai et le vaisseau. Le rapport de l'agent dit qu'il tomba de la planche et qu'il se noya *au moment indiqué* entre le bateau et le quai. M$^{me}$ P... mourut bientôt après l'événement qui, d'après mon avis, a abrégé sa vie.

Faute d'une note écrite, nous ne pouvons pas être parfaitement sûrs, bien entendu, que M$^{me}$ Palliser n'ait pas ajouté à sa vision les détails de la planche et du quai après l'arrivée de la nouvelle, et nous ne pouvons pas non plus être assurés de l'exactitude des souvenirs de M. Clarke, lorsqu'il prétend que ces détails ont été donnés dès le commencement. Mais on peut difficilement douter que la vision ait fait une grande impression sur M$^{me}$ Palliser, et qu'elle en ait parlé avant l'arrivée de la nouvelle. On est en droit de supposer que l'intérêt que M. Clarke prenait à l'affaire l'avait rendu scrupuleux dans l'examen des dates.

LI. (190) M$^{me}$ Lightfoot. Les noms et les dates ont été mis par nous, immédiatement après une entrevue personnelle, le 30 janvier 1886.

51$_9$ Shaftesbury Road, Ravenscourt Park, Londres W.,<br>11 janvier 1884.

En commençant le récit qu'on va lire, je dois faire remarquer que comme enfant et pendant toute ma vie je n'ai que fort peu connu personnellement le sentiment de la peur et que je n'ai jamais cru à l'existence des revenants. Si jamais j'ai vu ou entendu des choses qu'après examen je ne pouvais m'expliquer, j'en ai toujours conclu qu'elles avaient des causes naturelles qui étaient hors de la portée de mes investigations. Donc j'ai toujours refusé d'accepter quoi que ce soit sans preuves à l'appui, et je puis ajouter que j'ai rarement été convaincue.

Il y a une dizaine d'années, étant aux Indes, j'avais conçu une vive amitié pour la femme d'un officier, M<sup>me</sup> Reed, qui d'ailleurs me la rendait. Elle n'était pas très forte de santé, mais, lorsque je la quittai avec l'intention de retourner en Angleterre, on ne prévoyait pas qu'elle pût être en danger (le mot danger n'avait pas même été prononcé).

Pendant les quelques mois qui suivirent mon retour, je reçus d'elle plusieurs lettres gaies et enjouées. Elle y parlait bien de sa santé qui n'était pas bonne, mais c'était tout. Au bout de quelque temps je ne reçus plus de lettres d'elle, mais j'appris par des personnes qui habitaient le même endroit que sa santé devenait de plus en plus mauvaise, et qu'on l'enverrait probablement en Angleterre, afin de changer entièrement de climat. Rien ne faisait cependant prévoir une issue fatale et j'attendais son retour avec un vif plaisir.

J'avais l'habitude, non seulement de me coucher très tard, mais aussi de prendre pendant la dernière demi-heure de la soirée un livre, le moins intéressant et le plus ardu possible, et de tâcher ainsi de calmer mon esprit. Au moment où je sentais le sommeil venir, je baissais le gaz aussi bas que possible (sans cependant l'éteindre, car j'avais un enfant de trois ans qui couchait dans ma chambre). Je pouvais alors m'apprêter confortablement à dormir et le sommeil venait au bout de quelques minutes.

La nuit du 21 septembre 1874, j'avais suivi exactement ma routine habituelle. J'avais mis de côté mon livre, baissé le gaz, et, un peu après minuit, je m'étais endormie d'un profond sommeil. Comme je l'ai su plus tard, je devais avoir dormi pendant environ trois heures, quand je fus subitement réveillée par un bruit violent près de ma porte qui était fermée à clef (je fus autant que je puis le savoir *entièrement réveillée*). Je crois me rappeler que j'éprouvai un sentiment d'étonnement (de la peur, je n'en ressentis pas) à voir ou plutôt à entendre que subitement on ouvrait ma porte violemment, comme si c'était quelqu'un de fort irrité qui l'ouvrait; je me rendis immédiatement compte que quelqu'un ou quelque chose — comment l'appellerais-je? — était dans la chambre. Pendant la centième partie d'une seconde *cela* sembla s'arrêter à l'intérieur de la chambre et alors, par un mouvement qu'il m'est impossible de décrire, — mais cela semblait être une poussée rapide, — cela se posa au pied de mon lit. Puis il y eut un instant d'arrêt, et de nouveau, pendant la centième partie d'une seconde, cette forme se leva. Je *l'entendis*, mais, à mesure qu'elle s'élevait, ses mouvements se calmaient, et bientôt *elle* se trouva couchée horizontalement au-dessus de mon lit, la figure tournée en bas, parallèle à la mienne, ses pieds vis-à-vis des miens, mais à une distance de trois à quatre pieds anglais (1). Elle resta ainsi pendant un moment, durant lequel j'attendis avec un simple sentiment d'étonnement et de curiosité (car je n'avais pas la moindre idée de ce que cela pouvait être) et aucune crainte n'entra dans mon esprit. Alors l'apparition parla. Je reconnus la voix instantanément, cette manière impérieuse de parler, bien familière à mon oreille, lorsque mon nom de baptême retentit clairement et distinctement à travers la chambre : « Frances, répétait-elle, j'ai besoin de vous : *Venez* avec moi ! *Venez* tout de suite ! » Ma voix répondit aussitôt : « Oui, je vais venir ; mais pourquoi êtes-vous si pressée ? » Elle me répondit promptement et d'une voix impérative : « Mais il faut que vous veniez tout de suite, venez instantanément, et sans un moment de retard ou d'hésitation. » Il me sembla alors que j'étais enlevée en l'air par quelque influence extraordinaire et magnétique et ensuite tout aussi rapidement et violemment je fus jetée par terre.

En une seconde la chambre fut plongée dans un silence mortel et les paroles « Elle est morte » restèrent brûlantes dans mon esprit. Je m'assis dans mon lit tout éblouie, et *alors* pour la première fois je fus effrayée outre mesure. Je restai ainsi tout à fait tranquille pendant quelques moments, retrouvant peu à peu les formes de différentes choses qui étaient dans la chambre. J'ouvris alors entièrement le bec de gaz qui se trouvait juste au-dessus de ma tête, mais seulement pour m'apercevoir que rien n'était changé dans la chambre. Au pied de mon lit, à quelque distance, était le berceau en fer de l'enfant. Je me levai et je le regardai : il dormait paisiblement et évidemment il n'avait pas été dérangé. J'allai ensuite à la porte et je la trouvai solidement *fermée à clef*. Je l'ouvris et je regardai dans le couloir : silence et tranquillité partout. Je me rendis dans la chambre adjacente où deux autres enfants dormaient avec leur bonne, et j'y trouvai la même tranquillité. Je retournai alors dans ma chambre, oppressée, je dois l'avouer, par une peur terrible. Elle était venue une fois, ne pouvait-elle pas revenir encore ? J'inscrivis la date et l'heure, et j'ouvris les persiennes et la fenêtre, regardant si le jour impatiemment attendu n'allait pas se lever.

Je descendis pour déjeuner, le matin, mais je ne parlai pas des détails de mon rêve (2), disant seulement que j'en avais fait un très mauvais

---

(1) Cette forme bizarre d'impression se rapproche beaucoup d'une hallucination purement subjective qui nous a été décrite par Mᵐᵉ Pirkis de High Elms, Nutfield, comté de Surrey (elle n'a jamais eu que cette hallucination) : Une nuit elle couchait avec sa sœur ; toutes deux étaient en parfaite santé. Elle se réveilla soudainement et vit une forme humaine à genoux au-dessus de sa sœur, à un pied anglais de distance ou un peu moins ; elle avait la figure tournée du côté du pied du lit. C'était un charmant tableau ! Je restai là à le surveiller quatre ou cinq minutes, jusqu'au moment où l'image se fondit sous mes regards.

(2) Bien que le narrateur se soit servi deux fois du mot *rêve*, elle ne regarde certainement pas le phénomène comme tel.

et très intense. Voyant ensuite que je ne pouvais rien faire et que je devenais positivement malade, je retournai me coucher. La même après-midi, par un curieux hasard, une de mes sœurs vint me voir ; elle avait vécu à l'étranger avec moi et elle y avait connu et aimé cette même amie. Elle vit que j'étais hors de moi-même pour une cause dont je désirais ne pas parler, et afin de m'égayer elle se mit à me donner des nouvelles de plusieurs de nos amis communs. Enfin, après un moment de silence, elle me dit : « Avez-vous entendu parler par hasard, ces derniers temps, de M$^{me}$ Reed ? La dernière fois que j'ai eu de ses nouvelles, elle n'était pas très bien portante. » Je répondis *instantanément* : « Oh ! elle est morte ! » et ce ne fut que le regard terrifié et étonné de ma sœur qui me rappela à moi-même. « Que voulez-vous dire ? Quand avez-vous eu cette nouvelle ? » s'écria-t-elle. Ce n'est qu'alors que je me demandai comment et par qui j'avais eu connaissance de la chose ? Mais je ne pouvais pas lui raconter mon rêve, et je répondis simplement : « Vous verrez que j'ai raison lorsque vous lirez les journaux ; je vous dirai une autre fois comment j'ai su la chose ; » et je changeai immédiatement de sujet de conversation. Cette visite me fit cependant du bien, car je me levai et je sortis avec ma sœur. Je puis dire que l'impression que mon air et mes paroles firent sur elle fut si profonde qu'aussitôt rentrée chez elle, elle se mit à écrire à une dame qui habitait l'ouest de l'Angleterre et qui recevait par chaque courrier des nouvelles de son mari, qui résidait au même endroit que notre amie. Ma sœur lui raconta exactement ce que je lui avais dit et la pria de lui donner les détails, qu'elle n'avait pu obtenir de moi. La réponse suivante arriva par retour du courrier :

« Je ne comprends pas du tout votre lettre, chère lady B... et je ne sais ce que votre sœur a voulu dire. Le dernier courrier de l'étranger vient d'arriver *ce* matin (naturellement après la date de mon rêve) et, lion d'être morte, M$^{me}$ Reed est beaucoup mieux, à ce que me dit mon mari. Je ne puis par conséquent comprendre où M$^{me}$ L... (moi-même) a pu apprendre cette nouvelle, car il est absolument impossible qu'elle ait eu des nouvelles plus récentes que les miennes : la lettre que j'ai reçue de l'étranger est arrivée après la visite que vous lui avez faite. (Ce n'est pas une *copie*, mais une simple *réminiscence* de cette lettre.)

L'affaire en resta là, mais, environ un mois après mon rêve, la nouvelle de la mort de M$^{me}$ Reed arriva. Elle était morte le 21 septembre.

Je n'ai plus que peu de chose à ajouter. Le mari affligé revint en Angleterre et me rendit visite. Il me donna quelques détails sur les derniers jours de sa femme. A ma demande que je lui fis s'il se rappelait ses dernières paroles, il se tourna vers moi d'un air étonné et me dit : « Eh bien, madame Lightfoot, je crois que c'est votre nom qu'elle a prononcé en dernier lieu. » Il se passa *bien des mois* sans que ma sœur abordât de nouveau ce sujet, mais enfin elle me dit un jour : « J'aimerais bien que vous me disiez comment vous aviez appris la mort de

M^me Reed. » Naturellement je lui racontai ma vision et je puis ajouter que l'impression que produisit sur elle ce récit fut si grande qu'elle en parla même pendant sa dernière maladie qui eut lieu sept ou huit ans plus tard. Quant à moi, je n'ai pu me remettre de ce choc pendant bien longtemps, et, aujourd'hui encore, j'en ai conservé une impression aussi vive que si la chose était arrivée hier.

Frances W. L<small>IGHTFOOT</small>.

Les journaux le *Calcutta Englishman* et le *Pioneer Mail* (d'Allahabad) donnent tous deux le 20 septembre 1874 comme date de la mort de M^me Reed. Malheureusement M^me Lightfoot n'a pas gardé la note qu'elle avait prise du jour et de l'heure. Elle ne se rappelle pas la date *indépendamment* des circonstances qui l'entouraient, mais simplement le fait de la *coïncidence*, et il est certain qu'elle a appris la date *exacte* de la mort qui était le 20, et que sa mémoire l'a changée en 21. On peut en conclure avec quelque certitude qu'elle eut son apparition dans la nuit du 20 ou plutôt du 21, le matin de bonne heure, et non pas dans la *nuit* du 21, comme le porte son récit.

M^me L... nous a écrit qu'elle n'avait jamais eu d'autre hallucination de ce genre. Elle ajoute que sa sœur lady B... a communiqué immédiatement le fait à plusieurs parents et amis. Cette sœur est morte depuis lors.

M^me Lightfoot a confirmé de vive voix sa première affirmation ; elle n'a eu, en aucune autre occasion, d'hallucinations *visuelles* d'aucun genre. Elle a eu cependant une fois, mais une fois seulement, une autre hallucination de l'*ouïe*. Elle s'entendit subitement appeler par son nom de baptême, et elle évita ainsi une chute terrible dans l'obscurité. L'origine de cette voix fut soigneusement recherchée, mais sans aucun résultat.

Comme preuve de la conviction absolue, produite en elle par sa vision, que son amie était bien morte, elle me raconta qu'elle avait préparé pour elle un cadeau pour sa fête, et que la caisse était prête et soudée et devait partir avec le prochain bateau, mais qu'elle ne put se décider à l'envoyer.

Elle avait eu l'impression que le moment de la mort avait coïncidé exactement avec sa vision, mais elle avait mal calculé la différence de longitude. Le mari de M^me Reed l'informa, sur sa demande, que la mort avait eu lieu à 11 heures du soir (le 21 sep-

tembre à ce qu'elle croit, mais sans aucun doute le 20 septembre).
Elle avait eu par conséquent la vision probablement 8 ou 9 heures
après la mort.

L'impression que j'ai reçue de M^me Lightfoot correspond
entièrement avec la description qu'elle fait d'elle-même. C'est
une personne de sens pratique et sans aucune prédisposition à
s'effrayer ou à avoir des visions. Celle qu'elle a eue lui a donné
un choc violent, dont les effets se sont fait sentir assez longtemps.

LII. (698) Le « sujet », Emma Burger, a été pendant six ans au
service de notre ami et collègue, M. Ch. Richet, et possède son
entière confiance. M. Richet écrit :

Mars 1886.

Emma Burger, âgée de vingt-quatre ans, née à Malsch, près de Radstadt, avait été fiancée à Paris avec M. Charles B... Le mariage était convenu. Emma B... partit le 1^er août à Ussel (Corrèze), chez M^me d'U..., où elle était alors en service. La santé de M. Charles B... était bonne, ou du moins il avait toutes les apparences de la santé. En tout cas le mariage était décidé, et Emma B... n'avait aucune inquiétude sur l'état de la santé de son fiancé.

Quelques jours après son arrivée à Ussel, le 7 ou le 8 août, Emma B... reçut une lettre de Charles, lui apprenant que pour affaires de famille il quittait Paris, et allait passer quelques jours dans les Ardennes.

Le 15 août, jour de la fête de la sainte Vierge, Emma B..., quoique n'étant pas dévote, se sentit prise d'une grande tristesse et pleura abondamment au pèlerinage qui avait lieu alors à Ussel.

Le soir de ce même jour, le 15 août, Emma couchait comme d'habitude dans un cabinet de toilette contigu à la chambre de M^me d'U... A côté de son lit était la petite porte d'un escalier de service, porte masquée par le rideau du lit, de sorte qu'une personne qui était dans le lit devait se lever et écarter le rideau du bas du lit pour voir qui entrait par l'escalier.

Voici le récit que m'a fait E... :

Vers 11 heures et demie du soir je venais de me mettre au lit ; les domestiques n'étaient pas encore couchés tous, parce qu'on entendait encore du bruit dans la maison ; M^me d'U... était couchée dans la chambre voisine, dont la porte était ouverte. J'ai alors entendu un léger bruit, comme si la porte du petit escalier s'ouvrait. Je me suis mise à genoux sur mon lit pour soulever le rideau et prévenir la personne qui entrait que M^me d'U... étant couchée, il ne fallait pas faire de bruit, ni passer par sa chambre. C'est alors que j'ai aperçu distinctement la personne de Charles B... Il était debout, son chapeau et sa canne à la main droite, de la main gauche tenant la porte entr'ouverte, et, restant dans l'entrebâillement de la porte, il avait un costume de voyage, son costume habituel. Il y avait une veilleuse dans la chambre, mais j'étais tellement surprise que je ne me suis pas demandé si la clarté de la veilleuse suffisait pour expliquer l'extrême netteté avec laquelle j'ai aperçu tous ses traits, sa physionomie, et le détail de son costume. Il avait une figure souriante, et il m'a regardée sans rien dire, en s'arrêtant dans la porte. Alors je lui ai dit avec sévérité, ne pouvant, quelque invraisemblable que fût son arrivée soudaine à Ussel, pas supposer que ce ne fût pas Charles B... lui-même : « Mais que venez-vous faire ici ? M^me d'U... est là. Partez ! Partez donc ! » Puis, comme il ne disait rien, j'ai repris de nouveau : « Qu'est-ce que vous me voulez ? Partez, Partez donc ! » Alors il m'a répondu, en souriant et avec une grande tranquilité : « Je viens vous faire mes adieux ; je pars en voyage. Adieu ! » C'est à ce moment que M^me d'U..., qui était dans la chambre voisine, et qui, n'étant pas endormie encore, lisait dans son lit, m'ayant entendue parler tout haut, me dit : « Mais qu'avez-vous donc, E...? vous rêvez ? » Mais moi, au lieu de lui répondre, croyant toujours que Charles B... était réellement devant moi, je lui dis, et cette fois à voix plus basse : « Mais partez donc, partez donc. » Et alors il disparut, non pas subitement mais comme quelqu'un qui ferme une porte et qui s'en va. C'est seulement alors que, sur une nouvelle demande plus pressante de M^me d'U..., je lui répondis : « Mais oui, madame, j'ai eu un cauchemar. »

J'étais parfaitement éveillée, puisque je ne m'étais pas endormie, et que je venais à peine de me coucher. Je pensai alors, restant encore quelque temps éveillée, que Charles B... était venu me surprendre, et je me mis à regretter de ne pas lui avoir demandé où il allait en voyage. Mais je ne m'en préoccupai pas outre mesure, et au bout d'un certain temps je m'endormis très tranquillement, sans supposer le moins du monde qu'il ne s'agissait pas de la présence formelle, en chair et en os, de Charles B... à la porte de ma chambre.

Le lendemain matin je fus fort étonnée de ne pas entendre parler de Charles B..., je crus qu'on jouait avec moi une sorte de comédie ; enfin je me décidai à demander si on n'avait pas fait venir quelqu'un dans ma chambre. On m'assura que non ; on me plaisanta de mes rêves, et je finis par croire que j'avais rêvé, ou plutôt, par une sorte d'inconséquence, je n'arrêtai pas ma pensée sur les invraisemblances accumulées de cette visite. Je saurai bien la vérité, me disais-je, quand il écrira.

Le lendemain, 18 août, vers 9 heures du matin, je reçus la lettre suivante :

« Mademoiselle, M. C... vient de recevoir par dépêche télégraphique la nouvelle de la mort de M. Charles B... Il est mort le 16 du courant. Nous nous joignons à vous pour le regretter.

« Perrin, concierge.

« 26, rue Marignan, Paris, le 18 août. »

M. Richet a vu et transcrit cette lettre.

On jugera de ma stupeur quand je reçus cette lettre. Depuis j'ai appris que Charles B... était mort dans la nuit du 15 au 16 août, d'une maladie de cœur que tout le monde ignorait, et qui ne s'était antérieurement traduite par aucun symptôme.

Nous avons demandé plusieurs fois et avec instances un acte de décès au maire de la commune où la mort a eu lieu, mais nous n'avons pas reçu de réponse.

La vicomtesse d'Ussel nous a écrit, le 1er avril 1886, que Emma Burger était à son service dans l'été de 1875, en Corrèze, et couchait dans une chambre voisine de la sienne; mais elle ne se rappelle pas avoir entendu parler de l'incident. Elle se rappelle avoir remarqué, cependant, que vers la fin de son séjour, Emma Burger était agitée et attristée, et avoir appris ensuite que ce chagrin était dû à la mort de quelqu'un dont Emma ne lui avait jamais parlé.

Le sujet a eu dans sa vie deux hallucinations représentant une personne qu'elle savait morte. Mais la première n'a eu lieu que neuf ans après l'incident raconté plus haut ; et elles peuvent à peine être regardées comme diminuant la force de la coïncidence.

Voici la copie faite par M. Richet d'une lettre écrite à Emma Burger par une amie, Mme Aurousseaux, qui avait appris d'elle la vision avant que la nouvelle de la mort ne fût arrivée.

Vous me demandez si je me souviens de votre rêve. Je m'en souviens comme si c'était d'aujourd'hui. Je me rappelle parfaitement notre pèlerinage à la Vierge et tout ce que vous m'avez raconté au sujet de votre rêve, et aussi de votre fiancé.

Le 13 mai 1886, M. Richet écrit :

Pour ce qui concerne le cas de Charles B..., je puis vous donner d'intéressants détails. J'ai pu faire venir chez moi la personne qui a eu la confidence de Emma Burger avant que la mort de Charles B... ne soit connue, et voici ce qu'elle m'a raconté : « Le 15 août, jour de la fête de la Vierge, Emma n'était pas comme d'ordinaire. Elle était triste et cherchait à s'égayer ; elle était à peu près comme folle ce jour-là. Le soir il y a eu un grand dîner, mais, comme Emma était la bonne d'un enfant, elle a dîné dans la chambre de l'enfant avec moi, qui étais alors nourrice. Puis vers dix heures nous nous sommes couchées, chacune dans notre chambre, mon nourrisson dormant avec moi dans ma chambre, Emma couchant seule dans une petite chambre contiguë à la chambre de M$^{me}$ d'U... Le lendemain matin elle a dit à Jeanne, la femme de chambre de la comtesse d'U... : « Vous m'avez donc envoyé quelqu'un cette nuit ? » Jeanne s'est mise à rire, et alors Emma m'a raconté qu'elle avait fait un rêve très heureux, qu'elle avait vu son fiancé dans sa chambre, puis, quand elle s'est réveillée, qu'elle s'est sentie très triste, et qu'elle n'a pas pu dormir le reste de la nuit ; alors je lui ai dit : « Taisez-vous donc, vous êtes folle » ! et nous nous sommes toutes moquées d'elle. Mais elle dit : « Je suis sûre que c'est lui qui est venu, et on ne m'ôtera pas de l'idée que c'est vrai. Vous pouvez vous moquer de moi, mais je crois bien que c'est vrai. »

Jeanne Aurousseaux,<br>à Tragny (Nièvre).

P. S. — Je viens de montrer à Emma Burger la lettre que je vous écris, car j'ai interrogé Aurousseaux hors la présence d'Emma. Elle l'approuve complètement, mais dit qu'au lieu de se *croire heureuse* elle était très ennuyée, sans être inquiète, et que c'était par suite des moqueries dont on l'avait assaillie qu'elle avait répondu : « Eh bien oui ! j'étais très contente de voir mon fiancé. »

LIII. (702) M. M.-S. Griffin, de San Remo, Weymouth.

Mai 1886.

L'on m'a demandé de donner le récit d'une bizarre coïncidence qui a eu lieu il y a quelque trois ans. (Je ne crois pas aux esprits, et je crois que ce que je vais raconter était le résultat de la maladie.) Je me trouvais sous les tropiques, et, à l'époque dont je parle, j'avais la fièvre, lorsqu'une nuit j'eus un rêve où je vis une vieille dame de mes amies Je m'éveillai subitement, et je croyais la voir au pied de mon lit ; ce qui est étrange, je croyais l'entendre parler. Elle paraissait vêtue de blanc. J'en parlai à un ami qui se moqua de moi et me dit que j'étais malade, mais, en même temps, il nota l'heure et la date. Quelques courriers plus tard, j'appris que la vieille dame était morte, à la même date et à la même heure. Je ne crois nullement aux esprits, mais cela est un fait.

En réponse à nos questions, M. Griffin nous donna le récit suivant plus complet :

15 juin 1886.

Au moment où cela s'est passé, juin 1882, j'étais à la Jamaïque depuis environ dix-huit mois. J'avais été très malade des fièvres du pays, mais j'étais en convalescence, bien que très faible encore. Je couchais dans une chambre à côté de celle d'un ami, avec la porte de communication ouverte. J'eus un rêve dans lequel mon esprit retourna au temps passé où je voyais beaucoup la dame dont je vous ai parlé ; puis je sentis qu'elle était morte, dans une chambre qui semblait près de moi, et que je voulais aller auprès d'elle, et, comme cette pensée traversait mon esprit, il me sembla la voir. Alors je m'éveillai en sursaut, et je la vis distinctement au pied de mon lit, debout, vêtue de blanc, et les mains pendant à ses côtés. Le visage apparaissait très distinctement, et je ne pouvais me tromper. Si une personne vivante se fût tenue là, je n'eusse certes pas pu distinguer les traits, tant la nuit était noire. Cette forme prononça distinctement, une fois, mon nom « Marcus », puis disparut graduellement pendant que je la regardais. Elle resta visible un nombre de secondes suffisant pour que je sois absolument sûr que j'étais éveillé ; je sentis bien nettement que la *première* impression était un rêve, qu'*alors* je m'éveillai et qu'*alors* ceci devint une réalité comme celles de la veille ; après que ma vision eut disparu, j'appelai, et mon ami entra. Je lui décrivis tout ce que j'avais éprouvé et il en fut suffisamment impressionné pour noter l'heure — c'était quelques minutes après minuit, le 11 juin, — et pour écrire le fait *aussitôt* sur son journal. Le lendemain matin lui et d'autres rirent de l'affaire, mais ils ne pouvaient pas ne pas être impressionnés par le caractère de réalité que cela avait pour *moi*.

Environ trois semaines plus tard, je reçus une lettre d'une fille de mon amie, m'informant de la mort de sa mère, en Angleterre, le 11 juin, peu après 5 heures du matin. Mon ami et moi nous calculâmes la différence de longitude ; les heures coïncidaient à quelques minutes près. Je n'avais nullement l'idée que cette dame fût malade, et je n'avais pas été inquiet à son sujet, et je n'avais au reste pas pensé à elle. Comme je causais avec ses parents, deux ans plus tard, ils me racontèrent que quelques minutes avant sa mort, elle avait dit : « Dites à Marcus que j'ai pensé à lui. » Je dois dire que cette dame, trois ans auparavant, m'avait soigné pendant une maladie dangereuse, et que j'éprouvais une chaude affection pour elle.

Je ne me rappelle pas à d'autres moments de ma vie avoir éprouvé un rêve qui se continuât à l'état de veille ; et je n'ai jamais eu d'hallucinations, soit de la vue, soit de l'ouïe.

Marcus-Southwell Griffin.

M. Griffin m'a permis obligeamment de copier la phrase suivante de la lettre qui annonçait la mort :

Alphington, 17 juin 1882.

Mère est morte le jour de Saint-Barnabé (c'est-à-dire le 11 juin) à 5 heures 20, et elle a été enterrée le jeudi suivant, 15 juin 1882.

Nous avons vérifié la date de la mort dans le Registre des décès.

La lettre que M. Griffin reçut ensuite établit clairement que 5 heures 20 c'était bien 5 heures 20 du matin ; et, en causant avec la famille depuis lors, il apprit que la mort avait eu lieu *avant le déjeuner du matin*.

M. Griffin n'a actuellement aucun souvenir *distinct* de la date de sa vision. Il croyait vaguement que la mort avait eu lieu le 15 juin. (Il n'avait pas regardé depuis quelque temps la lettre qui l'annonçait, et l'on peut voir que le 15 juin, jour de l'enterrement, est la seule date mentionnée, le jour de la mort ayant été indiqué autrement.) Le « 11 juin » fut ajouté par lui dans le récit après qu'il eut consulté la lettre. Mais je ne pense pas que l'on puisse douter sérieusement qu'il affirme avec raison que sa vision a eu lieu le 11 juin. Il peut à peine se tromper sur le souvenir d'avoir avec son ami calculé soigneusement la longitude, afin de voir jusqu'à quel point la coïncidence était exacte, et d'avoir remarqué particulièrement un léger désaccord. (La différence de longitude étant environ de 73° 1/2, l'heure de la mort correspondait à minuit 30 environ, et non à minuit 10 ; de sorte que, si les deux heures sont données bien exactement, l'hallucination de M. Griffin a précédé la mort d'environ 20 minutes.) Par conséquent, on est en droit de supposer que des personnes qui se sont imposé le travail de comparer *les heures* n'ont pas fait une grosse faute en ce qui concerne la coïncidence des *jours*, même (ce qu'il n'y a aucune raison de supposer) si M. Griffin se trompe en croyant se souvenir qu'ils avaient sous les yeux les moyens écrits d'établir l'identité des jours. Il faut espérer que le journal a été conservé, et que le récit sera complété plus tard lorsque nous obtiendrons copie de la note elle-même. L'ami qui possède ce journal est actuellement en Amérique, et M. Griffin lui a écrit, mais il doute que sa lettre puisse le trouver à la dernière adresse qu'il a donnée. Il est certain, pense-t-il, d'avoir des nouvelles d'ici quelque temps. Je dois dire encore que la mère de M. Griffin m'a raconté que son fils lui a fait un récit détaillé de cet événement, à son retour en Angleterre et quelque temps seulement après l'événement.

LIV. *Journal of the Society for Psychical Research* (janvier 1889).

Il semble qu'il y ait des raisons de croire que le fait suivant a été un cas de « clairvoyance télépathique », puisque la vision représentait une scène qui avait lieu au même moment.

4 avril 1888.

Votre lettre (1) au *Telegraph* du 27 mars a réveillé dans mes souvenirs une aventure qui m'est arrivée il y a déjà quelques années, en 1866. Je pourrais mettre en tête de mon récit que je ne suis pas le moins du monde superstitieux.

En 1866, depuis quelques années déjà, je résidais à B..., comme agent d'un grand établissement de Londres. Peu après mon arrivée à B..., je pris un logement dans les faubourgs, dans une maison tenue par deux sœurs, l'une qui n'était pas mariée, l'autre qui était restée veuve avec deux filles. Pour abréger une longue histoire, disons tout de suite que je devins amoureux de la plus jeune des deux filles; je fis ma déclaration, et je fus agréé, quoique sa mère ait toujours été très opposée à mes projets. Le temps passa, et j'entendis parler d'une meilleure position; j'abandonnai celle que j'avais, et je vins à Londres pour m'occuper de cette affaire, sans prévenir personne à B... Il y avait environ cinq semaines que j'étais à Londres, lorsque, un dimanche soir, me sentant agacé et peu en train, je me couchai beaucoup plus tôt que d'habitude. Il y avait déjà quelque temps que j'étais au lit et que j'essayais de m'endormir, lorsque, tout à coup, à une extrémité de la chambre, apparurent deux figures, et, à mesure qu'elles se développaient, je vis que l'une était ma fiancée, l'autre l'individu que j'avais considéré comme mon meilleur ami et « camarade » à B... C'était la chambre, — ma chambre, — le foyer, et chaque détail était exact; l'attitude des deux personnes, — il tenait sa main, — et le regard troublé de la jeune fille ne laissaient aucun doute sur ce qu'il lui proposait. Je n'eus pas plutôt saisi tous les détails que la vision s'évanouit et disparut. Maintenant, voici ce que je considère comme étonnant : Le mardi suivant, je recevais une lettre du frère de la jeune fille, m'infor-

(1) Il s'agit d'une lettre de M. Myers où il demandait que les personnes qui connaîtraient des faits de cette nature voulussent bien les lui communiquer.

mant que sa mère avait pris sur elle de briser son engagement avec moi, et une lettre de la jeune fille elle-même, me renvoyant tous mes cadeaux et me déclarant que sa mère lui avait défendu de correspondre dorénavant avec moi ; avant la fin du mois, j'appris d'un ami commun, à B..., que la jeune fille était fiancée avec l'individu que j'avais vu dans ma vision.

Étant un peu malade à ce moment-là, je ne parlai de la vision à aucun de mes amis ou de mes parents, convaincu qu'ils diraient que c'était un rêve. Mais je sais que j'étais aussi éveillé que je le suis maintenant; et, tant que la vision dura, j'avais la sensation d'être sous un charme, j'étais absolument incapable de remuer, mais je n'avais ni frayeur ni sensation désagréable. Je ne puis comparer cette vision qu'à une image qui se dissout, se fond, comme on en voit quelquefois, produites par la lanterne magique.

Je pensais depuis longtemps que j'avais un rival, mais je ne soupçonnai jamais mon « camarade ».

Après que la vision eut disparu, je cherchai à savoir ce que ce pouvait être, et j'aboutis à la conclusion que ce devait être du magnétisme animal, sujet qui avait fait quelque bruit dans les journaux et les revues peu de temps auparavant. Je vous donne le récit pour ce qu'il vaut. Ç'a toujours été pour moi une énigme dont je n'ai jamais pu trouver la solution.

Signé : J.-H. S.

Après une entrevue personnelle avec M. S..., M. G.-A. Smith nous a écrit :

19 avril 1888.

J'ai vu M. S... aujourd'hui. Quelle que puisse avoir été la nature de son impression — qu'elle ait eu lieu à l'état de veille ou de sommeil, — il est hors de doute que c'était une impression plus vive qu'aucune autre sensation subjective qu'il ait jamais eue. Il dit qu'il n'a jamais rien su de ce qu'il rêvait — tout au moins il oublie ses rêves aussitôt éveillé, — mais, à la suite de cette impression, il a eu le sentiment bien net qu'il avait éprouvé quelque chose de très différent d'un rêve : il a conservé un souvenir bien plus vif de la scène, de l'attitude, du vêtement et des expressions des personnes vues que pour tous ses rêves, et il a été étonné sur le moment de cet état étrange où il se sentait présent comme spectateur dans sa chambre à B..., et où cependant il avait un vague sentiment d'être dans son lit à Londres. Lorsque son impression fut dissipée, il n'eut pas conscience de s'éveiller à ce moment-là ; il ne pouvait saisir aucune solution de continuité dans sa conscience. Il n'avait pas le moindre soupçon que son ami le supplanterait, et se sentait parfaitement assuré de l'affection de la jeune personne pour lui. Il dit ne pas se rappeler avoir jamais eu d'impression semblable ; il semble ne pas avoir de tendance au merveilleux. Mais il a toujours cru que le couple s'était réellement engagé ce dimanche soir comme il l'avait vu dans sa vision, et que leurs esprits, tous deux troublés par l'idée de l'injustice qu'on lui faisait à ce moment, pouvaient de quelque façon avoir agi sur lui pour amener la vision devant ses yeux. Bien plus, l'*heure* et le *jour* (10 heures, dimanche) auraient été le moment le plus raisonnable pour une telle entrevue à B...; la chambre, aussi, était celle où le fait devait probablement avoir eu lieu. Un point, qu'il n'a pas mentionné dans sa lettre, c'est qu'il avait vu tous les détails de l'habillement de la jeune fille dans sa vision; il avait remarqué particulièrement qu'elle portait une robe de soie bleue qu'il ne connaissait pas. Quelques semaines plus tard, pendant un court séjour à B..., pour régler ses affaires dans cette ville, il croisa la jeune personne dans la rue, et elle portait une robe de soie bleue.

Signé: G. A. Smith.

L'édition anglaise contient la relation de 92 cas analogues aux précédents.

# CHAPITRE IX

## LES HALLUCINATIONS TRANSITOIRES CHEZ LES SUJETS NORMAUX ET LES HALLUCINATIONS TÉLÉPATHIQUES

§ 1. — Avant de passer à l'examen des cas d'hallucinations véridiques, survenues pendant la veille, il est bon, nous semble-t-il, de dire quelques mots du genre d'hallucinations auquel elles appartiennent, je veux parler des hallucinations transitoires des sujets normaux.

Ces hallucinations, comme toutes les autres, sont le résultat d'un état anormal de l'esprit. Mais tantôt cet état anormal est purement subjectif et en un certain sens pathologique, tantôt au contraire (c'est du moins ce que nous cherchons à démontrer) il est déterminé par l'action d'un autre esprit sur l'esprit du sujet.

Dans les deux cas, la base objective dont la perception *suggère la présence* fait défaut; on a donc bien affaire à une hallucination sensorielle ; mais, dans le second, il existe, à défaut de la base objective spontanément suggérée, la présence par exemple d'un être humain, une base objective d'une autre sorte, l'état particulier de la personne que l'on a vue ou entendue. Nous sommes donc en droit de supposer qu'une étude comparative de ces deux espèces d'hallucinations doit nous révéler de très grandes ressemblances entre elles, mais aussi quelques différences (1).

§ 2. — Voici tout d'abord ce qui regarde l'état de santé du sujet et son état mental.

Contrairement à l'opinion commune, les hallucinations des sujets normaux ont très rarement pour cause une digestion diffi-

---

(1) Les documents relatifs aux hallucinations des sujets normaux sont malheureusement en très petit nombre, mais, en ces quelques dernières années, j'ai recueilli plus de 500 cas qui fournissent des éléments suffisants pour faire utilement cette comparaison.

cile, une grande fatigue, ou une surexcitation maladive. L'enquête que j'ai faite me permet d'affirmer que dans la très grande majorité des cas ces hallucinations ne sont liées à aucun état morbide. Celui de mes correspondants qui a peut-être éprouvé les hallucinations subjectives les plus intéressantes me disait : « C'est alors que je vais très bien et que mon esprit est le plus actif, que les images ont le plus de fréquence et d'intensité. Elles sont sans aucun lien avec ce qui m'occupe à ce moment. » Une personne fort sujette à cette hallucination de l'ouïe, qui consiste à s'entendre appeler par son nom, m'a écrit qu'elle en était affectée surtout pendant les vacances, à un moment où elle se portait très bien et où elle prenait beaucoup d'exercice. Sur 489 cas d'hallucinations visuelles et auditives que j'ai recueillies, il n'y en a que 24 qui soient survenues tandis que les personnes qui les ont éprouvées se trouvaient dans un état réellement anormal (malades, ou en syncope, ou épuisées de fatigue, ou sous l'influence d'anesthésiques).

Il est certain que l'hallucination est toujours le résultat de quelque léger trouble cérébral, mais chez les sujets normaux elle en est d'ordinaire le seul symptôme ; c'est là une loi qui s'applique aux hallucinations subjectives comme aux hallucinations télépathiques.

§ 3. — Une autre remarque à faire, c'est que chez les sujets normaux l'hallucination est un phénomène rare, et que, chose étrange, il est très exceptionnel qu'une même personne éprouve dans toute sa vie plus d'une ou deux hallucinations. On aurait pu supposer à priori que le nombre des personnes sujettes aux hallucinations était fort petit, mais que celles qui en éprouvaient devaient en éprouver fréquemment ; les statistiques montrent qu'il n'en est rien. Nous verrons que, dans la plupart des cas d'hallucination télépathique, le sujet n'a jamais éprouvé d'autre hallucination que celle qu'il rapporte. Cela semble au premier abord étrange, quand on songe que le sujet était lié aussi intimement avec d'autres personnes qu'avec celle qui lui est apparue, et que plusieurs d'entre elles sont mortes ou ont traversé quelque crise grave. La seule réponse à faire, c'est que les hallucinations, même lorsqu'elles sont d'origine télépathique, ne peuvent se produire que lorsque le sujet est dans un état particulier, où il se trouve fort rarement. Et cette réponse prend une grande valeur, lorsqu'on réfléchit que la même loi se vérifie pour les hallucinations subjectives et pour les hallucinations télépathiques.

Nous avons déterminé trois caractères communs aux deux classes d'hallucinations dont nous nous occupons : 1° On ne trouve chez les personnes qui sont sujettes aux hallucinations de cette sorte aucune cause prédisposante ; leur état physique et mental est normal ; 2° ces hallucinations n'affectent qu'un très petit nombre de personnes ; 3° les personnes qui en ont éprouvé n'en ont d'ordinaire éprouvé qu'une. A ces trois caractères il convient d'en ajouter deux autres : 4° la courte durée du phénomène ; 5° sa fréquence relative dans l'état intermédiaire entre le sommeil et la veille.

§ 4. — Il importe maintenant de comparer l'un à l'autre d'une manière plus détaillée ces deux groupes d'hallucinations. Mais ici une difficulté se présente. Pour que la comparaison soit instructive, il faudrait que les deux groupes fussent réellement distincts et nous sommes actuellement hors d'état de tracer entre eux une ligne de démarcation bien nette. Le fait que les sens d'une personne peuvent être affectés par ce qui arrive à une autre personne qui est éloignée d'elle d'une certaine distance modifie profondément la conception que nous devons nous faire de l'hallucination en général. L'action de la télépathie s'étend sans aucun doute beaucoup plus loin que ne le démontrent directement les faits dont nous avons cherché à établir la réalité. Il y a, entre les hallucinations qui sont évidemment subjectives et celles qui sont évidemment télépathiques, une zone contestée occupée par des cas auxquels peuvent s'appliquer les deux interprétations. Il est fort important d'explorer cette région. La première raison, c'est que nous parviendrons ainsi à déterminer plus exactement les conditions des phénomènes et que nous pourrons ainsi les attribuer avec plus d'assurance à cette classe-ci ou à celle-là. Mais une autre raison plus grave peut-être, c'est que nous sommes toujours exposés, tant que ces cas douteux sont mal connus, à interpréter inexactement des cas subjectifs et à les faire entrer en ligne de compte comme preuves de la réalité de la télépathie.

§ 5. — Il y a tout d'abord un premier groupe d'hallucinations où la cause du phénomène est par exception tout à fait évidente. L'hallucination est ici une image consécutive, c'est la reproduction d'un objet ou d'un son qui ont spécialement affecté les sens du sujet; elle est due simplement parfois à la fatigue de la rétine ou de l'oreille ; plus fréquemment elle est d'origine centrale : le caractère subjectif du phénomène est toujours évident. A ce groupe appartiennent aussi les hallucinations qui ont pour origine une impression douloureuse ou pénible. La perception originale n'est pas toujours reproduite exactement. C'est ainsi qu'une personne vit lui apparaître vivant et tenant un portefeuille sous son bras un de ses amis qu'elle venait de voir dans un cercueil On peut rapprocher de ces cas ceux où le sujet voit ou entend ce qu'il s'attend à voir ou à entendre.

Dans un autre groupe il faut ranger les cas où l'objet vu n'est pas un être humain ni le son entendu une voix humaine, mais où ni cet objet ni ce son ne se rattachent à rien qui ait occupé l'esprit ou les sens. Ce sont là des cas fréquents dans la folie ou le délire ; on les retrouve aussi, bien qu'en petit nombre chez les sujets normaux, mais il est très rare que l'hallucination revête alors un caractère grotesque ou horrible. Sur les 302 cas d'hallucination visuelle que j'ai recueillis, il n'y en a que 20 qui appartiennent à ce type; sur les 187 cas d'hallucination auditive, il y en a 41. Ce sont des types qui ne se rencontrent que très rarement parmi les hallucinations d'origine télépathique, et nous pouvons affirmer que dans la très grande majorité des cas les hallucinations de cette forme n'ont aucune base objective.

On peut en dire autant de celles qui représentent une main, une tête décapitée, des yeux, etc., ou toute autre partie du corps humain (nous avons cependant recueilli une hallucination télépathique de ce type). Il faut faire rentrer dans le même groupe les cas où le sujet a entendu une sorte de grognement, ou des paroles inintelligibles ou une courte phrase dépourvue de sens.

Il faut constituer un groupe spécial pour les hallucinations rapides et multiples de la vue ; ces visions changeantes durent parfois très longtemps et leur origine subjective n'est pas douteuse.

Nous en arrivons enfin aux cas où l'hallucination représente une forme humaine complète, qui n'offre généralement rien d'extraordinaire dans son apparence ; le sujet voit parfois, en même temps, un objet tout à fait indépendant et séparé de la personne qui lui apparaît, une voiture ou un cercueil par exemple; d'ordinaire il est seul lorsqu'il éprouve cette hallucination, mais il y a de fréquentes exceptions à la règle. A ce même groupe appartiennent les cas où le sujet a entendu des mots distincts et intelligibles, qui ne sont pas la pure et simple reproduction de phrases qui l'avaient vivement frappé. Ce type est celui de la très grande majorité des hallucinations passagères des sujets normaux. Deux cas peuvent se présenter : la figure ou la voix sont reconnues ou bien elles ne le sont pas. Les phénomènes qui rentrent dans cette classe ne peuvent eux-mêmes en majorité servir à démontrer la réalité de l'action des esprits les uns sur les autres. Dans les cas où la personne ou la voix ont été reconnues, il est arrivé d'ordinaire que la personne dont le sujet avait cru reconnaître la présence se trouvait à ce moment dans un état tout à fait normal, et dans les cas où ni la personne ni la voix n'ont été reconnues, l'hallucination n'a coïncidé d'ordinaire avec aucune crise, traversée à ce moment par un parent ou par un ami du sujet. Il faut ajouter que les apparitions reconnues représentent d'ordinaire des personnes que le sujet voit habituellement (c'est souvent un parent ou un domestique qui vit avec lui), ce qui fait rentrer le phénomène dans la classe des images consécutives dont nous avons parlé plus haut; d'autres fois elles représentent des personnes mortes, dont le souvenir était cher au sujet et dont les images pouvaient facilement être évoquées par sa mémoire. Quant aux apparitions non reconnues, nous n'avons aucune raison de supposer qu'elles représentent personne, même dans les cas, les plus fréquents de tous, où la non-reconnaissance n'était pas due au caractère vague de l'apparition, mais où il semblait au sujet, comme cela arrive dans la vie réelle, que la personne qu'il voyait lui était étrangère.

La règle, c'est donc que ces hallucinations-là, elles aussi, soient des hallucinations subjectives, mais elles comprennent d'autre part presque tous les exemples d'hallucinations dont on peut affirmer le caractère télépathique. C'est donc dans ce groupe que doivent se trouver principalement les cas ambigus dont nous avons parlé.

§ 6. — On peut réduire à quatre les types de cas ambigus :

1° L'apparition est reconnue, la personne qu'on a cru voir se trouvait à ce moment dans un état inaccoutumé, mais on peut légitimement douter que cet état ait été assez inaccoutumé pour que la coïncidence ait une valeur.

2° La personne qui est apparue se trouvait à ce moment dans un état en apparence parfaitement normal, mais l'hallucination a été éprouvée par plusieurs personnes ; l'improbabilité qu'il y a à admettre que les hallucinations de plusieurs personnes aient pu avoir indépendamment la même personne pour objet, incline à penser que c'est à l'influence de cette dernière qu'il faut attribuer cette communauté d'impressions.

3° La personne qui est apparue était bien dans un état anormal, mais la coïncidence entre la crise qu'elle a traversée et l'hallucination n'est pas rigoureuse.

4° La coïncidence est exacte, mais l'état d'esprit où se trouvait le sujet peut être regardé comme la cause du phénomène.

Il existe trois états émotionnels qui se présentent assez souvent dans les cas que nous avons examinés, pour que nous puissions légitimement supposer qu'ils exercent réellement une action, nous voulons parler de l'anxiété, de la terreur et de l'attente.

§ 7. — Parlons tout d'abord de ce qui concerne l'anxiété. Une personne songe sans cesse à la maladie d'un parent ou d'un ami absent ; elle éprouve une hallucination où lui apparaît ce parent ou cet ami. Supposons que la crise qui était attendue, la mort par exemple de la personne dont la maladie grave causait cette anxiété, coïncide avec l'hallucination ; on pourra supposer que l'hallucination a pour cause non pas l'état particulier de la personne qui est apparue, mais l'anxiété du sujet. Est-ce là une explication acceptable ? il faudrait pour l'admettre que nous ayons une preuve indépendante du pouvoir que posséderait la simple anxiété de produire une hallucination à l'état de veille ; cette preuve fait défaut, les cas sont presque toujours ambigus : si l'état d'une personne est assez grave pour donner lieu à une véritable anxiété, il sera d'ordinaire assez grave aussi pour donner lieu à une action télépathique ; on ne pourra donc dans ce cas affirmer en toute certitude que l'hallucination soit due à l'anxiété que si l'on rejette *a priori* l'autre explication. Dans la collection d'hallucinations dont j'ai parlé, je n'en trouve aucune qui offre le type suivant : Une mère est très inquiète de son fils qui est en mer, elle le voit lui apparaître; en réalité le temps a été très beau et le fils n'a couru aucun danger.

Cependant si l'esprit du sujet est entièrement occupé par la pensée d'un ami malade au moment où cet ami lui apparaît, la coïncidence a beau être exacte, le cas restera douteux ; cela est plus évident encore pour les hallucinations auditives; il en est quelques-unes qui ont tous les caractères d'hallucinations subjectives : une sœur très inquiète de son frère auquel il est arrivé un accident entend les mots : « Votre frère est mort ». Une mère soigne son fils qui est dangereusement malade; elle entend une voix lui dire « Vous ne pouvez le sauver ».

Lorsqu'il s'agit d'impressions qui correspondent si exactement à l'état d'esprit du sujet et qui ne correspondent pas aux faits réels il ne peut être question de télépathie. Dans l'ensemble, il semble donc raisonnable de conclure que l'anxiété a une certaine tendance à produire des hallucinations, on pourrait cependant soutenir avec autant de vraisemblance que cette action s'exerce pour faciliter les hallucinations télépathiques et non pour produire des hallucinations subjectives. Mais lorsqu'il s'est agi d'admettre un cas dans la collection de preuves que nous avons recueillies en faveur de la télépathie, nous avons pris pour règle d'écarter ceux où l'anxiété du sujet était assez grande pour affaiblir en quelque mesure la valeur démonstrative de la coïncidence.

§ 8. — Passons maintenant à la terreur. La terreur dont nous avons à nous occuper c'est celle qui provient de la vue récente de la mort et où se mêle de la douleur et des regrets. Une chose remarquable, c'est combien est grande la proportion des hallucinations qui représentent des amis ou des parents dont le sujet pleure la mort récente. Sur 231 cas, j'en trouve 28 de cette espèce; 6 d'entre ces hallucinations ont eu lieu le jour de la mort ou le lendemain, 4 très peu de jours et les autres très peu de semaines après. Le lecteur pourra se demander comment nous pouvons dans ce cas hésiter sur l'interprétation puisque l'agent possible du phénomène est mort. Mais il faut se souvenir qu'il est fort possible que les impressions télépathiques demeurent latentes pendant un certain temps. Nous sommes donc amenés à cette question plus générale : quel est l'intervalle de temps maximum qui peut séparer une hallucination du fait réel auquel nous la supposons liée, sans que notre supposition devienne illégitime. Il est impossible, en réalité, de poser aucune limite précise. La preuve de la réalité des actions télépathiques repose sur des coïncidences ; la valeur de cette preuve diminue à mesure que ces coïncidences sont moins précises ; mais elle ne disparaît pas pour cela.

Le fait que certains phénomènes psychiques sont comparativement fréquents dans les quelques heures qui suivent immédiatement une mort et deviennent de plus en plus rares les jours suivants, semble déjà indiquer qu'il existe quelque lien entre ces phénomènes et la mort de l'agent supposé ; mais, on constate en outre que ces phénomènes se produisent, avec une fréquence égale, immédiatement avant et immédiatement après la mort. On est amené alors à inférer l'existence d'une cause commune, et la télépathie semble être la seule que l'on puisse invoquer. Quand bien même, en effet, le chagrin ou la terreur que la mort inspire pourraient provoquer des hallucinations, il est clair qu'ils ne peuvent agir que lorsque le fait de la mort est connu. Si le sujet est à une certaine distance du mourant au moment de sa mort, il faut un temps appréciable pour que la nouvelle lui en parvienne. Tant que l'intervalle qui sépare l'hallucination du fait réel est inférieur à ce temps, il y a quelque chance pour que l'hallucination soit d'origine télépathique, et que l'impression transmise par l'agent au moment de sa mort soit restée latente pour quelque temps dans l'esprit du sujet. Mais il ne faudrait pas trop insister sur ce caractère des impressions télépathiques ; car, en fait, dans la majorité des cas, l'hallucination coïncide presque exactement avec la mort, et, dans un grand nombre d'autres, l'intervalle qui sépare les deux phénomènes est très court. C'est pourquoi, puisque aussi bien toute limite est arbitraire, nous avons préféré n'admettre, dans l'intérêt même de notre preuve, que les cas où les deux phénomènes ne sont séparés que par un intervalle maximum de 12 heures.

Les cas où la connaissance de la mort a précédé l'hallucination, se trouvent dans une condition tout à fait différente. Je suis personnellement disposé à regarder les idées et les émotions produites par la mort d'un ami comme la cause suffisante des hallucinations qui peuvent avoir lieu à ce moment; aussi n'avons-nous admis dans notre recueil aucun cas de cette espèce, bien que je ne sache pas qu'il soit jamais arrivé à une personne qui croyait l'un de ses amis mort, alors qu'il était en parfaite santé, de le voir lui apparaître.

§ 9. — La dernière cause dont nous ayons à nous occuper, c'est l'attente. On sait que cet état d'esprit peut produire des hallucinations à l'état de veille. Braid cite l'exemple d'une personne qui, aussitôt qu'on lui en suggérait l'idée, voyait des flammes brillantes jaillir des pôles d'un aimant. Je connais le cas d'un homme qui, cherchant une balle de lawn-tennis, la vit lui apparaître à un endroit où elle n'était pas. C'est à l'attente qu'il faut très probablement attribuer un bon nombre des apparitions qui se produisent dans les maisons hantées. Les exemples d'hallucinations auditives qu'on peut attribuer, avec quelque certitude, à l'attente sont plus communs. Les sons les plus fréquemment entendus sont des sonneries de cloches ou d'horloges. Une dame m'a raconté qu'il lui arrivait fréquemment d'entendre dire: « entrez », quand elle frappait à la porte d'une chambre où il n'y avait personne.

Dans certains cas, cependant, l'explication par la télépathie ne peut être aussi aisément écartée. Un médecin, M. Charles Ede Wonersh Lodge, Guildford, nous a envoyé l'exemple suivant : Des dames qui habitaient à environ un demi-mille de chez lui avaient une grosse cloche d'alarme ; il lui sembla, une nuit, entendre distinctement le son de cette cloche. Il apprit plus tard que ses amies avaient craint, cette nuit-là, qu'il n'y eût des voleurs chez elles, qu'au moment même où il avait entendu cette cloche, elles avaient été sur le point de la sonner, pour le faire venir, et qu'en réalité elles n'avaient pas sonné. L'hallucination peut avoir été causée par l'idée à demi consciente qui existait sans doute dans l'esprit de M. Ede qu'on pouvait l'appeler ; la coïncidence est probablement accidentelle, mais, si la télépathie existe réellement, c'est là une probabilité qu'on ne saurait convertir en certitude.

Un type assez habituel, c'est celui où l'hallucination est porvoquée par l'attente de l'arrivée de quelqu'un. En voici un exemple :

Juillet 1882.

J'attendais mon mari à la maison ; peu de temps après le moment où il aurait dû arriver, 10 minutes environ, j'entendis une voiture s'arrêter à la porte, la cloche sonner, mon mari parler au cocher, la porte s'ouvrir, et enfin mon mari monter l'escalier. J'allai au salon, j'ouvris la porte : à mon grand étonnement, je ne vis personne. Je pouvais à peine en croire mes yeux tant l'impression avait été vive et tant la rue était tranquille à ce moment. Environ 20 minutes après, mon mari arriva en réalité ; le train était en retard et mon mari pensait que je devais être inquiète.

Amy C. Powys.

Le bruit d'une sonnette ou d'une voiture qui s'arrête sont des formes d'hallucinations subjectives, qui apparaissent assez fréquemment sans que l'attente joue aucun rôle ; il est naturel de supposer que l'attente puisse leur donner plus d'intensité. Il est fort naturel qu'à la suite de ces deux premiers bruits, M^me Powys ait entendu la voix de son mari. Aussi, ne peut-on guère faire intervenir la télépathie dans l'explication des cas analogues.

Il est impossible de n'être pas frappé du grand nombre de cas dans lesquels la seule hallucination visuelle qu'une personne ait éprouvée dans sa vie a eu pour objet un parent ou un ami qui se rendaient auprès d'elle. L'état d'attente où se trouve le sujet est souvent, dans ce cas, la seule explication possible.

L'exemple suivant est particulièrement instructif à ce point de vue. Nous le tenons du Révérend F.-R. Harbaugh, Red Bank, comté de Monmouth, New-Jersey, Etats-Unis.

7 février 1884.

A l'époque où j'habitais Philadelphie, j'avais donné un rendez-vous à l'un de mes amis ; à l'heure convenue, je m'étais rendu à l'endroit désigné ; mon ami tardait à venir ; au bout d'un peu de temps cependant, je le vis s'approcher de moi, je m'avançais également vers lui, quand subitement il disparut. Il n'y avait, à l'endroit où je l'avais vu, aucun objet derrière lequel il avait pu disparaître. Ce n'est qu'en sautant par-dessus un mur de briques très élevé (la clôture d'un cimetière) qu'il aurait pu se cacher à mes yeux. L'hallucination était complète et j'allai vers lui sans songer un instant à une illusion d'optique. Je me rendis immédiatement au bureau de mon ami et il me dit qu'il n'avait pas bougé de sa table depuis plusieurs heures.

M. Harbaugh ajoute en réponse à une autre question que nous lui avons faite.

Mon ami avait oublié le rendez-vous ; il me le dit en manière d'excuse au moment où j'entrai dans son bureau.

A première vue il peut paraître étrange que cette attente banale, à laquelle nous sommes exposés tous les jours, puisse être une cause suffisante pour des phénomènes aussi étranges et aussi rares. Mais si l'on se souvient qu'il n'y a aucune cause apparente à la majorité des hallucinations, et que l'on peut être à la veille d'une hallucination sans en rien savoir, on comprendra qu'il doive suffire en certains cas d'une cause additionnelle très légère pour que le phénomène se produise. Ajoutons que, dans tous ces cas qui se rapportent à l'arrivée d'une personne, on ne voit pas bien clairement quelle explication on pourrait substituer à l'hypothèse de l'origine subjective de l'hallucination. Pour accepter l'explication télépathique, il faudrait, en effet, admettre que la simple pensée qu'a l'agent qu'il va arriver et peut-être son désir affectueux de voir un ami suffisent pour donner naissance à une action télépathique ; avons-nous le droit de l'affirmer ? Il en est cependant parmi ces cas quelques-uns qui présentent des caractères qui plaident fortement en faveur de leur origine télépathique. Il arrive, par exemple, qu'il y ait, dans le costume ou l'attitude de la personne qui est apparue, des traits que le sujet ne pouvait connaître ; il arrive aussi que le sujet n'attendait pas la personne qui est venue. Il semble certain que, dans ce cas, c'est à l'explication par la télépathie qu'il faut recourir. Mais, d'autre part, les faits que nous avons recueillis paraissent bien établir que, dans les cas où l'explication télépathique semble légitimement s'imposer, l'agent était dans quelque état inaccoutumé et ne revenait pas purement et simplement à la maison.

§ 10. — Maintenant que nous avons déblayé le terrain par l'étude de ces cas ambigus, nous pouvons instituer une comparaison plus détaillée entre les hallucinations télépathiques et les hallucinations subjectives des sujets normaux. Cette comparaison portera sur deux points principaux : 1° le développement graduel de l'hallucination ; 2° la réalisation, l'incarnation, pour ainsi parler, de l'idée qui est à sa racine sous une forme bizarre, improbable ou fantastique, qui implique de la part du sujet une sorte de collaboration active au phénomène.

Parlons tout d'abord du développement graduel de l'hallucination. Ce développement peut prendre diverses formes : 1° l'apparition peut n'être reconnue que quelques moments après qu'elle commence à être perçue, ou même lorsqu'elle a cessé de l'être ; 2° une forme d'abord confuse peut devenir graduellement plus précise ; 3° il peut y avoir dans le phénomène plusieurs moments distincts. Ce sont là des traits que l'on retrouve à la fois dans les hallucinations subjectives et les hallucinations télépathiques et qui établissent à la fois leur parenté et celle qu'elles ont avec les rêves.

Voici un exemple d'hallucination subjective où l'apparition n'a été reconnue qu'au moment où elle disparaissait. Nous le devons à M. Gibson (Mulgrave Cottage, Limerick).

25 février 1884.

Autant que je puis me le rappeler, c'était en 1862. Je sais que c'était alors que je commençais à faire ma cour ; ce devait donc être en 1862 ou 1863 ; je rentrais à la maison un soir vers 10 heures, la nuit n'était pas sombre, et je pouvais voir distinctement à plusieurs yards devant moi, lorsque je me rencontrai, face à face, avec un homme sur le chemin de traverse qui conduit de la grande route à la maison de mon père. J'eus cette sorte de tressaillement que l'on éprouve lorsque l'on sent que l'on s'approche d'un objet, dans l'obscurité, sans cependant se heurter contre lui. Alors me vint cette pensée : « Quel impudent ! et pourquoi ne s'écarte-t-il pas de mon chemin ? » et je marchai droit sur lui, pour le frapper, mais, comme j'arrivais vers lui le poing levé, il disparut, et, au moment où il disparut, je pensai : « O Seigneur ! c'est mon grand-père Gibson. » Je me sentis quelque peu troublé, je vous l'avoue, mais je regardai bien tout autour de moi, et il n'y avait personne. Je revins à cet endroit plusieurs fois la nuit, et, les nuits où je ne venais pas, je surveillais la place depuis notre mur, et jamais je ne revis ni ne crus voir quoi que ce fût. Mon grand-père était mort, il y avait environ onze ans, et je pensais d'autant moins à lui que je n'avais jamais beaucoup vécu avec lui ; à ce moment-là, je pensais seulement à la soirée que je venais de passer, ainsi que cela devait arriver à un jeune homme amoureux, comme je l'étais alors. J'étais aussi heureux, aussi plein de vie et de santé qu'il est possible de l'être, à ce que je suppose.

La formation graduelle de l'image est un phénomène rare. M. Marillier l'a cependant observé dans les hallucinations qu'il a lui-même éprouvées (1). « C'est un fait intéressant à noter, dit-il, que les hallucinations n'apparaissent pas d'ordinaire d'emblée, mais qu'elles se développent et grandissent, se rapprochent peu à peu tandis qu'elles disparaissent toujours brusquement. » Je pense que, d'une manière générale, la disparition graduelle de l'image hallucinatoire est moins rare que son apparition graduelle. Parfois, au moment où elle va s'évanouir, la figure grandit. Dans d'autres cas, le sujet n'a perçu que des formes vagues et vaporeuses. Mais je connais peu d'exemples d'hallucinations subjectives où une forme indistincte se soit peu à peu précisée en un objet défini. L'un des cas appartient à la classe des hallucinations mobiles et multiples; les figures, tantôt belles et tantôt hideuses, sortaient comme d'un brouillard. Un autre de mes correspondants m'écrit que, pendant des syncopes auxquelles il était sujet dans son enfance, il voyait toujours passer devant lui des nuages blancs qui, peu à peu, prenaient une forme humaine. M. Robert Collins (118, Earl's Court Road, S.W. Londres) m'a raconté que, pendant son enfance, il s'éveilla une nuit où la lune illuminait brillamment toute la partie de la chambre qui était en face du lit. « Tandis que je regardais, je vis distinctement, nous dit-il, s'élever entre les rideaux dans l'espace éclairé qui était au pied de mon lit, une sorte de nuage ou de vapeur; ce nuage grandit, puis prit graduellement la forme d'une femme drapée, qui tendait vers moi les mains; elle tenait d'une main une lampe et de l'autre une sorte de bassin d'où s'échappait de la vapeur. La forme s'évanouit lentement. »

Il est assez fréquent que les hallucinations subjectives apparaissent par moments successifs, en plusieurs actes, si j'ose dire. C'est ainsi qu'un de mes correspondants, étonné de voir son escalier éclairé d'une manière inaccoutumée, alla regarder ce que c'était et aperçut alors dans l'escalier un de ses parents morts, une bougie à la main. Le D<sup>r</sup> Jessop vit une fois une grande main blanche, se retourna et aperçut alors son nocturne visiteur tout entier. Le cas le plus habituel, c'est celui où plusieurs sens sont successivement affectés : c'est par exemple une figure qui parle, ou qui secoue le bras du sujet, un bruit de pas ou le bruit

---

(1) *Revue Philosophique*, février 1886, p. 242.

d'une porte qui s'ouvre, suivi de l'entrée de quelqu'un, une voix et un baiser, etc.

Venons-en maintenant aux hallucinations télépathiques. L'exemple le plus frappant peut-être de *reconnaissance retardée* que nous ayons recueilli, c'est le cas de M. Marchant (XXXIII [26]).

En voici d'autres exemples:

L. V. (191) M.-T.-W. Goodyear, Avoca villa, Park Road, Bevois Hill, Southampton.

Highfield Villa, Winchester, le 9 février 1884.

Tout d'abord je dois faire observer que mes amis pensent que j'ai des nerfs de fer, je dois faire remarquer que j'aime avec passion les exercices du corps, et que je ne suis pas du tout porté à laisser l'imagination ou la peur s'emparer de mes sens. Mais, bien que je puisse dire sans vantardise que je sais à peine ce que c'est que la peur, je suis particulièrement sensible aux impressions mentales. Quand je me promène avec les gens, je puis très souvent dire ce qui se passe dans leurs esprits (surtout dans celui de ma femme), de telle sorte que j'ai presque effrayé une ou deux personnes en offrant de leur dire le sujet auquel elles pensaient, et quelquefois même exactement ce qu'elles pensaient sur ce sujet. Mais ce sont là, après tout, des choses qui ne sont point rares, et je vous écris spécialement pour vous communiquer deux faits, dont l'un est arrivé il y a 10 ans et 3 mois, et l'autre il y a peu à près 7 ans. Il semble qu'il soit difficile de reproduire exactement les faits après un aussi long intervalle; mais les scènes sont aussi fraîches dans ma mémoire que si c'était hier que je les avais vues.

Voici le premier de ces faits. J'allais de ma maison au magasin de mon frère, lorsque je fus surpris à mi-chemin par une forte pluie. J'entrai dans la maison d'une dame de mes amies, et j'y attendis quelque temps. Mais comme la pluie ne finissait pas et comme je craignais que mon frère ne sortît, je dis qu'il me fallait m'en aller. Je me levai et j'allai dans le vestibule, tandis que mon amie courait au premier pour me chercher un parapluie. En l'attendant, je restai dans l'obscurité. Dans la partie supérieure de la porte il y avait une fenêtre, et à travers cette fenêtre je vis tout d'un coup un visage qui regardait. Le visage m'était connu, mais je ne songeai pas tout d'abord à la personne dont il était l'image et qui était alors à 300 milles de là; j'ouvris aussitôt la porte, mais je ne trouvai personne; puis je cherchai dans le lierre qui couvrait toute la maison et la véranda. Ne trouvant rien et sachant que personne n'aurait pu se sauver sans que je le visse, je me demanda seulement alors quelle était la figure que je venais de voir. Je reconnus tout de suite ce visage pour le visage d'une belle-sœur de ma femme qui était mariée. Aussitôt rentré je racontai à toute la famille l'incident, et vous pouvez juger de notre frayeur, lorsque nous reçûmes une lettre qui nous apprit que cette personne était morte à l'heure même où je l'avais vue. J'avais vu la figure le lundi soir, et ce fut le mercredi, pendant que nous étions à table, que la lettre arriva.

T. W. Goodyear.

En réponse à notre question habituelle, M. Goodyear nous a écrit qu'il n'a jamais eu d'autre hallucination visuelle.

M<sup>lle</sup> Goodyear confirme ces faits en ces termes :

Hartley Winney, Winchfield, le 12 mars 1884.

Mon frère (M. Goodyear de Winchester) me dit que vous désirez obtenir la confirmation d'un récit qu'il vous a fait; il s'agissait de l'apparition de la figure d'une amie qui demeurait à une distance de 300 milles, le soir de sa mort. Personne de nous n'oubliera probablement qu'il nous a affirmé avoir vu son visage; il nous dit cela un soir, il y a 12 ans ou environ; nous pouvons moins encore oublier le grand étonnement que nous avons éprouvé lorsque 2 jours après (le second jour, à midi) nous reçûmes une lettre qui nous apprenait que la belle-sœur de M. G... était morte le soir où elle lui était apparue; on avait écrit le lendemain de l'apparition à mon autre frère, qui n'était pas alors à la maison, et on lui avait parlé de cette étrange histoire; il pourrait donc lui aussi confirmer les faits, puisqu'il a reçu la lettre avant que nous ayons été informés de la mort de la personne.

Mary Appleton Goodyear.

Le frère de M. T.-W. Goodyear nous écrit :

19 mars 1884.

Je me rappelle que mon frère a parlé de ce fait étrange; il avait vu, disait-il, le visage d'une amie un jour avant qu'elle ne mourût, quoiqu'il fût dans le Hampshire et qu'elle fût, elle, en Yorkshire. Je n'ai pas conservé ma lettre, autrement je vous l'aurais envoyée. Je puis toutefois garantir l'exactitude du récit.

J.-A. Goodyear.

Le Registre des décès nous apprend que la mort a eu lieu le 3 novembre 1873; elle remontait, par conséquent, à 12 ans 3 mois et non pas 10 ans 3 mois, au moment où M. Goodyear nous écrivait. Il semble aussi que M. Goodyear ait fait une erreur sur le jour de la semaine, car le 3 novembre était un dimanche. Mais il semble peu probable que lui-même et sa sœur se soient à l'époque tous deux trompés en rapportant la date de la vision à celle de la mort. Les mots de M. J. A. Goodyear, « un jour avant sa mort », ne sont peut-être qu'un *lapsus calami*, mais en tout cas ils ne peuvent guère contrebalancer le témoignage des deux autres témoins. Et, s'il faut attacher quelque importance à ces mots, ils seraient simplement un argument contre l'hypothèse que la vision n'a eu lieu que le lundi.

LVI. (192) Notre correspondant ne peut consentir à ce que son nom soit publié, mais il est prêt à confirmer son récit par des lettres personnelles.

L'après-midi du dimanche 18 décembre 1864, mon beau-père, M. B..., mon mari et moi, nous étions assis dans la salle à manger, à D. Hall. La pièce était grande : elle avait à peu près 26 pieds sur 30. D'un côté de la pièce était la cheminée avec une porte de chaque côté; vis-à-vis de la cheminée il y avait trois fenêtres. Si l'on tournait le dos à la cheminée, on voyait à droite, au bout de la chambre, deux autres fenêtres et à gauche un mur nu. Ces fenêtres étaient à une certaine hauteur au-dessus du sol, 7 pieds ou davantage, de sorte que personne ne pouvait regarder par les fenêtres sans monter sur une chaise. Il faisait sombre, nous étions assis autour de la cheminée, les volets n'étaient pas encore fermés. M. B... était en face des deux fenêtres; j'étais assise de l'autre côté de la cheminée, le dos tourné vers les fenêtres; mon mari se trouvait au milieu, vis-à-vis du feu. Tout d'un coup, M. B... dit : « Qui regarde par la fenêtre ? », et il indiqua la plus éloignée des deux fenêtres. Nous nous mîmes à rire, sachant que personne ne pouvait regarder parce qu'il n'y avait rien sur quoi l'on pût monter. M. B... persistait dans son assertion, il déclara que c'était une femme avec une figure pâle et des cheveux noirs, que la figure lui était familière, mais qu'il ne se rappelait pas le nom de la personne. Il insista pour que mon mari fît le tour de la maison d'un côté, tandis que lui-même le ferait de l'autre, mais ils ne virent personne. Lorsqu'ils sortirent, je regardai la pendule : il était 5 heures 45 minutes.

Le mardi suivant, j'appris la mort de ma mère, M^me Ranking, morte à Saint-Peter's Port, Guernesey, le dimanche 18 décembre, à 5 heures 45 minutes, exactement à l'heure où la figure était apparue à la fenêtre.

Avant de mourir elle avait eu le délire, et elle m'avait appelée en gémissant. Aussitôt que M. B... apprit sa mort, il s'écria : « C'est la figure de M^me Ranking que j'ai vue par la fenêtre dimanche ! » (Il n'avait vu ma mère que deux ou trois fois.) Nous ne savions pas que ma mère était sérieusement malade. Je ne prétends pas donner une explication scientifique de ces faits, mais je crois fermement que les dernières pensées de ma mère ont été pour moi, l'aînée de ses enfants. Il y avait seulement deux mois que j'étais mariée, et elle ne m'avait pas vue depuis le jour de mon mariage.

« E.-A. B. »

M$^{me}$ B... répond à nos question ce qui suit :

Mon beau-père et mon mari sont morts, je ne connais aucun moyen de fixer la date de l'apparition qui soit indépendant de mon témoignage, toutefois je me rappelle que mon mari et moi nous avions été à l'église cette après-midi-là. Et si vous regardez un almanach pour 1864, vous verrez que le 18 décembre de cette année était un dimanche, et c'est le jour où ma mère est morte. »

Nous trouvons dans la nécrologie du *Times* que M$^{me}$ Ranking est morte le dimanche 18 décembre 1864 « après une courte maladie ».

J'ai eu une entrevue tout à fait satisfaisante avec M$^{me}$ B..., qui n'est rien moins qu'une femme sentimentale. Elle m'a fait voir une photographie de D. Hall, qui prouve jusqu'à l'évidence que la figure vue à la fenêtre ne peut pas avoir été celle d'une personne réelle. La tête même d'un homme de haute taille n'aurait pas été visible de la chambre où M$^{me}$ B... était assise avec sa famille. Le bord de la fenêtre était à plus de 6 pieds au-dessous du sol, et il n'y avait au-dessous de la fenêtre rien sur quoi l'on aurait pu grimper. De plus, le beau-père ne voulait pas se laisser persuader que c'était une figure réelle, bien que naturellement il ne pût expliquer l'apparition. Il était sûr de connaître ce visage, bien qu'il ne fût pas à même de dire le nom de la personne, à qui il appartenait. Il n'avait vu M$^{me}$ Ranking que deux fois. Il est sûr, qu'il n'a jamais eu d'autre hallucination, et il n'est pas porté à regarder cette apparition comme une hallucination. M$^{me}$ Ranking est morte très rapidement de la dysenterie. M$^{me}$ B... se rappelle distinctement avoir noté l'heure, 5 heures 45 minutes, pendant que son mari et son beau-père faisaient des recherches autour de la maison. La chambre était éclairée par la claire lumière du foyer.

Dans les deux cas suivants, il y a à la fois formation graduelle de l'image et reconnaissance retardée.

LVII. (193) *Church Quarterly Review*, avril 1877, p. 210-211.

Dans la maison où ces pages ont été écrites, une grande et large fenêtre, qui donne au nord, éclaire vivement l'escalier et l'entrée de la pièce principale, située au bout d'un passage qui traverse presque toute la longueur de la maison. Une après-midi, au milieu de l'hiver, il y a bien des années, celui qui écrit ces lignes quitta son cabinet, qui donne sur le passage, pour aller déjeuner. La journée était un peu brumeuse, mais, bien qu'il n'y eût pas de vapeurs très denses, la porte du bout du passage sembla couverte par un brouillard. Au fur et à mesure qu'il s'avançait, ce brouillard — pour l'appeler ainsi — se concentra en un seul endroit, s'épaissit et présenta le contour d'une figure humaine, dont la tête et les épaules devinrent de plus en plus distinctement visibles, tandis que le reste du corps semblait enveloppé d'un large vêtement de gaze, pareil à un manteau, avec beaucoup de plis, qui touchait le sol, de manière à cacher les pieds. Le manteau reposait sur les dalles du passage, et l'ensemble de la figure affectait une forme pyramidale. La pleine lumière de la fenêtre tombait sur l'objet qui était si peu consistant et si mince que la lumière qui se reflétait sur les panneaux d'une porte bien vernie était visible à travers le bas du vêtement. L'apparition n'avait pas de couleur; elle semblait une statue, taillée dans du brouillard. L'auteur de ces pages était tellement saisi qu'il ne sait s'il s'est avancé ou s'il est resté immobile. Il était plutôt étonné que terrifié ; cependant sa première idée fut qu'il assistait à un effet de lumière et d'ombre inconnu. Il ne pensait à rien de surnaturel, mais il s'aperçut, en regardant, que la tête se tournait vers lui, et il reconnut alors les traits d'un ami très cher ; la figure avait une expression de paix, de repos et de sainteté ; l'air de douceur et de bonté qu'il avait dans la vie de chaque jour avait grandi encore et s'était concentré comme en un dernier regard de profonde tendresse. (Et ce sentiment, celui qui écrit ces lignes l'a toujours éprouvé depuis, lorsque sa vision revient à son souvenir.) Puis en un instant tout disparut. On ne peut comparer la manière dont tout s'évanouit qu'à celle dont un jet de vapeur se dissipe au contact de l'air froid. C'est à peine si jusqu'à ce moment le témoin pouvait croire qu'il avait été en relation étroite avec le surnaturel. Il ressentit un respect profond et religieux, mais il n'éprouva pas de terreur, et, au lieu de rentrer dans son cabinet, il continua son chemin et ouvrit la porte près de laquelle l'apparition s'était tenue.

Naturellement, il ne pouvait mettre en doute l'importance de ce qu'il avait vu. Le courrier du lendemain ou du surlendemain lui apporta la nouvelle que son ami avait tranquillement quitté ce monde, au moment même où il l'avait vu. Il faut ajouter que c'était une mort subite, que le témoin n'avait pas entendu parler de son ami depuis quelques semaines, et que rien ne l'avait fait penser à lui, le jour de sa mort.

La veuve du narrateur nous écrit :

Pozzoforte, Bordighera, le 18 décembre 1883.

L'article du *Church Quarterly*, dont vous parlez, a été écrit par mon mari. Je regrette de ne pouvoir ajouter aucun détail à ceux qu'il donne. Mon mari n'a jamais pu parler de l'incident, et même il pouvait à peine supporter qu'on y fît allusion. Je ne crois pas qu'il ait jamais éprouvé d'autres impressions de la même nature.

LVIII. (194) Le récit suivant est dû à une dame que nous connaissons personnellement. Elle ne nous autorise pas à publier son nom, ni son adresse, mais la seule raison qu'elle invoque pour s'opposer à cette publication, c'est sa crainte qu'elle ne puisse déplaire à l'un de ses proches parents.

Le 17 décembre 1883.

Il y a plusieurs années, un de mes amis et moi nous fîmes entre nous ce vieil arrangement que celui qui mourrait le premier essayerait de revenir auprès de l'autre. Quelques années plus tard, je priai la sœur de cet ami de le saluer de ma part et de lui demander s'il se rappelait encore sa promesse. Je reçus sa réponse : « Parfaitement, et j'espère que j'apparaîtrai à X... et non pas elle à moi. » Puis j'oubliai toute cette affaire. Mon ami était en Nouvelle-Zélande, sa sœur je ne sais pas où. Une nuit je me réveillai avec la sensation que quelqu'un était dans ma chambre (je dois vous dire que j'ai toujours de la lumière sur une table auprès de mon lit); je regardai autour de moi, et je vis tout de suite quelque chose derrière la petite table; je sentis que je devenais toute froide, mais je n'étais pas effrayée du tout. Je me frottai les yeux pour m'assurer que j'étais tout à fait éveillée, et je regardai fixement. Peu à peu la tête et les épaules d'un homme se dessinèrent parfaitement, mais dans une sorte de brouillard matériel, si je peux employer ce mot. La tête et les traits étaient distincts, mais l'apparition dans son ensemble n'avait rien de solide ni de défini; on aurait dit un nuage où l'on aurait pu reconnaître la tête d'un homme et ses épaules. Tout d'abord je regardai et me demandai : « Qui est là ? Il doit y avoir quelqu'un ici, mais qui ? » Alors la forme de la tête et du front (elle était très caractéristique chez mon ami) me fit m'écrier en moi-même : « Le capitaine W...! » L'apparition disparut.

Je me levai et je notai la date. J'attendais le moment où l'on pouvait recevoir des nouvelles de la Nouvelle-Zélande. Je demandai des nouvelles de mon ami; j'étais convaincue qu'il était mort; je recevais toujours la réponse : « Pas de nouvelles. » A la fin on me répondit : « Nous sommes très inquiets, il y a longtemps que nous n'avons pas eu de ses nouvelles. Nous attendrons encore un autre courrier, puis nous écrirons à un tel. » A la fin une nouvelle arriva, un vrai bout de lettre : « Fait une grave chute de voiture ; ne peux écrire, tête encore très malade. » C'était tout, et, autant que je me le rappelle, les termes mêmes de la lettre. Nous en apprîmes davantage un peu plus tard. Il était tombé d'une voiture, et était resté quelque temps sans connaissance, et, comme il l'avait dit, sa tête était restée embrouillée pendant quelque temps. Je n'ai jamais douté que son esprit ne fût venu auprès de moi pendant qu'il était sans connaissance. L'apparition que je vis coïncidait avec le moment de son évanouissement. Je n'ai jamais eu d'autre apparition.

T.-W. R.

Dans une autre lettre M<sup>lle</sup> R... ajoute :

1<sup>er</sup> janvier 1884.

J'ai noté la date dans un livre dont je me sers chaque jour ; il y a là une page pour chaque jour du mois. J'ai parlé de la vision à plusieurs personnes, trois ou quatre je crois. L'une d'elle s'amusa extrêmement de cette histoire parce que mon ami n'était pas mort, ce qui, comme elle aimait à m'en assurer, devait, elle en était sûre, me causer un regret profond.

J'ai vu le livre de M<sup>lle</sup> R... C'est un livre de lecture pour chaque jour du mois. Les mots, écrits au crayon sur la page du quinzième jour du mois, sont : « Nuit de ce jour, mars 74. »

M<sup>lle</sup> R... répond à d'autres questions :

J'ai vu sa sœur, une année et demie au moins, devrais-je dire, avant de le voir lui-même. Mais, comme je ne puis apporter aucun fait à l'appui de mon souvenir, et que ce n'est rien qu'une idée, je n'ai aucun moyen d'en vérifier l'exactitude. Je ne lui ai certainement pas écrit, je n'ai pas entendu parler de lui, dans l'intervalle qui s'est écoulé entre la réponse qu'il avait faite à ma demande et son apparition. Je ne me souviens pas que quelque chose ait particulièrement attiré à ce moment mon esprit vers la pensée de mon ami.

Ma sœur a écrit la note ci-jointe sur l'autre feuille. Elle est aussi certaine que moi-même que je lui ai raconté le tout bientôt après. Mais elle ne voudrait pas l'affirmer plus positivement par écrit.

Voici la note de la sœur :

Ditchingham, 1<sup>er</sup> mai 1884.

Autant que je puis me le rappeler, ma sœur m'a raconté sa vision bientôt après l'avoir éprouvée, et avant que la nouvelle de l'accident de son ami ne fût arrivée. Tant d'années se sont passées depuis que je ne peux rien dire de plus positif.

Mother C.

Dans une conversation particulière, M^lle R... nous a confirmé spontanément le fait que le sentiment d'une présence dans la chambre avait précédé la vision. Elle nous a dit que l'on aurait pu comparer la figure à un nuage qui aurait pris une forme définie. Elle nous a dit encore qu'elle avait vu nettement que les cheveux étaient *gris* et que c'était la raison principale qui l'avait empêchée de reconnaître plus tôt le visage. Son ami avait des cheveux *noirs* lorsqu'elle l'avait vu pour la dernière fois. Elle ne s'était jamais représentée son ami autrement qu'avec des cheveux noirs ; mais plus tard elle apprit qu'ils étaient devenus gris, et qu'ils l'étaient déjà au moment de son accident (1). Elle déclara aussi qu'elle était absolument certaine que sa vision avait eu lieu au moment où son ami était sans connaissance.

Dans les deux cas suivants : (195) M^lle Rogers, 56, Berners Street, Londres W; (196) M. J.-G.-F. Russell, Aden, Aberdeenshire, le sentiment d'une présence a précédé l'hallucination visuelle.

LIX. (197) M^me Bishop, née Bird, voyageur et écrivain bien connu, nous a envoyé ce récit en mars 1884 ; il est presque identique à une version de seconde main qui nous avait été communiquée en mars 1883. En voyageant dans les montagnes Rocheuses, M^lle Bird avait fait la connaissance d'un Indien métis, M. Nugent, connu sous le nom de « Mountain Jim », et elle avait pris sur lui une influence considérable.

Le jour où je pris congé de Mountain Jim, il était très ému et très excité. J'avais eu une longue conversation avec lui sur la vie mortelle et l'immortalité, conversation que j'avais terminée par quelques paroles de la Bible. Il était très impressionné, mais très excité et il s'écria : « Je ne vous verrai peut-être plus dans cette vie, mais je vous verrai quand je mourrai. » Je le réprimandai doucement à cause de sa violence, mais il répéta la même chose avec encore plus d'énergie, ajoutant : « Et je n'oublierai jamais ces mots que vous m'avez dits, et je jure que je vous reverrai quand je mourrai. » Nous nous séparâmes sur cette phrase. Pendant quelque temps j'eus de ses nouvelles ; j'appris qu'il s'était mieux conduit, puis qu'il était retombé dans ses habitudes

---

(1) On peut raisonnablement s'en fier sur ce point à ses souvenirs, puisque, lorsque la nouvelle de l'accident arriva elle avait dans la note qu'elle avait écrite le moyen de fixer avec certitude la date de son impression.

sauvages, et, plus tard, qu'il était fort malade par suite d'une blessure qu'il avait reçue dans une rixe, puis, enfin, qu'il se portait mieux, mais qu'il formait des projets de vengeance. La dernière fois que je reçus de ses nouvelles, j'étais à l'hôtel Interlaken, à Interlaken (Suisse) avec M^lle Clayson et les Ker. Quelque temps après les avoir reçues, (c'était en septembre 1874), j'étais étendue sur mon lit, un matin vers 6 heures. J'étais occupée à écrire une lettre à ma sœur, lorsqu'en levant les yeux je vis Mountain Jim debout devant moi. Ses yeux étaient fixés sur moi, et, lorsque je le regardai, il me dit à voix basse, mais très distinctement : « Je suis venu comme j'avais promis. » Puis il me fit un signe de la main et ajouta : « Adieu ! »

Lorsque M^lle Bessie Ker vint m'apporter mon déjeuner, nous prîmes note de l'événement, en indiquant la date et l'heure. La nouvelle de la mort de Mountain Jim nous arriva un peu plus tard, et la date, si l'on tenait compte de la différence de longitude, coïncidait avec celle de son apparition.

I. B.

En réponse à nos questions, M^me Bishop nous écrit qu'elle n'a jamais eu d'autre hallucination sensorielle. Elle avait vu Mountain Jim pour la dernière fois à Saint-Louis (Colorado), le 11 décembre 1873. Il est mort à Fort Collins (Colorado). Elle espère être à même de nous montrer les journaux où la date est raportée ; mais elle nous a écrit de l'étranger et en grande hâte.

Nous nous sommes procuré une copie d'une déposition faite à l'enquête à Fort-Collins. De cette pièce résulte que la mort a eu lieu le 7 septembre 1874, entre deux et trois heures de l'après-midi. Cette heure correspondrait à dix heures du matin à Interlaken. Donc, si la vision a eu lieu le 8 septembre, elle a suivi la mort de 8 heures ; mais, si elle a eu lieu le 7 septembre, la limite de 12 heures a été dépassée d'environ 4 heures.

LX. (198) M^me Stella, Chieri, Italie.

Le 18 janvier 1884.

Lorsque j'avais environ quinze ans, j'étais en visite chez le D^r J. G..., à Twyford, Hants. Je m'y liai d'amitié avec le cousin de mon hôte, un garçon de dix-sept ans. Nous étions devenus inséparables, nous canotions ensemble, nous montions ensemble à cheval, et nous partagions les mêmes amusements, comme frère et sœur. Il était d'une santé très délicate ; j'avais soin de lui, je veillais sur lui, de sorte que nous ne passions jamais une heure éloignés l'un de l'autre.

Je vous donne tous ces détails pour vous montrer qu'il n'y avait pas entre nous trace de passion : nous étions l'un pour l'autre comme deux garçons.

Une nuit on vint chercher M. G... pour voir son cousin, tombé tout d'un coup gravement malade d'une inflammation des poumons. Le pauvre garçon mourut la nuit suivante. On ne m'avait pas dit combien il était malade, je ne savais donc rien du danger où il était, et ne m'inquiétais nullement de lui ; la nuit où il mourut, M. G... et sa sœur s'en allèrent à la maison de leur tante, me laissant seule au salon. Il y avait un feu clair dans la cheminée, et, comme beaucoup de jeunes filles, j'aimais à rester ainsi près du foyer et à lire à la lumière de la flamme. Ne sachant pas que mon ami était en danger, je n'étais pas inquiète ; j'étais seulement fâchée qu'il ne pût pas venir passer la soirée avec moi, tant je me sentais seule. Je lisais tranquillement lorsque la porte s'ouvrit et que Bertie (mon ami) entra. Je me levai brusquement pour lui pousser un fauteuil près du feu, car il paraissait avoir froid, et il n'avait pas de manteau, bien qu'il neigeât. Je me mis à le gronder d'être sorti sans se bien envelopper. Au lieu de répondre, il mit sa main sur sa poitrine et secoua la tête, ce qui selon moi devait signifier qu'il n'avait pas froid, qu'il souffrait de la poitrine et qu'il avait perdu la voix, ce qui lui arrivait quelquefois. Je lui reprochai encore son imprudence. Je parlais encore, lorsque M. G... entra et me demanda à qui je parlais. Je lui répondis : « Voici cet ennuyeux garçon sans manteau et avec un si mauvais rhume qu'il ne peut pas parler, prêtez-lui donc un manteau et renvoyez-le chez lui. » Jamais je n'oublierai l'horreur et la stupeur peintes sur la figure du bon docteur, car il savait (*ce que je ne savais pas*) que le pauvre garçon était mort il y avait une demi-heure, et il venait pour m'apprendre cette nouvelle. Sa première impression fut que je l'avais déjà apprise, et que cela m'avait fait perdre l'esprit. Je ne pouvais pas comprendre pourquoi il me fit sortir de la chambre, en me parlant comme si j'avais été un petit enfant. Pendant quelques moments nous échangeâmes des propos incohérents, et puis il m'expliqua que j'avais éprouvé une illusion d'optique ; il ne nia pas que je n'eusse vu Bertie de mes propres yeux, mais il me donna une explication très scientifique de cette vision, craignant de m'effrayer ou de me laisser sous une impression affligeante. Jusqu'à présent je n'ai jamais parlé à qui que ce soit de cet événement, d'abord parce que c'est pour moi un très triste souvenir, et aussi parce que je craignais d'être prise pour un esprit chimérique et de ne pas être crue. Ma mère me dit que j'avais rêvé ; elle me défendit de parler jamais de cela. Cependant je n'avais pas rêvé; je lisais un livre intitulé *M. Verdant Green* : ce livre-là ne porte pas au sommeil, et je me rappelle bien que je riais de bon cœur de quelque absurdité du héros, au moment même où la porte s'ouvrit.

I. S.

M^me^ Stella nous a dit qu'elle n'avait jamais eu d'autre hallucination visuelle. Elle ajoute qu'elle n'est point nerveuse, ni d'esprit exalté. Elle a eu une hallucination de l'ouïe, qui a été reconnue véridique. Elle ne peut plus se rappeler la date exacte, mais, d'après le *Medical Register* (Annuaire médical), nous savons que le D$^r$ J. G... n'a demeuré à Twyford que de 1864 à 1873 ; c'est pendant cette période que l'événement a dû se passer.

En réponse à d'autres questions, M^me^ Stella nous a répondu :

> Leur maison devait être à peu près à un quart d'heure de marche de la maison de M. G..., et Bertie est mort environ 20 minutes avant que le docteur ait quitté la maison. Il y avait à peu près 5 minutes que l'apparition était dans la chambre, lorsque M. G... entra. Ce qui m'a toujours semblé bien étrange, c'est que *j'entendis* tourner le bouton de la porte et ouvrir la porte. En effet, ce fut le bruit du pêne qui tournait qui me fit lever les yeux de dessus mon livre. La figure marcha à travers la pièce vers la cheminée et s'assit, tandis que j'allumais les bougies. Tout était si réel et si naturel que je puis à peine admettre à présent que ce n'était pas une réalité.

Elle a ajouté plus tard : « Quant aux 5 minutes, je dois dire que l'apparition n'a pas duré tout à fait ce temps-là, bien que quelques minutes se soient écoulées entre son entrée et celle de M. G... La seule lumière qui éclairait la pièce était la lumière du feu, et, comme je n'avais pas l'idée que ce n'était pas là le vrai « Bertie », je n'ai pas fait particulièrement attention à lui. C'est exprès que je le questionnai sur l'impossibilité de parler où il se trouvait en apparence. Je me mis à parler comme d'habitude pour lui laisser le temps de prendre haleine. Cela du reste lui arrivait très souvent à cause de sa poitrine délicate ; son silence pendant 5 minutes ou même pendant plus longtemps ne m'aurait donc pas étonnée, car il faisait très froid dehors et le grand froid lui donnait de l'oppression. Il n'y avait rien dans tout son extérieur qui eût pu me frapper ; sa pâleur seule et son silence auraient pu m'étonner, mais j'y étais accoutumée.

M. G... est mort il y a dix ans. Malheureusement nous n'avons jamais parlé du fait à aucun membre de notre famille. M. G... me conseilla de n'en rien dire, et moi-même je craignis que l'on ne se moquât de moi, j'étais en effet très jeune au moment de la vision.

Dans ce cas, comme dans beaucoup d'autres, l'exactitude de la coïncidence elle-même est indépendante de l'exactitude des détails, et il est probable que M^me^ Stella s'est souvenu plus nettement du fait principal que des détails (1).

---

(1) Voir dans l'édition anglaise un autre cas analogue, celui de M. B... (199).

§ 12. — J'en viens maintenant au second point, l'effort créateur de l'esprit du sujet qui se trahit par la forme originale, en quelque mesure du moins, donnée à l'image objectivée.

Il n'est guère besoin de donner des exemples de cette loi en ce qui concerne les hallucinations subjectives; c'est, en effet, la règle commune. Un type spécial, cependant, et qu'il faut mentionner, c'est celui où l'hallucination est en partie une simple réapparition d'images et en partie une création nouvelle. Un de mes correspondants m'écrit, par exemple, qu'ayant été obligé de tuer un chien qu'il aimait beaucoup, il avait eu bientôt après la vision d'un chien courant à travers une pelouse et poursuivi par un homme vêtu d'une jaquette de flanelle blanche.

Comme exemple de visions fantastiques, je puis citer l'apparition d'une femme de haute taille qui s'avançait vers le sujet, et dont la tête quitta alors le corps; celle d'un homme aussi large que haut, vêtu d'une robe orientale mi-partie, et ayant la figure d'un roi de pique ou de carreau; l'apparition aussi de figures plates, sans profondeur ni relief. Le costume présente souvent des particularités étranges.

Le rôle actif que joue l'esprit du sujet est encore plus évident dans les hallucinations auditives.

§ 13. — Il nous faut maintenant nous occuper des traits analogues que nous retrouvons dans la classe des hallucinations télépathiques. C'est une question d'une telle importance que, au risque de fatiguer le lecteur, nous croyons devoir y insister.

Je dois tout d'abord rappeler ce fait qu'il existe entre les apparitions télépathiques et les formes moins concrètes de la télépathie, les transmissions de pensée par exemple, telles que nous les avons réalisées dans nos expériences, une sorte de hiatus que nous ne pouvons faire disparaître : 1° dans les expériences le sujet ne perçoit jamais comme extérieur à lui le son ou l'image qu'on cherche à éveiller en lui; 2° l'image représente toujours l'objet précis dont l'esprit de l'agent est consciemment occupé; dans les cas de télépathie spontanée, au contraire, l'image est objectivée et représente quelque chose qui certainement n'occupait pas à ce moment l'esprit de l'agent, son propre corps par exemple. On pourrait s'imaginer que lorsque l'agent concentre péniblement son attention sur une carte, dans l'intention de transmettre au sujet l'image qu'il se représente, il se trouve dans de meilleures conditions pour exercer une action télépathique que lorsque ses pensées errent à l'aventure et ne se tournent pas du côté du sujet, et cependant c'est tout au contraire dans ce dernier cas que les expériences ont le plus complètement réussi. Nous devons remarquer, de plus, que des deux formes d'impressions télépathiques qui dans les recherches expérimentales ont revêtu la forme d'hallucination, les douleurs et les goûts, l'une, la première, est fort rare dans la télépathie spontanée, et l'autre fait absolument défaut. D'autre part, nos observations sur la télépathie spontanée abondent en exemples de cas où l'agent endormi, évanoui ou mourant, est presque arrivé à la totale inconscience. Les phénomènes de télépathie spontanée sembleraient donc dépendre aussi peu de l'intensité des états de conscience de l'agent que de leur unité.

Mais il est évident que ces différences perdent de leur importance, dans la mesure où l'esprit du sujet est actif. Si nous pouvons affirmer qu'une idée, même obscure et vague, pourvu qu'elle ait réussi à s'installer dans l'esprit du sujet, peut s'incarner et s'objectiver d'elle-même en une hallucination sensorielle, il suffira que nous puissions supposer d'un esprit à l'autre la transmission d'une idée obscure et vague. C'est au sujet que nous laissons en quelque sorte la responsabilité de l'hallucination.

Il nous faut bien affirmer cependant l'existence d'un facteur inconnu, la forme particulière de l'excitation ; si en effet l'idée transmise ne possédait pas une certaine force qui contraint l'esprit à réagir contre elle et à l'extérioriser, pourquoi ne resterait-elle pas une simple idée ? On pourrait répondre, il est vrai, que dans bien des cas l'idée transmise reste une simple idée, que parfois même elle ne franchit pas le seuil de la conscience distincte. Les hallucinations télépathiques ne seraient alors qu'un cas particulier et fort exceptionnel des phénomènes de télépathie et il conviendrait d'en chercher l'explication dans un état particulier du sujet. Mais tout cela est fort hypothétique, et peut-être vaut-il mieux nous en tenir provisoirement à cette supposition que, lorsqu'une idée transmise s'accompagne d'émotion, elle a une tendance à s'objectiver. Notre ignorance justifie l'attitude que nous prenons incapables, comme nous le sommes, de lier à aucune condition déterminée les hallucinations passagères des sujets normaux, nous devons éprouver peu de scrupule à admettre une condition nouvelle, lorsque nous avons quelque raison de le faire. Il faut noter au reste que souvent c'est par des effets moteurs et non par des effets sensoriels que se manifeste l'action télépathique dans les expériences de transmission de pensée.

Si l'on tient pour accordé qu'une suggestion vague d'origine télépathique peut être la condition suffisante d'une hallucination définie, on n'aura pas de peine à comprendre que cette hallucination puisse revêtir en quelque mesure un caractère original. L'esprit n'est pas fait de compartiments séparés où viennent s'entasser pour rester inertes de nouvelles idées; c'est un organisme dont toutes les parties réagissent les unes sur les autres. Nous savons qu'une suggestion obscure et faible peut suffire à mettre en activité les organes les plus importants de notre machine mentale, à faire se dérouler de longues séries d'idées et d'images; nous pouvons donc bien accorder de ce pouvoir aux impressions télépathiques sub-conscientes. Qu'y a-t-il de plus naturel alors que de voir s'objectiver ces images et ces idées ? Nous savons que les choses se passent ainsi dans les rêves, que les impressions télépathiques ne font que donner le branle à toute une série d'images qui se déterminent et s'évoquent les unes les autres, puis se transforment en objets réels pour l'esprit du dormeur. Nous avons surpris à l'œuvre l'esprit du sujet dans les divers stades que présentent souvent les hallucinations subjectives et nous avons remarqué qu'il met beaucoup du sien dans les formes originales et nouvelles qu'il leur impose. Aussi nous semble-t-il légitime de supposer que l'esprit peut à l'état de veille, comme dans un rêve, inconsciemment réagir à une impression télépathique et teindre de sa propre couleur l'image qu'il extériorise. Nous avons là une explication facile des degrés divers de netteté et des différences de détail que peuvent offrir plusieurs visions, éveillées par une même impression télépathique ou plusieurs esprits. Vingt personnes, autant d'hallucinations différentes. L'une entendra la voix de celui qu'elle a perdu ; une autre sentira sa main se poser sur sa tête ; une troisième le verra lui apparaître vêtu comme il était d'ordinaire et avec son air accoutumé ; une quatrième le verra tel qu'il est au moment de sa mort; à une cinquième il apparaîtra transfiguré ; une sixième entendra une voix, mais ne la reconnaîtra pas, etc.

C'est grâce à cette interprétation qu'il nous sera facile de comprendre que, dans un grand nombre de cas, le sujet ait vu lui apparaître la personne qui traversait alors quelque crise fatale, sous les traits et avec le costume qu'elle avait lorsqu'il l'avait connue.

§ 14. — Voici quelques exemples de cette intervention active de l'esprit du sujet dans les hallucinations télépathiques.

LXI. (200) M^me Cressy, Riverhead, près Sevenoaks.

Le 18 décembre 1883.

Mon frère cadet était en Australie, et, comme il n'avait pas écrit à notre famille depuis quatre ou cinq mois, ma mère en concluait qu'il devait être mort. Un matin, vers 11 heures, j'étais assise avec ma mère et ma sœur dans la salle à manger. J'étais occupée à écrire avec ma sœur un thème allemand; j'étais un peu embarrassée pour la déclinaison, et, tout en la répétant, je levai les yeux et je vis mon frère debout sur la pelouse en face de la fenêtre ; il semblait nous regarder. Je me levai brusquement en disant à ma mère : « Mère, ne t'effraie pas, mais T... est revenu en bonne santé. » (Ma mère avait une maladie de cœur, et je craignais une secousse brusque.) « Où est-il? demandèrent ma mère et ma sœur à la fois, je ne le vois pas. — Il est là, répondis-je, car je l'ai vu; il s'est dirigé vers la porte du devant. » Nous courûmes toutes vers cette porte. Mon père, qui était dans sa bibliothèque, entendit le bruit et ouvrit sa porte pour demander ce qui se passait. Pendant ce temps, j'avais ouvert la porte du devant et, comme je ne voyais pas mon frère, je pensai qu'il s'était caché derrière les arbustes pour plaisanter. Je m'écriai alors: « Viens, T..., entre, ne fais pas le fou, où tu tueras notre chère mère. » Personne ne répondit, et ma mère s'écria : « Oh! tu ne l'as pas vu en réalité, il est mort, je le sais, il est mort ! » J'étais déçue et surprise, mais cela ne me semblait pas la vraie solution du mystère. Je ne pouvais pas penser que mon frère fût mort; il avait pour cela l'air trop vivant, (*so honestly alive*). Pour dire la vérité, je pensai pendant quelque temps qu'il était dans le jardin. Mais il n'y était pas, et il n'était pas mort. Une année plus tard environ, il revint à la maison, et il raconta les épreuves qu'il avait traversées; il nous dit qu'il avait été très malade et que, pendant son délire, il avait constamment prié ses camarades de le porter sous le grand cèdre qui était sur la pelouse de son père. Se tournant vers mon père, il ajouta : « Oui, père, et savez-vous qu'il me semblait voir le cher vieil endroit aussi distinctement que je le vois à présent. — A quel moment cela s'est-il passé ? » demanda mon père. Mon frère dit la date, et ma mère, qui avait écrit autrefois l'histoire, regarda ses notes, et s'écria : « Mais c'est le moment même où votre sœur déclarait qu'elle vous voyait sur la pelouse. — Oui, dit mon père, et votre mère vous a tout de suite fait mourir (*killed you*). » Et tout le monde se mit à rire à mes dépens.

J'ai souvent réfléchi sur cet incident, mais je n'ai jamais réussi à m'en rendre compte. Ce frère n'était pas mon favori ; si ma sœur m'était apparue, elle à qui je pensais presque continuellement, j'aurais pu croire que cette vision était une création de mon imagination. Puis, je me serais plutôt coupé la langue avec les dents que d'effrayer ma mère. Mais je n'ai jamais douté un seul moment que mon frère ne fût là. J'avais environ vingt-cinq ans, je n'avais aucune théorie sur les spectres ou les esprits en général.

A l'époque dont je parle, j'étais beaucoup trop préoccupée des soucis et des angoisses de ma famille, pour avoir le temps de m'abandonner à des fantaisies pareilles ; de plus je suis une nature trop positive (*matter of fact*) pour réfléchir beaucoup sur de tels phénomènes. Je me rappelle avoir vu mon frère habillé comme il l'était d'habitude quand il rentrait de Londres, mais non pas comme il l'était en nous quittant, ni comme il pouvait l'être en Australie ; je ne l'avais jamais vu habillé ainsi dans ses promenades au jardin. Il portait un chapeau à haute forme et un costume noir ; il n'avait emporté avec lui ni ce chapeau ni ces vêtements. Naturellement, au moment même de l'apparition, aucune de ces considérations ne se présenta à moi, mais lorsque, à la suite des plaisanteries qu'on fit à mes dépens, j'essayai e remonter la chaîne des pensées qui flottaient dans mon esprit, pour rechercher si elles avaient quelque relation avec mon frère absent, je ne pus aboutir à aucun résultat.

A. Cressy

M<sup>lle</sup> Cressy nous écrit en réponse à nos questions :

J'ai tardé à répondre à votre dernière lettre, parce que j'espérais me rappeler le nom d'une personne qui vive encore et à laquelle j'aurais parlé de cette vision. Mais j'ai le regret de vous dire qu'il n'en existe plus : je suis la seule qui soit encore vivante de toute notre société. Vous demandez quand la vision a eu lieu ; autant que je me le rappelle, c'est au commencement de 1854. Mon frère avait quitté l'Angleterre au mois de septembre ou d'octobre 1852, et était parti pour Melbourne. Autant que je m'en souviens, je reçus sa première lettre au commencement ou au milieu du mois de mai 1853. Nous reçûmes successivement trois ou quatre lettres ; la dernière annonçait que mon frère partait avec ses compagnons pour les placers de Fryers-Creek. Puis nous n'entendîmes plus parler de lui pendant huit mois. Ce fut durant ces huit mois que j'eus la vision que je vous ai décrite ; je crois que c'est en février 1854

Je n'ai jamais eu aucune apparition ni avant, ni après celle-là. C'est justement la raison qui m'a fait vous écrire ce récit : cela me semble prouver, en effet, que ce n'était pas une hallucination, mais simplement un fait. J'étais alors jeune et vigoureuse, je n'avais pas de superstitions, n'ayant jamais éprouvé de chagrins exceptionnels. Ceux que j'avais éprouvés sont assez communs, et ils étaient plus propres à développer le côté positif (*matter of fact*) de mon caractère qu'à éveiller en moi une imagination morbide et rêveuse. On avait toujours dit que ce frère me ressemblait beaucoup, et c'est un fait singulier que nous nous ressemblions surtout dans nos maladies. Il s'appuyait toujours sur moi lorsqu'il avait quelque peine, et il se pourrait que ses pensées se fussent inconsciemment dirigées vers moi pendant sa maladie.

M<sup>lle</sup> Cressy me dit qu'elle se rappelle distinctement que sa mère avait noté la date de l'apparition sur son carnet, et qu'on s'est reporté à ces notes lors du retour de son frère. Cette assertion est confirmée par ce fait que, sans que nous l'y ayons engagée, M<sup>lle</sup> Cressy a cherché le livre, mais elle n'a pu le retrouver. Elle est d'avis que le costume et la rapide disparition de la figure seraient suffisants pour exclure l'hypothèse d'une erreur sur l'identité de la personne. De plus, la figure se tenait tout près de la fenêtre, et si M<sup>lle</sup> Cressy n'avait pas reconnu son frère de manière à n'en pouvoir douter, si elle n'en avait été presque effrayée, elle n'aurait jamais laissé échapper l'exclamation qu'elle avait poussée, préoccupée comme elle était de ne causer à sa mère aucune émotion violente.

LXII. (201) M<sup>me</sup> Bolland, Cranbury Terrace, Southampton.

Juillet 1880.

Vers le mois de mars 1875, l'aventure dont je donne les détails ci-après m'arriva à Gibraltar. J'en ai déjà écrit le récit, de souvenir, en 1878. Ce récit a été publié dans *All the Year Round*, dans le numéro d'août 1878, me semble-t-il, mais je ne l'ai pas relu ; je ne puis donc vous raconter l'histoire que d'après mes souvenirs de maintenant. J'étais étendue dans mon salon une claire après-midi ensoleillée, je lisais un chapitre des *Mélanges* de Kingsley, lorsque j'eus tout d'un coup la sensation que quelqu'un attendait pour me parler. Je levai les yeux de dessus mon livre, et je vis un homme qui se tenait debout à côté d'un fauteuil, à une distance d'à peu près six pieds de moi. Il me regardait très attentivement ; l'expression de ses yeux était extraordinairement sérieuse ; mais, lorsque je m'avançai pour lui parler, il disparut.

La pièce avait environ dix-huit pieds de longueur, et à son autre bout je voyais notre domestique Pearson, qui tenait la porte ouverte, comme s'il avait introduit une visite. Je pensai que lui aussi peut-être n'était qu'une illusion ; je lui parlai, et je lui demandait si quelqu'un était venu. Il me répondit : « Personne, Madame », et s'en alla. Je me soumis à un examen attentif pour savoir si j'avais dormi ; il y avait dix minutes que j'étais étendue. Je répétai en moi-même ce que je pensais avoir lu ; je recommençai la lecture du chapitre et, en dix minutes, j'en arrivai au même point. Je me mis alors à réfléchir sur cette vision ; je connaissais très bien la figure, mais je ne pouvais dire qui c'était ; mais c'était surtout son costume qui m'avait produit une forte impression : il était exactement pareil à un vêtement que mon mari avait donné l'année précédente à un domestique du nom de Ramsay. Cet homme était un ancien soldat que j'avais trouvé mourant à Inverness, et qui était entré à notre service, après avoir quitté l'infirmerie. Il tourna mal, et j'avais été forcée de le renvoyer avant notre départ pour Gibraltar (février 1875). Comme il avait trouvé une place de sommelier à l'Inverness Club, je n'avais pas de raison pour m'inquiéter de lui ; je pensais qu'il se portait bien, qu'il se conduisait bien et que, profitant probablement de l'expérience qu'il avait faite, il saurait garder sa nouvelle situation.

Lorsque mon mari rentra, je lui racontai ce que j'avais vu ; je le racontai aussi à la femme de son colonel (à présent lady Laffan), mais je n'ai pas noté la date. Mais dans le temps le plus court qu'il faut, je crois, à une lettre pour venir d'Inverness, mon mari reçut de son ancien sergent la nouvelle que Ramsay était mort. La lettre ne contenait aucun détail. Mon mari répondit qu'il avait appris avec peine la nouvelle qu'on lui donnait et qu'il aimerait avoir « quelques détails sur la maladie et la mort ». Voici ce qui lui fut répondu : « Ramsay est mort à l'hôpital, dans le délire et en appelant incessamment M$^{me}$ Bolland. »

Je veux seulement ajouter que je crois que la figure de l'homme que j'ai vu était celle de Ramsay, tel que je l'avais vu pour la première fois à l'infirmerie où j'étais allé le visiter ; il était alors mourant. Mais, comme je le voyais chaque jour à l'époque où il était mon domestique et qu'en ce moment il se portait bien, j'avais perdu le souvenir de cette figure, ou plutôt je ne la rattachais pas dans mon souvenir au nom de cet homme.

Je dois ajouter que ma santé avait été mauvaise pendant quelques années, mais, au moment de l'apparition, j'étais plus forte que je ne l'avais jamais été, le climat chaud me convenait si bien que je sentais en moi une force qui m'enchantait, et que le seul plaisir de vivre me faisait de la vie une joie.

KATE E. BOLLAND.

Mme Bolland répond à nos questions en ces termes :

C'est le seul cas où j'aie éprouvé une hallucination visuelle.

Le lieutenant-colonel Bolland, R. E., nous envoie la confirmation suivante :

Le 20 juillet 1884.

Quant à l'apparition de Gibraltar, Mme Bolland m'en a parlé une heure ou deux après l'avoir vue, vers 4 ou 5 heures de l'après-midi. Elle me dit qu'elle connaissait la figure, mais qu'elle ne pouvait pas dire qui c'était. Elle reconnut distinctement que les vêtements étaient pareils à un costume que j'avais donné à Ramsay, lorsque nous étions à Inverness.

La nouvelle de sa mort qui arriva bientôt après fut pour nous un véritable choc. Je m'adressai à mon ancien sergent de l'Ordnance Survey à Inverness (sergent Dedman, R. E.) pour avoir des détails. Mme Bolland vous a dit ce qu'on avait répondu à mes questions (1).

G. HERBERT BOLLAND.

Ce récit s'accorde parfaitement avec le récit plus complet qui a paru dans *All the Year Round*. Cette version cependant contient une explication plus complète du fait que Mme Bolland n'a pas reconnu la figure. Voici comment Mme Bolland explique qu'elle ait pris un instant l'homme qu'elle voyait pour une visite :

Je vous rappelle seulement que d'après toutes les apparences cet homme était un gentleman. Il était d'une bonne famille, avait des manières distinguées, et de plus il portait un costume dont aucun gentleman n'aurait pu avoir honte.

Le récit se termine par un autre incident, que nous reproduisons :

Il y a un fait bizarre qui forme une sorte de pendant à cette petite histoire. Le domestique Pearson que nous venions d'amener de l'Ultima Thule des anciens à grands frais nous donna congé ce jour même, parce que, disait-il, « la maison était hantée ». Il ne donna pas d'autre explication, et je ne demandai rien, parce que c'était ma femme de chambre qui me donnait cette raison de son brusque désir de s'en

---

(1) M. Wilson Black, chirurgien de l'Hôpital du Nord à Inverness, a eu l'obligeance de faire pour nous des recherches dans les registres de l'hôpital; il a pu nous donner les renseignements suivants : « Archibald Ramsay est entré à l'Hôpital le 24 février 1875; il était atteint d'une tumeur cérébrale ; il est mort le 9 mars. » M. Black ajoute : « Aucun des employés qui sont actuellement à la maison n'y était à cette époque ; je ne puis par conséquent vous dire à quelle heure il est mort. » Mme Bolland a eu la bonté de rechercher à la bibliothèque de Gibraltar quel jour elle avait pris le livre qu'elle lisait, mais elle n'a pu retrouver cette date

aller. Vous vous rappelez peut-être que Pearson se tenait près de la porte, et qu'il semblait avoir introduit ma visite mystérieuse. S'il avait donné congé un jour plus tard, j'aurais dit qu'il avait entendu parler de l'événement par les domestiques des maisons où j'en avais parlé moi-même. Mais il donna son congé le jour même, et avant que j'eusse parlé de la chose à personne.

Je n'ai pas su et je ne sais pas encore ce qu'il a voulu dire. J'étais troublée mais non pas effrayée, et je ne voulais pas courir le risque d'alarmer ma maison; aussi, lorsque ma bonne me rapporta ce qu'il avait dit, je répondis seulement : « C'est absurde », et ce fut tout sur ce sujet. Il nous quitta, et la nouvelle de la mort de Ramsay nous arriva après son départ; autrement, je pense, j'aurais été disposée à le questionner sur ce sujet.

§ 15. — Si nous admettons chez le sujet le pouvoir d'élaborer à l'état de veille en une vision complexe l'idée ou l'impression qui lui aura été transmise, nous nous débarrassons d'un des plus sérieux obstacles qui s'opposaient à ce que l'on reconnût l'existence des phénomènes de télépathie. Les apparitions ayant été souvent conçues comme douées d'une existence objective et indépendante, il semblait aux sceptiques qu'on avait assez montré qu'elles n'avaient aucune réalité, lorsqu'on avait établi qu'elles ne faisaient que refléter ce qu'il y avait dans l'esprit de ceux qui les voyaient. Les études récentes sur le *folklore* ont montré que les phénomènes de cette espèce dans les divers temps et les divers pays étaient en relation étroite avec les opinions et les habitudes courantes; si une apparition qui coïncidait avec un événement réel présentait quelqu'un de ces traits empruntés aux habitudes d'esprit du sujet, on s'appuyait sur cela pour affirmer le caractère purement subjectif du phénomène, et l'on fermait les yeux sur le fait essentiel, le fait de la coïncidence. Mais, si l'on considère les apparitions comme des rêves de la veille, l'objection perd toute sa force. On ne peut plus dire que la croyance à la réalité de ces phénomènes soit une croyance sentimentale ou superstitieuse; le fait nu de la coïncidence n'est pas plus sentimental ou superstitieux que stoïque ou sceptique; l'esprit peut teindre de sa couleur une hallucination aussi aisément qu'un rêve, et il ne faut pas s'étonner que les habitudes mentales et les traditions qui ont imposé une forme particulière aux hallucinations subjectives imposent la même forme aux hallucinations d'origine télépathique. Les mêmes idées qui peuvent faire croire à une âme pieuse que la Vierge lui est apparue dans un bois peuvent aussi l'entraîner à objectiver sous la forme d'une figure vêtue de blanc, au visage rayonnant l'image d'un ami qui se meurt, et dont l'esprit exerce en réalité une action sur elle à ce moment (1).

Les exemples qui suivent le feront comprendre plus clairement encore.

LXIII. (203) M^me Allom, 18, Batoum Gardens, West Kensington Park, W., Londres.

28 juin 1885.

Je ne vois aucune raison de ne pas raconter comment ma mère m'a apparu au moment de sa mort, bien que ce soit un sujet dont j'aie rarement parlé, parce que c'est un événement que je tiens pour sacré, et parce que je ne voudrais pas qu'on mît mon histoire en doute, ou qu'on se moquât d'elle.

J'entrai dans une école en Alsace, au mois d'octobre 1852; j'avais alors 17 ans. Ma mère resta en Angleterre ; sa santé était délicate. Vers Noël 1853, quatorze mois après mon départ de la maison, j'appris que l'état de santé de ma mère avait empiré, mais je ne soupçonnais pas que sa vie fût en danger. Le dernier dimanche de février 1854, entre 1 et 2 heures de l'après-midi, j'étais assise dans une grande étude à l'école. Je lisais, lorsque subitement la figure de ma mère m'apparut au bout le plus éloigné de la chambre. Elle était penchée en arrière, comme couchée dans son lit, et elle avait une chemise de nuit. Sa figure, doucement souriante, était tournée vers moi, et l'une de ses mains levée vers le ciel.

L'apparition passa lentement, à travers la pièce ; elle s'éleva en marchant, jusqu'au moment où elle disparut. Le corps et le visage semblaient ravagés par la maladie, et jamais je n'avais vu ainsi ma mère pendant sa vie ; ses traits étaient couverts d'une pâleur mortelle.

Depuis le moment où je vis l'apparition je fus convaincue que ma mère était morte. J'étais tellement impressionnée qu'il m'était impossible de prêter attention à mes études, et c'était pour moi un véritable chagrin de voir ma sœur cadette jouer et s'amuser avec ses compagnes. Deux ou trois jours plus tard, après les prières, ma maîtresse m'appela dans sa chambre. Aussitôt que nous y fûmes entrées, je lui dis : « Vous n'avez pas besoin de me le dire, je sais que ma mère est morte. » Elle me demanda comment je pouvais le savoir. Je ne lui donnai pas d'explications, mais je lui dis que je le savais depuis trois jours. J'appris plus tard que ma mère était morte le dimanche et à l'heure même où je l'avais vue, et qu'elle était morte sans

(1) Edition anglaise (202) M^lle S.

connaissance; elle était sans connaissance depuis un jour ou deux.
Je ne suis pas une femme d'imagination, et je ne suis pas impressionnable, et ni avant, ni après il ne m'est rien arrivé de pareil.

Isabel Allom.

La mère de M^{me} Allom était M^{me} Carrick, femme de M. Thomas Carrick, le peintre miniaturiste bien connu. M^{me} Allom a eu l'obligeance d'obtenir pour moi copie d'une note prise par son père sur une vieille bible de famille. Cette note dit que M^{me} Carrick mourut le 30 janvier 1854, et nous avons vérifié cette date dans le *Times*. C'était un lundi, et non pas un dimanche.

M^{me} Allom est sûre de n'avoir jamais eu d'hallucination dans d'autres circonstances. Cependant une fois elle eut une *illusion* assez frappante : Un arbre de Noël prit un instant à ses yeux l'aspect de la forme de sa mère. C'est une personne pratique, et elle m'assure que son esprit a toujours été libre de chimères et de superstitions.

Sa sœur était délicate et nerveuse, c'est pourquoi M^{me} Allom ne lui avait pas parlé de la vision décrite plus haut. Si ses souvenirs sont exacts, lorsqu'elle raconte que la vision a eu lieu un dimanche (1), l'hallucination n'en tomberait pas moins au moment le plus critique de la maladie. C'est par une erreur de mémoire ou un *lapsus calami* qu'elle a écrit février pour janvier ; cela semble du moins évident ; il est en effet tout à fait contradictoire avec le reste du récit, que la vision ait suivi la mort d'un mois ou même d'une semaine.

LXIV. (206) Lieut.-colonel Jones, 8, Sussex Place, N. W., Londres. C'est un homme dont l'esprit est libre de toute superstition. Il nous a montré une lettre de son père, écrite à l'époque de l'événement, où il fait allusion à l'apparition.

1883.

En 1845, j'étais avec mon régiment à Moulmein, en Birmanie. Dans ce temps-là, il n'y avait pas de courrier direct ; c'étaient les vaisseaux à voiles qui nous apportaient nos lettres ; elles nous arrivaient quelquefois par paquets. Nous restions parfois des mois sans avoir de nouvelles de chez nous.

---

(1) Il se peut que ce souvenir ne soit qu'une inférence inconsciente ; M^{me} Allom peut avoir rapproché sans le vouloir l'idée que sa mère était morte un dimanche et le souvenir qu'elle avait d'une étroite coïncidence entre les deux faits.

Dans la soirée du 24 mars 1845, je dînais avec d'autres personnes chez un ami. Assis après le dîner sous la vérandah, avec les autres invités, j'étais engagé dans une conversation sur les affaires locales, quand tout d'un coup je vis *distinctement* devant moi un cercueil et, étendue dans ce cercueil, avec toutes les apparences de la mort, une de mes sœurs, ma favorite, qui était alors à la maison. Bien entendu, je m'arrêtai de parler, et tout le monde me regarda plein d'étonnement. On me demanda ce que j'avais ; je racontai en riant ce que j'avais vu, et on prit mon récit pour une plaisanterie. Quelques heures plus tard, je retournai chez moi en compagnie d'un officier, beaucoup plus âgé que moi (feu le Major-Général en retraite, George Briggs, de l'Artillerie de Madras, dans ce temps-là le capitaine Briggs) ; il revint sur ce sujet et me demanda si j'avais reçu des nouvelles de la maladie de ma sœur. Je lui répondis que non, ajoutant que les dernières lettres de la maison dataient d'à peu. près trois mois. Il me pria de noter la vision, parce qu'il avait entendu parler déjà de pareils faits. Je le fis, et je lui montrai la note que j'avais prise sur un almanach en face de la date du jour. Le 17 mai suivant je reçus une lettre de la maison, m'annonçant que ma sœur était morte ce même jour, c'est-à-dire le 24 mars 1845. R. WALLER JONES.

Le colonel Jones apprit seulement que la mort avait eu lieu dans la matinée du 24 mars ; il ne sut pas l'heure avec plus de précision. On avait dîné de bonne heure et c'est après le dîner qu'il vit la vision. En tenant compte de la différence de longitude, la coïncidence était assez complète et peut-être même tout à fait exacte. Le frère et la sœur étaient très attachés l'un à l'autre.

Il faut noter que très souvent les figures sont lumineuses aussi bien dans les hallucinations télépathiques que dans les hallucinations subjectives. Peut-être ces hallucinations lumineuses ont-elles contribué à faire considérer une lumière mystérieuse comme le signe de la présence de quelque être surnaturel. D'une manière générale la lumière joue un très grand rôle dans les hallucinations ; tantôt c'est une chambre sombre brusquement illuminée, tantôt c'est une personne qui apparaît une bougie à la main, tantôt c'est la figure même qui éclaire toute la pièce (1).

---

(1) Sont aussi mentionnés dans l'édition anglaise les cas suivants : (204) M$^{me}$ C., Upper Hamilton Terrace, N. W., Londres ; (205) Extrait des *Mémoires de Georgiana, Lady Chatterton*, par E. H. Dering son second mari, p. 185-186 ; (207) M$^{me}$ Larcombe, 8 Ruuton-Street, Hornsey Rise, N., Londres ; (208) M$^{me}$ Uduy, 61, Westbourne Park Villas, W., Londres.

§ 16. — Nous avons montré maintenant que, dans un grand nombre de cas, c'est l'esprit même du sujet qui fournit les traits les plus frappants de l'image hallucinatoire qu'il objective, mais il est d'autres cas où certaines particularités du costume ou de l'attitude de l'agent ne pouvaient être connues du sujet et où, cependant, elles se retrouvent dans l'hallucination qu'il a éprouvée. Ce n'est plus alors une impression vague qui a été transmise par l'esprit de l'agent à celui du sujet, mais une image nette et détaillée. Il n'y a, au reste, aucune raison pour ne pas admettre qu'une image de cette espèce puisse occuper une certaine place dans l'esprit de l'agent, et il ne faut pas oublier qu'il suffit qu'un détail de l'habillement soit inaccoutumé pour qu'il s'empare, en quelque sorte, de la conscience. Si même la particularité dont il s'agit est telle que l'agent s'y soit accoutumé, si par exemple ses cheveux ont blanchi, il est cependant probable qu'il lui reste dans l'arrière-fond de sa conscience quelque sentiment de son propre aspect. C'est ainsi que l'on peut expliquer que dans des cas rares, mais qui reposent sur des témoignages certains, quelques personnes aient vu leur apparaître leur « double », qu'en réalité elles se soient apparu à elles-mêmes. Il convient de rappeler que des expériences ont montré que des idées qui sont hors du domaine de la conscience actuelle peuvent être transmises par un esprit à un autre.

La *clairvoyance* du sujet peut donc être regardée comme d'origine télépathique ; ce n'est que le pouvoir anormalement agrandi de recevoir des impressions d'un autre esprit, ou plutôt le pouvoir d'en recevoir des couches les plus profondes et les plus cachées de cet esprit.

Il existe des exemples très frappants de ces hallucinations qui renferment des traits inconnus au sujet, mais il faut remarquer qu'un récit, parfaitement exact en ce qui est essentiel, je veux parler de la coïncidence qui établit l'origine télépathique de l'apparition, peut ne l'être point dans les détails. Une *coïncidence frappante* peut suggérer une *coïncidence détaillée* ; et des détails connus par ailleurs peuvent, de bonne foi, être imaginés après coup par le sujet comme parties intégrantes de son hallucination.

LXV. (210) Capitaine G.-F. Russell Colt. Gartsherrie, Coatbridge, N. B.

1882.

Je passais mes vacances à la maison, je demeurais avec mon père et ma mère non pas ici, mais dans le Mid-Lothian, dans une autre vieille résidence de famille, construite par un de nos ancêtres au temps de Marie, reine d'Ecosse, et appelée Inveresk House. Ma chambre à coucher était une vieille pièce curieuse, longue et étroite, avec une fenêtre à un bout, et une porte à l'autre. Mon lit était à gauche de la fenêtre et regardait la porte. J'avais un frère, qui m'était bien cher, mon frère aîné, Olivier; il était lieutenant au 7° Royal Fusiliers. Il avait à peu près 19 ans, et il se trouvait à cette époque devant Sébastopol depuis quelques mois. J'entretenais une correspondance suivie avec lui.

Un jour il m'écrivit dans un moment d'abattement, étant indisposé; je lui répondis de reprendre courage, mais que, si quelque chose lui arrivait, il devait me le faire savoir en m'apparaissant dans ma chambre où, jeunes garçons, nous nous étions si souvent assis, le soir, fumant et bavardant en cachette. Mon frère reçut cette lettre (comme je l'appris plus tard) comme il sortait pour aller recevoir la sainte cène; le clergyman qui la lui a donnée me l'a raconté. Après avoir communié, il alla aux retranchements, il ne revint pas; quelques heures plus tard commença l'assaut du Redan. Lorsque le capitaine de sa compagnie fut tombé, mon frère prit sa place, et il conduisit bravement ses hommes. Bien qu'il eût déjà reçu plusieurs blessures il faisait franchir les remparts à ses soldats, lorsqu'il fut frappé d'une balle à la tempe droite. Il tomba parmi des monceaux d'autres soldats; il fut trouvé dans une sorte de posture agenouillée (il était soutenu par d'autres cadavres), 36 heures plus tard. Sa mort eut lieu, ou plutôt il tomba, peut-être sans mourir immédiatement, le 8 septembre 1855.

Cette même nuit je me réveillai tout d'un coup. Je voyais en face de la fenêtre de ma chambre, près de mon lit, mon frère à genoux, entouré à ce qu'il me semblait d'un léger brouillard phosphorescent. Je tâchai de parler, mais je ne pus y réussir. J'enfonçai ma tête dans les couvertures; je n'étais pas du tout effrayé (nous avons tous été élevés à ne pas croire aux esprits ni aux apparitions), mais je voulais simplement rassembler mes idées, parce que je n'avais pas pensé à lui, ni rêvé de lui, et que j'avais oublié ce que je lui avais écrit une quinzaine avant cette nuit-là. Je me dis que ce ne pouvait être qu'une illusion, un reflet de la lune sur une serviette ou sur quelque autre objet hors de sa place. Mais lorsque je levai les yeux il était encore là, fixant sur moi un regard plein d'affection, de supplication et de tristesse. Je m'efforçai encore une fois de parler, mais ma langue était comme liée; je ne pus prononcer un son. Je sautai du lit, je regardai par la fenêtre et je m'aperçus qu'il n'y avait pas de clair de lune: la nuit était noire, et il pleuvait à grosses gouttes, à en juger d'après le bruit qu'on entendait contre les carreaux; je me retournai, et je vis encore le pauvre Olivier; je fermai les yeux, je marchai à travers l'apparition (1) et j'arrivai à la porte de la chambre. En tournant le bouton, avant de sortir, je regardai encore une fois en arrière. L'apparition tourna lentement la tête vers moi et me jeta encore un regard plein d'angoisse et d'amour. Pour la première fois je remarquai alors à la tempe droite une blessure d'où coulait un filet rouge. Le visage avait un teint pâle, comme de la cire, mais transparent; transparente était aussi la marque rouge. Mais il est presque impossible de décrire l'apparence de la vision. Je sais seulement que je ne l'oublierai jamais. Je quittai la chambre et j'allai dans celle d'un ami, où je m'installai sur le sofa pour le reste de la nuit; je lui dis pourquoi j'étais venu chez lui. Je parlai aussi de l'apparition à d'autres personnes dans la maison, mais, lorsque j'en parlai à mon père, celui-ci m'ordonna de ne pas répéter un tel non-sens, et surtout de n'en rien dire à ma mère.

Le lundi suivant (2) il reçut une note de sir Alexandre Milne annonçant que le Redan avait été pris d'assaut, mais sans lui donner de détails. Je dis à mon ami de m'avertir s'il voyait avant moi le nom de mon frère parmi les tués et les blessés. Environ une quinzaine plus tard, il entra dans la chambre à coucher que j'occupais dans la maison de sa mère à Athole Crescent, Edinburgh. Je lui dis l'air très grave : « Je suppose que vous venez pour me communiquer la triste nouvelle que j'attends. » Il répondit : « Oui. » Le colonel du régiment et un officier ou deux, qui avaient vu le cadavre, disaient que l'aspect du corps était bien celui que j'avais décrit. La blessure mortelle était exactement là où je l'avais vue. Mais personne ne put dire s'il était réellement mort tout de suite. Son apparition, dans ce cas, devait avoir eu lieu quelques heures après sa mort, car je l'avais vu quelques minutes après 2 heures du matin. Quelques mois plus tard, on renvoya à Inveresk un petit livre de prières *et la lettre que je lui avais écrite*. Les deux objets avaient été trouvés dans la poche intérieure de la tunique qu'il portait au moment de sa mort; je les ai encore.

Le récit de la *London Gazette Extraordinary* du 22 septembre 1855 prouve que l'assaut du Redan a commencé dans l'après-midi (*shortly after noon*) du 8 septembre, et qu'il dura au moins une heure et demie. Le rapport de Russell nous apprend « que les morts, les moribonds et les non-blessés étaient empilés pêle-mêle ». On recherchait encore les blessés dans la matinée

---

(1) Dans ma collection d'hallucinations purement subjectives il y a un cas où cette même expression est employée.
(2) La communication avec la Crimée ne se faisait alors par télégraphe que pour une partie du chemin.

du 9 septembre. L'heure exacte de la mort du lieutenant Olivier Colt n'est pas connue.

Le capitaine Colt nous dit dans une autre lettre :

Mon père reçut la lettre de l'amiral Milne juste au moment où nous partions en voiture pour visiter des ruines situées à une distance de quelques milles. Mon père conduisait, j'étais assis à côté de lui, et il fit l'observation : « J'ai bien fait de vous dire de ne pas parler à votre mère de l'apparition de votre frère Olivier. J'espère que vous défendrez à toutes les personnes, auxquelles vous en avez parlé, de raconter cet incident, parce que, à présent, depuis cette nouvelle, votre mère serait doublement tourmentée. »

Le capitaine Colt nous a nommé plusieurs personnes qui pourraient confirmer son récit. Sa sœur, M<sup>me</sup> Hope, de Fermoy, nous a envoyé la lettre suivante :

Le 12 décembre 1882.

Dans la matinée du 8 septembre 1855, mon frère, M. Colt, nous a raconté, à moi, au capitaine Ferguson du 42<sup>e</sup> régiment, qui est mort depuis, au major Dorwick de la Rifle Brigade (qui vit encore) et à d'autres, qu'il s'était réveillé pendant la nuit et qu'il avait vu, lui avait-il semblé, mon frère aîné, le lieutenant Olivier Colt, des « Royal Fusiliers » (alors en Crimée), qui se tenait debout entre le lit et la porte. Il avait vu qu'Olivier avait été blessé de plusieurs balles ; je me souviens qu'il nous a parlé d'une blessure à la tempe. Mon frère s'était levé ; il s'était précipité les yeux fermés vers la porte et en se retournant il avait vu l'apparition, qui se tenait entre lui et le lit. Mon père lui ordonna de ne plus parler de cela pour ne pas effrayer ma mère ; mais bientôt après arriva la nouvelle de la chute du Redan et de la mort de mon frère. Deux années plus tard, mon mari, le colonel Hope, invita mon frère à dîner. Mon mari n'était alors encore que lieutenant aux Royal Fusiliers, et mon frère enseigne aux Royal Welsh Fusiliers. Ils parlèrent à dîner de mon frère aîné. Mon mari indiquait quel était l'aspect de son cadavre, quand on l'avait trouvé, lorsque mon frère décrivit ce qu'il avait vu. A l'étonnement de toutes les personnes présentes, la description des blessures correspondait aux faits.

Mon mari était l'ami le plus intime de mon frère aîné ; il était parmi ceux qui virent le cadavre immédiatement après qu'on l'eut trouvé.

On remarquera que ce récit diffère du précédent sur deux points, ce qui cependant ne diminue pas grandement sa valeur. L'apparition avait eu lieu en réalité le 9 septembre et non le 8, mais il est très naturel que la vision ait été associée à la date *mémorable*, c'est-à-dire au 8 septembre ; la figure était à genoux et non pas debout.

LXVI. La narratrice, Mlle L..., se refuse à la publication de son nom, pour des raisons de famille. Nous devons ce récit à l'obligeance du colonel Taylor, du Royal military College, Farnborough.

Un jour, à la fin de juillet, vers 1860, à trois heures de l'après-midi, j'étais assise dans le salon du presbytère. Je lisais et mes pensées étaient entièrement occupées de ma lecture. Tout d'un coup, en levant les yeux, je vis très distinctement un vieux monsieur, mince et de haute taille, entrer dans la chambre et se diriger vers la table. Il portait un manteau singulier et démodé que je reconnus pour appartenir à mon grand-oncle. Je regardai alors fixement le vieillard, et, bien que je n'eusse pas vu mon grand-oncle depuis ma première enfance, je me rappelai parfaitement ses traits et son apparence. Il tenait à la main un rouleau de papier, et il avait l'air d'être très agité. Je n'étais pas alarmée le moins du monde, car je croyais fermement que c'était mon oncle, et, ne sachant rien de sa grave maladie, je lui demandai s'il voulait voir mon père qui, ajoutai-je, n'était pas à la maison. Il me sembla alors qu'il devenait encore plus agité et plus affligé, mais il ne fit aucune observation. Puis il quitta la chambre par la porte à demi ouverte. Je remarquai qu'il paraissait n'avoir pas marché dans la boue et sous la pluie, bien que la journée fût pluvieuse. Il n'avait pas de parapluie, mais une grosse canne que je reconnus tout de suite, lorsque mon père la rapporta à la maison après l'enterrement. Lorsque je questionnai les domestiques sur cette visite, ils me dirent qu'ils n'avaient vu entrer personne. Mon père reçut par le courrier suivant une lettre, où on le priait de venir chez mon oncle, qui était fort malade, en Leicestershire. Il partit tout de suite, mais à son arrivée il apprit que notre oncle était mort à 3 heures cette même après-midi où je l'avais vu. Avant de mourir il avait demandé plusieurs fois d'une manière anxieuse et agitée mon père, en l'appelant par son nom, et on trouva un rouleau de papier sous son oreiller.

Je dois dire que mon père était son unique neveu ; il n'avait pas de fils, et il avait toujours laissé entendre à mon père qu'il aurait un legs important. Ce ne fut cependant pas le cas, et on suppose que, se rappelant la bonne amitié qui l'avait toujours lié avec mon père, il avait éprouvé dans sa dernière maladie le désir de refaire son testament, mais il était trop tard.

E.-F. L.

Mlle L... ajoute en réponse à nos questions :

J'ai raconté à ma mère et à un de mes oncles cette étrange apparition *avant* que la nouvelle ne soit arrivée ; j'en parlai aussi à mon père immédiatement après son retour. Tous les trois sont morts à présent. Ils m'ont conseillé de tâcher d'oublier cet incident, mais ils convenaient que ce ne pouvait être une simple imagination : je décrivais mon oncle trop exactement, et ils savaient que je n'étais ni nerveuse ni superstitieuse. Je suis tout à fait sûre d'avoir raconté au major Taylor les faits en toute vérité et avec la plus grande exactitude. Les faits sont aussi frais dans mon souvenir que s'ils s'étaient passés seulement hier, bien que tant d'années se soient écoulées depuis lors.

Je peux vous assurer que rien de pareil ne m'est arrivé ni avant, ni après cet événement.

Je n'ai jamais été sujette à aucune fantaisie d'imagination. L'étrange apparition a eu lieu le jour, en pleine lumière et pendant que je lisais le *Illustrated Newspaper*; il n'y avait rien là qui pût m'exciter l'imagination.

Une note du *Leicestershire Chronicle* prouve que la mort a eu lieu le 4 août 1855, et l'événement est donc plus reculé que Mlle L... ne le pense.

Nous avons donné maintenant des exemples suffisants (1) des cas où l'hallucination présente quelque détail caractéristique qui nous permet de rapporter la formation de l'image soit à l'esprit du sujet soit à celui de l'agent. Mais dans la majorité des cas ces particularités font défaut, et il nous paraît sage d'attribuer alors tous les détails de l'apparition à l'activité propre du sujet. Il est presque nécessaire dans notre civilisation actuelle que, lorsqu'une personne objective l'image d'un être humain, elle lui apparaisse habillée de quelque vêtement ; il est donc plus simple de supposer que le sujet tire de son propre fonds la matière de son hallucination que d'imaginer qu'une image claire et complète a été transmise à l'esprit du sujet par la partie inconsciente ou semi-consciente de l'esprit de l'agent.

§ 17. — Nous avons achevé maintenant la comparaison que nous avons établie entre les hallucinations subjectives et les hallucinations télépathiques. Aux cinq caractères généraux de ressemblance que nous avons déjà mentionnés, il faut ajouter les

---

(1) Sont également rapportés dans l'édition anglaise les cas suivants : (212) Dr Bowstead, Caistor ; (213) M. John Hernaman, F. S. A., directeur de l'école de Lambeth, Hercules Building, S. E, Londres ; (214) M. G.-H. Redfern, 20, Great Ancoats Street, Manchester ; (215) M. Rouse, Jarvis Road, Croydon ; (216) Mme Peak, 3, Fairfax Place, Dartmouth ; (217) M. Timothy Cooper (Light, janvier 1882).

divers modes de développement graduel, les formes fantastiques
ou bizarres sous lesquelles s'objectivent les images, l'apparence
lumineuse que revêtent fréquemment les apparitions, et enfin le
fait que d'une manière très générale il n'apparaît à la fois dans
une hallucination qu'une seule figure humaine. Disons en outre
qu'il est extrêmement rare qu'une hallucination représente une
personne qui se trouve à ce moment avec le sujet. Le fait peut
paraître étrange tout d'abord ; je suppose que l'explication qu'il
en faut donner doit être analogue à la raison qui fait que les
étoiles ne sont pas visibles en plein jour ; si parfois nos
absents nous apparaissent, c'est que nous nous sentons amis
en quelque sorte privés d'eux, nous ne pouvons plus éprouver
ce sentiment lorsqu'ils sont avec nous, et la sensation actuelle
que nous donne leur présence agit comme réducteur sur l'image
hallucinatoire qui pourrait tendre à se former. Il semble, au reste,
que les hallucinations se produisent plus aisément quand le
sujet est seul.

Les différences qui existent entre les deux classes de phénomènes ont une non moins grande importance : c'est, d'une part, le fait que les hallucinations visuelles sont, parmi les hallucinations télépathiques, beaucoup plus fréquentes que les hallucinations auditives; c'est, d'autre part, la proportion considérable d'apparitions non reconnues parmi les hallucinations subjectives, apparitions que l'on ne rencontre que rarement dans les cas de télépathie.

# CHAPITRE X

### THÉORIE DE LA COÏNCIDENCE FORTUITE

Il faut maintenant examiner sérieusement une hypothèse à laquelle j'ai plusieurs fois fait allusion, mais dont on ne pouvait faire complètement la critique qu'après avoir étudié au préalable les hallucinations sensorielles. J'ai essayé de montrer que les apparitions sont bien en effet des hallucinations; on doit, à mon sens, les considérer comme des images projetées au dehors par le cerveau du sujet, images qui se transforment pour lui en des objets réels. Nous avons constaté que, dans un certain nombre de cas qui peuvent être pris comme types, une apparition a coïncidé presque exactement avec l'instant de la mort de la personne dont elle faisait imaginer la présence, ou de quelque crise grave de sa vie. Voici maintenant la question qui se pose pour nous : ces coïncidences peuvent-elles ou ne peuvent-elles pas s'expliquer comme des coïncidences accidentelles? Si elles peuvent s'expliquer par le hasard, la théorie de la télépathie, en tant du moins qu'elle s'applique aux apparitions, n'est plus soutenable. Si ces coïncidences ne peuvent s'expliquer ainsi, l'existence de la télépathie est alors démontrée par les témoignages que nous avons réunis, et les seules objections que l'on puisse faire à cette preuve, c'est que ces témoignages, ou du moins une grande partie d'entre eux ne sont pas dignes de foi. Il est très nécessaire de distinguer ces deux questions. Peut-on se fier à ces témoignages? Si l'on peut s'y fier, que prouvent-ils? C'est la seconde question qu'il nous faut maintenant traiter. Dans ce chapitre-ci, nous admettons que ces récits sont, d'une manière générale, dignes de confiance; que, dans la plupart des cas, les faits essentiels, c'est-à-dire l'apparition, la mort et leur coïncidence ont été correctement rapportés.

Voici donc comment la question se pose. Un certain nombre de coïncidences d'un genre particulier ont eu lieu ; est-ce ou non par hasard ? Il y a sans doute des personnes qui ne s'aperçoivent pas que cette question réclame un examen approfondi. Elles la résolvent à priori. « Il se produit constamment des coïncidences très surprenantes, disent-elles. Personne ne pense à les attribuer à autre chose qu'au hasard ; pourquoi celles-ci, qui ne sont pas plus surprenantes que les autres, ne pourraient-elles pas s'expliquer de la même manière ? » Cette manière d'envisager la question doit à peine nous retenir : l'important en effet, ce n'est pas que ces coïncidences soient surprenantes, mais c'est que ces coïncidences surprenantes se répètent. C'est là évidemment un fait qui demande à être examiné avec une méthode particulière, à laquelle souvent on a eu recours dans des cas analogues, le calcul des probabilités. L'application précise de cette méthode, même aux cas simples, semble toutefois demander plus de soins qu'on n'en prend d'ordinaire.

Il faut s'appliquer particulièrement à déterminer tout d'abord avec précision la classe de phénomènes à laquelle doit s'appliquer le calcul des probabilités.

Il arrive souvent que l'on considère en bloc les rêves, les hallucinations, les impressions, les avertissements et les pressentiments ; l'argumentation qui porte à la fois sur ces diverses classes de phénomènes est nécessairement une argumentation superficielle.

Un psychologue étranger a pu dire que le caractère subjectif des faits que nous attribuons à la télépathie lui paraissait suffisamment démontré par cette considération qu'il est probable que 1 personne au moins sur 100 est sujette à avoir des rêves, des illusions, des visions, etc., d'une remarquable intensité et que chacune de ces personnes a un rêve ou une vision une fois par semaine. Il est évident que pour les groupes dont les membres voient leurs amis apparaître une fois la semaine, la coïncidence d'une de ces hallucinations avec la mort de la personne qui est apparue n'aurait aucun intérêt. Mais nous n'avons jamais constaté de fait de ce genre ; les cas où le sujet a reconnu la personne qui lui apparaissait et où la mort de cette personne a coïncidé avec le moment de l'apparition sont dans ce livre au nombre de 109 ; de ces 109 personnes, il n'en est qu'un très petit nombre qui aient éprouvé dans leur vie une autre hallucination visuelle. Si un critique se bornait à parcourir la table des matières de ce livre, il pourrait s'imaginer que les rêves constituent l'un des anneaux de notre raisonnement ; c'est là un malentendu qu'il convient d'écarter. Bien que nous ne séparions pas l'un de l'autre le rêve et l'hallucination au point de vue psychologique, nous les avons distingués avec soin au point de vue de leur valeur comme preuves. C'est à chacune de ces deux classes de phénomènes qu'il convient d'appliquer séparément le calcul des probabilités.

§ 2. — Il est évident qu'il y a deux points à élucider : quelle est la fréquence des hallucinations qui ont manifestement coïncidé avec des événements réels, quelle est la fréquence des hallucinations qui n'ont coïncidé avec aucun événement. La théorie de la coïncidence fortuite repose en effet sur deux postulats : le premier, c'est que les coïncidences elles-mêmes sont extrêmement rares ; le second, c'est que les hallucinations sont extrêmement fréquentes. Si chacun de nous avait vu lui apparaître ses amis ou ses parents, il ne faudrait point s'étonner que très fréquemment ces hallucinations coïncidassent avec la mort de la personne qui est apparue, puisque chaque année nous perdons quelqu'un de nos parents ou de nos amis ; si au total ces coïncidences sont rares, on voit qu'on ne saurait songer à les attribuer à autre chose qu'au hasard.

Mais ni l'un ni l'autre de ces faits ne nous paraît établi ; les partisans de la théorie de la coïncidence fortuite les affirment arbitrairement. Il semble même que, sur le second point, nous voulons dire la fréquence des hallucinations, l'accord soit fait ; il paraît universellement admis qu'elles sont fort rares ; c'est aux partisans de la théorie du hasard à faire la preuve du contraire. Si nous prenons un de nos critiques et que nous le mettions en face de la question, il s'en tirera par une fin de non-recevoir ; demandons-lui par exemple : « Si *vous*, vous voyiez dans votre chambre votre frère que vous savez à cent milles de là, s'il disparaissait sans que la porte soit ouverte et si une heure plus tard vous receviez un télégramme qui annonce sa mort subite, comment expliqueriez-vous les faits ? » Il ne nous répondra pas : « Le jour et l'heure où mon frère est mort ont coïncidé avec l'heure et le jour où j'ai eu, moi, une hallucination ; c'est là une chose assez naturelle en raison de la fréquence des hallucinations » ; mais il nous dira : « C'est une supposition absurde ; il n'y a pas de fait authentique de cette espèce. » Sous la pression directe des faits il sentira instinctivement que le hasard ne peut servir à les expliquer.

Ce n'est point au bon sens cependant, mais à la statistique à trancher la question ; très souvent en l'absence de statistiques régulières, c'est sur des faits isolés que l'on s'appuie pour se former une opinion. A... a vu lui-même un de ses amis lui apparaître : son ami mourait à ce moment-là à quelque distance ; la liaison des deux faits lui semble évidente. B... a entendu parler de l'apparition d'une personne dont on était inquiet ; on s'était inquiété à tort ; il n'hésitera pas à attribuer au hasard ce qui est arrivé à A... Au reste on se sert souvent fort mal des statistiques. J'ai lu dans une revue importante qu'il suffisait pour attribuer légitimement les coïncidences au hasard que les cas où il n'y a point eu de coïncidences soient aussi nombreux que ceux où la coïncidence s'est produite. C'est un peu comme si l'on disait que, si au bout d'une heure de tir à la cible, la moitié des balles ont fait mouche, c'est par hasard.

§ 3. — Si l'on n'a pas recouru jusqu'à présent à la statistique pour trancher cette question, c'est en partie parce qu'on n'espérait point pouvoir réunir une quantité suffisante de faits pour en tirer une conclusion ; on s'imaginait qu'une enquête de cette espèce devait être faite dans de telles proportions que l'on ne pouvait sérieusement songer à la mener à bien. Avez-vous l'intention, m'a-t-on quelquefois demandé, de demander à chaque personne si pendant les vingt dernières années elle a éprouvé une hallucination et de dresser un tableau complet de toutes les coïncidences qui se sont produites pendant la même période, puis de comparer les deux listes ? Il n'est heureusement point nécessaire de se livrer à ce grand travail. Des chiffres approximativement exacts ne sont nécessaires que sur un point : la fréquence des hallucinations subjectives. Or ces chiffres peuvent être établis par une enquête qui porte sur une fraction quelconque de la population, pourvu qu'elle soit assez nombreuse et assez variée pour représenter fidèlement la totalité. Cette tâche même ainsi restreinte est fort ennuyeuse, car elle consiste en grande partie à enregistrer avec soin les réponses négatives. Celui qui croit à la télépathie peut s'imaginer qu'il fait plus pour démontrer le bien fondé de cette théorie en racontant à un dîner quelque coïncidence frappante, qu'en s'assurant que vingt de ses amis n'ont jamais éprouvé d'hallucination visuelle. Mais il ne faut pas se lasser de répéter sans cesse à ceux qui s'intéressent à nos recherches que cette enquête quantitative doit être faite, qu'elle est indispensable à la vérification de la théorie.

L'ennui de cette enquête n'est pas le seul obstacle que nous ayons rencontré ; on s'est parfois étrangement mépris sur le but que nous voulions atteindre. La circulaire que nous avons envoyée ne contenait pas un mot qui ait pu faire supposer que nous considérions les hallucinations comme un phénomène rare ou comme un phénomène fréquent ; nous indiquions simplement qu'il était indispensable de déterminer la fréquence de ce phénomène pour juger de la valeur de la théorie qui attribue les coïncidences au hasard. Et puisque les hallucinations sensorielles, quelle que soit d'ailleurs leur fréquence, sont un phénomène dont la réalité est admise au même titre que celle de la rougeole ou de l'achromatopsie, on ne pouvait guère supposer qu'il fût possible de se méprendre sur la question suivante :

*Vous est-il arrivé, depuis le 1ᵉʳ janvier 1874, d'éprouver l'impression nette de voir un être humain ou d'être touché par lui, sans que vous puissiez rapporter cette impression à aucune cause extérieure? Vous est-il arrivé, dans les mêmes conditions, d'entendre une voix humaine? Il ne s'agit ici que des impressions éprouvées lorsque vous étiez complètement éveillé.*

Il était certain que plus nous recevrions de *oui*, en réponse à notre question, c'est-à-dire plus grand serait le nombre des hallucinations purement subjectives, plus il deviendrait vraisemblable que le hasard peut fournir une explication valable de ces coïncidences ; moins au contraire seraient fréquentes les hallucinations purement subjectives, plus il deviendrait vraisemblable que l'hallucination qui coïncide avec un événement réel a pour cause véritable cet événement même. Nous sommes donc en droit de nous étonner qu'on ait pu supposer que nous recherchions seulement les réponses positives. On s'est imaginé que nous voulions seulement collectionner des histoires de revenants, et l'on a pris une enquête sur un point bien connu de la psychologie sensorielle pour une profession de foi dans l'existence du surnaturel.

§ 4. — Lorsque j'ai commencé cette enquête, j'espérais obtenir 50,000 réponses ; je n'ai réussi à en réunir actuellement que 5,705. Toutefois, bien que ce chiffre ne soit pas très élevé, toutes les personnes qui sont habituées à la statistique admettent qu'il est assez considérable pour que les conclusions qui le prennent pour fondement soient valables. Un petit groupe peut être le représentant exact d'un groupe plus considérable. Si l'on additionne les tailles de 50 des habitants de Londres, mâles et adultes, et que l'on divise par 50, on obtiendra à une très faible approximation la taille moyenne des habitants de Londres, mâles et adultes ; la seule condition à observer, c'est que ces 50 habitants soient pris au hasard. L'opération aurait porté sur 500 ou sur 500,000 habitants que le résultat n'en serait pas sensiblement modifié, mais c'est là le cas le plus simple. Lorsqu'il s'agit d'une particularité qui ne se retrouve pas chez toutes les personnes, il nous faut opérer sur des chiffres plus élevés. Si nous voulions savoir quelle est la fréquence de la fièvre typhoïde à Londres, il ne serait pas prudent de prendre au hasard 50 habitants et de nous en tenir à ces 50 cas pour établir notre moyenne, peut-être faudrait-il aller jusqu'à 500 ; s'il s'agissait d'un fait très rare comme la lèpre, nous serions obligés de faire usage de nombres beaucoup plus considérables encore. D'après ce que nous savons des hallucinations, nous pouvons affirmer que, bien qu'elles ne soient pas très fréquentes, elles ne sont pas non plus très rares ; le groupe de 5,705 personnes sur lequel a porté notre enquête nous semble donc suffisant. Il faut au reste remarquer que les partisans de la théorie du hasard admettent que les hallucinations sont un phénomène très commun, ce qui semblerait nous autoriser à opérer sur des nombres plus petits encore. En réalité, c'est un fait assez rare pour qu'il soit nécessaire d'établir notre statistique sur quelques milliers de cas.

La plus grande partie des réponses que nous avons reçues proviennent de personnes qui appartiennent à la classe cultivée, mais il y a dans cette classe même assez de variété pour que le groupe qui nous a servi à établir notre statistique soit un représentant fidèle de l'ensemble. Ajoutons que la plupart des cas d'hallucinations télépathiques proviennent eux aussi de gens de cette même classe.

§ 5. — Avant d'exposer des résultats auxquels nous sommes arrivés, il est utile d'aller au-devant de quelques objections. Tout d'abord on peut dire que, parmi les personnes qui répondent *non*, il en est un certain nombre qui ont en réalité éprouvé des hallucinations, mais qui ne s'en souviennent plus. Nous avons déjà rencontré la même objection à propos des rêves, mais elle perd beaucoup de sa force lorsqu'il s'agit des hallucinations de la veille. Sans doute les hallucinations peuvent présenter tous les degrés d'intensité et de précision, et il est fort possible qu'une hallucination très passagère, très vague et très peu intense, soit vite oubliée, mais les seules hallucinations qui nous importent ici sont celles qui sont à la fois précises et fortes. Ajoutons que si des oublis ont pu diminuer le nombre des *oui*, il a dû par contre arriver que bien des personnes qui n'ont eu en réalité que des hallucinations du caractère le plus vague aient répondu *oui*.

Voici maintenant une seconde objection : on a dit que des réponses inexactes ont pu nous être faites par des personnes qui voulaient s'amuser à nos dépens. Nous ne pouvons nier qu'il ne puisse y avoir des gens qui seraient fort heureux de nous mystifier, mais il faut avouer que, comme la seule réponse que l'on puisse faire à notre question c'est *oui* ou *non*, la plaisanterie ne serait pas fort drôle. En tous cas, il est fort probable que des personnes, qui chercheraient ainsi à se moquer de nous, répondraient *oui*. Si donc la proportion des hallucinations est assez faible pour qu'il soit impossible d'attribuer les coïncidences au hasard, l'objection qu'on nous adresse ne fait que donner plus de force encore à notre démonstration. On peut dire encore que les personnes qui ont eu des hallucinations peuvent être portées à nier le fait et à répondre *non*, quand il faudrait répondre *oui* ; c'est là une cause d'erreur qu'il nous faut bien reconnaître, mais nous ne croyons pas qu'elle ait pu modifier d'une manière très sensible les résultats de notre enquête ; les personnes que l'on interroge ont tout d'abord quelque hésitation à répondre, mais, lorsqu'on leur a expliqué le but de cette enquête et qu'on leur a promis que leur nom ne serait pas publié, cette hésitation disparaît d'ordinaire.

Il ne faut pas oublier, au reste, que les personnes qui nous ont aidé dans cette enquête ont eu en général une tendance à recueillir de préférence les réponses positives ; il est très difficile de faire comprendre aux gens que pour établir une statistique de cette espèce les réponses négatives ont la même importance que les autres.

§ 6. — Voici maintenant les résultats de l'enquête ; commençons par les hallucinations auditives. Sur les 5,705 personnes que nous avons interrogées, il y en a 96 qui dans ces 12 dernières années ont eu une hallucination auditive ; dans 44 la voix entendue a été reconnue ; dans 48 elle ne l'a point été ; pour les 4 autres la question est douteuse. Des 44 cas où la voix a été reconnue, il en est 13 où cette voix était celle d'une personne que l'on savait morte depuis quelque temps. Si nous ajoutons aux 31 cas qui restent la moitié des cas douteux, nous arriverons au total de 33. Sur ces 33 personnes, il en est 10 qui ont eu plus d'une hallucination. Nous aurions pu laisser de côté ces cas d'hallucinations multiples et ne tenir compte que de ceux où le sujet a éprouvé une seule hallucination : nous aurions ainsi laissé en dehors de notre enquête comparative les personnes qui semblent prédisposées aux phénomènes de ce genre, que leurs hallucinations aient ou non coïncidé avec des événements réels. Mais, comme il est possible que des personnes qui ont eu plusieurs hallucinations ne se soient souvenues que de l'une d'entre elles, nous tiendrons compte des cas d'hallucinations multiples et nous admettrons que chacune des 10 personnes dont nous avons parlé a eu 4 hallucinations en ces 12 dernières années ; il faut donc ajouter 30 au chiffre précédemment indiqué de 33. Sur 5,705 personnes, il y en aurait donc 63 qui auraient eu en ces 12 dernières années une hallucination du type que nous avons indiqué, soit $\frac{1}{90}$. Cherchons maintenant quelle devrait être cette proportion pour que nous puissions légitimement attribuer au hasard la coïncidence de ces hallucinations avec les événements réels. Nous nous en tiendrons aux cas où l'événement réel est la mort de la personne dont on a reconnu la voix. Nous avons pour faire ce choix une double raison : la première, c'est que la mort est l'événement qui se rencontre le plus souvent dans les récits que nous avons recueillis ; la seconde, c'est que c'est un événement sur lequel il est impossible de se tromper et qui n'arrive qu'une fois à chaque individu.

Les comptes rendus officiels donnent, nous l'avons déjà dit, $\frac{22}{1000}$ comme moyenne actuelle de la mortalité, ce qui fait que la mortalité moyenne des parents et des amis de quelqu'un en un espace de 12 ans est de $\frac{264}{1000}$. La probabilité qu'une personne qui a éprouvé une hallucination l'ait éprouvée pendant la même période de 12 heures où est mort un de ses amis ou de ses parents est représentée par $1 \times \frac{12 \times 365 \times 1000}{264}$ ou $\frac{1}{16501}$; c'est-à-dire qu'il faudrait que, pour chaque hallucination qui correspond à un événement réel, il y en eût 16,590 qui ne correspondissent à aucun événement; mais nous avons trouvé 15 cas où cette coïncidence a été démontrée, il faudrait donc, pour que ces coïncidences puissent être attribuées au hasard, qu'il y ait eu en ces 12 années 182,501 hallucinations dans le groupe de personnes qui nous ont fourni les cas d'hallucinations véridiques.

Il faut maintenant évaluer le nombre des personnes qui composent ce groupe ; c'est une évaluation qui ne peut être qu'approximative ; il est donc nécessaire de forcer les chiffres, pour ne pas paraître les tourner à notre profit. Notre moyen principal pour obtenir des renseignements a été de faire mettre des annonces dans les journaux ; ces annonces ont paru dans 1,500,000 numéros environ, mais on n'en saurait conclure que tous les paragraphes de tous les journaux ont été lus par toutes les personnes qui ont lu ces journaux ni même par $\frac{1}{10}$ d'entre elles. Nous pouvons cependant supposer en forçant un peu les chiffres que 250,000 personnes ont prêté quelque attention à ces annonces. Si nous fixons à 50,000 le nombre des personnes qui ont été informées de nos recherches par des amis, nous arriverons au chiffre total de 300,000, c'est-à-dire $\frac{1}{80}$ de la population.

Personne, pour peu qu'il réfléchisse, ne pensera que ce chiffre soit trop faible. Pourrait-on imaginer par exemple que, si l'on interrogeait les 1,000 premiers adultes que l'on rencontrerait dans les rues d'une grande ville, on en trouverait 12 ou 13 qui aient entendu parler de notre enquête (1). Pour les campagnes une pareille supposition est encore plus invraisemblable. Ajoutons que c'est une concession presque excessive à nos adversaires que d'imaginer que nous avons recueilli toutes les hallucinations véridiques qu'ont pu éprouver ces 300,000 personnes en ces 12 dernières années ; les gens n'aiment point d'ordinaire à se donner la peine d'écrire une lettre où il s'agit de leur famille et de leurs affaires personnelles à des personnes qui leur sont parfaitement étrangères, et cela tout simplement parce qu'ils ont lu une annonce dans un journal. J'ai déjà dit qu'un grand nombre de faits étaient arrivés à notre connaissance sans que nous puissions les utiliser, parce qu'ils n'étaient point appuyés sur des témoignages suffisants; un certain nombre de personnes ont eu des hallucinations télépathiques et n'ont pas voulu les écrire, d'autres les ont écrites et n'ont pas voulu consentir à ce qu'elles soient publiées. Nous ne pouvons donc douter, dans ces conditions, qu'un très grand nombre d'hallucinations ne nous soient restées inconnues même dans le cercle auquel nos recherches ont été limitées.

Un argument plus puissant encore en faveur de l'existence de ces cas inédits d'hallucinations télépathiques, c'est que la plus grande partie des cas que nous avons recueillis provient des amis ou des amis des amis d'une demi-douzaine de personnes avec lesquelles nous sommes personnellement liés, qui n'ont jamais eu elles-mêmes d'hallucination et qui n'avaient aucune raison de supposer que leurs amis en aient plutôt éprouvé que n'importe qui.

Voici donc la conclusion à laquelle nous sommes amenés : Pour que les coïncidences puissent légitimement s'expliquer par le hasard, il faudrait que dans un groupe de 300,000 personnes il se soit produit en 12 ans 182,501 hallucinations, c'est-à-dire que 3 personnes sur 5 aient éprouvé une hallucination pendant cette période de temps. Mais il résulte de notre enquête que c'est seulement 1 personne sur 90. Il faudrait donc que les hallucinations auditives dont il est question soient 54 fois plus

---

(1) Cet argument avait plus de portée peut-être en 1886 qu'à l'heure actuelle; nos recherches sont arrivées sans doute à la connaissance d'un plus grand nombre de personnes. — F. P.

communes qu'elles ne le sont en réalité ou que le groupe de personnes auxquelles nous nous sommes adressé soit 54 fois plus grand, c'est-à-dire qu'il comprenne les deux tiers de la population adulte du pays, pour que la théorie du hasard soit exacte. On peut présenter la question sous une autre forme. La probabilité qu'une personne prise au hasard ait eu pendant les 12 dernières années une hallucination auditive du type que nous avons indiqué est de $\frac{1}{90}$; la probabilité qu'il meure quelqu'un en Angleterre dans une période de 12 heures déterminée est de $\frac{22}{1000} \times \frac{1}{365}$; la probabilité de la coïncidence entre ces deux phénomènes est donc de $\frac{1}{90} \times \frac{22}{1000} \times \frac{1}{365}$ ou environ $\frac{1}{1500000}$. Mais, si l'on tient compte et du nombre des coïncidences et du nombre de personnes que comprend le groupe sur lequel a porté notre enquête, on verra que la probabilité n'est plus que de $\frac{1}{20000000000000}$.

§ 7. — Mais la théorie du hasard est plus insoutenable encore si on l'applique aux hallucinations visuelles. Sur les 5,705 personnes prises au hasard, dont nous avons parlé plus haut, il n'y en a que 21 qui se souviennent d'avoir eu dans les 12 dernières années une hallucination visuelle représentant une personne vivante qu'elles connaissaient; sur ces 21 personnes, il y en a 2 qui ont eu 2 hallucinations de cette espèce; ce qui porte à 23 le nombre total, c'est-à-dire qu'une personne sur 248 a eu une hallucination de cette espèce. Comme dans le cas précédent, il faudrait, pour que la théorie du hasard pût légitimement s'appliquer, qu'à chaque hallucination véridique correspondît 10,590 hallucinations purement subjectives. Mais notre collection renferme 21 cas de première main d'hallucinations visuelles véridiques; il faudrait donc que dans un groupe de 300,000 personnes il se soit produit en 12 ans 348,390 hallucinations; or notre enquête a montré que, dans le temps donné, c'est seulement une personne sur 248 qui a eu une telle hallucination; il faudrait donc, pour que la théorie du hasard puisse s'appliquer, ou bien que les hallucinations visuelles soient 288 fois plus nombreuses qu'elles ne le sont en réalité, ou que le groupe auquel nous nous sommes adressé soit 288 fois plus nombreux, c'est-à-dire 4 fois 1/2 plus nombreux que la population anglaise tout entière. Si nous appliquons aux hallucinations visuelles le calcul que nous avons appliqué aux hallucinations auditives, nous verrons que les chances contre la coïncidence sont de 40 millions de billions de trillions.

§ 8. — Nous avons supposé seulement jusqu'à présent que les 2 événements avaient lieu dans une même période de 12 heures, mais la coïncidence est souvent beaucoup plus précise, et il peut être utile de montrer ce qu'un seul cas d'exacte coïncidence peut ajouter de force à notre démonstration.

Il convient de faire remarquer tout d'abord que, si une coïncidence est absolument isolée, rien n'autorise à lui assigner une autre cause que le hasard, si frappante et si inattendue qu'elle puisse paraître; il faut que la constatation d'autres cas du même genre nous ait déjà fait soupçonner l'existence d'un lien causal entre les deux phénomènes pour qu'une coïncidence exacte acquière quelque valeur.

Rappelons maintenant les résultats de notre enquête. Nous avons constaté que, sur 300,000 Anglais pris au hasard, il y en avait eu, pendant les années 1875-1885, $\frac{23 \times 300000}{5705}$ ou 1209, qui avaient eu une hallucination visuelle qui ne coïncidait pas avec la mort de la personne que représentait l'hallucination. Pendant le même espace de temps, 31 au moins de ces 300,000 personnes ont éprouvé une hallucination qui est tombée dans la même période de 12 heures que la mort de la personne qu'elle représentait; c'est-à-dire que, sur 1209 + 31, ou 1240 hallucinations, il y en avait 31, ou 1 sur 40, qui tombaient dans la même période de 12 heures que la mort de la personne qu'elle représentait.

Appliquons maintenant ces données au cas de M. S... (cas 28.) Lorsque M. S... a vu lui apparaître son ami, il aurait été en droit d'estimer à $\frac{1}{40}$ la probabilité qu'il y avait que son ami fût mort dans la période de 12 heures où la vision avait eu lieu, tandis que, s'il n'y avait aucune raison de conjecturer l'existence d'un lien causal entre les morts et les apparitions, il aurait dû penser que cette probabilité n'était que de $\frac{1}{20140}$, chiffre donné par les tables de mortalité pour les hommes de l'âge de son ami (48 ans). Mais il faut faire remarquer que la mort et l'apparition ont été, autant qu'il semble, absolument simultanées ; elles n'ont pas été, en tout cas, séparées par un intervalle de plus d'un quart d'heure. La mort cependant a pu avoir lieu 12 minutes avant ou 12 minutes après l'apparition, ce qui fait, si nous tenons compte de la différence d'heure qui pouvait exister entre les deux horloges, une demi-heure. Si nous admettons la réalité des actions à distance, il faudra bien reconnaître que l'exactitude de la coïncidence accroît dans une très large mesure la probabilité que dans ce cas particulier il existe un lien causal entre la mort et l'apparition, tandis que l'improbabilité qu'une mort tombe par hasard dans une demi-heure donnée est 48 fois plus forte que celle qu'il y a à admettre qu'elle tombe à un jour donné. La probabilité à priori qu'une mort qui ne serait pas liée à l'apparition ait lieu dans la demi-heure donnée est de $\frac{1}{981120}$; c'est cette probabilité très faible qu'il faut mettre en contraste avec celle de $\frac{1}{40}$, qui est la probabilité réelle que nos recherches ont déterminée. Mais tout le sens de ces coïncidences si exactes apparaîtra plus clairement encore si on calcule la chance que les deux événements ont de se produire ensemble, à un moment où ni l'un ni l'autre n'ait encore eu lieu. Notre enquête a établi que la probabilité qu'une personne ait vu lui apparaître en ces 12 dernières années un ami qu'elle ne savait point mort est de $\frac{1}{248}$. M. S... a, je suppose, $x$ amis, dont $\frac{1}{4}$ doit mourir dans cette période de temps, et cette période est de 210,240 demi-heures. La probabilité que la coïncidence est due au hasard seul est donc de $\frac{1}{248} \times \frac{1}{x} \times \frac{x}{4} \times \frac{1}{210240}$, soit d'environ $\frac{1}{208000000}$.

Rappelons-nous en outre que le groupe de personnes auquel appartient M. S... ne représente, d'après les plus larges évaluations, que $\frac{1}{80}$ de la population adulte, et que cette fraction de la population a fourni un grand nombre d'autres exemples parallèles de coïncidences exactes. Si même nous ne tenons compte que des hallucinations de la veille, nous voyons que, parmi celles qui nous ont été rapportées de première main, 66 ont eu lieu dans l'heure qui suivit l'événement; dans 41 cas, cet événement était la mort; 15 autres, dans le même groupe, ont eu lieu dans les 2 heures qui ont suivi l'événement; dans

10 cas, l'événement était la mort. Dans presque tous ces cas, comme dans plusieurs autres, il est fort possible que la coïncidence ait été absolument exacte ; l'improbabilité que le hasard ait tout fait à lui seul est donc bien supérieure à ce que les chiffres donnés peuvent suggérer : c'est l'accumulation d'improbabilités nombreuses, dont chacune est énorme.

Mais les improbabilités arrivent à une somme plus immense encore. Nous n'avons rien dit des cas où l'apparition n'a pas été reconnue. Nous n'avons rien dit des cas en grand nombre où l'événement qui a coïncidé avec l'hallucination n'a pas été la mort. On remarquera que nous n'avons rien dit non plus des cas réciproques, et des cas collectifs, qui rendent infiniment improbable l'action du hasard seul. Ajoutons, enfin, que nous n'avons parlé dans tous nos chapitres que de la simple coïncidence entre une hallucination et une mort ; nous avons laissé de côté les coïncidences de détails, qui dans bien des cas pourraient accroître indéfiniment l'improbabilité de l'action du hasard seul.

Il serait très facile de généraliser ce raisonnement, d'étendre et de varier les calculs, les rapprochements ; mais les exemples donnés sont suffisants. On ne peut les rendre intéressants ; mais ils sont indispensables, si la question doit un jour être vidée, et si l'appel au calcul des probabilités doit devenir quelque chose de plus qu'une phrase creuse. Les chiffres, dit-on, peuvent tout prouver ; mais nous déclarons désirer voir les chiffres par lesquels la théorie de la coïncidence fortuite pourrait être démontrée conforme aux faits.

§ 9. — Mais ce n'est pas tout. Il y a des considérations d'un ordre tout différent qui rendront plus forts encore nos arguments. Nous avons indiqué en passant certains points de *contraste* entre les hallucinations télépathiques et les hallucinations purement subjectives.

Nous devons reprendre ici la question et montrer que, quoique parmi les hallucinations que l'on peut considérer comme télépathiques il y en ait un grand nombre qui ne diffèrent des hallucinations purement subjectives qu'en ce qu'elles sont véridiques, le *groupe* toutefois, pris en bloc, présente quelques particularités nettement marquées.

La première de ces particularités, c'est la grande ***prédomi-***

*nance des hallucinations visuelles*. Chez les aliénés, la proportion des cas auditifs aux cas visuels est souvent donnée comme de 3 à 1; cette estimation semble s'être transmise d'auteur en auteur, depuis Esquirol; et je ne sais si l'on a publié ou même fait un bien grand nombre de statistiques. Le D$^r$ Savage me dit, cependant, qu'il croit que c'est la proportion courante à Bethlem Hospital; le D$^r$ Lockhart Robertson m'écrit : « Esquirol a donné une proportion inférieure à la mienne; je dirai 5 pour 1 au moins; les hallucinations auditives sont très fréquentes, les hallucinations visuelles sont rares. » En ce qui concerne les sujets normaux, si les résultats de nos recherches sont acceptés, la question est tranchée. Nous avons vu que, sur 5,705 personnes prises au hasard, 33 ont eu, en ces 12 dernières années, une hallucination auditive (voix reconnue d'une personne vivante), parmi lesquelles 10 en ont eu plus d'une fois; 21 seulement ont eu une hallucination visuelle (apparition d'une personne vivante qu'elles ont reconnue), et 2 d'entre elles seulement en ont éprouvé plus d'une fois. Ce qui est digne de remarque, c'est que, parmi les hallucinations, qui pendant la même période ont coïncidé avec des événements réels, il y en a 21 visuelles, et 11 auditives seulement, 8 si nous en omettons 3 qui intéressent les deux sens. La série des cas rapportés dans cet ouvrage renferme 271 apparitions visuelles sans aucun élément auditif, et seulement 85 hallucinations auditives sans élément visuel. Cette différence à elle seule serait une objection sérieuse à la théorie de la coïncidence fortuite. On ne peut attribuer cette différence de proportion à des erreurs de témoignage. Elle semble s'expliquer, au contraire, si on admet la théorie télépathique. Dans la majorité des cas auditifs, les sujets racontent qu'ils se sont entendu appeler, ou qu'ils ont entendu une phrase courte et familière. L'explication physiologique la plus naturelle de ces cas c'est qu'ils sont dus à un ébranlement soudain du centre sensoriel lui-même, aisément excité par des vibrations auxquelles il est accoutumé. Les hallucinations télépathiques consistent en une excitation qui descend des centres idéationnels supérieurs aux centres sensoriels. On peut alors facilement supposer que le centre auditif est plus apte que le centre visuel à la réviviscence spontanée des vibrations, mais que l'excitation, qui, allant des centres idéationnels aux centres sensoriels, transforme rapidement les idées et les images en perceptions hallucinatoires, trouve plus facilement son chemin jusqu'au centre visuel que jusqu'au centre auditif. On peut dire en tout cas qu'il est plus naturel, lorsque l'idée d'un individu doit être réalisée sous une forme sensible, que cette idée soit rendue *visible* plutôt qu'*audible*, en une phrase imaginée ou remémorée.

Il est bon aussi de noter ce point secondaire, que la proportion des cas où plus d'un sens entre en jeu est bien plus forte dans les hallucinations télépathiques que dans les hallucinations purement subjectives. Sur 590 hallucinations subjectives, il y en a 49, c'est-à-dire un peu plus de 8 pour 100 du total, qui ont intéressé plus d'un sens ; de ces 49, 24 étaient visuelles et auditives, 8 visuelles et tactiles, 13 auditives et tactiles ; 4 intéressaient les trois sens. Sur 423 cas télépathiques où une hallucination sensible semble avoir été nettement extériorisée, dans 80, soit 19 pour 100 du total, plus d'un sens a été intéressé : il y a 53 cas visuels et auditifs, 13 visuels et tactiles, 6 auditifs et tactiles, 8 où les trois sens ont été intéressés. La proportion est la même si l'on ne tient compte que des témoignages de première main.

Ce qui frappe ensuite dans les apparitions qui ont coïncidé avec des événements réels, c'est le très grand nombre des cas où la forme et la voix ont été reconnues. Dans les hallucinations purement subjectives, les apparitions reconnues et celles qui ne l'ont point été semblent être en nombre égal. Si nous nous bornons aux cas où un être humain est apparu, nous trouvons que, sur les 5,705 personnes qui nous ont répondu, il y en a 17 qui ont vu des figures sans les reconnaître ; 21 en ont vu et les ont reconnues ; 50 ont entendu des voix qui leur étaient inconnues, et 46 en ont entendu qu'ils ont reconnues. Des apparitions télépathiques, à forme humaine, 237 ont été reconnues, et 13 seulement ne l'ont pas été. Dans le cas des hallucinations auditives télépathiques, la voix a été reconnue 36 fois et 21 fois ne l'a point été, mais dans ces 21 cas je comprends 6 cas où on a associé les paroles entendues avec le souvenir de l'agent, comme si la voix avait été la sienne, puisqu'on l'a nommé aussitôt ; dans le septième cas, on a parlé d'un endroit qui se rattachait à son souvenir. Sur 38 cas où se sont manifestées à la fois une forme et une voix, il y a eu 36 cas de reconnaissance.

On pourrait dire que si le nombre des cas où la personne a été reconnue est plus considérable dans le groupe des hallucinations télépathiques, cela tient à ce que nous avons pris le fait de la reconnaissance comme critérium du caractère télépathique d'une hallucination; mais, ce qui nous fait juger que le cas est télépathique, c'est le fait de la coïncidence, ce n'est pas celui de la reconnaissance. On pourrait même dire que cette objection peut se retourner contre nos adversaires; il est fort possible en effet que la plupart des gens n'aient songé à noter la coïncidence que lorsqu'ils avaient reconnu la personne qui leur apparaissait. Cela augmenterait dans une énorme proportion le nombre des coïncidences qui ont passé inaperçues.

L'action de la télépathie ne doit pas se restreindre à ces exemples où la coïncidence est frappante et qui nous servent à démontrer son existence, et nous hésiterions avant d'affirmer que les hallucinations *ne peuvent* être dues à un agent absent dont l'état général n'est pas visiblement anormal, mais un point à remarquer, c'est la très forte proportion des cas dans lesquels l'événement réel est la mort. Ainsi, sur les 668 cas de télépathie spontanée rapportés dans cet ouvrage, il y en a 399 où l'agent est mort; dans le groupe où la sensation a été extériorisée, il y en a 303 sur 423, soit que l'impression ait coïncidé avec la mort de l'agent ou qu'elle l'ait suivie de près. Dans 25 autres cas, l'agent au moment de l'hallucination du sujet était atteint d'une grave maladie qui, au bout de quelques heures ou de quelques jours, s'est terminée par la mort. Je dois ajouter que, dans un très grand nombre des cas, l'agent est mort noyé. Sur 393 cas de mort, il y en a 35, soit 9 pour 100, où l'agent s'est noyé, tandis que, si on consulte la statistique des morts *accidentelles* pour la population masculine, on voit que la proportion des morts par submersion est seulement de 5 pour 100; dans 5 autres cas, il s'en est fallu de très peu que l'agent ne pérît de cette façon. Ajoutons enfin que, dans la statistique générale de la mortalité, les accidents ne comptent que pour 4 pour 100 parmi les causes de décès, même si l'on ne fait porter la statistique que sur la population masculine.

Nous ne savons pas pourquoi l'esprit d'un mourant est particulièrement apte à exercer une action télépathique sur un autre esprit, mais nous avons les mêmes raisons de nous refuser à attribuer au hasard la fréquence des apparitions qui coïncident avec une mort, et pour nous refuser à attribuer au hasard la fréquence des succès dans les expériences de transmission de pensées. La seule manière de ruiner cette preuve serait de montrer que de pareilles coïncidences se produisent fréquemment, entre une hallucination et un événement qui ne peut produire chez l'agent supposé aucune modification inaccoutumée, physique ou mentale. Par exemple : si B... voit lui apparaître A... le jour où A... s'écorche le doigt ou se commande une nouvelle paire de bottes, il semblerait tout à fait irrationnel de lier les deux faits. De sorte que, s'il y avait un grand nombre de coïncidences de cette espèce, je devrais admettre qu'il faut accorder au hasard une plus large influence que je ne l'ai fait, et que la preuve repose sur des données insuffisantes. Si même (pour prendre comme exemple un cas où quelque émotion est d'ordinaire impliquée), il était prouvé qu'il n'est pas très rare de voir un ami absent apparaître le matin de son mariage, je sens que mon argument serait affaibli, car il serait difficile de supposer que les émotions de ce matin-là soient très différentes de celles d'autres moments de bonheur. La mort, tout au contraire, est un événement qui est accompagné d'émotions et de sentiments d'une nature si spéciale que nous sommes en droit de le rapprocher, à ce point de vue, de l'état d'esprit, très spécial aussi, où se trouve placé l'agent dans les expériences de transmission de pensées. Or, en fait, les coïncidences entre une hallucination et un événement banal de la nature de ceux dont nous venons de parler sont très rares ; nous sommes donc autorisés à affirmer l'existence d'un lien causal entre les hallucinations télépathiques qui constituent un groupe naturel de phénomènes d'une part, et, d'autre part, un état mental exceptionnel, celui d'un homme qui va mourir

# CHAPITRE XI

## HALLUCINATIONS VISUELLES

§ 1. — Nous consacrerons ce chapitre et les deux chapitres suivants à l'examen des cas d'hallucinations d'origine télépathique qui n'ont été perçues que par un seul sujet.

Dans ce chapitre, consacré aux hallucinations visuelles, nous rapporterons d'abord les cas où le sujet a pu lui-même hésiter sur le degré d'extériorité qu'il convenait d'attribuer à l'apparition.

LXVII. (220) M. F. Gottschalk, 20 Adamson Road. Belsize Park, N. W., Londres.
12 février 1886.

M. Gottschalk commence par dire comment il se lia d'amitié avec M. Courtenay Thorpe chez le docteur Sylvain Mayer le soir du 20 février 1885. Le 24 février, il écrivit à M. Thorpe au *Prince's Theatre* pour lui demander l'heure d'une conférence particulière, que ce dernier devait faire à peu de temps de là. « Dans la soirée je sortais pour aller voir des amis, quand sur mon chemin je vis soudainement se développer devant moi un disque de lumière, qui avait l'air de se trouver sur un plan différent de tout ce qui se présentait à ma vue. Il ne m'était pas possible de porter un jugement sur la distance qui me séparait de ce disque. En examinant l'espace illuminé, j'aperçus deux mains; elles étaient occupées à tirer une lettre d'une enveloppe que je sentais instinctivement être la mienne, et je me dis immédiatement en conséquence que ces mains étaient celles de M. Thorpe. Je n'avais pas pensé à lui auparavant, mais à ce moment cette conviction s'imposa à moi avec une force indiscutable. Je ne fus nullement effrayé par la nature extraordinaire et la nouveauté de cet incident, j'étais au contraire très calme; j'examinai l'image et je constatai que les mains étaient très blanches et que l'avant-bras était découvert un peu au-dessus du poignet. Les deux avant-bras se terminaient par des manchettes. Au-dessus des manchettes, je ne voyais plus rien. La vision dura à peu près une minute. Après sa disparition, je me décidai à chercher à savoir quel rapport elle pouvait avoir avec l'occupation actuelle de M. Thorpe.

Je m'approchai du réverbère le plus voisin et je notai l'heure.

« Je reçus par le premier courrier, le lendemain matin, la réponse de M. Thorpe, qui commençait de la façon suivante : *Dites-moi, je vous prie, dites-moi* pourquoi j'ai senti, aussitôt que j'ai aperçu votre lettre dans le casier du *Prince's Theatre,* qu'elle était de vous? (Nous avons vu cette lettre, qui est datée du mardi soir; le 24 février 1885 tombait un mardi.) M. Thorpe ne s'attendait aucunement à recevoir une lettre de moi et il n'avait jamais vu mon écriture. L'aurait-il même vue, cela n'aurait rien changé à la question, car il m'assura qu'il avait éprouvé cette impression, au moment où il s'était aperçu qu'il y avait une lettre dans le compartiment portant la lettre T. avant même de voir l'adresse. (M. Gottschalk explique la façon dont le casier était construit, qui était telle qu'on ne pouvait voir l'adresse de l'enveloppe. Il a lui-même vérifié le fait.)

« Le soir du 27 février, je le rencontrai de nouveau chez M. le docteur Mayer, comme nous en étions convenus. Je lui fis quelques questions dans l'intention de trouver une explication. Autant que possible je donne ces questions telles que je les ai posées à ce moment-là, en y ajoutant les réponses. Il est nécessaire de constater ici que ni lui ni le docteur ne savaient quoi que ce soit de ce qui m'était arrivé. Je lui fis d'abord sentir la nécessité qu'il y avait à me répondre d'une manière catégorique, et avec la plus grande exactitude possible ; puis je lui demandai : " Quand aviez-vous reçu ma lettre de mardi ? — A 7 heures du soir, au moment où j'arrivais au théâtre. — Qu'arriva-t-il alors ? — Je l'ai lue, mais, comme j'étais en retard, je le fis avec une telle précipitation que lorsque j'eus fini de la lire j'ignorais son contenu, comme si je ne l'avais pas lue. — Et alors? — Je m'habillai, je me rendis sur la scène, je jouai mon rôle et je partis. — Quelle heure était-il alors ? — Environ 8 heures 20 minutes. — Qu'arriva-t-il alors ? — Je causai pendant quelque temps dans ma loge avec d'autres acteurs. — Pendant combien de temps? — Pendant 20 minutes. — Que fîtes-vous ensuite? — Lorsqu'ils me quittèrent, ma première pensée fut de retrouver votre lettre. Je la cherchai partout, mais en vain. Je retournai les poches de mes vêtements ordinaires, et je regardai si elle ne se trouvait pas parmi les nombreux objets qui encombraient ma table de toilette. J'étais ennuyé de ne pas la trouver de suite, et surtout parce que je désirais savoir de quoi elle parlait. Je la trouvai par hasard dans le vêtement même que j'avais porté dans la pièce. Je relus immédiatement la lettre; j'étais enchanté de l'avoir reçue et je décidai d'y répondre de suite. — Maintenant répondez-moi bien exactement. Quelle heure était-il lorsque vous avez relu la lettre? — Autant que je puis me le rappeler, 9 heures moins 10 minutes. »

« Là-dessus je tirai de ma poche un petit carnet où j'avais noté l'heure de ma vision et je priai le docteur Mayer de lire ce qu'il y avait d'écrit à la date du 24 février.

« 9 heures moins 8 minutes. »

« (M. Gottschalk a bien voulu nous autoriser à examiner son carnet (journal) qui confirme toutes les dates données.)

« Ayant établi de cette manière, sans aucune assistance, la coïncidence du moment où il avait ouvert l'enveloppe et de celui où je l'avais vu l'ouvrir, je fus satisfait en ce qui concernait le fait essentiel. Je me mis alors à analyser les détails de l'incident. La blancheur des mains s'explique par l'usage invariable, qu'ont adopté les acteurs, de se blanchir les mains lorsqu'ils jouent un rôle, semblable à celui dont était chargé M. Thorpe, le rôle de *Snake* dans la *School for Scandal*. Les manchettes faisaient elles aussi partie du costume. Elles étaient attachées aux manches courtes de la chemise que portait réellement M. Thorpe au moment où il avait ouvert ma lettre.

« C'est la première hallucination que j'aie jamais eue. J'en ai eu une autre de même nature que je raconterai séparément.

« Ferdinand Gottschalk. »

Le docteur Mayer, 42, Somerset Street, Portman Square W. Londres, confirme les faits dans les termes suivants :

1ᵉʳ mars 1886.

Je me rappelle fort bien avoir lu quelque chose (dans le journal de M. Gottschalk) ; ma mémoire ne me permet pas d'en donner les termes qui coïncidaient presque exactement avec l'histoire racontée par Courtenay Thorpe. Je puis témoigner positivement que la conversation rapportée ci-dessus a eu lieu.

Sylvain Mayer.

Nous ne pouvons attacher beaucoup d'importance à l'impression ressentie par M. Thorpe à propos de la lettre et de la personne qui l'avait écrite ; il se peut fort bien qu'elle ait été accidentelle. Mais il faut remarquer qu'il lut la lettre avec grand plaisir, après lui avoir donné une véritable chasse.

Quoique l'aventure en elle-même soit banale, la coïncidence exacte de l'heure et des détails suggère fortement l'idée que la clairvoyance télépathique est entrée en jeu. — Dans le second cas rapporté, M. Gottschalk vit de nouveau un disque lumineux, qui *semblait entièrement détaché de ce qui l'entourait*, mais les détails ne sont pas aussi précis que dans l'exemple précédent

LXVIII. (222) M. Richard Searle, avocat, Home Lodge, Herne-Hill. Londres. Il n'a pas éprouvé d'autre hallucination.

2 novembre 1883.

Une après-midi, il y a quelques années, j'étais assis dans mon bureau au Temple ; je rédigeais un mémoire. Mon bureau est placé entre une des fenêtres et la cheminée ; la fenêtre est à deux ou trois mètres de ma chaise à gauche ; elle a vue sur le Temple. Tout à coup, je m'aperçus que je regardais par la vitre d'en bas, qui était à peu près au niveau de mes yeux ; j'apercevais la tête et le visage de ma femme ; elle était renversée en arrière : elle avait les yeux fermés, la figure complètement blanche et livide comme si elle eût été morte. Je me secouai, j'essayai de me ressaisir, puis je me levai et je regardai par la fenêtre : je ne vis que les maisons d'en face. J'arrivai à la conclusion que je m'étais assoupi, puis endormi. Après avoir fait quelques tours dans la chambre afin de me bien réveiller, je repris mon travail et je ne pensai plus à cet incident.

Je retournai chez moi à mon heure habituelle, ce soir-là, et, pendant que je dînais avec ma femme, elle me dit qu'elle avait lunché chez une amie qui habitait Gloucester Gardens et qu'elle avait emmené avec elle une petite fille (une de ses nièces qui habitait avec nous), mais que, pendant le lunch ou immédiatement après, l'enfant était tombée et s'était coupé la figure. Le sang avait jailli. Ma femme ajouta qu'elle s'était effrayée quand elle avait vu du sang sur la figure de l'enfant et qu'elle s'était évanouie. Ce que j'avais vu par la fenêtre me revint à l'esprit et je lui demandai à quelle heure cela était arrivé ; elle me dit que, autant qu'elle pouvait s'en souvenir, il devait être 2 heures et quelques minutes. C'était à ce moment, autant du moins que je pouvais le calculer (je n'avais pas regardé ma montre), que j'avais vu l'apparition à la vitre de la fenêtre. Je dois ajouter que c'est la seule fois que ma femme se soit évanouie. Elle était à ce moment-là mal portante, et je ne lui ai dit ce que j'avais vu que quelques jours plus tard, lorsqu'elle a été plus forte. J'ai raconté à l'époque cette histoire à plusieurs de mes amis.

R. S.

M. Paul Pierrard, 27, Gloucester Gardens, W. Londres, nous écrit ce qui suit :

4 décembre 1883.

Il peut être intéressant, pour des gens qui s'occupent spécialement de la question, d'avoir un récit exact du fait extraordinaire qui est arrivé, il y a environ quatre ans, dans une maison de Gloucester Gardens, W.

Des dames et des enfants s'étaient réunis chez moi, une après-midi. M<sup>me</sup> Searle, de Home Lodge, Herne Hill, était venue avec sa petite nièce

Louise. Comme on jouait à un jeu bruyant, et qu'on remuait beaucoup autour d'une table, la petite Louise tomba de sa chaise et se blessa légèrement. La crainte d'un grave accident donna une vive émotion à M^me Searle qui s'évanouit. Le lendemain nous rencontrâmes M. Searle qui nous dit que la veille, dans l'après-midi, pendant qu'il étudiait une affaire dans son bureau, 6, Pump Court, au Temple, il avait ressenti une impression singulière et avait vu aussi distinctement que dans un miroir l'image de sa femme évanouie. Cela lui avait semblé sur le moment très étrange.

En comparant les heures, il constata que cette vision extraordinaire avait eu lieu au moment même où sa femme s'était évanouie. Nous avons souvent causé ensemble de cet incident, sans jamais trouver d'explication qui satisfît nos esprits, mais nous avons enregistré ce fait rare pour lequel un nom manque encore.

Paul P<small>IERRARD</small>.

LXIX. (223) M^me Taunton, Brook Vale, Witton, Birmingham.

15 janvier 1884.

Dans la soirée du jeudi 14 novembre 1867, j'assistais avec mon mari à un concert à Birmingham, Town Hall, lorsque je ressentis le frisson glacé qui accompagne les hallucinations. Presque immédiatement je vis très distinctement, entre l'orchestre et moi, mon oncle, M. W... couché dans son lit; il semblait m'appeler comme font les mourants. Je n'avais pas entendu parler de lui depuis plusieurs mois et je n'avais aucune raison de penser qu'il fût malade. L'apparition n'était ni transparente, ni vaporeuse, mais il semblait qu'on eût affaire à un corps véritable; *néanmoins je pouvais voir l'orchestre non pas à travers ce corps, mais derrière lui.* Je n'essayai pas de tourner les yeux pour voir si la forme se déplaçait avec eux, mais je la regardai, comme fascinée par elle, si bien que mon mari me demanda si j'étais malade. Je lui demandai de ne pas me parler durant une minute ou deux. La vision disparut peu à peu, et, après le concert, je dis à mon mari ce que j'avais vu. Une lettre nous parvint peu de temps après qui nous annonçait la mort de mon oncle. Il était mort exactement à l'heure où la vision m'était apparue.

E.-F. T<small>AUNTON</small>.

La signature du mari de M^me Taunton est ajoutée à celle de sa femme.

Rich. H. T<small>AUNTON</small>.

Nous trouvons dans la nécrologie du *Belfast News-Letter* que que M. W... est mort le 14 novembre 1867.

LXX. (27) M. Rawlinson, Lansdown Court, West Cheltenham.

18 septembre 1883.

Je m'habillais un matin du mois de décembre, en 1881, lorsqu'il me vint la conviction qu'il y avait quelqu'un dans mon cabinet de toilette. Je regardai autour de moi sans voir personne, mais, tout à coup — c'était, je suppose, une image mentale (*in my mind's eye*) — mon vieil ami X... se présenta devant moi; je voyais distinctement les traits de son visage et la forme de son corps. Comme vous pouvez vous l'imaginer, cela fit une grande impression sur moi. J'allai tout de suite dans la chambre de ma femme, et, après lui avoir raconté ce qui venait de se passer, je lui dis que je craignais que M. X... ne fût mort.

Nous sommes ce jour-là revenus plusieurs fois sur ce sujet. Le lendemain matin je reçus une lettre du frère de X... à cette époque consul général à Odessa, et dont je ne savais pas la présence en Angleterre. Il m'écrivait que son frère était mort ce matin-là à 9 heures moins le quart. C'était exactement l'heure où la vision m'était apparue dans mon cabinet de toilette. Il faut ajouter que nous avions appris deux mois auparavant que X... souffrait d'un cancer, mais nous ne croyions pas qu'il fût en danger de mort. Jamais je n'ai eu d'autre hallucination des sens, et j'espère sincèrement que je n'en aurai plus.

Rob. Rawlinson.

Voici le récit de M<sup>me</sup> Rawlinson :

18 juin 1883.

Il y a quelques mois, mon mari s'habillait un matin vers neuf heures moins un quart; il entra dans ma chambre et me dit : « Je suis sûr que X... (un vieil ami à lui) est mort. » Il me raconta en même temps qu'il avait eu la sensation que quelqu'un se trouvait avec lui dans sa chambre et que la figure de X .. s'était présentée à lui (*before his mind's eye*). L'impression avait été très vive, et il avait eu alors l'inébranlable conviction que X... était mort. Il ne put se débarrasser de cette idée pendant toute la journée. Chose étrange à dire, le lendemain matin il reçut une lettre qui lui annonçait que X... était mort la veille à 9 heures moins le quart du matin, au moment même où mon mari était venu dans ma chambre. Nous avions appris, il y avait environ deux mois, que X... souffrait d'un mal incurable, mais nous ne savions rien de plus, et depuis des semaines personne n'avait prononcé son nom. Je dois vous dire que mon mari est la dernière personne du monde capable de s'imaginer quelque chose et qu'il s'était toujours montré particulièrement incrédule en fait de surnaturel.

La lettre du consul et la nécrologie du *Times* fixent la date de la mort au 17 décembre, mais la date de la vision n'a pas été écrite à cette époque; il nous faut donc nous en fier à la mémoire de M. et M^me Rawlinson, mais il leur a fallu se souvenir seulement que cette vision avait eu lieu la veille du jour où la lettre a été reçue.

§ 2. — Venons-en maintenant aux cas où l'illusion semble avoir été complète. Ils constituent ce qui peut être appelé le type normal de ces phénomènes anormaux : l'hallucination est extériorisée aussi pleinement et aussi naturellement qu'un objet réel.

LXXI. (28) N. J. S., bien qu'on parle de lui à la troisième personne dans ce récit, en est le véritable auteur; nous le connaissons personnellement. Il occupe une position qui lui fait souhaiter que son nom ne soit pas publié, mais nous sommes autorisés à le faire connaître aux personnes qui voudraient examiner le cas de plus près. Ce récit nous est parvenu peu de semaines après l'événement.

N. J. S... et F. L... étaient employés dans le même bureau; ils avaient noué des relations intimes qui continuèrent pendant environ huit ans. Ils s'estimaient l'un et l'autre beaucoup. Le lundi 19 mars 1883, lorsque F. L... vint au bureau, il se plaignit d'avoir souffert d'une indigestion. Il alla consulter un pharmacien, qui lui dit qu'il avait le foie un peu malade et qui lui donna un médicament. Le jeudi il semblait ne pas aller beaucoup mieux. Samedi il ne vint pas et N. J. S... a appris que F. L... s'était fait examiner par un médecin qui lui avait conseillé de se reposer deux ou trois jours, mais qui ne pensait pas qu'il eût rien de sérieux.

Le samedi 24 mars, vers le soir, N. J. S..., qui avait mal à la tête, était assis dans sa chambre. Il dit à sa femme qu'il avait trop chaud, ce qui ne lui était pas arrivé depuis des mois. Après avoir fait cette remarque, il se renversa en arrière sur la chaise-longue et à la minute suivante il vit son ami F. L... qui se tenait devant lui, habillé comme d'habitude. N. J. S... remarqua les détails de sa toilette : il avait un chapeau entouré d'un ruban noir, son pardessus était déboutonné; il avait une canne à la main. Il fixa son regard sur N. J. S.., puis s'en alla. N. J. S. se cita à lui-même les paroles de Job : « Et un esprit passa devant moi et le poil de ma chair se hérissa. » A ce moment un froid glacial le traversa, et ses cheveux se dressèrent. Puis il se tourna vers sa femme en lui demandant l'heure qu'il était. — « 9 heures moins 12 minutes », répondit-elle; sur quoi il lui dit : « Je vous demandais l'heure parce que F. L... est mort. Je viens de le voir. » Elle tâcha de lui persuader que c'était une imagination, mais il lui assura positivement qu'aucun argument ne pourrait changer son opinion.

Le lendemain, dimanche, vers 3 heures de l'après-midi, A. L..., frère de F. L..., vint chez N. J. S... qui lui ouvrit la porte. A. L... dit : « Je suppose que vous savez ce que je viens vous dire? » N. J. S... répliqua : « Oui, votre frère est mort. » A. L... dit : « Je pensais que vous le saviez. » — « Pourquoi? » répliqua N. J. S... A. L... répondit : « Parce que vous aviez une si grande sympathie l'un pour l'autre. » Plus tard N. J. S... s'assura que A. L... était venu voir son frère le samedi soir et qu'en le quittant il avait vu à l'horloge de l'escalier qu'il était 9 heures moins 25 minutes. La sœur de F. L... qui vint le voir à 9 heures le trouva mort; il était mort de la rupture d'un anévrisme.

C'est un simple exposé des faits, et la seule théorie que N. J. S... a sur le sujet est la suivante : Au moment suprême de la mort, F. L... a éprouvé le vif désir de communiquer avec lui ; par la force de sa volonté il a donc imprimé sa propre image dans les sens de N. J. S...

En réponse à nos demandes, M. S... nous dit :

11 mai 1883.

Ma femme était assise à une table, au milieu de la chambre, au-dessous d'un lustre à gaz. Elle lisait ou elle travaillait à quelque ouvrage de couture. J'étais assis sur une chaise-longue, placée contre un mur dans l'ombre. Ma femme ne regardait pas dans la même direction que moi. Je m'appliquai à parler tranquillement pour ne pas l'alarmer; elle ne remarqua rien de particulier en moi.

Je n'ai jamais eu d'apparitions avant cette époque ; je n'y croyais pas, parce que je ne voyais pas de raisons d'y croire.

M. A. L... me raconta que, tandis qu'il était en route pour m'annoncer la mort de son frère, il cherchait quelle serait la meilleure manière de m'apprendre la nouvelle. Mais tout d'un coup et sans autre raison que la connaissance de grande affection que nous avions l'un pour l'autre, l'idée lui vint que je pourrais le savoir.

Il n'y avait pas d'exemples de transmission de pensée entre nous. Il y a encore beaucoup de petits détails qu'il est impossible de donner en écrivant. Je suis donc tout à fait disposé à causer avec vous de tout cela et à répondre à toutes les questions lorsque vous viendrez à la ville.

Il y a surtout un fait dont l'étrangeté me frappe, c'est la certitude profonde que j'ai qu'avant la mort de mon ami rien ne pouvait m'amener à cette idée. Je semblais cependant accepter tout ce qui se passait sans ressentir de surprise et comme si c'était chose toute naturelle.

N. J. S.

M<sup>me</sup> S... nous envoie la confirmation suivante :

18 septembre 1883.

Le 29 mars dernier, au soir, j'étais assise à une table et je lisais; mon mari était assis sur une chaise-longue placée contre le mur de la chambre. Il me demanda l'heure, et, sur ma réponse qu'il était 9 heures moins 12 minutes, il me dit : « La raison pour laquelle je vous demande cela c'est que S... est mort. Je viens de le voir. » Je lui répondis : « Quelle absurdité ! vous ne savez même pas s'il est malade ; j'affirme que vous le verrez tout à fait bien portant lorsque vous irez en ville mardi prochain. » Cependant mon mari persista à déclarer qu'il avait vu S... et qu'il était sûr de sa mort ; je remarquai alors qu'il avait l'air très inquiet et qu'il était fort pâle.

Mar'a S.

Nous trouvons dans la nécrologie du *Times* que la mort de M. F. L... eut lieu le 24 mars 1883.

Dans une communication postérieure M. S... dit :

23 février 1885.

Comme vous me l'avez demandé, j'ai prié M. A. L... de vous écrire ce qu'il sait relativement au moment de la mort de son frère.

Depuis ce temps j'ai souvent réfléchi sur cet incident ; je ne suis pas à même de satisfaire mon propre esprit quant au *pourquoi* de l'apparition, mais j'affirme encore l'exactitude de chaque détail ; je n'ai rien à ajouter ni à retrancher.

Le frère de M. L... confirme le fait de la manière suivante :

Banque d'Angleterre, 24 février 1885.

M. S... m'a informé du désir que vous aviez de voir confirmer par écrit ce qu'il vous a raconté de la mort subite de mon frère Frédéric ; je le prie en conséquence de vous communiquer les détails suivants.

Mon frère n'était pas venu à son bureau le 24 mars 1883 ; j'allai vers 8 heures du soir le voir et je le trouvai assis dans sa chambre à coucher. Lorsque je le quittai, il se trouvait en apparence beaucoup mieux et je descendis vers 8 heures 40 à la salle à manger, où je restai avec ma sœur à peu près une demi-heure. Aussitôt que je fus parti, elle monta à la chambre de mon frère, qu'elle trouva étendu sur son lit : il était mort. Le moment exact de sa mort ne sera par conséquent jamais connu. Lorsque je me rendis le lendemain chez M. S... pour lui apporter la nouvelle, l'idée me vint — je connaissais la forte sympathie qui existait entre eux — qu'il pourrait bien avoir eu un pressentiment de cette mort. Lorsqu'il vint à ma rencontre près de la porte, son regard me prouva qu'il savait tout ; je lui dis donc : « Vous savez pourquoi je viens ? » Il me raconta alors que dans la soirée précédente il avait vu mon frère Frédéric dans une vision un peu avant 9 heures. Je dois vous dire que je ne crois pas aux visions et que je n'ai pas toujours vu les pressentiments se vérifier, mais je suis parfaitement convaincu de la véracité du récit de M. S... On me demande de le confirmer : je le fais volontiers, quoique je sache que je fortifie ainsi une doctrine dont je ne suis pas le disciple.

A. C. L.

LXXII. (29) Rev. C. T. Forster, pasteur de Hinxton, Saffron Walden.

6 août 1885.

Feu ma paroissienne, M<sup>me</sup> de Fréville, était une dame quelque peu excentrique ; elle portait tout particulièrement aux tombes un intérêt qui n'était pas normal. Deux jours après sa mort qui avait eu lieu à Londres, le 8 mai, dans l'après-midi, j'entendis dire qu'Alfred Bard l'avait vue cette même nuit; je le fis venir et il me fit un récit très clair et très détaillé de ce qu'il avait vu.

C'est un homme qui a une grande habitude de l'observation; c'est un naturaliste qui a fait lui-même son éducation, et je suis tout à fait convaincu qu'il désire dire la vérité sans exagération aucune.

Il faut ajouter que je suis absolument sûr que la nouvelle de la mort de M<sup>me</sup> de Fréville n'a pu arriver à Hinxton que le lendemain matin 9 mai. On la trouva morte à 7 heures et demie du soir. On l'avait laissée seule dans sa chambre, elle était un peu souffrante, mais on ne la croyait pas sérieusement ni dangereusement malade.

C. F. Forster.

Nous donnons ci-après le récit de M. Alfred Bard lui-même.

Le 21 juillet 1885.

Je suis jardinier, j'ai mon travail à Sawston. Quand je reviens de mon travail à la maison, je traverse toujours le cimetière de Hinxton. Vendredi, 8 mai 1885, je revenais comme d'habitude, lorsque j'entrai dans le cimetière je regardai assez attentivement par terre pour voir une vache et un âne qui était couchés ordinairement juste en dedans de la porte. Comme je baissais les yeux, mes regards se portèrent vers le caveau carré, où M. de Fréville avait été enterré. Je vis alors M<sup>me</sup> de Fréville appuyée contre la grille, habillée, comme je l'avais vue d'ordinaire, d'un chapeau de la forme dite « panier à charbon » (*coal-scuttle bonnet*), d'une jaquette noire garnie de crêpe, et d'une robe noire. Elle me regarda bien en face. Sa figure était très blanche, beaucoup plus blanche que d'habitude. Je la connaissais bien, ayant été employé chez elle pendant quelque temps. Je supposai tout de suite qu'elle était venue comme elle venait quelquefois au mausolée qui était dans son parc, pour le faire ouvrir et y entrer. Je supposai que M. Wiles, le maçon de Cambridge, était dans le tombeau pour y arranger quelque chose. Je tournai tout autour du tombeau, tout en la regardant attentivement, pour voir si la porte en était ouverte. Mes yeux étaient rivés sur elle, et moi-même je ne m'éloignai pas d'elle de plus de cinq à six yards. Elle tourna son visage vers moi et me suivit des yeux. Je passai entre l'église et le tombeau (il y a à peu près quatre yards entre les deux), et je regardai en avant pour voir si le tombeau était ouvert, car elle m'en cachait justement la partie qui s'ouvrait. Je tombai sans me faire de mal sur un tertre de gazon, et je regardai à mes pieds pendant une minute à peine. Quand je levai les yeux, elle était partie. Il était impossible qu'elle eût quitté le cimetière, parce que pour arriver à une des deux sorties elle aurait dû passer devant moi. J'étais donc sûr qu'elle était rapidement entrée dans le tombeau. Je me dirigeai vers la porte que je m'attendais à trouver ouverte, mais, à ma grande surprise, elle était fermée, et même elle n'avait pas été ouverte du tout : il n'y avait pas de clef dans la serrure. J'espérais pouvoir jeter un regard dans le tombeau lui-même : je revins donc sur mes pas et je secouai la porte pour m'assurer qu'elle était bien fermée, mais il n'y avait aucun indice qu'il y eût eu quelqu'un par là. Je fus alors très effrayé et je regardai l'horloge, qui marquait 9 heures et demie. Lorsque je rentrai chez moi, j'étais à moitié convaincu que tout ce que j'avais vu était une imagination ; cependant je racontai à ma femme que j'avais vu M<sup>me</sup> de Fréville. Lorsque, le lendemain, mon petit garçon me dit qu'elle était morte, je tressautai, tant j'étais saisi et mon compagnon s'en aperçut. Je n'ai jamais eu d'autre hallucination.

Alfred BARD.

Voici le témoignage de M<sup>me</sup> Bard :

8 juillet 1883

Lorsque M. Bard rentra, il me dit : « J'ai vu ce soir M<sup>me</sup> de Fréville accoudée sur la palissade ; elle me regardait. Je retournai sur mes pas pour la voir, mais elle était partie. Elle avait un manteau et un chapeau. » Il était rentré comme d'habitude entre 9 et 10 heures. C'était le 8 mai 1885.

Sarah BARD.

M. Forster a conduit M. Myers dans le cimetière de Hinxton, et il est à même d'attester l'exactitude de la description que M. Bard a faite de la position relative de l'église, du tombeau et des sorties. La nécrologie du *Times* confirme la date de la mort.

LXXIII. (30) M<sup>lle</sup> Frances Reddell, femme de chambre de M<sup>me</sup> Pole-Carew, Antony, Torpoint, Devonport.

Antony, Torpoint, 14 décembre 1882.

Hélène Alexander (femme de chambre de lady Waldegrave) était atteinte d'une fièvre typhoïde grave. Elle était soignée par moi. Le 4 octobre 1880, vers quatre heures du matin, j'étais debout près d'une table à côté de son lit pour lui donner sa potion. J'entendis qu'on sonnait (on l'avait entendu deux fois déjà pendant la nuit cette semaine-là). Mon attention fut alors attirée par le bruit de la porte qui s'ouvrait, et par la vue d'une personne qui entrait pans la chambre. Je sentis instantanément qu'elle devait être la mère de ma malade. Elle avait à la main un chandelier de cuivre, et elle portait un châle rouge sur les épaules et un jupon de flanelle qui avait un trou par devant. Je la regardai comme pour dire : « Je suis contente que vous soyez venue. » Mais la femme me regarda sévèrement, comme si elle avait voulu dire : « Pourquoi n'est-on pas venu me chercher plus tôt? » Après avoir donné sa potion à Hélène Alexander, je me retournai pour parler à la vision, mais il n'y avait plus personne. Elle était partie. C'était une personne de petite taille, très brune, fort grasse. Vers 6 heures du matin, Hélène Alexander mourut. Deux jours plus tard, ses parents et une de ses sœurs vinrent à Antony ; ils arrivèrent entre 1 et 2 heures du matin. Moi-même et une autre domestique nous leur ouvrîmes la porte, et cela me donna un grand coup de voir l'image vivante de la vision que j'avais vue deux nuits auparavant. Je racontai à la sœur ma vision, et elle m'assura que la description de la robe répondait exactement à celle de sa mère, et qu'il y avait des chandeliers de cuivre à la maison exactement pareils à ceux que j'avais décrits. Il n'y avait pas la moindre ressemblance entre la mère et la fille.

Frances Reddell.

On peut à première vue prendre tout cela pour une simple hallucination éprouvée par une servante nerveuse ou accablée de fatigue, puis modifiée et exagérée par la vue de la mère véritable. Pour qu'un pareil fait puisse avoir quelque valeur et servir de preuve, il faut que nous soyons assurés que tous les détails de la vision ont été racontés avant que la connaissance de la réalité ait pu en aucune manière agir sur la mémoire ou l'imagination du sujet.

M^me Pole-Carew, Antony, Torpoint, Devonport, nous a fourni cette indispensable confirmation.

31 décembre 1883.

En octobre 1880, lord et lady Waldegrave vinrent avec leur femme de chambre écossaise, Hélène Alexander, passer quelque temps chez nous. (Le récit indique alors comment on s'est aperçu qu'Hélène avait pris la fièvre typhoïde.) Elle ne semblait pas bien malade malgré cela, et comme on pensait qu'il n'y avait aucun danger à craindre, et que lord et lady Waldegrave avaient à faire un long voyage le lendemain (jeudi), ils se décidèrent à la laisser aux soins de leur amie.

La maladie suivit son cours habituel, et Hélène sembla aller tout à fait bien jusqu'au dimanche de la semaine suivante ; le médecin me dit alors que la fièvre l'avait quittée, mais que l'état de faiblesse où elle se trouvait le rendait très inquiet. Je fis venir immédiatement une garde-malade, malgré Reddell, ma femme de chambre, qui, pendant toute sa maladie, avait servi de garde à Hélène et qui lui était dévouée. Cependant, comme la garde ne pouvait venir que le jour suivant, je dis à Reddell de veiller Hélène cette nuit-là encore pour lui donner sa potion et des aliments ; il fallait en effet lui donner sans cesse à manger.

A 4 heures 30 environ, cette nuit-là ou plutôt le lundi matin, Reddell regarda sa montre, versa la potion dans une tasse et elle se penchait sur le lit pour la donner à Hélène, quand la sonnette du passage sonna. Elle se dit : « Voilà encore cette ennuyeuse sonnette dont le fil s'est embrouillé. » (Il semble qu'elle ait, parfois, sonné d'elle-même de cette façon.) A ce moment cependant, elle entendit la porte s'ouvrir, et, comme elle regardait autour d'elle, elle vit entrer une vieille femme fort grasse. Elle était vêtue d'une chemise de nuit et d'un jupon de flanelle rouge ; elle tenait à la main un chandelier de cuivre d'un ancien modèle. Le jupon avait un trou. Elle entra dans la chambre et sembla se diriger vers la table de toilette pour poser sa chandelle dessus. Elle était tout à fait inconnue à Reddell, qui cependant pensa tout de suite que c'était la mère d'Hélène qui venait la voir ; elle en était tout heureuse, et elle acceptait cette idée sans discuter, comme on fait en rêve. Il lui sembla que la mère avait l'air fâché, peut-être parce qu'on ne l'avait pas envoyé chercher plus tôt. Elle donna sa potion à Hélène et, quand elle se retourna, l'apparition avait disparu et la porte était fermée. L'état d'Hélène avait beaucoup changé pendant ce temps, et Reddell vint me trouver ; j'envoyai chercher le médecin, et en l'attendant on appliqua à Hélène des cataplasmes chauds....., mais elle mourut un peu avant l'arrivée du médecin. Elle avait toute sa conscience une demi-heure avant sa mort ; elle parut s'endormir à ce moment.

Pendant les premiers jours de sa maladie, Hélène avait écrit à une de ses sœurs ; elle lui disait qu'elle n'était pas bien, mais sans y insister, et, comme elle n'avait jamais parlé que de sa sœur, les gens de la maison, pour qui elle était tout à fait une étrangère, supposaient qu'elle n'avait pas d'autres parents vivants. Reddell lui offrait toujours d'écrire à sa place, mais elle refusait toujours ; elle disait que c'était inutile et qu'elle écrirait elle-même dans un jour ou deux. Personne chez elle ne savait donc qu'elle était aussi malade ; aussi est-il très remarquable que sa mère, qui n'est point du tout nerveuse, ait dit ce soir-là en allant se coucher : « Je suis sûre qu'Hélène est très malade. »

Reddell m'a parlé de l'apparition, ainsi qu'à ma fille, une heure environ après la mort d'Hélène. « Je ne suis pas superstitieuse, ni nerveuse, nous dit-elle tout d'abord, et je n'ai pas été effrayée le moins du monde, mais sa mère est venue la nuit dernière. » Elle nous raconta alors toute l'histoire et nous donna une description très précise de la figure qu'elle avait vue. On prévint les parents pour qu'ils pussent assister aux funérailles ; le père et la mère vinrent, ainsi que la sœur, et Reddell reconnut dans la mère la figure qu'elle avait vue ; je la reconnus comme elle, tant sa description était exacte, l'expression même était bien celle qu'elle avait indiquée ; elle était due non pas à l'inquiétude, mais à la surdité. On jugea qu'il fallait mieux ne pas parler de la chose à la mère, mais Reddell raconta tout à la sœur, qui lui dit que sa description correspondait très exactement aux vêtements qu'aurait eus sa mère, si elle s'était levée pendant la nuit, qu'il y avait chez eux un chandelier tout à fait pareil à celui qu'elle avait vu ; le jupon de sa mère avait un trou, ce trou était dû à la manière dont elle portait toujours son jupon. Il est curieux que ni Hélène ni sa mère ne paraissent s'être aperçues de cette visite. Ni l'une ni l'autre en tout cas n'ont jamais dit qu'elles s'étaient apparues l'une à l'autre, ni même qu'elles l'avaient rêvé.

F. A. POLE-CAREW.

Frances Reddell affirme qu'elle n'a jamais eu d'autre hallucination. M$^{me}$ Lyttelton, Selwyn Collège, Cambridge, qui la connaît, nous dit qu'elle semble être une personne fort positive (*matter of fact*), et que ce qui l'avait surtout impressionnée, c'était qu'elle avait vu dans le jupon de flanelle de la mère d'Hélène un trou fait par le busc de son corset, trou qu'elle avait remarqué dans le jupon de l'apparition (1).

LXXIV. (31) M$^{me}$ Browne, 58, Porchester Terrace, W. Londres. (Lettre de M. Podmore) :

Le 29 mai 1884.

Je suis allé voir aujourd'hui M$^{me}$ Browne, et elle m'a montré : 1° un manuscrit de l'écriture de sa mère, M$^{me}$ Carslake (qui est morte à présent). Ce manuscrit doit être la copie d'une note, prise par le père de M$^{me}$ Browne, feu le capitaine John Carslake de Sidmouth. A ce manuscrit étaient annexées : 2° une note également de l'écriture de M$^{me}$ Carslake et signée d'elle, et 3° la copie d'une lettre du révérend E. B. R..., de Sidmouth, copie qui est aussi de l'écriture de M$^{me}$ Carslake.

(1) On peut se demander quel a été l'agent véritable. Est-ce la mère ? Mais son état n'avait alors rien d'anormal, et elle éprouvait seulement quelque inquiétude à propos de sa fille : elle ne connaissait pas Reddell ; la seule condition favorable, c'est que leurs esprits étaient alors occupés du même objet. Il est possible aussi que l'agent véritable ait été Hélène, et que, pendant son agonie, elle ait eu devant les yeux une vivante image de sa mère.

M^me Browne m'a dit que les originaux des documents (1 et 3) n'existent plus, à sa connaissance du moins.

Le document 4 est une note de M^me Browne elle-même.

Le Middleburg, dont il est question, est évidemment la ville du même nom, située dans les Pays-Bas.

(1)         Jeudi 6 juillet 1815

Aujourd'hui, comme je revenais de Middleburg avec le capitaine T..., je fus très impressionné par l'idée qu'entre 2 et 3 heures j'avais vu mon oncle John traverser le chemin à quelques pas devant moi. Il avait pris, à main gauche, un sentier bordé de haies, qui conduisait à un moulin, appelé Olly Moulin, et, lorsqu'il était arrivé au coin de la grande route, il avait regardé en arrière et m'avait fait signe.

*Question* : Comme il est, depuis longtemps, dangereusement malade, est-ce qu'on ne pourrait pas considérer cet incident comme un présage indiquant qu'il est mort à peu près à ce moment ?

                              John CARSLAKE.

(2)

Il n'avait pas pensé à son oncle, mais il avait parlé avec le capitaine T... d'une vente à laquelle ils avaient assisté. Il était resté tout à fait silencieux ensuite, sans vouloir dire pourquoi. Lorsqu'il arriva à bord, il se rendit à sa cabine, il nota l'heure où il avait vu son oncle et il écrivit à M. B...

                              T. CARSLAKE.

(3)

Longtemps avant que ces lignes vous arrivent, très probablement on vous aura informé que notre cher et vénéré oncle est mort précisément à la minute même où son apparition a traversé le chemin devant vous, dans les environs de Middleburg. Ce fait prouve, à mon avis, d'une manière irréfutable, que ses dernières pensées d'affection se sont arrêtées sur vous. Le fait dont vous avez été témoin est le plus frappant de tous ceux de cette espèce qui sont venus à ma connaissance, étant donnée surtout la pleine et entière confiance que je puis avoir dans les personnes qui ont été mêlées à cet incident.

                              E. B.

A en juger d'après le récit de M. Carslake lui-même, il semble peu probable que l'auteur de ces lignes ait pu *savoir* que la coïncidence était aussi exacte qu'il le dit.

(4)         Le 29 mai 1884.

Je me rappelle avoir entendu, plus d'une fois, raconter cette histoire par mon père exactement comme elle est racontée ici. Je me rappelle qu'il ajoutait que l'apparition portait un chapeau d'une forme très

particulière, et qu'il fut frappé de sa ressemblance avec un chapeau que portait son oncle.
T. L. BROWNE.

LXXV. (32) Rév. Robert Bee. 12, Whitworth Road, Grangetown, près Southbank, Yorkshire.

Colin Street, Wigan, 30 décembre 1883.

Le 18 décembre 1873, je partis de ma résidence du Lincolnshire, pour aller voir les parents de ma femme qui habitaient de temps à autre à Southport, Lord Street. Selon toute apparence, mes parents étaient en bonne santé lorsque je partis. Le lendemain de mon arrivée, je passai ma journée à ne rien faire ou à flâner parmi les multiples distractions qu'on peut trouver sur une plage à la mode. Je passai la soirée en compagnie de ma femme, dans le salon qui est situé au premier étage et dont les fenêtres à larges baies donnent sur la rue principale de la ville. Je lui proposai de jouer aux échecs : nous prîmes l'échiquier et nous commençâmes à jouer. Il y avait peut-être une demi-heure que nous jouions, et j'avais déjà fait quelques fautes vraiment ridicules. Une profonde mélancolie m'oppressait. A la fin je finis par dire à ma femme: « Il est inutile que j'essaie de jouer, pour rien au monde je ne pourrais penser à ce que je fais. Ne vaut-il pas mieux ranger l'échiquier et reprendre notre conversation? Je me sens littéralement malheureux. — Comme il vous plaira », répondit ma femme, et nous mîmes l'échiquier de côté.

Il était à peu près 7 heures et demie, et, après quelques minutes d'une conversation à bâtons rompus, ma femme me dit tout d'un coup: « Je me sens triste ce soir, je vais descendre pour quelques minutes auprès de maman. » Bientôt après le départ de ma femme, je me levai de ma chaise et me dirigeai vers la porte du salon. Là je m'arrêtai un moment, puis je sortis sur le palier de l'escalier.

Il était alors exactement 8 heures moins 10; j'étais depuis un instant sur le palier, lorsqu'une dame, habillée comme pour faire une course, sortit, à ce qu'il me sembla, d'une chambre à coucher voisine, et passa tout près de moi. Je ne pus pas voir distinctement ses traits et je ne me rappelle plus ce que je lui dis.

La forme descendit l'étroit escalier tournant, et ma femme remonta au même instant, de sorte qu'elle avait dû passer tout près de l'étrangère et qu'elle avait même dû, d'après toutes les apparences, se heurter contre elle.

Presque immédiatement je m'écriai: « Polly, qui est donc la dame que vous venez de rencontrer en montant? » Jamais je ne pourrai oublier ni m'expliquer la réponse que ma femme me fit : « Je n'ai rencontré personne », me dit-elle. — « C'est absurde, répondis-je; vous venez de rencontrer une dame, habillée comme pour sortir. Elle est sortie de la petite chambre à coucher, je lui ai parlé. Ce doit être une personne qui est venue passer quelque temps avec votre mère. Elle est sortie sans doute par la porte d'entrée. — C'est impossible, me dit ma femme ; nous n'avons pas d'amis à la maison. Tout le monde est parti il y a presque une semaine ; il n'y a personne à la maison que maman et nous. — C'est étrange, lui dis-je ; je suis sûr d'avoir vu une dame et de lui avoir parlé, un instant avant que vous ne soyez montée. Je l'ai vue distinctement passer près de vous ; il me semble donc incroyable que vous ne l'ayez aperçue. »

Ma femme soutenait, positivement, que la chose était impossible. Nous descendîmes ensemble, et je racontai l'histoire à ma belle-mère, qui était occupée à son ménage. Elle confirma l'assertion de sa fille. Il n'y avait à la maison personne que nous-mêmes.

Le lendemain matin, de bonne heure, je reçus un télégramme du Lincolnshire ; il m'était envoyé par ma sœur aînée Julie (M$^{me}$ F. W. Bowman de Prospect House, Stechford, Birmingham) ; il m'apprenait l'affligeante nouvelle que notre chère mère était morte subitement la nuit précédente, et qu'il fallait que ma femme et moi nous retournions par le premier train à Gainsborough. Le docteur nous dit que c'était une maladie de cœur qui avait amené la mort de ma mère en quelques minutes.

Après avoir donné quelques détails sur son arrivée chez lui et sur la bonté de ses amis, M. Bee continue en ces termes :

Lorsque tout fut fini et que le jour de Noël fut arrivé, je me hasardai à demander à mon frère l'heure exacte de la mort de notre mère.

« Eh bien, me dit-il, le père était sorti, il se trouvait à l'école, et je ne devais pas la revoir vivante. Julie est arrivée juste à temps pour la voir expirer. Il était, autant que je m'en souviens, 8 heures moins 10. »

Après avoir regardé ma femme pendant un moment, je dis : « Alors je l'ai vue à Southport, et, sans pouvoir rien expliquer, je suis à présent à même (*unaccountably*) de me rendre compte de mes impressions. »

Avant le 19 décembre, dont je viens de parler, je ne me souciais nullement de ces choses-là ; je n'avait fait que peu d'attention, ou je n'en avais prêté aucune aux apparitions ou aux impression spirituelles.

Rob. Bee.

En réponse à nos questions, M. Bee ajoute :

Ma mère mourut tout habillée, elle était chaussée. Elle fut prise de son mal dans la rue, et il fallut la conduire à la maison d'un de nos voisins de Gainsborough, située à quelques pas de chez elle. L'apparition ressemblait exactement à ma mère pour la taille, la robe, et tout l'extérieur ; mais, au moment même, je ne pensai pas à elle. La lumière n'était pas si faible que je n'eusse pu reconnaître ma mère, si elle avait passé près de moi en chair et en os.

La notice nécrologique du *Lincolnshire Chronicle* nous apprend que la mère de M. Bee est morte d'une maladie de cœur, le 19 décembre 1873, dans la boutique de M. Smithson à Gainsborough, et que sa santé était ordinairement assez bonne.

M. Bee nous a dit que c'était l'unique hallucination qu'il eût jamais éprouvée.

Il ajoute encore :

Il y avait un globe dépoli au bec de gaz de l'escalier ; le bec de gaz n'était probablement pas tout à fait ouvert. Cependant il y avait assez de lumière pour voir la vision, mais, juste au moment où son visage aurait pu se tourner vers moi, ou s'est tourné vers moi en réalité, je ne pouvais le distinguer clairement ; en tout cas je ne l'ai pas clairement distingué. Bien des fois j'ai éprouvé un regret et un désappointement profonds en me souvenant de ce fait.

M$^{me}$ Bee nous écrit ce qui suit : Le 9 janvier 1884.

Si quelque chose que je puisse vous dire doit vous être de quelque utilité, j'ajouterai volontiers mon témoignage à celui de mon mari. Je me rappelle très bien la visite que nous avons faite à ma mère il y a dix ans. Je me rappelle l'inquiétude inexplicable de mon mari pendant la soirée en question, et je me rappelle aussi qu'il me demanda, lorsque je remontai, si je n'avais pas rencontré une dame dans l'escalier ; je lui répondis : « Non, je ne crois pas qu'il y ait à la maison d'autres personnes que nous. » M. Bee me dit alors : « Eh bien, une dame vient de passer auprès de moi sur le palier ; elle est sortie de la petite chambre à coucher et elle a descendu l'escalier. Elle portait un châle et un chapeau noirs. » Je lui dis : « Mais non, vous vous êtes certainement trompé. » Il me répondit : « Je suis sûr de ne pas m'être trompé, et je vous assure que j'éprouve une sensation tout à fait étrange. » Puis j'allai demander à maman s'il y avait quelqu'un à la maison, et elle me dit qu'il n'y avait personne que nous. M. Bee persistait à croire que quelqu'un avait passé devant lui sur le palier, bien que nous nous efforcions de lui persuader le contraire par des raisonnements.

Le lendemain matin, comme nous étions encore couchés, nous reçûmes une dépêche qui nous informait que M$^{me}$ Bee était morte subitement la veille au soir. » Je dis alors tout de suite : « Robert, c'était votre mère que vous avez vue hier soir. » Il dit que c'était bien elle. Lorsque nous fûmes de retour à Gainsborough, nous demandâmes à quelle heure elle était morte : on nous dit que c'était à 8 heures moins 10 ; c'était l'heure même où mon mari avait vu la vision. On nous dit encore qu'elle s'était subitement sentie malade dans la rue (elle était habillée d'un châle et d'un chapeau noirs) et qu'elle était morte en dix minutes. MARY-ANN BEE.

M^me Bourne, sœur de M. Bee, nous écrit :

Eastgate Lodge, Lincoln, le 2 octobre 1885.

Ma mère est morte le 19 décembre 1875, au soir, à 8 heures moins 10 à peu près. C'était peut-être cependant un peu plus tard ou un peu plus tôt. L'attaque à laquelle elle a succombé ressemblait à un évanouissement ; cette syncope dura de 30 à 40 minutes. Au commencement de l'attaque, elle dit quelques mots à ma sœur ; je n'étais pas encore là. Je crois qu'elle n'ouvrit plus les yeux et qu'elle ne parla plus, bien que nous ayons fait tout notre possible pour la faire parler.

MARIAN BOURNE.

LXXVI. (224) M. Gaston Fournier, 21, rue de Berlin, Paris.

16 octobre 1885.

Le 21 février 1879, j'étais invité à dîner chez mes amis, M. et M^me B... En arrivant dans le salon, je constate l'absence d'un commensal ordinaire de la maison, M. d'E..., que je rencontrais presque toujours à leur table. J'en fais la remarque, et M^me B... me répond que d'E..., employé dans une importante maison de banque, était sans doute fort occupé en ce moment, car on ne l'avait pas vu depuis deux jours. A partir de ce moment, il ne fut plus question de d'E... Le repas s'achève fort gaiement et sans que M^me B... donne la moindre marque visible de préoccupation. Pendant le dîner nous avions formé le projet d'aller achever notre soirée au théâtre. Au dessert, M^me B... se lève pour aller s'habiller dans sa chambre, dont la porte, restée entr'ouverte, donne dans la salle à manger. B... et moi étions restés à table, fumant notre cigare, quand, après quelques minutes, nous entendons un cri terrible. Croyant à un accident, nous nous précipitons dans la chambre, et nous trouvons M^me B... assise, prête à se trouver mal.

Nous nous empressons autour d'elle, elle se remet peu à peu et nous fait le récit suivant : « Après vous avoir quittés, je m'habillais pour sortir, et j'étais en train de nouer les brides de mon chapeau devant ma glace, quand tout à coup j'ai vu dans cette glace d'E... entrer par la porte. Il avait son chapeau sur la tête ; il était pâle et triste. Sans me retourner je lui adresse la parole : « Tiens, d'E..., vous voilà ; asseyez-« vous donc ; » et, comme il ne répondait pas, je me suis alors retournée et je n'ai plus rien vu. Prise alors de peur, j'ai poussé le cri que vous avez entendu. » B..., pour rassurer sa femme, se met à la plaisanter, traitant l'apparition d'hallucination nerveuse et lui disant que d'E... serait très flatté d'apprendre à quel point il occupait sa pensée ; puis, comme M^me B... restait toute tremblante, pour couper court à son émotion, nous lui proposons de partir tout de suite, alléguant que nous allions manquer le lever de rideau.

« Je n'ai pas pensé un seul instant à d'E..., nous dit M^me B..., depuis que M. F... m'a demandé la cause de son absence. Je ne suis pas peureuse, et je n'ai jamais eu d'hallucination ; je vous assure qu'il y a là quelque chose d'extraordinaire, et, quant à moi, je ne sortirai pas avant d'avoir des nouvelles de d'E... Je vous supplie d'aller chez lui ; c'est le seul moyen de me rassurer. »

Je conseille à B... de céder au désir de sa femme, et nous partons tous les deux chez d'E..., qui demeurait à très peu de distance. Tout en marchant nous plaisantions beaucoup sur les frayeurs de M$^{me}$ B....

En arrivant chez d'E... nous demandons au concierge : « D'E... est-il chez lui ? Oui monsieur, il n'est pas descendu de la journée. » D'E... habitait un petit appartement de garçon ; il n'avait pas de domestique. Nous montons chez lui, et nous sonnons à plusieurs reprises sans avoir de réponse. Nous sonnons plus fort, puis nous frappons à tour de bras, sans plus de succès. B..., émotionné malgré lui, me dit : « C'est absurde ! le concierge se sera trompé ; il est sorti. Descendons. » Mais le concierge nous affirme que d'E... n'est pas sorti, qu'il en est absolument sûr.

Véritablement effrayés, nous remontons avec lui, et nous tentons de nouveau de nous faire ouvrir ; puis, n'entendant rien bouger dans l'appartement, nous envoyons chercher un serrurier. On force la porte, et nous trouvons le corps de d'E... encore chaud, couché sur son lit, et troué de deux coups de revolver.

Le médecin, que nous faisons venir aussitôt, constate que d'E... avait d'abord tenté de se suicider en avalant un flacon de laudanum, et qu'ensuite, trouvant sans doute que le poison n'agissait pas assez vite, il s'était tiré deux coups de revolver à la place du cœur. D'après la constatation médicale, la mort remontait à une heure environ. Sans que je puisse préciser l'heure exacte, c'était cependant une coïncidence presque absolue avec la soi-disant hallucination de M$^{me}$ B... Sur la cheminée il y avait une lettre de d'E... annonçant à M. et M$^{me}$ B... sa résolution, lettre particulièrement affectueuse pour M$^{me}$ B...

Gaston Fournier.

Dans une conversation avec M. Myers, M. Fournier a dit qu'il n'était pas certain de l'exactitude de la date. Nous nous sommes procuré une copie de l'acte de décès, d'où il résulte que d'E... est mort le 7 octobre 1880, à dix heures du matin. Il est fort possible que le corps, qui était habillé, fût encore chaud le soir. L'heure ne peut probablement pas être déterminée avec précision, et il est vraisemblable que l'acte officiel l'a avancée et le médecin dont parle M. Fournier l'a retardée plus qu'il ne conviendrait. Mais nous ne pouvons affirmer que la coïncidence ait été aussi exacte que se l'est imaginé M. Fournier. M^me B... est morte, M. B... est dans l'Amérique du Sud ; et, quoique nous espérions obtenir de lui un récit de l'événement, il ne nous est pas arrivé assez à temps pour l'insérer.

LXXVII. (226) Le cas suivant nous a été communiqué par le général H... qui, malheureusement, ne veut point permettre la publication de son nom. Nous nous sommes procuré le récit par l'entremise obligeante de M^lle A... A... Leith, 8, Dorse Square N. W. Londres.

11 novembre 1884.

En 1856, j'étais appelé par mon service à un endroit nommé Roha, à quelque 40 milles au sud de Bombay, et j'allais et venais dans les districts. Mon seul abri était une tente sous laquelle je vivais pendant plusieurs mois de l'année. Mes parents, et mon unique sœur, âgée d'environ vingt-deux ans, vivaient à K...; les lettres expédiées de cet endroit mettaient une semaine pour me parvenir. Ma sœur et moi, nous correspondions régulièrement, et le courrier arrivait en général vers 6 heures du matin, lorsque je me rendais à mes occupations. Ce fut le 18 avril de cette année-là (jour que je n'oublierai jamais) que je reçus une lettre de ma mère, où elle me disait que ma sœur ne se sentait pas bien, mais qu'elle espérait m'écrire le lendemain. Il n'y avait rien dans la lettre qui pût m'inquiéter particulièrement. Après mon travail habituel au dehors, je revins dans ma tente, et me mis à ma tâche de tous les jours lorsqu'il en fut temps. Vers 2 heures, mon secrétaire se trouvait avec moi, et me lisait quelques documents indigènes qui absorbaient mon attention, je n'avais aucune raison pour penser à ma sœur, lorsque tout à coup je fus saisi d'étonnement en la voyant (à ce qu'il me semblait du moins) passer devant moi, en costume de nuit. Elle était allée d'une porte de la tente à l'autre. Cette apparition me fit une telle impression que j'éprouvai la conviction que ma sœur était morte à ce moment-là. J'écrivis aussitôt à mon père, pour lui raconter ce que j'avais vu, et bientôt après une lettre m'apprenait que ma sœur était morte au moment où elle m'était apparue.

J.-C. H.

Une notice nécrologique parue dans le *Allen's Indian Mail* prouve que la sœur du général H... est morte le 18 avril 1856.

En réponse à nos questions, le général H... nous écrit :

Par le contexte, vous pouvez voir qu'il était à peu près 2 heures de l'après-midi, c'était en plein jour. Ma vision a coïncidé exactement avec le moment de la mort.

Je n'ai jamais vu d'autre apparition.

Veuillez excuser mon refus de laisser publier mon nom, quoique je sois aussi sûr du fait que je le suis de ma propre existence.

Le général H... nous apprend aussi que ses parents sont morts et qu'il n'a aucun ami vivant qui ait vu sa lettre.

LXXVIII. (227) M. H. King., Royal Military College, York Town, Farnborough, Hants.

Mars 1885.

Le jeudi soir, 10 octobre 1884, H..., M... et moi, nous allâmes dîner à Broadmoor. Nous y restâmes jusqu'à 10 heures du soir ou à peu près. En quittant la maison, nous causâmes de différentes choses. M... était tout à fait comme d'habitude. Après quelques minutes de marche, M... s'arrêta subitement et me dit : « regardez, Regardez, oh ! regardez ! » Nous ne vîmes rien d'extraordinaire à cette exclamation tout d'abord, mais il continua à montrer avec son doigt une chose imaginaire dans l'obscurité. L'endroit était fort sombre; nous avions un bois à droite, et un champ à gauche, séparés de nous par une palissade. Je crus que M... avait vu quelqu'un se cacher derrière un buisson, j'allai en avant, mais je ne vis rien. M... disant encore : « Regardez-la ! regardez-la ! » tomba en arrière contre la palissade et resta sans mouvement, le dos appuyé à la barrière. Nous courûmes à lui, lui demandant ce qu'il avait, mais il ne pouvait que gémir. Au bout d'un moment, il parut mieux. Nous voulions continuer à marcher, mais il dit : « Où est ma canne ? » Il l'avait laissée tomber. Je lui dis : « Ne faites pas attention à votre canne, » car je craignais de ne pas arriver au collège avant la fermeture des portes. Mais il voulut chercher sa canne, qu'il trouva après avoir allumé une allumette. Nous reprîmes tous ensemble notre marche. M..., malgré tous mes efforts pour entretenir la conversation, ne disait pas un mot. Après avoir marché un quart de mille, il se mit à dire subitement : « Où l'ont-ils portée ? Je vous dis qu'ils la portaient, ne les avez-vous pas vus qui la portaient ? J'essayai de l'apaiser, mais il continua à répéter : « Je vous dis qu'ils la portaient. » Peu après, il se calma de nouveau, marcha tranquillement durant un demi-mille ou à peu près ; il dit alors en regardant autour de lui avec surprise : « *Hullo !* nous sommes venus par un chemin de traverse, je reconnais cette maison. » Je lui dis que non ; il répondit : « Nous devons avoir couru alors. Il me semble qu'il n'y a qu'une minute que nous avons quitté la maison. » Il exprima plusieurs fois son étonnement à propos de la rapidité avec laquelle nous avions parcouru le dernier demi-mille. Il alla bien, à partir de ce moment, jusqu'à l'arrivée au collège.

Le dimanche matin, il me dit qu'un triste événement était arrivé dans la nuit du jeudi. Une vieille dame qui l'aimait beaucoup, mais qu'il n'avait pas vue depuis longtemps, était morte subitement d'une maladie de cœur. Elle s'était absentée, était revenue chez elle, et elle recevait quelques amis lorsqu'elle était tombée morte; pour employer les mots dont il se servit, elle fut emportée. Je lui demandai immédiatement à quelle heure elle était morte. Il me dit que c'était entre 10 et 11 heures (il avait vu l'apparition un peu après 10 heures). Je ne pus obtenir la date exacte de la mort de la dame, car il n'aimait pas à parler de ce sujet.

Quand il me raconta cela, il ne savait rien de ce qui lui était arrivé en revenant à la maison. Quand on le lui raconta, il ne se rappelait pas la vision, mais il dit que s'il ne savait pas qu'il n'avait rien bu (ce qui était vrai) il dirait qu'il était ivre à ce moment-là. Il semblait avoir été plongé dans une espèce de stupeur pendant tout ce temps. Je suppose que je dois indiquer ici qu'il m'avait raconté, bien longtemps avant tout ceci, qu'il avait eu la vision d'une jeune fille qui s'était noyée. Voilà l'exact récit de ce qui est arrivé.

Signé H. KING.<br>A. HAMILTON-JONES.

M. King ajoute :

Mon ami (M. Jones) se rappelle parfaitement que M... ne fut pas surpris par la nouvelle (de la mort) et qu'il dit même qu'il lui semblait que cet événement était déjà arrivé.

M. R. A. King, 36 Grove Lane, Denmark Hill, oncle du narrateur, par l'obligeance duquel nous avons obtenu ce récit, nous dit :

M... a une telle horreur de toute cette affaire que mon neveu ne m'a pas permis de lui écrire et de lui demander la date de la mort de la vieille dame. Il nous a donc été impossible de vérifier la date de la mort de notre côté. Le nom de M... m'est connu, il a quitté le Military College.

LXXIX. (228) Rev. F. Barker, ancien recteur de Cottenham, Cambridge.

2 juillet 1884.

Le 6 décembre 1873, vers 11 heures du soir, je venais de me coucher et je n'étais pas encore endormi, ni même assoupi, quand je fis tressaillir ma femme en poussant un profond gémissement, et, lorsqu'elle m'en demanda la raison, je lui dis : « Je viens de voir ma tante; elle est venue, s'est tenue à mon côté et m'a souri, de son bon et familier sourire, puis elle a disparu. » Une tante que j'aimais tendrement, la sœur de ma mère, était à cette époque à Madère pour sa santé;

sa nièce, ma cousine était avec elle. Je n'avais aucune raison de supposer qu'elle était sérieusement malade à ce moment-là, mais l'impression faite sur moi avait été si profonde, que le lendemain je dis à sa famille (y compris ma mère) ce que j'avais vu. Une semaine après, nous apprîmes qu'elle était morte cette même nuit et, en tenant compte de la longitude, presque au moment où la vision m'était apparue. Quand ma cousine, qui était restée auprès d'elle jusqu'à la fin, entendit parler de ce que j'avais vu, elle dit : « Je n'en suis pas surprise, car elle vous a appelé continuellement pendant son agonie. » C'est la seule fois que j'aie éprouvé quelque chose de pareil. Je pense que cette histoire de première main peut vous intéresser. Je puis seulement dire que la vive impression reçue cette nuit ne m'a jamais quitté.

Frédérick Barker.

La date de la mort est confirmée par la nécrologie du *Times*. Voici le récit de M<sup>me</sup> Barker :

Je me rappelle bien les faits à propos desquels mon mari vous a écrit. Il devait être près de 11 heures. Mon mari n'était pas encore endormi (il venait de me parler), qu'il se mit à gémir profondément. Je lui demandai ce qu'il avait, il me dit alors que sa tante qui était à Madère venait de lui apparaître, lui souriant avec son bon sourire, puis avait disparu. Il me dit qu'elle avait quelque chose de noir sur la tête (qui pouvait être de la dentelle). Le lendemain il répéta son récit à plusieurs de nos parents et il se trouva que sa tante était morte cette même nuit. Sa nièce, M<sup>lle</sup> Garnett, me dit qu'elle n'était pas étonnée d'apprendre que mon mari avait vu sa tante, car elle l'avait appelé plusieurs fois durant son agonie. Il avait été pour elle presque un fils.

P.-S. Barker.

En réponse à diverses questions, M. Barker nous écrit :

Je me souviens d'avoir vu un capuchon fait avec une sorte de dentelle, et qui entourait la tête de ma tante comme un voile de dentelle noire.

Le récit suivant est dû à M<sup>lle</sup> Garnett qui était auprès de sa tante au moment de la mort.

Wyréside, près Lancastre, octobre 1885.

Je certifie que j'étais avec ma tante, M<sup>lle</sup> X..., au moment de sa mort à Madère le 6 décembre 1873. En apprenant que mon cousin le Rév. F. Barker qui habite maintenant Stanley Place à Chester avait vu ma tante apparaître à un moment qui correspondait presque exactement à celui de sa mort, je dis à mon oncle, par qui j'entendis parler de l'incident, que je n'en étais pas surprise, car ma tante avait souvent exprimé le désir de voir M. Barker, pendant les derniers jours de sa vie.

LOUISA GARNETT.

LXXX. (229) Lieut. gén. Albert Fytche. C. S. I. (*Burma Past and Present*, vol. I. p. 177-8.)

Un incident extraordinaire, qui fit sur mon imagination une profonde impression, m'arriva à Maulmain. J'ai vu un fantôme, je l'ai vu de mes propres yeux dans la pleine lumière du jour. Je puis le déclarer sous serment. J'avais vécu dans la plus étroite intimité avec un vieux camarade d'école, qui avait été ensuite mon ami à l'Université; des années cependant s'étaient écoulées sans que nous nous fussions revus. Un matin je venais de me lever et je m'habillais lorsque tout à coup mon vieil ami entra dans ma chambre. Je l'accueillis chaleureusement et je lui dis de demander qu'on lui apportât une tasse de thé sous la véranda, lui promettant de le rejoindre immédiatement. Je m'habillai en hâte, et j'allai sous la véranda, mais je n'y trouvai personne. Je ne pouvais en croire mes yeux. J'appelai la sentinelle postée en face de la maison, mais elle n'avait vu aucun étranger ce matin-là. Les domestiques déclarèrent aussi que personne n'était entré dans la maison. J'étais certain d'avoir vu mon ami. Je ne pensais pas à lui à ce moment, et pourtant je ne fus pas très surpris, parce qu'il arrivait souvent des vapeurs et d'autres vaisseaux à Maulmain. Quinze jours après j'appris qu'il était mort à 600 milles de là, au moment même, ou peu s'en fallait, où je l'avais vu à Maulmain.

Le général Fytche a écrit au professeur Sidgwick la lettre suivante :

Durling Dean, West Cliff, Bournemouth, 22 décembre 1883.

Ci-joint une feuille qui contient les réponses à votre liste de questions. Je ne pense pas avoir rien à ajouter, je ne puis qu'affirmer de nouveau que l'εἴδωλον de mon ami m'est apparu comme je l'ai raconté. Mon ami est mort subitement. Je ne savais pas qu'il était malade, et je ne pensais à lui en aucune manière. Dans la philosophie animiste des sauvages comme des civilisés, on admet, je crois, qu'une apparition de ce genre ressemble au corps de chair et d'os de celui qui apparaît

Réponses aux questions relatives à l'apparition de Maulmain.

1º Le récit imprimé a été écrit de mémoire. Je n'ai point écrit de journal depuis que mes papiers ont été brûlés à Bassein. Il n'existe pas, à ma connaissance, de lettre qui ait été écrite au moment de l'incident.

2° J'ai appris la mort de mon ami par les journaux qui arrivèrent à Maulmain par les Messageries quinze jours environ après l'incident. Ils disaient que mon ami était mort de grand matin, le jour même où son fantôme m'était apparu.

3° Quand j'adressai la parole à l'apparition, elle ne me répondit ni par un mot ni par un signe. Je ne supposais pas qu'il pût s'agir là d'une apparition. Je crus voir mon ami en chair et en os.

4° L'événement est arrivé il y a 26 ans environ, et les personnes qui résidaient près de chez moi à cette époque, et à qui j'avais rendu visite le matin de l'événement, sont mortes. L'année suivante je suis allé en Angleterre et j'ai raconté cette histoire à plusieurs membres de ma famille, entre autres à mon cousin, Louis Tennyson d'Eyncourt, un des magistrats de Londres. Mais c'est un sujet dont je n'ai jamais beaucoup parlé.

5° Je n'ai jamais vu d'autre apparition, je n'ai jamais eu d'hallucinations ni visuelles ni auditives et j'ai toujours été considéré comme un homme de grand sang-froid.

Général A. Fytche.

M. d'Eyncourt nous écrit :

31, Cornwall Gardens, S. W. Londres, 21 décembre 1885.

Le général Fytche est venu me voir à Hadley un an ou deux avant la publication de son livre, il y a 15 ou 18 ans de cela, et m'a raconté l'histoire telle qu'elle est narrée dans son livre. Ce récit fit une grande impression sur ma famille et sur moi. Je ne puis pas me rappeler la date de l'année, mais certainement il n'y a pas 25 ans. 20 ans seraient plus près de la vérité.

Le général Fytche est obligé par une promesse à ne pas révéler le nom de son ami, ce qui nous met hors d'état d'obtenir la date exacte de l'incident.

LXXXI. (234) Mme Swithinbank. Ormleigh, Mowbray Road, Upper Norwood, Londres. Les faits se sont passés vers 1867.

1882.

Lorsque mon fils H... était encore enfant, je le vis un jour partir pour l'école; je le regardai s'en aller le long de l'avenue, puis j'allai m'asseoir dans la bibliothèque, pièce où j'entrais rarement à ce moment-là de la journée. Peu de temps après, il m'apparut marchant sur le mur situé en face de la fenêtre. Le mur se trouvait à environ 13 pieds de la fenêtre et était fort bas, de sorte que lorsque mon fils était debout sur la crête du mur, sa figure se trouvait à la hauteur de la mienne, et près de moi. Je levai précipitamment la glace de la fenêtre et l'appelai pour lui demander pourquoi il était revenu de l'école, et pourquoi il se trouvait là ; il ne répondit pas, mais me regarda bien en face avec une expression d'effroi, puis tomba de l'autre côté du mur et disparut. Croyant à quelque farce d'enfant, j'appelai un domestique pour lui faire dire de venir, mais on ne trouva aucune trace de son passage, quoiqu'il n'y eût ni recoin, ni place pour se cacher. Je fis des recherches moi-même sans plus de résultat.

Comme j'étais assise tranquillement et que je me demandais où et comment il avait pu disparaître si soudainement, un cab arriva avec H... presque sans connaissance ; c'était un de ses amis et camarades de classe qui le ramenait ; il me dit que pendant une dictée il était tout à coup tombé en arrière sur son siège, s'écriant avec une voix perçante : « Maman saura », et qu'il avait perdu connaissance. Il fut malade ce jour-là, et le lendemain fort accablé ; mais notre docteur ne put donner aucune raison de cet accès, et rien dans la suite ne put me faire comprendre pourquoi il m'était apparu. Son évanouissement avait coïncidé exactement avec le moment où il m'était apparu : cela est prouvé par le témoignage de son professeur et de ses camarades de classe.

Le Rev. H. Swithinbank, fils aîné de Mme Sw..., explique que l'endroit où l'enfant est apparu se trouve sur une ligne droite tirée de la maison (située à Summerhill Terrace, Newcastle-on-Tyne) à l'école, mais qu'« aucun animal, sauf un oiseau, ne pouvait venir en ligne droite de ce côté », et que par la route il y a presque un mille entre les deux endroits. Il nous dit que son frère est d'un tempérament nerveux, mais que sa mère, tout au contraire, est une personne calme, qui n'a jamais eu dans sa vie d'autre hallucination.

LXXXII. (235) Colonel Swiney. Régiment du duc de Cornouailles.

Casernes de Richmond, Dublin, 14 juillet 1883.

C'était vers la fin de septembre 1864, j'étais cantonné au camp de Shorncliffe, je croyais que mon frère était à ce moment dans l'Inde, où il servait dans le génie royal ; je m'imaginai que je le voyais s'avancer vers moi, et, avant que j'aie pu revenir de mon étonnement, l'apparition avait disparu.

Je me rappelle parfaitement avoir raconté le fait à quelques-uns de mes camarades, et leur avoir dit combien la chose était curieuse ; mais je n'y pensais guère jusqu'au moment où je reçus la nouvelle de sa mort ; elle avait eu lieu (autant que je puis me le rappeler, je n'ai pris aucune note) à peu près au moment où je m'imaginais l'avoir vu. Il était mort le 24 septembre 1864 à Nagpore (Indes Orientales), et s'il n'était pas mort je ne me serais probablement jamais rappelé l'événement. Je n'y attache pas beaucoup d'importance ; cela peut avoir été une coïncidence, fort remarquable certainement, mais rien de plus. Je crains que ce fait ne vous soit pas d'une grande utilité dans vos recherches, car la moitié de sa valeur est perdue par suite de l'impossibilité où je suis de fournir des témoignages irréfutables qui prouvent que j'avais raconté l'incident avant d'avoir appris la mort de mon frère ; je suis au reste personnellement sûr d'en avoir parlé avant d'avoir reçu de ses nouvelles. Richard Edgcumbe était cantonné à Shorncliffe à cette époque.

S.-C WINEY.

C'est de M. R. Edgcumbe que nous avons appris cet événement. Il n'en avait entendu parler que quelques années après qu'il eût eu lieu.

En réponse à nos questions, le colonel Swiney ajoute :

Plusieurs années après, en 1871, étant au Cap de Bonne-Espérance, j'envoyai un récit détaillé de tout ce qui était arrivé à un monsieur du Yorkshire qui recueillait des faits se rapportant aux hallucinations. J'ai eu une entrevue personnelle avec le colonel Schwabe qui était sous-officier avec moi aux carabiniers, mais il ne peut se rappeler les détails, et, en réalité, ne se souvient de rien du tout. Ceci peut s'expliquer par le fait qu'il est parti très peu de temps après, et que nous ne nous sommes rencontrés de nouveau que plusieurs mois après que j'eus appris la mort de mon frère. Lorsque cette nouvelle m'arriva, j'étais à la chasse, avec Charles Gurney, près de Norwich, vers la fin d'octobre, ou le commencement de novembre. Quand je reçus la lettre, je savais d'avance ce qu'elle contenait, et, si je connaissais l'adresse de Charles Gurney, je voudrais bien lui demander s'il se rappelle le matin où j'ai reçu de mauvaises nouvelles, avant mon départ pour Londres, et où je lui ai dit : « Comme c'est curieux ! je croyais l'avoir vu venir vers moi à Shorncliffe, il y a quelques semaines. »

Le 24 septembre 1864 était un dimanche. Je ne puis dire si c'est le jour où je racontai l'histoire. Mon frère est mort, autant que je m'en souviens, quelques moments après que les personnes avec qui il habitait étaient revenues de l'église, car je me rappelle en effet que la lettre disait : « Il se portait bien mieux, et dormait, de sorte que nous crûmes pouvoir sans imprudence le quitter pendant une heure ou à peu près. A notre retour, continue la lettre, il avait une forte fièvre, et il mourut cette après-midi-là. » Il ne pouvait être plus de 2 heures après midi au moment où j'éprouvai cette hallucination. En tenant compte des 5 heures de différence de longitude, cela ferait 9 heures du matin : il n'y aurait donc pas eu coïncidence.

Le colonel Swiney semble avoir calculé la différence d'heures à rebours. L'heure dans l'Inde est toujours de 4 ou 5 heures *en avance* sur l'heure d'Angleterre, et ainsi, si les jours coïncident réellement, la mort et la vision peuvent avoir coïncidé exactement.

L'*Army List* pour décembre 1864, et le *Allen's Indian Mail* du 20 octobre 1864, fixent la mort du lieutenant John D. Swiney au 25 septembre; et c'est le 25, et non le 24, qui tombait un dimanche. Lorsque le colonel Swiney apprit le décès, il était sûrement sous l'impression que c'était un dimanche qu'il avait vu son frère ; le dimanche est un jour qu'on remarque et son erreur sur la date du jour semble par conséquent sans importance.

LXXXIII. (236) M^lle Bale. Church Farm, Gorleston.

17 septembre 1885.

En juin 1880, je me plaçai comme gouvernante. Le jour de mon arrivée, lorsque j'allai me coucher, j'entendis un bruit qui était semblable au tic-tac d'une montre. Je n'y fis pas grande attention, mais je remarquai cependant que toutes les fois que je me trouvais seule je l'entendais, et surtout la nuit. Je me mis même à chercher, pensant qu'une montre devait être cachée en quelque endroit de la chambre. Cela continua jusqu'au moment où je fus tout à fait accoutumée au bruit. Le 12 juillet, comme je sortais de la salle à manger avec un plateau et des verres, je vis ce qui me parut être une forme sombre, se tenant sur la porte, les bras étendus. J'en fus effrayée et lorsque je me retournai pour la revoir, elle avait disparu.

Le 24 septembre, j'appris que mon frère s'était noyé le 12 juillet. Je continuai à entendre le tic-tac jusqu'à l'époque à laquelle je reçus la lettre, je ne l'entendis plus jamais dans la suite.

F.-A. BALE.

Dans une autre lettre, M^lle Bale nous dit :

Je vous envoie ci-incluse la lettre qui nous a appris la mort de mon frère, ainsi qu'une lettre du capitaine du navire, pour que vous en preniez connaissance.

Je n'ai pas consigné sur mon journal l'apparition que j'ai vue le 12 juillet, mais je me rappelle distinctement l'heure. Je m'assis un court instant pour me remettre de ma frayeur, puis je regardai l'heure: il était 6 heures 20 minutes. Je joins à ma lettre l'adresse d'une amie qui, j'en suis sûre, se rappelle aussi bien que moi-même ce qui s'est passé. Vous verrez par la lettre ci-jointe où se trouvait mon frère au moment de sa mort.

L'apparition me fit penser à mon frère, comme je l'avais vu pour la dernière fois, vêtu d'un long ulster, de couleur foncée, et elle était à peu près de sa taille; mais ce fut tout ce que je pus découvrir, car lorsque je regardai une seconde fois il n'y avait plus rien. Ce qui me fait parler du tic-tac, c'est le fait surprenant qu'il me suivait *partout*, à condition que je fusse *seule*.

La lettre que nous a envoyée M<sup>lle</sup> B... a été écrite par le révérend W. A Purey-Cust à bord du vaisseau *Melbourne*; elle annonçait que la mort de M. William Bale avait eu lieu à six heures du soir, le 12 juillet 1880, à 150 milles environ au sud de Tristan d'Acunha, par 12 degrés 30″ longitude ouest. M. Purey-Cust nous a dit depuis que ce jour-là, et ce jour-là seulement, on avait dû relever la position du navire par un calcul approximatif, le soleil n'étant pas visible. L'erreur dans l'heure provenant de ce calcul ne peut, cependant, dépasser une minute ou deux, et M. Purey-Cust donne des détails qui rendent presque impossible le fait qu'il se soit trompé en affirmant que l'accident a eu lieu à six heures du soir, d'après l'horloge du bord.

M<sup>me</sup> Hart, Baker Street, Gorleston, nous écrit :

28 septembre 1885.

Dans la soirée du 12 juillet 1880, M<sup>lle</sup> Bale vint souper chez moi; elle me raconta qu'elle venait du salon, et qu'elle avait vu une forme sombre qui se tenait sur la porte; elle paraissait très nerveuse. Elle déclara que cette forme lui faisait penser à son frère, et me fit la remarque qu'elle savait que quelque chose devait lui être arrivé. Je lui demandai si elle avait fait attention à l'heure; elle me répondit que l'apparition l'avait beaucoup effrayée, qu'elle s'était assise un instant pour se remettre de sa frayeur, et qu'alors elle avait regardé l'heure, il était 6 heures 20. Elle m'avait parlé antérieurement d'un tic-tac qu'elle entendait partout où elle allait, aussitôt qu'elle était seule, mais qui cessait dès que quelqu'un s'approchait d'elle. Elle me dit aussi qu'elle l'a entendu jusqu'au jour où elle a reçu la nouvelle de la mort de son frère, mais qu'elle ne l'a plus entendu depuis lors.

H. HART.

M<sup>lle</sup> Bale ajoute :

24 septembre 1885.

Il y a un incident dont je ne vous ai pas entretenu; le jugeant trop insignifiant je n'en ai noté ni la date ni l'heure, mais je sais que c'était peu de temps avant le jour où j'appris la mort de mon frère. Je m'étais couchée il y avait quelques instants, lorsque j'entendis un fracas épouvantable comme si un service de vaisselle se brisait. Je me sentis trop nerveuse pour aller voir ce que c'était, mais le matin, on ne trouva rien de cassé ni dérangé, et pendant trois nuits successives j'entendis le même bruit. Je ne crois pas que ce fait soit en aucun rapport avec la mort de mon frère. Je n'ai très certainement jamais entendu de voix imaginaires, ni eu de visions, exception faite pour l'apparition que j'ai vue le jour où mon frère s'est noyé.

Il n'y a aucune raison, semble-t-il, pour établir une coïncidence entre le tic-tac et la mort de M. Bale, ni entre sa mort et le bruit de vaisselle cassée ; et il est probable que tout cela était causé par un état purement physique, auquel la secousse causée par la mort a mis fin. Il nous a semblé juste, cependant, d'en faire mention ; car, si c'était une hallucination, cela montrerait que Mlle Bale se trouva pendant quelque temps dans un état favorable aux hallucinations purement subjectives, ce qui affaiblirait légèrement la force de la coïncidence qui existe entre l'hallucination visuelle et la mort de son frère. On remarquera que la mort n'eut lieu, d'après les témoignages, qu'environ une demi-heure après l'apparition, si l'on tient compte de la longitude. Mais comme la différence est fort petite, il est probable qu'elle est due à une erreur d'attention ou de mémoire de la part de Mlle Bale, ou bien peut-être sa pendule avançait-elle ; cela est plus aisé à admettre qu'une coïncidence purement accidentelle.

LXXXIV. (238) Le récit suivant a été publié pour la première fois dans le *Englishman*, du 3 mai 1876 :

> Un laboureur du nom de Duck, employé par M. Dixon, Mildenhall Warren Farm, près Marlborough, conduisait un cheval attelé à un tonneau d'eau, lorsque l'animal prit peur et le renversa. La roue lui passa sur la poitrine, et il expira peu de temps après. Immédiatement après l'accident, M. Dixon envoya une femme à Ramsbury, où Duck habitait, pour avertir sa femme de l'accident. En arrivant chez Mme Duck, la messagère apprit qu'elle était allée ramasser du bois ; mais, peu après, arriva une jeune fille qui travaillait avec elle et, avant qu'on lui eût parlé de l'événement, d'elle-même, elle déclara que Ria (Mme Duck) était incapable de bien travailler ce matin-là, et qu'elle avait été très effrayée parce qu'elle avait aperçu son mari dans le bois. Quelques instants plus tard, Mme Duck revint sans sa charge de bois, et, apprenant d'un voisin qu'une femme de Mildenhall Woodlands voulait la voir, elle s'écria : « Mon David est mort alors ! » Depuis lors M. Dixon a interrogé la femme ; elle affirme positivement avoir vu son mari dans le bois, et avoir dit : « Ohé ! David ! quel vent t'amène ici ? »

Mais il ne lui avait pas répondu. M. Dixon lui demanda à quelle heure cela était arrivé; elle répondit: « Vers 10 heures. » C'était l'heure de l'accident.

Lorsque ce récit parut, notre ami, M. F. W. Percival, 36, Bryanston Street, W. Londres, écrivit à M. Dixon pour l'interoger sur les faits et reçut de lui la confirmation suivante :

25 mai 1876.

Aussitôt que ce fut arrivé (la mort de Duck), j'envoyai une de mes domestiques, pour prévenir sa femme du triste événement, à un endroit nommé Ramsbury, à environ quatre milles du lieu de l'accident. Mais, en arrivant là, elle apprit que la femme de Duck était allée ramasser du bois dans un bois éloigné; elle s'arrêta dans un cottage voisin pour attendre son retour. Mais Maria revint sans fagot, disant qu'elle avait vu son mari, et qu'elle lui avait demandé comment il se trouvait là; elle ajoutait qu'elle savait pourquoi cette femme était venue, qu'elle venait pour l'informer de la mort de son mari, qu'elle avait vu son mari aussi clairement que pendant toute sa vie, et qu'elle lui avait dit : « Ohé! David! quel vent t'amène ici? » Mais, comme elle ne le vit plus, elle eut très peur, et quitta le bois.

1ᵉʳ juin 1876.

La femme que j'avais envoyée à Ramsbury me raconta que lorsqu'elle était arrivée à la maison de Duck, la voisine lui avait dit que Maria était allée ramasser du bois et que sa petite fille (celle de la voisine) était partie avec elle. La petite fille revint bientôt en disant que Maria Duck avait eu une grande peur dans le bois, qu'elle avait vu son mari et lui avait parlé, mais que, comme il ne lui avait pas répondu, elle s'était trouvée mal, et avait dit à la petite fille de rentrer chez elle, car elle savait que quelque chose était arrivé à David. Ceci se passait avant qu'elle sût qu'on avait envoyé une femme chez elle. Lorsqu'elle rentra et trouva la femme qui l'attendait, elle lui dit qu'elle connaissait le motif de sa course, et lui demanda si son mari n'était pas mort; elle paraissait très effrayée. La femme lui répondit que son mari était très malade, et qu'elle croyait qu'il ne vivrait pas assez longtemps pour le revoir. En arrivant à Warren, elle le trouva mort, et nous dit l'heure à laquelle elle l'avait vu; c'était exactement celle à laquelle il était mort. Aussi me semble-t-il que le public doit croire à l'exactitude des faits, quoique tout cela soit pour nous un véritable mystère. La femme de Duck est à Hungerford-Union (1), son foyer (*home*) étant détruit par suite de la mort de son mari. La femme que j'avais envoyée se nomme Mary Holick. Elle a habité chez moi pendant quelque temps; on peut ajouter foi à sa parole.

BENJAMIN DIXON.

(1) C'est un asile pour les pauvres.

M^me Duck est morte depuis, mais M^me Holick a dicté et signé le récit suivant :

Je me souviens bien du pauvre vieux David Duck. Je crois bien ne jamais oublier la chose. La roue du chariot passa sur sa poitrine et le tua ; je fus envoyée par M. Dixon pour prévenir sa femme à Ramsbury. Elle n'était pas chez elle ; elle ramassait du bois avec la petite fille d'une voisine ; aussi allai-je attendre chez cette voisine. Peu après la petite fille entra, et annonça que M^me Duck était dans tous ses états parce qu'elle avait vu son mari dans le bois, et que, lorsqu'elle l'avait appelé en disant : « Quel vent t'amène ici, David ? » il avait disparu ; qu'elle était tombée à la renverse sur le talus à moitié évanouie de peur ; la petite fille avait descendu le talus et l'avait trouvée dans cet état. Aussi n'avait-elle ramassé que peu de bois. Si la petite fille ne l'eût pas dit d'abord, je n'aurais presque pas pu croire que M^me Duck avait vu son mari. Mais lorsqu'elle revint, environ une demi-heure après la petite fille (qui était revenue en avant, toute peinée de ce que M^me Duck avait vu), c'était la pure vérité, je ne l'oublierai jamais ; elle rentra avec ses mains étendues en avant, et me dit en me regardant en face : « Elle est venue me dire que mon David est tué. Je le savais ; j'ai vu son spectre. Je n'ai pas besoin qu'on me le dise. » Puis elle nous dit ensuite comment elle l'avait vu tout à coup devant elle, vêtu comme d'ordinaire ; comment elle lui avait parlé, et comment il avait disparu. Elle habitait à un demi-mille de la maison où j'attendais et nous envoyâmes une autre femme chez elle pour la prévenir, lorsqu'elle rentrerait, qu'une personne de chez M. Dixon désirait la voir. De sorte qu'immédiatement elle lui dit, la commission faite : « Elle est venue me dire que mon pauvre David est tué, mais je n'avais pas besoin que l'on me le dise, car je *le sais* ; je viens de voir son spectre. » La femme lui dit : « Ne vous laissez pas aller maintenant, mais venez avec moi, soyez une brave femme. » Elles vinrent, et je n'oublierai jamais comment elle monta les marches en trébuchant, ni comment elle me regarda et dit : « Pour l'amour de Dieu, dites-le moi ; mon David est mort. » Elle l'avait vu aussi naturel que s'il vivait, jusque dans les plus petits détails ; mais la petite fille n'avait rien vu, elle avait su seulement que M^me Duck avait vu quelque chose, lorsqu'elle l'avait aidée à se relever du talus où elle était tombée quand il avait disparu. C'était une très brave femme, je crois, et son mari était un homme très tranquille ; elle était aussi forte qu'aucun homme, et travaillait dur dès l'aube.

Nous trouvons dans le registre des décès que David Duck est mort le 31 mars 1874.

Le récit de M^me Holick peut se ranger dans la classe des témoignages considérés comme de première main ; elle n'a pas entendu de la propre bouche de M^me Duck le récit de l'apparition avant que M^me Duck n'eût appris la nouvelle fatale, mais elle a vu l'état d'agitation où elle était, et elle l'a entendue exprimer la conviction que l'apparition avait fait naître en elle. M^me Holick spécifie nettement que c'est elle qui lui a la première appris la nouvelle.

LXXXV. (240) Le cas suivant a été recueilli par notre collaboratrice M^lle Porter ; c'est un récit de M^me Banister, de Eversley, mère du sujet, M^me Ellis, Portesbury Road, Camberley ; M^me Ellis a trouvé le récit exact et l'a signé.

5 août.

En septembre 1878, j'habitais York Town, Surrey ; trois fois dans la journée je vis distinctement la figure d'un vieil ami, M. James Stephenson, qui, je l'appris plus tard, mourut ce jour-là à Eversley, à 5 milles de chez moi. Je le vis pour la première fois vers 10 heures et demie du matin, la dernière fois vers 6 heures. Je savais qu'il était malade.

MARY ELLIS.

Une carte d'anniversaire (*memorial-card*) établit que M. Stephenson mourut le 19 septembre 1878.

M. Stephenson n'était pas en termes très amicaux avec M^me Banister et sa fille, mais M^me Banister, sur sa demande, était allée le voir juste avant sa mort.

En réponse à nos questions, M^me Ellis nous écrit :

Je parlai de ce que j'avais vu à mon mari et à un jeune homme, nommé Swiney, en prenant le thé cette même après-midi, et, lorsque je quittai la table pour aller dans une autre pièce, je vis encore la figure ; ce fut la dernière fois. Je n'appris la mort de M. Stephenson que le lendemain, et je ne le savais pas aussi près de la mort. Mon mari se rappelle très bien le fait, mais les enfants étaient trop jeunes pour remarquer pareille chose. Je n'ai rien vu de semblable ni avant ni depuis, et j'espère ne rien voir jamais de pareil.

MARY ELLIS.

M. Ellis nous écrit :

Je me rappelle fort bien que ma femme m'a parlé une fois d'une figure qu'elle avait vue pendant la journée. Le lendemain nous apprîmes la mort de M. Stephenson.

E.-J. ELLIS.

M. Herbert Swiney, dans une lettre du 29 septembre 1885 datée de Tregarthen House, Romford Road, Forest Gate, Londres, dit qu'il ne se rappelle que vaguement les faits.

LXXXVI. (241) M. S.-J. Masters, 87, Clifford Crescent, Southampton.

14 décembre 1882.

Le jour de Pâques de cette année, j'allais me coucher comme 11 heures venaient de sonner, et je m'avançais sur le palier qui conduisait à ma chambre (la chambre de mes parents se trouvait en face de moi, à environ 10 ou 12 pieds, et la porte de ma chambre à 2 pieds environ à droite, de sorte qu'il me fallait passer devant leur porte pour arriver à ma chambre). Je vis leur porte ouverte, et je fus cloué en place en voyant debout dans l'embrasure de la porte, en face de moi, la figure d'une femme ; je ne pouvais distinguer ses vêtements, mais je voyais fort bien les traits du visage, et surtout les yeux. Je dois être resté là au moins 20 secondes, car ma mère, m'entendant m'arrêter subitement avant d'arriver à ma chambre, ouvrit la porte d'en bas et me demanda ce qu'il y avait. Je descendis alors et je restai avec mes parents jusqu'à ce que tout le monde se fût retiré. La forme disparut lorsque ma mère m'appela, et la lumière que je tenais à la main éclairait la chambre à travers la porte ouverte jusqu'au mur en face. L'apparition faisait écran, comme un corps tangible.

Ce ne fut que le mercredi suivant que ma mère, en lisant le journal local bi-hebdomadaire, vit la nouvelle de la mort d'une jeune personne que j'avais fréquentée pendant quelque temps. Après avoir fait des recherches, j'appris qu'elle était morte à peu près au moment où j'avais vu l'apparition. J'ai la conviction que c'était elle, car les yeux avaient la même expression que je leur avais vue ; je ne l'avais pas reconnue sur le moment. Ne l'ayant pas vue depuis six mois, j'avais presque oublié son existence. Elle mourut de consomption, ce qui explique pourquoi on ne l'avait pas vue en ville pendant les semaines qui ont précédé sa mort.

S.-J. MASTERS.

D'après le registre des décès, la mort a eu lieu le 5 mars 1882. C'était un dimanche, mais non le dimanche de Pâques. Il semble aussi que ce soit par erreur que M. M... ait parlé du journal du *mercredi* ; la mort en effet n'est pas annoncée dans le numéro du mercredi des journaux bi-hebdomadaires de Southampton, bien qu'elle le soit dans le numéro du samedi de l'un des deux journaux, le 11 mars. Ces erreurs sont sans importance. Si même l'on ne tient point compte de ce fait que

M. Masters a noté la coïncidence des deux événements, le dimanche de Pâques semble un jour qu'on n'indiquerait guère, si le fait avait eu lieu réellement un jour de semaine ; et, s'il a eu lieu un dimanche, il n'y a aucune raison de douter que c'est bien le dimanche qui a précédé l'annonce de la mort, c'est-à-dire le jour de la mort.

La mère du narrateur confirme, comme suit, le récit de son fils :

Je me rappelle parfaitement bien l'incident et l'effet qu'il produisit sur mon fils à ce moment. Il n'est pas de disposition nerveuse et ne croit à quoi que ce soit qui touche au spiritisme ; nous sommes tous membres de l'Église. Son père et moi nous pensions que ce pourrait être le présage de la mort de quelque ami intime ou de quelque parent, car nous avions entendu parler de ces choses, sans avoir jamais vu nous-mêmes une apparition aussi nette.

Elizabeth Masters.

M. Masters a des raisons de croire que la jeune personne avait continué à avoir de l'attachement pour lui. Il déclare qu'à la suite de recherches plus sérieuses, il a appris que la mort a eu lieu environ à un quart d'heure de l'instant de l'apparition, plutôt après qu'avant. Il nous a dit qu'il n'avait jamais eu d'autres hallucinations.

LXXXVII. (242) M$^{me}$ Clerke, Clifton Lodge, Farquhar Road, Upper Norwood, S. E., Londres.

Le 30 octobre 1885.

Au mois d'août 1864, vers trois ou quatre heures de l'après-midi, j'étais assise sous la véranda de notre maison, aux Barbades ; je lisais. Ma négresse promenait au jardin, dans sa petite voiture, ma petite fille âgée de dix-huit mois environ. Je me levai au bout de quelque temps pour rentrer à la maison, n'ayant rien remarqué du tout, lorsque la négresse me dit : « Madame, qui était ce monsieur qui vient de causer avec vous ? — Personne ne m'a parlé, dis-je. — Oh ! si, Madame, un monsieur très pâle, très grand ; il a beaucoup parlé et vous avez été impolie envers lui, car vous ne lui avez jamais répondu. » Je répétai qu'il n'y avait eu personne et je me sentis de mauvaise humeur contre cette femme. Elle me supplia de noter le jour, car elle était sûre d'avoir vu quelqu'un. Je le fis, et, quelques jours plus tard, j'appris la mort de mon frère à Tabago. Ce qui est étrange, c'est que je ne l'ai pas vu et qu'elle (une étrangère pour lui) l'a vu, et que, dit-elle, il paraissait anxieux d'être remarqué de moi.

May Clerke.

En réponse à diverses questions, Mᵐᵉ Clerke nous écrit :

(1) Le jour de la mort et le jour de l'apparition ont coïncidé ; j'avais écrit la date. Je pense que c'était le 3 août, et je suis sûre que c'était le même jour.

(2) La description « très grand et pâle » était exacte.

(3) Je ne savais pas qu'il fût malade. Il ne l'a été que durant peu de jours.

(4) Cette négresse ne l'avait jamais vu. Elle était à mon service depuis dix-huit mois environ et je la considérais comme étant digne de confiance. Elle n'avait pas de but particulier en me parlant de cette prétendue visite.

J'appris de vive voix que Mᵐᵉ Clerke avait parlé aussitôt à son mari de ce que la servante en avait dit et qu'elle avait inscrit la date.

Le colonel Clerke nous écrit ce qui suit :

Je me souviens que le jour où M. John Beresford, frère de ma femme, est mort après une courte maladie que nous ignorions, notre négresse déclara qu'elle avait vu, à un moment qui coïncidait à peu près avec celui de la mort, un monsieur dont l'aspect répondait exactement à celui de M. Beresford, et qui s'appuyait au dos du fauteuil de Mᵐᵉ Clerke dans la véranda ouverte. Aucune autre personne n'a vu l'apparition.

SHADWELL H. CLERKE.

Nous trouvons dans le *Burke's Peerage* que M. J.-H. de la Poer Beresford, secrétaire pour l'île de Tabago, est mort le 3 août 1863 (au lieu de 1864).

§ 3. — Nous avons maintenant à examiner un groupe de cas où il faut tenir compte comme d'une hypothèse possible d'une erreur sur l'identité de la personne. Presque toutes les hallucinations dont nous allons parler ont eu lieu dehors, et plusieurs d'entre elles dans la rue qui est bien l'endroit où de pareilles méprises sont faciles. Il y aurait eu méprise, que cela ne suffirait pas au reste pour faire rejeter l'origine télépathique du phénomène ; si en effet les hallucinations télépathiques sont bien des phénomènes réels, nous n'avons aucune raison de douter qu'il puisse y avoir aussi des illusions télépathiques ; mais la coïncidence d'une illusion avec la mort de quelqu'un a naturellement une moindre importance que la coïncidence d'une hallucination avec ce même fait, et cela parce que les illusions purement subjectives sont un phénomène beaucoup plus fréquent que les hallucinations de même espèce. Dans les exemples que nous citons il s'agit au reste presque certainement de véritables hallucinations.

LXXXVIII (243). — Chevalier Sebastiano Fenzi, Palazzo Fenzi, Florence, membre correspondant de la S. P. R.

Quelques mois avant sa mort, mon frère le sénateur Carlo Fenzi me dit un jour, comme nous allions ensemble de notre villa de Saint-Andréa à la ville, que s'il mourait le premier il essaierait de me prouver que cette vie continue au delà de l'abime de la tombe, et il me demanda de lui promettre de faire ainsi au cas où je partirais le premier ; « *mais*, me dit-il, je suis sûr de partir le premier, et, faites bien attention, je suis tout à fait sûr qu'avant que l'année soit écoulée, oui dans trois mois, je n'existerai plus. » Cette conversation eut lieu en juin et il mourut le 2 septembre de la même année 1881. Le jour de sa mort (2 septembre) j'étais à quelques soixante-dix milles de Florence, à Fortullino, une villa qui nous appartenait et qui était située sur un rocher au bord de la mer à dix milles sud-est de Leghorn ; ce matin-là à 10 heures et demie environ, je fus saisi par un accès de profonde mélancolie ; c'est une chose tout à fait exceptionnelle pour moi qui jouis à l'ordinaire d'une grande sérénité d'esprit ; je n'avais cependant aucune raison d'être inquiet de mon frère qui était alors à Florence. Bien qu'il ne se portât pas très bien, les dernières nouvelles que j'avais reçues de lui étaient très bonnes et mon neveu m'avait écrit : « L'oncle va tout à fait bien, et l'on ne peut même dire qu'il ait été seulement malade. » Ainsi ne pouvais-je m'expliquer cette soudaine impression de tristesse ; cependant les larmes me venaient aux yeux et, pour éviter de me mettre à pleurer comme un enfant devant toute ma famille, je m'élançai hors de la maison sans prendre mon chapeau, quoique le vent soufflât en tempête et que la pluie tombât par torrents. Le ciel était illuminé d'éclairs et l'on entendait les rugissements éclatants et continus de la mer et du tonnerre. Je courus longtemps et je ne m'arrêtai que lorsque j'eus atteint le bout d'une grande pelouse d'où l'on pouvait voir, de l'autre côté d'une petite rivière, la Fortulla, de grands rochers entassés les uns sur les autres et s'étendant pendant un bon demi-mille le long de la côte. Je cherchai alors des yeux un jeune homme, mon cousin, qui était né dans le pays des Zoulous et qui avait gardé assez d'amour pour la vie sauvage, pour avoir cédé au désir de sortir par ce temps affreux afin de jouir, disait-il, de la fureur des éléments. Jugez de ma surprise et de mon étonnement quand, au lieu de Giovianni (c'est le nom de mon cousin), je vis mon frère avec son chapeau haut et ses grosses moustaches blanches. Il marchait tranquillement de roc en roc comme si le temps avait été beau et calme.

Je ne pouvais en croire mes yeux, et cependant c'était lui. C'était lui à ne s'y point tromper. J'eus d'abord l'idée de courir à la maison et d'appeler tout le monde pour lui souhaiter cordialement la bienvenue, mais j'aimai mieux l'attendre et j'agitai la main en l'appelant par son nom aussi fort que je le pouvais. Mais on ne pouvait cependant rien entendre à cause du bruit terrible que faisaient, en se mêlant, la mer, le vent et le tonnerre. Il continuait cependant à avancer, lorsque tout à coup, ayant atteint un rocher plus grand que les autres, il disparut derrière lui. La distance entre le rocher et moi n'était pas, autant que j'en puis juger, supérieure à 60 pas. Je m'attendais à le voir reparaître de l'autre côté, mais il n'en fut rien ; je ne vis que Giovanni qui, juste à ce moment, sortait d'un bois et grimpait sur les rochers. Giovanni, grand et mince, avait un chapeau à larges bords, une barbe noire et ne ressemblait pas du tout à mon frère; je pensai que, si j'avais vu mon frère Charles, cela devait tenir à quelque hallucination... J'en fus troublé et je rougis presque à l'idée que j'avais pu être trompé par une sorte de fantôme créé par ma propre imagination; cependant je ne pus m'empêcher de dire à Giovanni : « Il doit y avoir entre vous quelque ressemblance de famille, car je dois positivement vous avoir pris pour Charles bien que je ne puisse comprendre comment vous êtes allé de derrière ce grand rocher dans le bois sans que je vous aie vu passer. — Je ne suis point allé derrière ce rocher, dit-il, car lorsque vous m'avez vu je ne faisais que mettre le pied sur les rochers. » Nous rentrâmes alors à la maison, et, après avoir mis des vêtements secs, nous rejoignîmes le reste de la famille qui déjeunait. Ma mélancolie m'avait quitté et je causai joyeusement avec tous les jeunes gens qui étaient là. Après déjeuner, il arriva un télégramme qui nous priait de rentrer en toute hâte à la maison, ma fille Christine et moi, parce que Carlo s'était trouvé tout à coup fort mal. Nous fîmes nos préparatifs de départ. Pendant ce temps, il arriva un autre télégramme qui nous disait de nous hâter autant que possible parce que la maladie faisait de rapides progrès. Mais, bien que nous eussions pris le premier train, nous n'arrivâmes à Florence qu'à la nuit ; et là nous apprîmes à notre profonde horreur, que juste au moment où le matin je l'avais vu sur le rocher, il sentait que ses instants étaient comptés et qu'il m'appelait continuellement, désolé de ne pas me voir. J'embrassai son front glacé avec un profond chagrin, car nous avions toujours vécu ensemble et nous nous étions toujours aimés. Et je pensai : « Pauvre cher Charles, il a tenu sa parole !... »

Sébastiano Fenzi.

En réponse à nos questions, le chevalier Fenzi nous dit que sa vue est excellente (surtout à courte distance. Il a eu une autre hallucination visuelle (figure non reconnue) probablement subjective. Le Giovanni dont parle le chevalier Fenzi confirme dans les termes suivants le récit de son cousin :

> Athènes (adresse en Angleterre 131, Tavistock street Bedford), 3 mai 1884.

Mon cousin Sébastiano Fenzi de Florence m'a envoyé votre lettre du 13 mars dernier en me priant de vous raconter les circonstances étranges qui ont accompagné la mort de son frère Carlo Fenzi en septembre 1881, circonstances qui ont fait et qui ont laissé une profonde impression sur mon esprit.

Je vais essayer de vous raconter toute l'affaire ; il y a de cela près de trois ans, c'est vrai, mais cet événement est si étrange que j'en ai gardé un clair souvenir.

Comme j'étais en Italie, dans l'automne de 1881, j'en profitai pour faire visite à mes parents. J'appris à Milan que la plus grande partie de ma famille était à Fortullino, la villa que possédait mon cousin au bord de la mer. Fortullino est une charmante villa située à la crête d'une falaise et entourée d'arbres et de buissons touffus. J'arrivai chez mon cousin dans les derniers jours d'août. Le temps au commencement de mon séjour fut fort mauvais ; la mer était grosse, il pleuvait, il tonnait sans cesse. Je me souviens que, le matin de la mort de mon cousin Charles (personne ne pensait alors que sa fin fût si proche), je cédai à ma faiblesse favorite et je sortis seul pour faire une course le long du rivage ; je descendis jusqu'à la grève et, sautant de rocher en rocher, tantôt grimpant, tantôt tournant des rocs trop élevés, j'allai jusqu'à un coude du rivage qui me cachait la villa.

Comme je revenais pour le déjeuner, je fus aveuglé par la pluie que le vent me chassait dans le visage, et, craignant un accident, j'entrai dans le bois ; mais le fourré était si touffu et le sol si mouillé que je me décidai à continuer ma course à découvert. Je sortis du bois en face de la maison ; à ma grande surprise, je vis mon cousin debout au bord de la falaise. Quand je fus auprès de lui, il me dit qu'il devait y avoir entre nous un air de famille bien singulier, car il m'avait pris pour son frère Carlo, mais qu'il ne comprenait pas comment, étant sur le rocher, j'avais pu entrer dans le bois sans qu'il me vît et en sortir si brusquement. Je lui répondis qu'il ne m'avait pas vu sur le rocher avant ma sortie du bois, car j'étais alors hors de sa vue ; puis nous ne parlâmes plus de cela. On finissait à peine de déjeuner, lorsqu'il arriva un télégramme priant mon cousin et sa fille de se rendre à Florence : Carlo était très malade. Ils partirent de suite et je restai, sur leur demande, à Fortullino avec le reste de la famille. Nous apprîmes bientôt que Carlo Fenzi était mort à peu près au moment où Sébastiano s'était imaginé m'avoir pris pour son frère.

John Douglas de Fenzi.

LXXXIX (245). Rev. W. E. Dutton, Lothersdale Rectory, Cononley, Leeds.

30 janvier 1885.

Je ne puis affirmer l'exactitude de la date, mais, vers le milieu de juin 1863, je me promenais dans la Grande Rue de Huddersfield en plein jour, quand je vis s'approcher de moi, à une distance de quelques mètres, un ami très cher que j'avais lieu de croire dangereusement malade dans sa demeure du Staffordshire.

J'avais appris sa maladie quelques jours auparavant par ses amis. Comme la figure se rapprochait de moi, il me fut facile de l'examiner, et, tout en faisant la remarque que sa guérison avait été bien rapide, je ne doutai pas que ce ne fût réellement mon ami. Au moment où nous nous rencontrâmes, il me regarda avec une triste et pénétrante expression et, à mon grand étonnement, il ne sembla pas remarquer que je lui tendais la main et ne répondit pas à mon salut affectueux, mais il continua tranquillement son chemin. Je fus saisi de surprise et incapable de parler ou de marcher pendant quelques secondes. Je n'ai jamais été tout à fait certain qu'il ait proféré aucun son, mais cependant cette impression très nette m'est restée dans l'esprit : « J'avais tant besoin de vous voir et vous ne seriez pas venu. »

Lorsque je fus revenu de mon étonnement, je me retournai pour voir la figure qui s'éloignait, mais tout avait disparu. Mon premier mouvement fut d'aller à un bureau et de télégraphier, puis l'idée me vint, et elle fut mise immédiatement à exécution, d'aller voir si mon ami était réellement vivant ou mort, étant d'ailleurs presque sûr que cette dernière hypothèse était la vraie. Quand j'arrivai, le jour suivant, je le trouvai vivant, mais dans un état de demi-conscience. Il m'avait souvent demandé, son esprit s'était apparemment attaché à la pensée que je ne viendrais pas le voir.

Autant que j'ai pu m'en assurer, il semblait dormir à l'heure où je l'ai vu m'apparaître le jour précédent. Il me dit dans la suite qu'il s'imaginait m'avoir vu sans trop savoir où ni comment. Je ne puis expliquer comment mon ami m'est apparu habillé et non pas tel qu'il devait être au moment même. Mon esprit, à ce moment, était absorbé en d'autres sujets, et je ne pensais pas à mon ami.

Je puis ajouter qu'il se remit et qu'il vécut encore plusieurs mois.

A l'époque de sa mort, j'étais loin de chez moi, mais ce mystérieux phénomène ne se renouvela pas.

W. E. DUTTON.

Nous avons demandé à M. Dutton s'il avait eu d'autres hallucinations. Voici sa réponse :

Je n'ai jamais eu, du plus loin que je puisse me souvenir, aucune autre hallucination semblable à celle qui est rapportée dans mon récit, et je ne pense pas être un sujet apte à de telles impressions. Ceci me rend cette unique hallucination plus mystérieuse encore.

Répondant à une question relative à sa vue, M. Dutton ajoute :

Je ne suis pas, je n'ai jamais été myope, bien au contraire. Je ne me rappelle pas avoir pris une personne pour une autre, sauf une seule fois, et il s'agissait de quelqu'un que je n'avais vu qu'une fois.

L'attitude du fantôme a été au reste très différente de ce qu'aurait été celle d'un étranger qu'on aurait pris pour une personne de connaissance. La valeur du cas se trouve naturellement affaiblie par ce fait : M. Dutton savait que son ami était sérieusement malade et cela rend plus aisé à admettre que l'hallucination ait été purement subjective. Mais le fait que l'esprit de son ami était occupé de lui (peut-être même y a-t-il eu clairvoyance télépathique), est, d'autre part, une raison pour rejeter l'hypothèse d'une hallucination subjective.

XC (248). M. Andrew Lang. (Art. *Apparitions. Encyclopædia Britannica*, II, 207.)

L'auteur de l'article a rencontré une fois, à ce qu'il lui a semblé, un membre distingué et bien connu d'une Université anglaise (le professeur Conington), qui en réalité se mourait dans un endroit distant de plus de 100 milles de celui où il l'avait vu. Si l'auteur n'a pas pris quelque autre individu pour la personne très reconnaissable qu'il croyait voir (et c'est là l'objection qu'on pourrait faire), la coïncidence entre l'impression subjective et la mort du savant professeur est pour le moins curieuse.

En réponse à nos questions, M. Lang nous écrivit, le 30 janvier 1886 :

Savile Club.

C'est lorsque j'habitais St-Giles (1) que j'ai vu le vrai ou le faux J. C... J'étais sous le réverbère dans Oriel Lane, vers 9 heures du soir, en hiver, et je l'ai vu *certainement très bien*. Je crois que c'était un jeudi, mais ce peut avoir été un vendredi. Je crois que c'est le samedi que Scott Holland ne vint pas à un déjeuner d'amis, et envoya un mot disant que Conington était dangereusement malade. Je dis : « Il ne peut pas avoir été très malade jeudi (ou hier, je ne sais au juste lequel des deux), car je l'ai rencontré près de Corpus (2). »

(1) Oxford.
(2) Corpus Christi College,

Il m'arrive fréquemment de ne pas reconnaître les gens. Conington, cependant, était très reconnaissable, et je ne connais personne à Oxford qui lui ressemblât alors. Quel qu'il fut, ce personnage avait sa robe et sa toque.

A. LANG.

M. Lang nous dit qu'il n'a jamais eu d'hallucination dans d'autres circonstances.

La nécrologie du *Times* indique que la mort de Conington a eu lieu le samedi 23 octobre 1869, mais des renseignements reçus du chanoine Scott Holland, qui a eu des nouvelles du professeur Conington quatre fois dans le courant de la semaine, ne laissent aucun doute sur le fait qu'il se savait mourant le jeudi soir. L'événement raconté coïncidait par conséquent avec une crise aiguë de la maladie, mais non pas avec la mort.

§ 4. — A côté des hallucinations dont nous venons de parler, il en existe d'autres, très rares celle-là, d'un type plus rudimentaire, et dont le développement a été en quelque sorte arrêté; en voici un exemple :

XCI (251). La personne à laquelle nous devons ce cas a, croyons-nous, rapporté exactement les faits : c'est la femme d'un inspecteur du « Great Northern-Railway »; elle habite 4, Taylor's Cottages, London Road, Nottingham.

23 avril 1883.

Nous avons reçu une lettre il y a quelques jours, où l'on me demandait de vous donner le récit de la mort de notre chère petite fille, qui a eu lieu le 17 mai 1879. Je dois dire tout d'abord que l'événement est aussi présent à mon esprit que s'il était arrivé il y a quelques jours seulement. La matinée était très gaie, et je crois que le soleil avait plus d'éclat que je ne lui en avais jamais vu. L'enfant avait quatre ans et cinq mois, et c'était une très belle petite fille. Quelques minutes après onze heures elle entra en courant dans la cuisine et me dit: « Mère, puis-je aller jouer? » Je répondis : « Oui. » Elle sortit alors. Peu après lui avoir parlé, j'allai prendre un seau d'eau dans la chambre à coucher. Comme je traversais la cour, l'enfant passa devant moi comme une ombre lumineuse; je m'arrêtai net pour la regarder, je tournai la tête à droite et la vis disparaître. Je vidai mon seau et me disposai à rentrer. Le frère de mon mari qui vivait chez nous m'appela et me dit : « Fanny vient d'être écrasée. » Je traversai la maison, puis la route, où je la trouvai. Elle avait été renversée par les sabots du cheval, et la roue d'une voiture de boulanger lui avait brisé le crâne près de la nuque. Elle expira au bout de quelques minutes dans mes bras.

C'est exactement ainsi que ce triste accident est arrivé. Je viens de chercher le journal où il était raconté, mais je ne puis le trouver.

Anne E. Wright.

L'accident a eu lieu à Derby. Le *Derby and Chesterfield Report* en donne un long récit, qui correspond absolument à celui que nous insérons ici.

Dans une conversation avec M. et M$^{me}$ H. Sidgwick le 16 décembre 1883, M$^{me}$ Wright a expliqué que l'apparition était « comme un éclair ayant la forme d'une ombre d'enfant. » Ce ne pouvait avoir été un enfant réel; ce n'était pas « le moins du monde comme un enfant », et elle n'avait nullement reconnu les traits d'aucun enfant particulier; mais cela lui avait causé une sorte de secousse et lui avait fait penser : « Je me demande où sont ces enfants. » L'apparition dura assez pour qu'elle pût la regarder attentivement « pendant environ une demi-minute » et, « elle s'éloigna vers la droite, les yeux fixés sur elle », et disparut ainsi. Il ne s'écoula pas plus d'un quart ou trois quarts de minute avant que son beau-frère n'appelât M$^{me}$ W. Il devait y avoir 5 ou 7 minutes que l'enfant était allée jouer, lorsque l'accident eut lieu. M$^{me}$ Wright apprit dans la suite par un témoin oculaire ce que l'enfant avait fait sur la route quelques minutes avant l'accident. Quand elle tint l'enfant mourante dans ses bras, elle dit aux gens qui l'entouraient : « C'est le coup de la mort. J'ai vu l'ombre de la petite dans la cour. » Elle n'a jamais eu d'autre hallucination visuelle.

§ 5. — Les cas dont nous avons maintenant à nous occuper ont ceci de particulier que l'état de l'agent n'offre rien d'anormal au moment où le sujet éprouve l'hallucination. Mais on peut démontrer qu'une hallucination est d'origine télépathique par des coïncidences d'une autre espèce. Ainsi, une personne peut éprouver une hallucination qui représente un de ses amis dans un costume avec lequel elle ne l'a jamais vu et ne se l'est jamais imaginé; et il arrive qu'il portait réellement ce costume au moment où il lui est apparu. Ou bien encore plusieurs personnes à divers moments peuvent avoir éprouvé une hallucination qui représente la même personne, bien que cette personne n'ait, en aucune de ces occasions, rien éprouvé d'anormal. Il est clair que l'on pourrait difficilement considérer comme accidentelles une série de coïncidences de cette espèce. Ce dernier type d'hallucinations peut servir à résoudre la question de savoir si c'est de l'état mental de l'agent ou de celui du sujet que dépendent les impressoins télépathiques, ou bien si ce n'est pas plutôt de tous deux à la fois. Pour trancher la question, il faudrait pouvoir déterminer s'il est plus fréquent de voir un même sujet ou un même agent jouer un rôle dans plusieurs phénomènes de télépathie. Nous avons plusieurs exemples d'hallucinations répétées d'un même sujet. On comprendra qu'il est difficile d'obtenir des exemples du même genre en ce qui concerne l'agent puisque l'événement réel qui coïncide avec l'hallucination est très ordinairement la mort. La seule chance qu'un mourant ait de manifester son aptitude particulière à faire naître des hallucinations télépathiques est d'apparaître à plusieurs personnes. Nous nous occuperons plus loin de ces cas d'hallucinations collectives; mais les hallucinations télépathiques qui sont indépendantes de la mort de l'agent ou de toute autre crise qu'il puisse traverser n'ont pas théoriquement un moindre intérêt, car elles tendent à confirmer un fait que les expériences nous conduisaient déjà à affirmer, à savoir la dépendance où se trouvent les phénomènes télépathiques à l'égard de la structure mentale de l'agent aussi bien que de celle du sujet. Ce fait peut servir à comprendre la très faible proportion des phénomènes télépathiques par rapport au nombre des morts.

Voici des exemples d'hallucinations répétées représentant la même personne.

XCII (234). M^me Hawkins, Beyton Rectory, Bury Saint Edmunds :

25 mars 1883.

Je vous envoie le récit que mes cousines ont fait de mon apparition ; je vous ai aussi envoyé le récit de mon autre apparition, mais elle ne peut malheureusement pas être racontée par la personne qui en a été témoin.

Une troisième fois encore, une de mes petites sœurs a raconté qu'elle m'avait vue dans l'escalier alors que je me trouvais à 7 milles de là, mais elle a si facilement pu se tromper que je n'ai jamais attaché foi à cette apparition. J'avais à cette époque environ vingt ans. Pendant plusieurs années ces apparitions semblaient avoir entièrement cessé, mais pendant l'automne de 1877 j'ai été vue dans cette maison par mon fils aîné, qui était âgé de 27 ans. J'espère qu'il pourra lui-même vous raconter les faits.

LUCY HAWKINS.

M^me Hawkins fait précéder les récits de ses cousines par les remarques suivantes :

L'incident rapporté dans le récit ci-joint a eu lieu à Cherington, près de Shipston-on-Stour, dans le comté de Warwick, résidence de mon oncle M. William Dickins, qui fut pendant de longues années président des *Quarter sessions* du comté. Les dames qui ont vu l'apparition sont deux de ses filles, l'une un peu plus âgée que moi, l'autre de trois ou quatre ans plus jeune. J'avais alors exactement 17 ans.

La seule erreur que je puisse découvrir dans l'un ou l'autre de ces récits c'est que M^me Malcolm dit que je me cachais avec son *frère*, tandis qu'en réalité j'étais restée pendant tout le temps avec sa *sœur* M^lle Lucy Dickins. Ce fait n'a d'autre importance que celle-ci : M^lle D... pourrait (si cela était nécessaire) témoigner que j'étais réellement *restée avec elle* dans la buanderie pendant tout le temps et que par conséquent je ne pouvais me trouver près de l'endroit où j'ai été vue.

Je me rappelle que nous avions été tous quelque peu stupéfaits par ce qui était arrivé et que cela avait arrêté nos jeux. Moi-même j'étais persuadée que c'était là un avertissement de mort prochaine. Mais comme je n'étais pas une fille nerveuse ni excitable, la chose ne me rendit ni anxieuse ni malheureuse, et avec le temps cette impression se passa.

En écrivant à Mme Hawkins en septembre 1884, M^lle Dickins lui disait :

Georgie (M^me Malcolm) doit venir vendredi, et j'ai l'intention de lui montrer vos lettres et celle de M. Gurney. Chacune de nous devra écrire indépendamment ce qu'elle a vu d'après ses impressions à elle ; nous pourrons alors voir jusqu'à quel point elles concordent et vous envoyer le résultat. Tout cela est absolument présent à ma mémoire et je puis à ce moment même vous évoquer dans mon esprit tel que vous m'êtes apparue sous cet arbre pour disparaître ensuite dans la cour. Je me rappelle même distinctement le costume que vous portiez, une espèce de robe de toile à grands carreaux bruns et blancs, comme c'était la mode alors et comme c'est de nouveau la mode, maintenant.

Peu de temps après, M^lle Dickins lui écrivit ce qui suit :

Cherington, Shipston-on-Stour, 20 septembre 1884.

Je vous envoie les deux récits que Georgie et moi, nous avons écrits à propos de votre apparition. Nous les avons écrits indépendamment l'une de l'autre, et je pense qu'ainsi ils constitueront un témoignage d'une qualité exceptionnelle. Ils concordent en effet presque jusque dans les moindres détails, à une exception près : je croyais que Georgie m'avait rejointe pour vous chercher dans la cour, tandis qu'elle pense que non. Mais cela n'a rien à faire avec le fait essentiel de l'histoire, avec notre ferme croyance que nous vous avions vue en chair et en os.

Pendant l'automne 1845 nous étions toute une troupe de jeunes gens à la maison, et un certain jour nous jouions à une espèce de jeu de cache-cache, dans lequel il nous était permis de nous rendre d'une cachette à l'autre jusqu'au moment où nous étions pris par quelqu'un de l'autre camp. Derrière la maison il y avait une petite cour qui donnait d'un côté sur le verger et de l'autre sur la cour des écuries ; il y avait d'autres bâtiments sur la gauche. Je tournais autour de ces bâtiments lorsque je vis ma cousine se tenant sous des arbres à environ 20 yards de moi ; je distinguais parfaitement sa figure. Ma sœur qui apparut à ce moment de l'autre côté la vit également et m'appela pour lui donner la chasse.

Ma cousine courut entre nous deux dans la direction de la petite cour, et quand elle atteignit la porte, nous étions toutes deux tout près d'elle et nous la serrions de très près ; mais lorsque nous entrâmes dans la cour elle avait entièrement disparu, quoiqu'une seconde à peine se fût écoulée. Nous nous regardâmes tout étonnées, et nous fouillâmes tous les recoins de la cour, mais sans succès.

Lorsque nous la trouvâmes quelque temps après, elle nous assura qu'elle n'avait jamais été derrière la maison ni de ce côté-là ; mais qu'elle était restée cachée à la même place, jusqu'au moment où un des ennemis l'avait découverte.

S. F. D.

Je me rappelle fort bien l'incident où votre double (*your fetch*) nous est apparu. Je crois que j'ai noté par écrit dans le temps les détails de cette aventure mais je ne sais pas ce que ces notes sont devenues. Il faut donc que je me fie à ma mémoire pour me rappeler les circonstances dans lesquelles elle a eu lieu ; mais je ne crains nullement qu'elle me soit devenue infidèle, quoique 40 années se soient écoulées depuis lors.

Nous étions en train de jouer à notre jeu favori de *Golowain*, qui consistait à nous séparer en deux camps pour jouer à cache-cache. Le camp qui se cachait avait le droit de circuler d'un endroit à l'autre jusqu'au moment où il atteignait le but à moins qu'il n'eût été pris par l'autre camp.

Comme je me trouvais vers l'extrémité du jeu, dans le verger (je faisais partie du camp de ceux qui cherchaient), je vous vis vous glisser de mon côté ; vous étiez de l'autre camp. Comme vous portiez le même costume que votre sœur et qu'à cause de cela je pouvais vous prendre pour elle, qui était de mon camp, je l'appelai par son nom, et elle me répondait du côté opposé du bois. Je vous donnai alors la chasse et comme vous vous retourniez vers moi en riant, je vis distinctement votre figure. Mais au même moment, Nina, qui était de mon camp, mais votre adversaire, apparut au coin d'un bâtiment, et comme elle se trouvait encore plus près de vous que moi, je lui abandonnai la gloire de vous capturer. Elle vous serrait de près, tandis que vous vous sauviez dans la cour des étables. J'étais tellement certaine que votre sort était décidé que je la suivais plus lentement, et comme la cloche, qui suivant les règles de notre jeu nous rappelait au but, se faisait entendre, je me rendis à son appel. Je trouvai au but Nina qui vous reprochait de nous avoir aussi mystérieusement échappé dans la cour auprès de l'étable.

Tout étonnée, vous nous dites que vous n'aviez jamais été de ce côté-là. Naturellement je soutins l'assertion de ma petite sœur; tandis que notre frère confirmait votre dire, et nous assurait qu'il était resté caché avec vous et que comme vous étiez fatigués vous étiez restés tous deux cachés au même endroit, jusqu'au moment où la cloche vous avait averti que le jeu était terminé. Cet endroit, c'était la buanderie qui se trouvait dans les communs, séparée de la cour de l'étable où nous avions cru vous donner la chasse.

G. M. (née Dickins).

En réponse à nos questions M<sup>lle</sup> Dickins et M<sup>me</sup> Malcolm nous dirent qu'elles n'avaient jamais eu d'autres hallucinations visuelles.

M<sup>me</sup> Hawkins continue en ces termes :

La seconde apparition de mon *double* a eu lieu au printemps, en février ou mars de l'année 1847 à Leigh Rectory, Essex. Mon père, le révérend Robert Eden (actuellement Primat d'Écosse) était alors recteur de cette paroisse.

Ce fut la bonne d'enfants qui vit mon double. Je ne suis pas absolument sûre de son nom; mais je crois que c'était une certaine Caroline. Comme elle est morte depuis de longues années, je ne puis vous faire ce récit que d'après mon propre souvenir qui est très net. Elle avait raconté cette histoire tout agitée et les larmes aux yeux.

Mais il faut que je vous dise d'abord qu'à ce moment j'avais les oreillons et que je me promenais la tête entourée d'un bandeau. La seule autre personne dans la maison, qui avait cette même indisposition, était mon petit frère, qui avait dix ans de moins que moi, et qui ne pouvait pas être confondu avec moi.

Au premier étage du presbytère de Leigh se trouve un corridor qui tient toute la longueur de la maison et qui aboutit à la porte d'une chambre qui servait alors de chambre d'enfants.

Un matin, vers 10 heures et demie, Caroline sortait de la chambre d'enfants et comme elle s'avançait le long du corridor elle passa devant une porte qui s'ouvrait sur l'escalier qui conduisait dans le « hall ». En passant elle regarda en bas et m'aperçut (j'étais reconnaissable au mouchoir blanc que j'avais autour de la tête, et j'avais le visage tourné de son côté). Je sortais du salon et je traversais le coin du « hall » pour aller à la bibliothèque. Elle continua son chemin dans le corridor et arrivant au pied de l'escalier du dernier étage elle rencontra notre femme de chambre, qui lui dit : « Savez-vous où se trouve Mlle Eden? J'ai besoin d'aller dans sa chambre. — Oh oui, répondit Caroline, je viens de la voir entrer dans la bibliothèque. » Elles montèrent alors ensemble dans ma chambre qui était une des mansardes et m'y trouvèrent assise; j'étais là au moins depuis une demi-heure à écrire une lettre.

Après un moment de stupeur, elles se sauvèrent quoique je leur eusse dit d'entrer. Quand je descendis quelques minutes plus tard et que j'arrivai dans le corridor, je vis dans la chambre des enfants un groupe de domestiques qui avaient toutes l'air troublé, si bien qu'au lieu de continuer à descendre le grand escalier, je me rendis dans la chambre d'enfants et je demandai ce qui était arrivé.

Mais comme personne ne répondait et que la bonne d'enfants pleurait, je pensai qu'elles s'étaient disputées et je partis sans me douter que j'étais la cause de leur trouble.

LUCY HAWKINS.

**Le récit suivant est du fils de Mme Hawkins :**

20 juin 1885.

Pendant l'automne de l'année 1877 je demeurais dans la maison de mon père, Beyton Rectory, à Bury Saint Edmunds. Il y avait en ce moment à la maison mon père, ma mère, mes trois sœurs et trois servantes. Une nuit où il faisait clair de lune, je dormais depuis plusieurs heures, lorsque je fus réveillé par un bruit, qui se produisait tout près de ma tête, et qui ressemblait à celui que l'on produit en faisant sonner de l'argent. Mon idée en me réveillant fut donc qu'un *homme* essayait de prendre mon argent dans la poche de mon pantalon, qui se trouvait sur une chaise à la tête du lit. En ouvrant les yeux je fus étonné de voir une *femme* et je me rappelle avoir songé avec tristesse que ce devait être une de nos domestiques qui essayait de dérober mon argent. Je mentionne ces deux réflexions que je fis, afin de bien montrer que je ne pensais en aucune façon à ma mère. Lorsque mes yeux se furent habitués à la lumière, je fus plus que jamais étonné de voir que c'était ma *mère* dans un costume très particulier gris argent qu'elle avait fait faire à l'origine pour un bal costumé. Elle était debout, les deux mains étendues, comme si elle cherchait son chemin; et dans cette position elle s'éloignait lentement de moi, passant devant la toilette qui était placée en face de la fenêtre entourée de rideaux. Une faible lueur était projetée par la *lune* à travers cette fenêtre. Naturellement mon idée fut, pendant tout ce temps, qu'elle était somnambule. En arrivant de l'autre côté de la table son image s'effaça dans l'obscurité. Je m'assis alors dans mon lit et j'écoutai. N'entendant rien, je m'aperçus à travers l'obscurité que la porte qui se trouvait au pied de mon lit était toujours fermée. Pour y arriver, ma mère était forcée de passer à l'endroit éclairé. Je sautai alors de mon lit, j'allumai et, au lieu de trouver ma mère à l'autre bout de la chambre, comme je m'y attendais, je constatai que la chambre était vide. Je supposai alors pour la première fois que c'était une apparition et je craignais grandement que cela ne fût un présage de mort pour elle.

Je puis ajouter ici qu'à ce moment j'avais complètement oublié que ma mère eût apparu à qui que ce fut à d'autres moments, sa dernière apparition remontait en effet à l'année 1847, c'est-à-dire à trois ans avant ma naissance.

EDWARD HAWKINS.

En réponse à nos questions, M. E. Hawkins nous dit : « Je puis vous assurer que ni avant ni depuis ce moment je n'ai éprouvé d'impressions de cette sorte. »

XCIII. (255) Rév. T. L. Williams, pasteur de Porthleven, près Helston.

1er août 1884.

Il y a quelques années (je ne puis vous donner de dates, mais vous pouvez accepter les faits en toute confiance), pendant une de mes absences de la maison, ma femme en s'éveillant un matin vit, à son grand étonnement et à sa grande frayeur, mon εἴδωλον debout près du lit et qui la regardait. Dans sa frayeur, elle se cacha la figure dans les couvertures, et, lorsqu'elle osa regarder de nouveau, l'apparition avait disparu. Une autre fois (je n'étais pas absent ce jour-là), ma femme était allée le soir à une réunion hebdomadaire de chant, qui avait lieu durant la semaine. A son arrivée à la porte du cimetière qui se trouve à environ une quarantaine de mètres de la porte de l'église, elle me vit, à ce qu'elle se l'imagina, venir de l'église en surplis et avec mon étole. Je m'avançai un peu vers elle, dit-elle, puis je tournai au coin du bâtiment, et elle me perdit de vue. L'idée qui traversa son esprit fut que je sortais de l'église pour aller au-devant d'un enterrement. A ce moment-là j'étais dans l'église à ma place dans le chœur, et elle fut fort étonnée de me voir lorsqu'elle pénétra dans l'édifice. J'ai souvent essayé d'ébranler la conviction qu'avait ma femme d'avoir réellement vu ce qu'elle imagine avoir vu. Pour le premier cas je lui ai dit : « Tu n'étais qu'à moitié éveillée et peut-être rêvais-tu. » Mais elle affirme toujours avec une ferme conviction qu'elle était tout à fait éveillée, et elle est bien certaine de m'avoir vu. Pour le second cas elle a la même conviction.

Ma fille m'a souvent dit, et maintenant elle me répète l'histoire, qu'un jour, lorsqu'elle habitait chez nous avant son mariage, elle passait devant la porte de mon cabinet de travail qui se trouvait grande ouverte, et qu'elle avait regardé pour voir si j'y étais. Elle m'avait vu assis dans mon fauteuil, et, au moment où elle me regardait, j'avais étendu les bras et je m'étais passé les mains sur les yeux, geste qui m'est familier, paraît-il. Je n'étais pas à la maison à ce moment, mais dans le village. Cela s'est passé il y a bien des années, mais ma femme se rappelle que ma fille lui fit part de l'incident à ce moment-là.

Rien ne survint au moment ni à peu près au moment de ces apparitions qui pût leur servir de raison d'être. Je n'étais pas malade, et rien d'inaccoutumé ne m'était arrivé. Je ne puis prétendre donner une explication, mais je rapporte simplement les faits comme me les ont racontés des personnes, à la parole desquelles je puis me fier.

Voici un autre fait que je puis aussi bien raconter : Il y a bien des années, une jeune fille très pieuse habitait dans ma paroisse ; elle avait l'habitude de passer presque tout le temps dont elle pouvait disposer à l'église en méditation et en prières. Elle affirmait qu'elle me voyait souvent debout devant l'autel, lorsque certainement je n'étais pas là corporellement. Au début elle avait peur, mais ayant revu l'apparition plusieurs fois, elle cessa d'éprouver la moindre frayeur. Elle est maintenant sœur de la Miséricorde à Honolulu.

Thomas Lockyer Williams.

M<sup>me</sup> Williams nous écrit :

20 juin 1885.

Selon votre désir, je vous écris ce que j'ai vu en deux occasions différentes. Je suis désolée de ne pouvoir vous donner les dates, même approximativement, mais bien des années se sont écoulées depuis que j'ai éprouvé les impressions qu'on vous a décrites. Une fois, mon mari était en voyage dans le Somersetshire, et à mon réveil je le vis distinctement debout près du lit. J'étais très alarmée, et instinctivement je me cachai la figure dans les couvertures. Mes amis ont souvent essayé de me persuader que je n'étais pas tout à fait éveillée, mais je suis sûre que je l'étais, et que j'ai réellement vu l'image de mon mari.

L'autre fois, c'était un soir; j'allais à l'église, et, en arrivant à la grille du cimetière, qui est environ à 20 mètres de la porte de l'église, je vis mon mari sortir de l'église en surplis, marcher un instant vers moi, et tourner alors de l'autre côté de l'église. Je ne m'étonnai pas jusqu'à ce que, entrant dans l'église, je fus saisie d'étonnement en le voyant à sa place dans le chœur, prêt à diriger le service religieux. Il faisait encore très clair, et je suis absolument sûre d'avoir vu l'apparition. Rien ne se produisit à la suite de l'une ni de l'autre de ces apparitions et, naturellement, je ne puis en aucune façon les expliquer.

M. Williams nous écrit que ni sa femme ni sa fille n'ont jamais eu d'autre hallucination.

XCIV. (236) Mlle Hopkinson, 37, Woburn place, W. C., Londres.

20 février 1886.

Dans le cours de ma vie, j'ai été accusée quatre fois d'apparaître aux gens. Je ne puis donner aucune explication de ces visites supposées.

Nous avons demandé à Mlle Hopkinson des détails et la confirmation des faits qu'elle avançait; elle nous a répondu:

Vous seriez tout à fait excusable de ne pas croire un mot de mes récits; je ne peux en effet vous donner aucun témoignage extérieur pour les confirmer. La jeune femme qui a vu la première apparition est morte peu de temps après; ses parents, eux aussi, sont morts. Lors de la seconde apparition, j'ai donné à entendre au monsieur à qui j'étais apparue qu'il s'était trompé; je ne puis rien lui demander maintenant. Dans le troisième cas, bien que la dame qui m'a vu m'ait encore raconté les faits il y a un ou deux jours, elle se refuse absolument à m'en écrire le récit ou à me permettre de me servir de son nom. Elle pense en effet, et c'est une idée assez répandue, qu'il est contraire à la religion de s'occuper de ces sortes de choses. Le quatrième cas diffère des autres à certains égards, mais la jeune femme dont il s'agit dans cette circonstance mourut peu de temps après; je dois dire que dans tous ces cas ma pensée était fort occupée des personnes qui crurent me voir. Voici des détails plus circonstanciés:

Cas 1er: C'était il y a bien des années déjà, une jeune fille qui couchait dans une chambre contiguë à la mienne déclara que pendant la nuit j'étais allée la voir; elle était réveillée et je lui avait rendu, disait-elle, quelques légers services. Elle maintint ses affirmations avec tant d'énergie que, malgré toutes mes dénégations, ceux qui l'entouraient ne me crurent pas. J'étais absolument certaine de ne pas avoir quitté ma chambre, je n'aurais pu le faire sans qu'on ne s'en fût aperçu. Je n'aurais pas confiance en ma mémoire pour d'autres détails; après un si long laps de temps, je pourrais me tromper.

Cas 2: Il y a sept ans, j'étais allée dans la Cité (endroit que j'évite toujours) ayant à m'occuper d'une petite affaire qui concernait un de mes parents. Je tenais beaucoup à ce qu'il ne sût rien de ma démarche. Mes pensées étaient donc concentrées sur lui. Je fus tiré de ma rêverie par l'horloge de *Bow Church* qui sonnait 3 heures. Le soir je vis mon parent et la première chose qu'il me dit fut : « L..., où êtes-vous allée aujourd'hui ? Je vous ai vu venir chez moi, vous avez passé devant mon bureau, et je ne sais ce que vous êtes devenue. » Je lui répondis : « A quel moment avez-vous été assez ridicule pour penser que j'aurais pu aller vous voir. — Au moment où la pendule sonnait 3 heures », répliqua-t-il.

Je changeai de sujet et depuis je ne suis pas revenue là-dessus. Ce monsieur me connaissait fort bien et savait comment je m'habillais d'ordinaire. Il va de soi que je n'allais pas le voir si ce n'est pour affaires et lorsqu'il me donnait rendez-vous.

Cas 3 : C'était, il y a environ six ans ; j'habitais une maison de province à 100 milles de Londres. On était fort occupé dans la maison et d'esprit fort positif. Il y avait aussi beaucoup de jeunes gens très gais. Un matin, je descendis pour déjeuner comme pressée par une sensation que je ne pouvais ni comprendre ni secouer. L'après-midi, cette sensation fut remplacée par l'idée obsédante d'une de mes parentes de Londres. Je lui écrivis pour lui demander ce qu'elle faisait, mais sa lettre se croisa avec la mienne ; elle m'adressait la même question. Quand je la vis, elle me dit ce qu'elle m'a encore répété la semaine dernière ; elle était assise et travaillait tranquillement, lorsque la porte s'ouvrit et j'entrai, ayant mon air habituel. Bien qu'elle me sût fort loin, elle conclut en me voyant que j'étais revenue. Elle ne s'aperçut du contraire que lorsque je me fus retournée et que je fus sortie de la chambre.

Cas 4 : Il y a quatre ans, une jeune fille m'affirma que je m'étais tenue au pied de son lit (elle était souffrante à ce moment-là) et que je lui avais dit distinctement de se lever, de s'habiller; que je la croyais suffisamment bien pour le faire; elle obéit. Je lui dis qu'elle s'était tout à fait trompée et que je n'avais rien fait de pareil. Elle pensa évidemment que je niais le fait pour un motif quelconque. A ce moment-là j'étais à une distance de 20 minutes de marche de la chambre de cette jeune fille. Elle était sûre de ce qu'elle affirmait et je n'aurais pas voulu discuter la question avec elle.

Sa maladie n'était pas une maladie mentale.

Louisa Hopkinson.

XCV. (257) M<sup>me</sup> Stone, Shute Haye, Walditch, Bridport.

1883.

J'ai été vue trois fois alors que je n'étais pas réellement présente et chaque fois par des personnes différentes. La première fois ce fut ma belle-sœur qui me vit. Elle me veillait après la naissance de mon premier enfant. Elle regarda vers le lit où je dormais et elle me vit distinctement ainsi que mon double. Elle vit d'une part mon corps naturel et, de l'autre, mon image spiritualisée et affaiblie. Elle ferma plusieurs fois les yeux, mais, en les rouvrant elle voyait toujours la même apparition ; la vision s'évanouit au bout d'un peu de temps. Elle pensa que c'était signe de mort pour moi et je n'entendis parler de cela que plusieurs mois après.

La seconde vision fut aperçue par ma nièce. Elle habitait avec nous à Dorchester. C'était un matin de printemps, elle ouvrit la porte de sa chambre et me vit qui montais l'escalier en face de ma chambre. J'étais habillée d'une robe de deuil noire, j'avais un col blanc, un bonnet blanc, c'était les vêtements que je portais habituellement, étant alors en deuil de ma belle-mère. Elle ne me parla pas, mais elle me vit et elle crut que j'allais dans la *nursery*. A déjeuner, elle dit à son oncle : « Ma tante était levée de bonne heure ce matin, je l'ai vue aller dans la *nursery*. — Oh ! non ! Jane, répondit mon mari, elle n'était pas très bien et elle doit déjeuner dans sa chambre avant de descendre. »

Le troisième cas fut le plus remarquable. Nous avions une petite maison à Weymouth, où nous allions de temps en temps pour jouir de la mer. Une certaine M^me Samways nous servait quand nous étions là, et gardait la maison en notre absence ; c'était une femme agréable et tranquille, tout à fait digne de confiance, elle était la tante de notre chère vieille domestique Kitty Balston qui était alors avec nous à Dorchester. Kitty avait écrit à sa tante le jour qui précéda la vision ; elle lui annonçait la naissance de mon plus jeune enfant et lui disait que j'allais bien. La nuit suivante M^me Samways alla à une « réunion de prières » près de *Clarence Buildings*; elle était baptiste. Avant de partir, elle ferma une porte intérieure qui conduisait à une petite cour derrière la maison; elle ferma la porte de la rue et emporta les clefs dans sa poche. A son retour, en ouvrant la porte de la rue, elle aperçut une lumière à l'extrémité du passage ; en approchant, elle vit que la porte de la cour était ouverte. La lumière éclairait la cour dans tous ses détails, j'étais au milieu. Elle me reconnut distinctement; j'étais couverte de vêtements blancs, très pâle et l'air fatigué. Elle fut très effrayée, elle s'élança vers la maison d'un voisin (celle du capitaine Court) et s'évanouit dans le passage. Lorsqu'elle fut revenue à elle, le capitaine Court l'accompagna dans la maison qui était exactement telle qu'elle l'avait laissée ; la porte de la cour était hermétiquement fermée. J'étais à ce même moment très faible et je restai plusieurs semaines entre la vie et la mort.

Le professeur Sidgwick a vu M^me Stone, et, après l'avoir questionnée sur son récit, il nous a écrit :

23 septembre 1884

Elle comprend certainement l'importance qu'il y a à donner un récit minutieusement exact. Elle dit qu'elle a entendu parler de son apparition par les personnes mêmes qui l'ont vue, dans les deux premiers cas mentionnés. Elle n'a jamais entendu dire que sa belle-sœur ait eu d'autre hallucination qui ait précédé ou suivi celle-là; cependant, il faut noter que dernièrement elle a vu lui apparaître une personne morte. Elle est vieille et M^me Stone désire ne pas la troubler à ce sujet.

Elle ne pense pas non plus que sa nièce (Jane Studley) qui est morte ait jamais eu d'autres hallucinations. Quant au troisième cas, M^me Stone en a entendu parler après sa guérison par Kitty Balston; son récit (reproduit par M^me Stone) disait que M^me Stone était tombée malade le soir ou un peu avant le soir, et qu'elle était sans conscience au moment où elle apparut à M^me Samways.

Dans ce dernier cas, nous devons conclure naturellement que l'apparition, si elle est télépathique, a été déterminée par la maladie de M^me Stone, mais les deux autres apparitions semblent n'avoir pas eu de cause spéciale. Il est possible cependant que la première ait été due à la difficulté que pouvait éprouver sa belle-sœur à diriger simultanément ses deux yeux sur un même point. C'est une infirmité assez fréquente, mais nous pouvons penser qu'une personne qui en aurait été atteinte aurait su qu'elle voyait d'ordinaire les objets doubles.

§ 6. — Passons maintenant aux hallucinations auxquelles on peut supposer une origine télépathique en raison de certaines particularités d'attitude ou de costume de la figure qui est apparue bien que, au moment de l'apparition, l'agent ait été dans un état parfaitement normal.

XCVI. (259) Capitaine A. S. Beaumont, 1 Crescent Road, South Norwood Park, Londres.

24 février 1885.

Vers le mois de septembre 1873, mon père habitait alors 57, inverness Terrace; j'étais assis, un soir vers 8 heures 30, dans la grande salle à manger. A table, en face de moi, tournant le dos à la porte, étaient assises ma mère, ma sœur et une amie, M^me W. Tout à coup il me sembla voir ma femme entrer vivement par la porte de la petite salle à manger, que je pouvais voir de ma place. Elle avait une robe mauve. Je me levai pour la recevoir, quoique je fusse très étonné, car je la croyais à Tenby. Comme je me levais, ma mère dit : « Qui est là ? » sans avoir (du moins je le crois) vu quelqu'un elle-même, mais en voyant le mouvement que j'avais fait. Je m'écriai : « Mais c'est Carry », et je m'avançai à sa rencontre. Tandis que je m'avançais, l'apparition disparut. Je m'informai et j'appris que ma femme passait la soirée chez une amie, et qu'elle avait une robe mauve, que je n'avais jamais vue. Je ne l'avais jamais vue avec une toilette de cette couleur. Ma femme se rappela qu'à ce moment elle causait de moi avec quelques amis, et qu'on regrettait beaucoup mon absence, parce qu'on allait danser, et que j'avais promis de faire danser. J'avais été inopinément retenu à Londres.

Alex. S. Beaumont.

La confirmation suivante est de l'amie qui assistait à l'incident :

Grosvenor Street, W. Londres, 5 mars 1885.

Autant que je puis me le rappeler, le capitaine Beaumont était assis et causait, lorsqu'il leva la tête et eut comme un sursaut. Sa mère lui demanda ce qu'il y avait. Il répondit : « J'ai vu ma femme traverser la salle à manger, au fond, mais ce n'est rien ; elle apparaît souvent aux gens ; ses domestiques l'ont vue plusieurs fois. » La chambre où nous étions était une salle à manger double, l'une des pièces était éclairée au gaz, et l'autre, où M$^{me}$ Beaumont apparut, était comparativement sombre. Personne ne la vit sauf son mari. M$^{me}$ Beaumont était à ce moment dans le pays de Galles, et cela se passait à Inverness Terrace, Bayswater.

Florence Whipman.

M$^{me}$ Beaumont dit :

Je me rappelle distinctement avoir entendu parler mon mari de cette histoire le lendemain ou le surlendemain ; et dans sa lettre il demandait : « Que faisais-tu à telle heure, tel soir ? » Je pus me rappeler que j'étais dans un groupe d'amis et que nous regrettions son absence. J'avais une robe mauve, et je suis sûre qu'il ne me l'avait jamais vue.

C. Beaumont.

XCVII. (260) Capitaine A. S. Beaumont.

24 février 1885.

En 1871, j'étais à Norton-House, Tenby, pour la première fois ; je venais de me coucher, et j'étais bien éveillé. J'avais une bougie à ma droite, et je lisais. Au pied du lit et à droite se trouvait une porte fermée à clef, et, à ce que j'appris plus tard, sur cette porte une tapisserie était collée de l'autre côté.

Je vis la forme de ma future femme (la dame de la maison) entrer par cette porte, drapée de blanc des pieds à la tête. C'est bizarre, mais je ne fus pas effrayé. J'eus l'idée que quelqu'un était malade, et qu'elle était venue prendre quelque chose dans la chambre. Je détournai la tête, et, lorsque je regardai de nouveau, l'apparition avait disparu. Je suppose que je la vis pendant 2 ou 3 secondes.

ALEX. S. BEAUMONT.

M<sup>me</sup> Beaumont nous écrit :

24 février 1884

En 1872, deux ou trois mois après mon mariage, le capitaine Beaumont et moi, nous étions revenus de Londres à Tenby. Je montai dans mon cabinet de toilette, et je donnai les clefs de mes bagages à ma femme de chambre, Ellen Rassett. J'étais devant le miroir et lui tournais le dos, quand je l'entendis pousser un léger cri aigu. Je me retournai en disant : « Qu'y a-t-il? » et je la vis avec mon bonnet de nuit à la main. Elle dit : « Oh ! rien, rien. » Puis, je descendis. Le lendemain, mon mari la vit occupée à arracher le papier de la porte qui conduisait de ma chambre à mon cabinet de toilette. Il dit : « Que faites-vous là ! » Elle répondit qu'elle ouvrait la porte. Il dit : « Mais la première nuit que je passai dans cette maison, j'ai vu votre maîtresse passer par cette porte. » (Je dois dire que le capitaine Beaumont avait été assez souvent notre hôte dans cette maison avant notre mariage. A l'époque dont je parle, il s'était imaginé que peut-être quelqu'un était malade dans la maison, et que j'étais entrée dans sa chambre pour prendre quelque chose, le croyant endormi.) La femme de chambre lui raconta alors qu'elle m'avait vue la veille de notre arrivée; elle ne savait pas quel jour nous devions arriver au juste. Elle couchait dans le lit où il couchait lorsqu'il m'avait vue. Elle allait se mettre au lit, lorsqu'elle me vit entrer « à travers la porte », avec un bonnet de nuit, et une bougie à la main. Elle fut si terrifiée qu'elle se sauva de la chambre par l'autre porte, et raconta aux autres domestiques qu'elle était sûre que j'étais morte. Ils la calmèrent du mieux qu'ils purent, mais elle ne voulut pas rentrer dans cette chambre. Ce qui lui fit pousser un cri, lorsque je l'entendis, c'est qu'en défaisant ma malle elle avait trouvé un bonnet de nuit pareil à celui que l'apparition portait. Le fait curieux, c'est que c'était un bonnet de nuit que j'avais acheté à Londres, dont je ne lui avais jamais parlé, et qui ne ressemblait à aucun de ceux que je portais jusque-là. Il avait trois ruches. J'avais l'habitude de porter des bonnets de nuit de mousseline de couleur sans ruches.

La même domestique, quelques mois après l'incident du bonnet de nuit, alla dans la cuisine et dit aux autres domestiques : « Nous aurons des nouvelles de Madame aujourd'hui ; je viens de la voir dans l'embrasure de la porte de la salle à manger ; elle avait un chapeau de velours noir et un manteau noir. » (Nous étions à Londres depuis quelques semaines.) Cela s'était passé vers 9 heures du matin. Vers 10 heures 30, elle reçut une dépêche de nous pour annoncer notre arrivée ce soir-là ; la dépêche avait été envoyée de la gare de Paddington pendant que nous attendions notre train. Le chapeau et le manteau avaient été achetés en ville sans qu'elle le sût.

J'ai conservé cette femme de chambre pendant plusieurs années ; elle n'était ni nerveuse ni hystérique. Elle nous a quittés il y a déjà quelques années.
C. BEAUMONT.

XCVIII. (261) Mme Murray Gladstone, Shedfield Cottage, Botley, Hants.

18 janvier 1886.

J'allai voir samedi dernier, dans l'après midi, un vieillard et sa femme du nom de Bedford, qui habitent un cottage à environ un demi-mille de notre maison. Mme Bedford était alitée, et je montai la voir. Je m'assis près du lit et lui parlai pendant quelques instants. Tandis que j'étais là, la pensée me vint que la lumière, venant de la fenêtre qui était au pied du lit, était trop forte pour la malade, et je résolus, sans en parler ni à elle ni à M. Bedford, de lui faire cadeau d'un rideau. Cette après-midi (lundi) j'allai voir le vieux couple; mais cette fois je vis seulement M. Bedford dans la chambre du rez-de-chaussée. Après quelques remarques, il me dit : « Ma femme vous a vue hier (dimanche) matin ; elle a tourné la tête vers le bord du lit et a dit : « Est-ce elle ? » (Je ne répondis pas, car je pensais qu'elle rêvait.) « Oui, continua-t-elle, c'est madame Gladstone et elle tient en l'air un rideau avec ses deux mains (imitant le geste), mais elle dit que ce n'est pas assez long. Elle sourit maintenant, elle disparaît. » Lorsque M. Bedford m'eut raconté cela, je m'écriai : « Mais c'est ce que j'ai fait hier matin en m'habillant. J'ai ouvert une armoire dans ma chambre, j'en ai sorti un morceau de serge qui devait faire, à mon idée, l'affaire, et je l'ai levé en l'air avec les deux mains pour en voir la longueur, et je me suis dit : « Ce n'est pas assez long. » Je dois dire que je n'avais été qu'une fois rendre visite à Mme Bedford, environ un an avant ce samedi-là ; et, naturellement, j'avais les deux fois ma toilette de ville. Mais lorsque Mme Bedford me vit dans cette apparition, elle remarqua surtout que je n'avais pas de chapeau, ce qui doit être exact, car la vision avait eu lieu avant 9 heures.

AUGUSTA GLADSTONE.

Mme Gladstone ajoute :

Mme B... dit que j'étais en blanc, et je lui demandai ce que j'avais sur la tête. Elle dit : « Quelque chose comme ceci », — en prenant un bonnet de laine que je lui avais donné. — Il était tout semblable à celui que je devais avoir sur la tête à ce moment, et ils n'étaient pas d'une forme ordinaire, car je les avais tricotés moi-même sur un modèle particulier.

Mme Bedford a eu une autre hallucination ; elle a vu un de ses petits enfants, debout près de son lit. Mais c'était pendant la nuit, et ce peut avoir été à moitié un rêve.

Lorsque M<sup>me</sup> Bedford me raconta son hallucination, elle n'employa pas le mot *rideau*, et elle ne parla pas de la *remarque* qu'elle aurait faite que l'étoffe n'était pas assez longue ; cela me fait penser que ces détails peuvent s'être introduits dans le récit *après* que M<sup>me</sup> Gladstone a eu raconté ce qu'elle avait fait. M. Bedford, toutefois, affirme que ces détails existaient dans le récit que sa femme lui avait fait avant qu'il n'eût vu M<sup>me</sup> Gladstone ; de son côté, M<sup>me</sup> Gladstone affirme qu'ils étaient dans le récit qu'il lui fit, et que M<sup>me</sup> Bedford les lui a donnés également.

XCIX. (262) Colonel Bigge, 2, Morpeth Terrace, S. W., Londres.

Le colonel Bigge ouvrit devant moi une enveloppe cachetée qui contenait le récit suivant ; il l'avait enfermé dans cette enveloppe le jour même où l'incident s'était produit.

Récit d'un événement qui m'arriva lorsque j'étais en garnison à Templemore, comté de Tipperary, le 20 février 1847.
Cette après-midi, vers 3 heures, j'allais de ma chambre vers la salle à manger des officiers pour mettre quelques lettres dans la boîte, lorsque je vis nettement le lieutenant-colonel Reed, du 70° régiment, se diriger du coin des bâtiments occupés par les officiers vers la porte de la salle à manger ; je le vis entrer dans le couloir. Il portait une jaquette de chasse brune, un pantalon d'ordonnance de coutil gris, et il avait à la main une canne à pêche et un filet. Bien qu'au moment où je l'avais aperçu il ne fût qu'à 15 ou 20 yards de moi, et que je fusse désireux de lui parler à ce moment, je ne lui adressai pas la parole, mais je le suivis dans le couloir, et dans le vestibule je tournai à gauche, où je pensais le trouver. En ouvrant la porte, à ma grande surprise, je constatai qu'il n'était pas là ; la seule personne présente était le maréchal-des-logis Nolan, du 70° régiment. Je lui demandai immédiatement s'il avait vu le colonel ; il répondit que non ; je lui dis alors : « Je suppose qu'il est monté » et je quittai aussitôt la salle. Pensant qu'il avait pu monter dans l'une des chambres des officiers, j'écoutai au pied de l'escalier et je montai ensuite au premier palier ; mais, n'entendant rien, je redescendis et j'essayai d'ouvrir la porte de sa chambre à coucher qui est en face du vestibule, pensant qu'il pouvait s'y trouver ; mais je trouvai la porte fermée à clef, comme elle l'est habituellement dans le milieu de la journée. Je fus très surpris de ne pas trouver le colonel, et je sortis dans la cour de la caserne où je rejoignis le lieutenant Caulfield, du 66° régiment, qui s'y promenait ; je lui racontai l'histoire, et lui décrivis surtout l'habillement que portait le colonel. **Nous nous promenions de long en large dans la cour de la caserne**

en causant de cet incident depuis environ 10 minutes, lorsque, n'ayant pas quitté des yeux la porte qui mène à la salle du mess (car il n'y a qu'une entrée), je vis, à ma grande surprise, le colonel entrer dans la caserne par la grille, qui se trouve à l'autre extrémité, accompagné du sous-lieutenant Willington, du 70ᵉ régiment; il portait le costume que je lui avais vu, et il avait à la main une canne à pêche et un filet. Le lieutenant Caulfield et moi nous allâmes aussitôt à leur rencontre; nous fûmes rejoints par le lieutenant-colonel Joldie, 66ᵉ régiment, et le capitaine Hatford, et je demandai au colonel Reed s'il n'était pas entré dans la salle du mess environ dix minutes auparavant. Il répondit qu'il ne l'avait certainement pas fait, car il y avait plus de deux heures qu'il était parti pour pêcher dans des étangs qui sont à un mille environ de la caserne, et il ajouta qu'il n'était pas allé à la salle du mess depuis le matin.

Au moment où je vis le colonel Reed entrer dans la salle du mess, je ne me doutais pas qu'il fût parti pour la pêche, cela n'arrivait guère à cette époque de l'année, et je ne l'avais pas vu ce jour-là avec le costume que j'ai décrit. Je l'avais vu en uniforme le matin à la revue, puis je ne l'avais plus revu jusqu'à trois heures; j'étais resté dans ma chambre à écrire des lettres et j'avais été pris par d'autres occupations.

J'ai une très bonne vue, la figure du colonel et sa tournure sont très aisées à reconnaître, il est donc moralement impossible que je l'aie pris pour une autre personne. Que je l'aie en réalité vu, c'est là un fait que je continuerai à croire jusqu'au dernier jour de ma vie.

WILLIAM MATTHEW BIGGE,<br>major au 70ᵉ régiment.

Le 17 juin 1883, le colonel Bigge après m'avoir raconté cet incident, mais avant d'ouvrir l'enveloppe, m'a dicté les remarques suivantes :

Quand le colonel R... descendit de voiture, environ deux heures plus tard, le colonel Goldie et d'autres officiers s'écrièrent : « Tiens ! c'est le costume même que vous avez décrit. » Ils ne savaient pas où il était ni ce qu'il faisait. Le mois (février) n'était pas de ceux où l'on pêche d'ordinaire. Le colonel Reed fut très alarmé quand on lui dit ce que j'avais vu. L'officier de casernement était à la fenêtre, il aurait vu certainement une personne réelle qui aurait traversé la cour; il dit qu'il n'avait rien vu.

Je n'ai jamais eu d'autre hallucination.

On peut voir qu'il y a dans ces remarques deux erreurs de mémoire. Il est de peu d'importance que le colonel Reed soit rentré à pied ou en voiture; mais en portant de dix minutes à deux heures le temps qui a séparé la vision du retour du colonel M. B... diminue sans raison la valeur de ce cas. Si, en effet, il est exact que l'idée que l'on va arriver est une condition favorable pour exercer une action télépathique, il est important d'établir qu'au moment où il est apparu le colonel Reed n'était pas occupé à pêcher, mais revenait rapidement vers la caserne; la valeur du cas s'accroît ainsi de toute celle que lui confère le rapprochement avec d'autres cas analogues.

Nous croyons devoir ajouter à ce chapitre les quatre cas suivants qui nous semblent particulièrement intéressants.

C. (695) M. Teale, 50, Hawley-Road, Kentish Town. N. W., Londres.

Juin 1886.

En 1884, mon fils Walter servait dans le 3º régiment (Kings Royal Rifles), au Soudan. Les dernières nouvelles que nous eûmes de lui nous annonçaient qu'il était sur le point de revenir en Angleterre, et qu'il pensait que ce serait vers Noël. Les choses en étaient là le 24 octobre 1884, lorsque le soir, en revenant à la maison, frappé de la grande pâleur de ma femme, je lui dis : « Qu'as-tu donc ? » Elle me répondit qu'elle avait vu Walter, qu'il s'était baissé pour l'embrasser, mais qu'à cause de son mouvement d'effroi Walter, ou ce qui lui ressemblait, était parti, de sorte qu'elle n'avait pas reçu le baiser.

Après cet incident, nous reçûmes une lettre de la garde-malade de l'hôpital de Ramleh qui nous apprenait que le pauvre garçon avait eu une troisième attaque d'entérite; on avait cru qu'il en réchapperait, mais il avait été emporté. Lorsque nous reçûmes la lettre, il y avait une semaine qu'il était mort, mais la date à laquelle la lettre avait été écrite correspondait avec la date du jour où Walter nous était apparu, c'est-à-dire le 24 octobre 1884.

Quand M. Teale nous a écrit, il n'avait pas relu la lettre, et il était sous l'impression qu'elle avait été écrite le jour même de la mort, qui avait eu lieu (comme on le verra plus loin) le 24 octobre.

Mon fils Frédéric, Selina et Nelly, étaient dans la chambre, mais aucun ne vit Walter; seul Fred entendit sa mère s'écrier : « Oh ! » et Fred lui demanda ce qu'elle avait. Ayant entendu raconter de nombreuses histoires de ce genre, j'eus l'idée de noter le fait; j'écrivis la date sur un bout de papier. Walter était en uniforme, et sa mère croyait qu'il était en congé et qu'il avait voulu la surprendre en passant par l'entrée de derrière; mais, lorsqu'elle vit qu'il était parti et que la porte n'était pas ouverte, elle fut horriblement effrayée.

FRED. J. TEALE.

Mme Teale mourut elle-même en avril 1886, après une maladie due en grande partie au choc causé par la mort de son fils. M. Teale m'a montré les lettres reçues pendant les mois d'août, de septembre et d'octobre 1884, relatives à la maladie de son fils. Une lettre datée du 20 août, que le fils avait dictée et signée, prouve qu'il était à l'hôpital atteint d'une entérite. La lettre suivante, datée du 7 septembre, dictée et signée de même, prouve qu'il avait eu une maladie très grave, mais qu'il se portait beaucoup mieux, et qu'il espérait être bientôt de retour chez lui. La lettre suivante, datée du 12 octobre, écrite par la sœur Thomas, établit qu'il avait eu une mauvaise rechute une quinzaine auparavant, mais qu'il se remettait très bien. Ce fut la dernière lettre reçue avant le 24 octobre. Dans une lettre datée du 25 octobre, le lieutenant W. H. Kennedy informe les parents que la mort a eu lieu la veille ; dans une lettre datée du 28 octobre, la sœur Thomas dit que la mort a eu lieu vers deux heures de l'après-midi, le vendredi 24 octobre. Cette date nous a été confirmée par une communication officielle du dépôt de Winchester.

Dans une conversation, M. Teale m'a expliqué que l'hallucination de sa femme s'est produite entre 7 et 8 heures du soir, ce qui la placerait environ 7 ou 8 heures après la mort. Elle était à ce moment assise à une table, et causait. Le fils, qui assistait à la scène, est maintenant au loin ; mais Mlle Teale m'a montré comment les personnes étaient assises dans la chambre, et elle m'a raconté comment elle a vu sa mère tressaillir, et elle m'a dit aussi qu'elle a entendu son exclamation. M. Teale est sûr que sa femme n'a jamais eu d'autre hallucination visuelle ; il dit qu'elle n'était pas d'un caractère rêveur, et qu'à ce moment elle n'était pas inquiète de son fils. La note qu'il a prise de la date de la vision se trouvait sur le dos d'une enveloppe qu'il portait dans son portefeuille. Il pensait que cette enveloppe était perdue, mais il eut la bonté, sur ma demande, de la chercher ; il la trouva. L'enveloppe, qui est sous mes yeux, porte son adresse, et le cachet de la poste : London, N., Feb. 22, 84 ; la note au crayon au dos est 24-10-84.

CI. (696) Rev. R. Markham Hill, Sainte-Catherine, Lincoln.

17 juin 1886.

Le soir du dimanche de Pâques, il y a environ huit ou neuf ans, je crois, je commençais à souper, me sentant très fatigué du travail de la journée, lorsque je vis la porte s'ouvrir derrière moi. Je tournais le dos à la porte, mais je pouvais la voir par-dessus mon épaule. Je puis aussi avoir entendu le bruit qu'elle a fait en s'ouvrant, mais je ne puis préciser ce point. Je me retournai à moitié, juste à temps pour voir la forme d'un homme de haute taille s'élancer dans la chambre, comme pour m'attaquer. Je me levai aussitôt, me retournai, et je jetai mon verre, que je tenais à la main, dans la direction où j'avais vu la figure qui avait disparu pendant que je me levais; elle avait disparu si rapidement que je n'avais pas eu le temps d'arrêter le mouvement commencé. Je compris alors que j'avais vu une apparition, et je pensai que c'était un de mes oncles que je savais sérieusement malade. Bien plus, la figure que je vis avait une taille très voisine de celle de mon oncle. M. Adcock entra et me trouva tout énervé par l'incident; je lui racontai le fait. Je ne me rappelle pas lui avoir dit que je rattachais la vision à la maladie de mon oncle. Le lendemain vint une dépêche qui m'annonçait que mon oncle était mort ce dimanche-là. Mon père fut mandé au lit de mort de mon oncle, le dimanche soir, comme il était à souper, et la mort doit avoir coïncidé avec l'apparition.

R. MARKHAM HILL.

Le Révérend H. Adcock, de Lincoln, nous écrit :

16 juin 1886.

Je rendis visite un soir à mon ami, le Rév. Markham Hill, et le trouvai tout épuisé assis dans un fauteuil; il me dit, avant que j'aie pu l'interroger, qu'il avait vu la figure de son oncle debout en face de lui, contre le mur, derrière un piano; qu'il avait pris un verre sur la table, et allait le lancer contre cette figure, lorsqu'elle disparut. Il disait qu'il était convaincu qu'il apprendrait sous peu la mort de son oncle. Ce ne fut que le lendemain ou le surlendemain qu'il me montra une lettre, reçue le matin, qui l'informait que son oncle était mort le jour même de l'apparition.

Dans une conversation, M. Podmore apprit de M. Hill qu'il était seul à ce moment. Il n'a jamais eu d'autre hallucination visuelle; cependant il a éprouvé une impression analogue à la précédente, mais il est fort possible qu'elle soit due tout simplement à une erreur sur l'identité d'une personne. M. Adcock nous a expliqué que l'incident dont il s'agit doit s'être passé il y a environ douze ans. Il ne peut se rappeler si c'était un dimanche soir.

Nous trouvons dans le registre des décès que l'oncle de M. Hill est mort le 5 avril 1874, qui se trouve être un dimanche de Pâques.

CII. (701) Nous devons ce cas à M^me Walwyn, 9, Sion Hill, Clifton, Bristol, qui a connu le narrateur depuis son enfance.

24 février 1886.

Je rêvais que Maggie, ma belle-sœur, venait de tomber gravement malade. Le lendemain soir, lorsque j'allai dans la salle à manger pour fumer selon mon habitude avant de me coucher, j'étais à peine entré dans la chambre, que Maggie m'apparut tout à coup vêtue de blanc; son visage avait une expression tout à fait céleste. Elle me regarda, fit le tour de la chambre et disparut par la porte qui mène au jardin. Je sentis que je ne pouvais lui parler; mais je la suivis. J'ouvris la porte et le volet extérieur, mais je ne vis rien. Je garantis la vérité de tout ceci.

H. E. M.

La mère de M. M... écrit à M^me Walwyn :

H... et sa femme étaient venus en Angleterre en automne; ils repartirent le 9 novembre. Ils avaient été faire visite à des parents, à L.., le général R... et sa femme. Lorsqu'ils quittèrent leur jeune sœur, elle était en bonne santé, du moins en apparence. Le vendredi 20, elle se trouvait au théâtre avec des amis. A une heure du matin, elle fut en proie à des douleurs internes violentes; ces douleurs se continuèrent toute la journée, mais on n'appréhenda aucun danger, jusque vers 4 h. 45 de l'après-midi; à ce moment elle devint insensible, et à 5 h. 15 tout était fini. La cause de la mort était une perforation de l'estomac. Le samedi soir, H... rêva que Maggie venait de tomber dangereusement malade; le lendemain soir, il alla dans la salle à manger pour fumer avant de se coucher, selon son habitude ; à peine était-il entré dans sa chambre, que Maggie lui apparut (1).

Il me raconta le lendemain matin ce qui était arrivé. J'essayai de lui faire croire que c'était une illusion d'optique, mais il comprenait mieux que moi. Il est très extraordinaire que H... ait eu cette apparition, car il n'était pas le moins du monde superstitieux, nerveux ou visionnaire. La seule explication que nous puissions tenter, c'est que,

---

(1) La description de l'apparition par M^me M... coïncide exactement avec le récit de son fils.

comme la dépêche que le général expédia le dimanche ne nous parvint jamais, et que ce ne fut que le mercredi, jour de l'enterrement, que nous apprîmes la triste nouvelle, elle pouvait l'avoir su et être venue nous dire qu'elle était partie.
R. L. M.

Dans la nécrologie du *Leamington News* nous voyons que M^lle R... est morte le 21 novembre 1885, et qu'elle « a eu sa pleine conscience jusqu'à 5 heures, que soudain elle s'est affaissée et est morte dans l'espace d'un quart d'heure ».

CIII. *Journal of Society for Psychical Research*, décembre 1888. M^me Treloar, River, Douvres.

Le 25 août 1885, M. Treloar et moi (nous habitions alors « The Firs », Bromyard), nous dînions avec mon frère, le Révérend W. Cowpland, qui avait succédé à mon oncle dans la cure de Acton Beauchamp. On trouvera dans la lettre de M. Treloar, 3 mars 1888, le récit de ce qui est arrivé. « Ma femme et moi nous étions allés dîner avec mon beau-frère, et nous avions trouvé chez lui la sœur de ma femme, qui habitait non loin du presbytère. Ce fut une réunion très gaie, et cette dame se portait on ne peut mieux et était de très bonne humeur. C'était un mercredi; et en quittant la maison ma femme promit d'aller la voir prochainement dans sa maison (*Upper House, Bishop's Frome*), où elle vivait seule. Le mardi suivant, dans la soirée, vers 8 heures, ma femme, qui était restée dans la chambre des enfants pendant la demi-heure que la nourrice avait pour dîner, passa dans notre chambre à coucher, où il y avait sur la toilette une lampe allumée. Comme elle passait près du lit, pour aller à l'autre bout de la chambre, elle vit, à ce qu'elle crut, une robe noire de l'autre côté du lit, mais, en regardant mieux, elle vit se lever lentement une forme qui était penchée sur le lit ; cette forme la regarda fixement pendant trois ou quatre secondes ; alors elle reconnut sa sœur. La figure était très pâle, et avait une expression d'angoisse. Ma femme descendit; je remarquai qu'elle semblait troublée, et, lui ayant demandé ce qui l'avait bouleversée, elle me raconta ce qui s'était passé. Je pensai naturellement que ce devait être un effet de son imagination. Le lendemain soir (le mercredi 2 septembre), comme nous nous asseyions pour dîner, le domestique de notre docteur arriva en disant que son maître désirait me voir. Je descendis et je le trouvai prêt à partir pour la maison de ma belle-sœur, il me dit qu'elle l'avait envoyé chercher, et qu'à ce qu'il croyait comprendre, elle avait une diphthérie grave. Elle mourut deux jours après, et ma femme ne la vit pas, car, selon le docteur, c'était courir un trop grand danger. »

Ce récit est exact, mais il ne fait pas mention de ce fait, qu'au moment où je parlais à M. Treloar de l'apparition, ma nièce, M^lle Maud Cowpland, qui se trouvait chez nous, descendit en courant de sa chambre où elle venait de monter; lorsque je lui racontai ce que j'avais vu, elle s'écria presque sans m'écouter : « J'ai vu tante Annie ! J'ai vu tante Annie ! » (M. Treloar confirme le fait.) Je ne la questionnai pas davantage, mais sa lettre indique clairement ce qu'elle a vu. Elle quitta la maison le lendemain, un peu à cause de sa frayeur, je crois. Je n'avais vu auparavant, et je n'ai jamais vu depuis aucune apparition, et je n'ai jamais éprouvé aucune impression qui ressemble en rien à celle que je raconte ici. Après la surprise du premier moment, je ne fus pas effrayée par l'apparition de ma sœur Anna. Elle était si vigoureuse et si pleine de vie que je n'avais jamais pensé qu'elle pût mourir ainsi. En réalité, voici ce qui arriva : Il y avait une petite épidémie de diphthérie dans la paroisse, et elle avait embrassé imprudemment un enfant de l'école qui était atteint de cette maladie. Le mardi soir (au moment où je vis l'apparition), elle se retira de bonne heure dans sa chambre, disant à ses domestiques qu'elle avait pris un gros rhume. Ils étaient jeunes, et il n'y avait personne dans sa maison à qui elle eût parlé d'une manière intime de son état. Tout ce que l'on peut savoir de son état à ce moment, c'est qu'elle était seule dans sa chambre — éveillée ou endormie nous ne le savons — qu'elle envoya chercher le docteur le lendemain, et qu'elle était atteinte mortellement. Il y avait une très vive affection entre elle et moi.

Je puis ajouter que la figure que je vis avait un chapeau et une voilette; la voilette était attachée derrière le chapeau, selon l'habitude de ma sœur. La lampe éclairait vivement, et je voyais si clairement la figure que je remarquai des taches de rousseur sur le nez. Ma sœur avait de beaux yeux pleins d'expression ; ils étaient pleins d'angoisse et de douleur au moment de l'apparition. La forme ne disparut pas instantanément, mais parut se dissoudre dans l'air.

J'ai la conviction que dans bien des cas où l'un des membres de notre famille a été malade ou bien a traversé quelque crise grave, quelqu'un de ses parents a éprouvé une impression d'angoisse, quoiqu'il fût fort éloigné de lui. Voici un incident de ce genre : En 1870, mon frère (qui est mort depuis) se cassa la jambe très malheureusement à la chasse. L'accident eut lieu vers 4 heures de l'après-midi. On le mena à une auberge et toute la nuit il fut réellement en danger. Ce jour-là M$^{me}$ Gardiner, qui se trouvait dans une réunion d'amis, ressentit un abattement tout à fait anormal à partir de 4 heures de l'après-midi. Et cette nuit-là, contre mon habitude, je ne pus dormir ; pendant que j'étais éveillée je fus très étonnée de voir mon père entrer dans ma chambre et demander quelque soulagement et quelque apaisement, car il ne pouvait dormir et se sentait tourmenté. Il se portait alors très bien, et ne m'avait jamais fait une telle demande. Je me levai et lui donnai du cognac et de l'eau (ce que je n'avais jamais fait avant), mais, pendant toute la nuit, nous fûmes tous deux malheureux sans cause.

M<sup>lle</sup> Maud Cowpland raconte les faits dans les termes suivants :

14 avril 1888.

L'année où mon père mourut, j'allai passer quelques jours avec ma tante, M<sup>me</sup> Treloar. La seconde nuit, vers 10 heures un quart, je me retirai dans ma chambre, et pendant que je prenais mon bain, je sentis une force invisible m'obliger à me tourner vers un canapé au pied du lit, à la tête duquel (je parle du canapé) se tenait une forme vêtue de crêpe, que je reconnus aussitôt pour être M<sup>lle</sup> Cowpland, et je m'écriai : « Comment, tante Annie, se fait-il que vous soyez ici ? » Alors la forme disparut graduellement.

En réponse à nos questions, M<sup>lle</sup> Cowpland ajoute :

1º Je n'ai jamais rien vu avant l'apparition de M<sup>lle</sup> Cowpland, mais, souvent avant et depuis, lorsque j'étais seule, j'ai senti des gens, ou je crois que je puis dire des esprits, autour et près de moi. Une après-midi du dernier été, j'eus la sensation d'une main dont les doigts étaient longs et doux, et qui me caressaient la figure.

2º Le crêpe semblait tomber en plis épais depuis le haut de la tête jusqu'au sol, mais ces plis, au lieu de cacher la figure, en faisaient ressortir très nettement les traits. Je ne puis dire combien de temps elle resta ; peut-être une demi-minute, pas plus.

3º Je suis honteuse de dire que je fus très effrayée... J'en parlai à trois personnes, M. et M<sup>me</sup> Treloar, et la domestique, à qui je demandai de coucher avec moi, parce que j'étais trop poltronne pour rester seule ensuite dans cette même chambre. Oui, je me rappelle que M<sup>me</sup> Treloar me raconta ce qu'elle avait vu ; c'est après que je lui eus raconté ma vision.

83 cas analogues sont encore cités dans l'édition anglaise.

# CHAPITRE XII

## HALLUCINATIONS AUDITIVES

§ 1ᵉʳ. — Dans l'examen que nous allons faire des cas d hallucinations auditives qui ont coïncidé d'une manière frappante avec des événements réels, nous devrons nous attacher à deux points distincts.

D'une part, en effet, une hallucination auditive est un phénomène sensoriel, de même ordre que les hallucinations visuelles. C'est parfois un son inarticulé, un simple bruit, mais, dans la plupart des cas, c'est une voix humaine qui peut être reconnue ou ne l'être pas. Mais, d'autre part, lorsque c'est une voix, il intervient un second élément, dont nous n'avions pas à tenir compte dans le cas des hallucinations visuelles; c'est ce que dit cette voix. Les paroles entendues par le sujet peuvent nous servir alors à déterminer si c'est une simple impression que l'agent lui a transmise ou bien une idée définie et complète.

Les hallucinations auditives comme les hallucinations visuelles présentent divers degrés d'extériorisation. Mais les différences sont beaucoup moins marquées; il est beaucoup plus difficile en effet de se souvenir du degré d'extériorité d'un son que de celui d'une vision; et si même le sujet a gardé un souvenir de ce qu'il a éprouvé, les mots lui manquent pour l'exprimer.

Nous commencerons par les cas où la voix a été reconnue. Dans quelques-uns d'entre eux, l'analogie avec les transmissions expérimentales de pensée est très forte; il semble que ce que le sujet a entendu correspondait à la sensation de l'agent, aux mots qu'il entendait, tout en les prononçant. En voici des exemples :

CIV. (268) M. R. Fryer. Bath.
                                          Janvier 1883.

Un événement étrange eut lieu dans l'automne de l'année 1879. Un de mes frères était absent de la maison depuis trois ou quatre jours, lorsque, une après-midi, vers 5 heures et demie, je fus étonné de m'entendre appeler distinctement par mon nom. Je reconnus si clairement la voix de mon frère que je parcourus toute la maison pour le trouver; mais, ne le trouvant pas et le sachant à 40 milles de là, je finis par attribuer cet incident à une illusion de mon imagination, et n'y pensai plus. Lorsque mon frère arriva, le sixième jour, il raconta entre autres choses qu'il avait évité, par le plus grand hasard, un accident assez sérieux. Il paraît qu'en descendant du train son pied avait glissé et qu'il était tombé tout de son long sur le quai ; mais il avait amorti la chute en étendant vivement les mains, et n'avait éprouvé qu'une grande secousse. « Ce qui est assez curieux, dit-il, c'est que quand je me sentis tomber je vous appelai. » Ce fait ne me frappa point sur le moment, mais lorsque je lui demandai à quel moment de la journée cela était arrivé, il m'indiqua une heure, qui se trouva correspondre exactement à celle où je m'étais entendu appeler.

En réponse à nos questions, M. R. Fryer ajoute :

Je ne me rappelle pas avoir jamais éprouvé une impression semblable à celle que je vous ai racontée; et j'en suis content, car la sensation, unie à l'ignorance dans laquelle on est du pourquoi e du parce que de l'événement, est loin d'être agréable.

En causant, il nous a expliqué qu'il avait fréquemment discuté avec son frère à propos de l'habitude qu'avait celui-ci de descendre des trains en marche ; et l'on pourrait ainsi s'expliquer que son frère ait par association automatiquement prononcé son nom.

Voici maintenant le récit de l'agent :

Newbridge Road, Bath, 16 novembre 1885.

Je faisais un voyage pendant l'année 1879 et j'eus à m'arrêter à Gloucester. En descendant du train je tombai, et un employé du chemin de fer m'aida à me relever. Il me demanda si je m'étais fait mal et si quelqu'un voyageait avec moi ; je répondis « non » aux deux questions, et lui demandai pourquoi il les faisait. Il répondit : « Parce que vous avez appelé Rod. » Je me rappelle parfaitement avoir prononcé le mot « Rod ». A mon arrivée à la maison, un ou deux jours plus tard, je racontai l'incident, et mon frère me demanda l'heure et le jour. Il me dit alors qu'il m'avait entendu l'appeler à ce moment-là. Il était si sûr que c'était ma voix qu'il chercha si j'étais dans la maison.

John E. Fryer.

CV. (271) M. J. Pike, 122, Stockwell Park Road, Londres S. W.
Les mots entendus ont été fortement imaginés par l'agent et il est fort probable qu'ils ont été prononcés ou à demi prononcés.

Octobre 1883.

Il y a quelques années, je voyageais de Carlisle à Highbury, par le train-poste de nuit, et, étant seul dans mon compartiment, je m'étendis de tout mon long sur la banquette pour dormir, après avoir prié le conducteur de m'éveiller à la station de Camden-Town. Je tombai bientôt dans un de ces sommeils si profonds que le réveil en est presque douloureux. Subitement réveillé par le conducteur (avec brusquerie et impatience, car le train était en retard), je crus que je venais de rêver (ce qui était en effet vrai) que nous étions au matin; que j'étais chez moi, dans ma chambre à coucher, en train de m'habiller, et il me semblait qu'au moment de mon réveil, j'étais allé sur le palier, que j'avais appelé deux fois la domestique par son nom « Sarah », et que je lui avais demandé de m'apporter de l'eau chaude. En arrivant chez moi, j'appris qu'au moment où dans mon rêve j'appelais la bonne, elle m'avait entendu l'appeler deux fois par son nom distinctement, et qu'oubliant pour l'instant que je n'étais pas à la maison, elle avait laissé à la hâte les apprêts du déjeuner, était montée, puis redescendue aussi vite, « pâle comme un spectre ». Tel est du moins le récit qu'ont fait les enfants qui, fort étonnés de ce qu'elle faisait et n'ayant eux-mêmes rien entendu, se demandaient ce que tout cela voulait dire. Sarah dans la suite me déclara que la frayeur qu'elle avait éprouvée, lorsqu'elle avait vu que je n'étais pas là, l'avait rendue « très malade ».

La fille de M. Pike nous donne de ce récit la confirmation suivante, le 30 octobre 1883 :

Je me rappelle distinctement ce qui est arrivé à notre domestique; elle fut effrayée d'entendre mon père l'appeler du haut de l'escalier à un moment où nous savions qu'il ne pouvait être près de la maison. La bonne prit un tisonnier et monta, pensant qu'il y avait là un homme qui avait imité la voix de mon père. Cependant on ne put rien découvrir pour expliquer le mystère jusqu'à l'arrivée de mon père; il nous dit alors qu'au moment où cet appel avait été entendu, il rêvait qu'il était chez lui et demandait de l'eau chaude.

Alma M. Pike.

§ 2. — Voici maintenant des cas où le nom entendu n'a probablement pas été réellement prononcé. L'hallucination auditive que nous rencontrons le plus fréquemment dans les cas de télépathie spontanée, c'est celle qui consiste à s'entendre appeler par son nom ; il ne faut pas oublier que c'est la forme la plus habituelle des hallucinations subjectives du même ordre, mais il faut tenir compte aussi de ce fait que, dans un assez grand nombre de cas, l'agent avait l'esprit occupé de la personne qui s'est entendu appeler.

CVI. (33) M^lle Sandars, Lower Soughton, Northop, Flintshire.

Dans la matinée du 27 octobre 1879, j'étais réveillée depuis un bon moment, lorsque je m'entendis appeler à plusieurs reprises par mon prénom d'une voix anxieuse et souffrante. J'étais alors en parfaite santé ; je reconnus la voix : c'était celle d'un ancien ami, presque un camarade de jeu, à qu' je n'avais pas pensé depuis bien des semaines ou même bien des mois. Je savais qu'il était avec son régiment dans les Indes, mais j'ignorais qu'il avait été à la frontière. Rien ne l'avait rappelé à mon souvenir. Quelques jours plus tard j'appris qu'il était mort du choléra le matin même où j'avais cru l'entendre m'appeler. L'impression fut si forte qu'avant de déjeuner, je notai le jour et le fait dans mon journal.

A. E. SANDARS.

En réponse à nos questions, M^lle Sandars dit :

Je n'ai jamais eu d'autre hallucination de l'ouïe. Je ne crois pas avoir parlé de ce sujet à personne, bien qu'à ce moment nous ayions des amis à la maison. J'ai conservé mon journal.

J'ai vu la page du journal et l'allusion à cette étrange hallucination à la date du lundi 27 octobre 1879.

Le *East India Service Register* de janvier 1880 nous apprend que la mort du capitaine John B... (infanterie indigène, division de Bombay) eut lieu le 27 octobre 1879 à Jhelum). C'est la personne dont parle M^lle Sandars ; le mot de « major » dont elle se sert dans son récit est une erreur. La nécrologie du *Times* du 4 novembre 1879 dit que la mort fut causée par le choléra.

Nous avons demandé à M^lle Sandars de rechercher l'heure exacte de la mort. Elle nous apprend que cette mort a eu lieu à 10 heures du soir (environ 5 heures en Angleterre). Elle ajoute : « Ainsi cette heure ne s'accorde pas avec le moment où j'entendis son appel. Cependant son cri peut être arrivé à moi, lorsque la maladie a commencé. »

CVII. (276) M. D. J. Hutchins, 173, Severn Road, Cardiff.

17 décembre 1883.

Mon père est mort subitement, à 44 milles environ de l'endroit où habitait ma mère; il me fallut lui apprendre ce triste événement. Le chemin de fer me conduisait à 12 milles de chez elle ; il fallait faire le reste du trajet en voiture.

J'arrivai vers 6 heures, par une sombre matinée de novembre ; j'étais fort tourmenté sur la manière d'annoncer cette nouvelle à ma mère. Je fus soulagé et surpris en même temps, en approchant de la maison, de voir de la fumée s'élever des cheminées du salon et de la cuisine. A peine à la grille, avant que je pusse sauter du cabriolet, ma mère était à la porte, et disait : « Daniel, ton père est mort. » Je demandai : « Comment le savez-vous? » Elle me répondit : « Il est venu m'appeler hier au soir vers 9 heures, puis il a disparu ensuite. Je ne me suis pas couchée depuis. »

Ma mère est morte peu de temps après.

Ma mère était une personne très pieuse; elle n'était pas superstitieuse.

Je me rappelle fort bien sa colère lorsqu'elle savait que ses enfants avaient écouté les histoires de revenants et de présages racontées dans les veillées.

D. J. Hutchins.

En réponse à nos questions, M. Hutchins ajoute :

16 février 1886.

Mon père mourut le 21 novembre 1855. On le trouva mort dans les champs entre Llantrissant Station et Lanclay House ; il habitait depuis longtemps Llantrissant, en qualité d'intendant de lady Mary Cole.

[Dans une conversation, M. Hutchins nous a expliqué que son père avait été été vu vivant en dernier lieu à son départ de la station (il semblait alors en parfaite santé), vers 6 heures du soir, et que l'on avait trouvé son corps peu après 9 heures du soir, le même jour]. Ma mère était dans notre cottage, Rose Cottage, près de Penrice Castle, où nous habitions d'ordinaire en été. Elle se préparait à partir et à fermer l'habitation pour l'hiver. Mon père l'avait quittée le matin du jour de sa mort (appelé à surveiller des travaux à quelque distance de là).

Lorsque je vous écrivis, les circonstances étaient plus présentes à ma mémoire qu'à présent; par conséquent je ne puis affirmer si ma mère a dit : « Ton père m'est apparu », mais je me souviens très nettement que ma mère m'a dit : « J'ai entendu ton père m'appeler par mon nom, Mary, Mary, et alors je suis allée vers la porte, et je ne me suis pas recouchée. »

Dans une conversation que nous avons eue avec M. Hutchins, il nous a dit qu'il était moralement certain qu'une hallucination visuelle avait accompagné l'hallucination auditive.

Dans une dernière lettre, M. Hutchins nous dit qu'il n'est pas très sûr de l'année où s'est passé l'événement; le registre des décès indique que la mort a eu lieu le 21 novembre 1853 et non 1855.

§ 3. — Passons maintenant aux cas où la voix n'a pas été reconnue. Voici tout d'abord un cas où le sujet a éprouvé plusieurs hallucinations et n'a reconnu qu'une seule fois la voix qu'il entendait.

CVIII. (279) M<sup>me</sup> Wight, 12 Sinclair Road, West Kensington, Londres.

Dans cinq circonstances de ma vie, j'ai entendu prononcer mon nom de baptême impérieusement; on eût dit que quelqu'un qui avait besoin de mon aide m'appelait ; un de mes parents est mort chaque fois que j'ai entendu l'un de ces appels et au moment à peu près où je l'entendais. Je n'ai jamais eu aucune espèce d'hallucination en aucune autre circonstance. Les deux premières fois où je m'entendis appeler, l'appel correspondit à la mort de deux de mes tantes qui s'étaient occupées de moi pendant mon enfance, lorsque mes parents étaient aux Indes. Dans ces deux cas, je ne puis dire si l'appel a eu lieu le jour même de la mort, ou non ; mais c'était certainement à peu de jours de distance.

La fois suivante, et ce fut l'événement qui me frappa le plus, ce fut au moment de la mort de ma mère, qui eut lieu aux Indes, le 8 novembre 1864. Je demeurais à ce moment chez une cousine, M<sup>me</sup> Harnett, à Saint John's Wood. J'étais assise un matin dans une chambre avec M. Harnett, lorsque nous entendîmes distinctement une voix m'appeler du dehors. Je sortis de suite pour savoir qui m'appelait, mais personne dans la maison ne l'avait fait. Il n'y avait personne, si ce n'est ma cousine, qui m'appelât par mon nom de baptême ; et toutes nos recherches et nos efforts pour éclaircir ce mystère furent inutiles. Comme M. Harnett savait que pareille chose avait eu lieu à la mort de mes tantes, il inscrivit la date. Environ trois semaines après, nous reçûmes la nouvelle que ma mère était morte aux Indes après une semaine de maladie, et M. Harnett était d'accord avec moi pour affirmer que la date de la mort correspondait avec celle du jour où je m'étais entendu appeler.

La fois suivante, ce fut à Brighton ; et ce fut le seul cas où je reconnus la voix. Comme je m'éveillais, le matin, j'entendis la voix de l'amiral Wight, mon beau-père, qui était mort avant ma mère, m'appeler comme il le faisait fréquemment de son vivant. Un jour ou deux plus tard, sa veuve m'écrivit, m'annonçant la mort de son fils, demi-frère de mon mari. Je savais qu'il était très malade, mais je ne croyais pas sa fin prochaine.

La cinquième fois ce fut en juin 1876, et j'appris immédiatement après la mort d'une de mes nièces âgée de neuf mois, que je savais être malade. Dans ces deux derniers cas, je ne suis pas sûre si les jours de la mort et de l'appel coïncidaient; s'il ne coïncidaient pas exactement, du moins devaient-ils être très voisins.

Sarah Wight.

J'ai écrit ce récit le 31 janvier 1884, immédiatement après un long entretien avec M<sup>me</sup> Wight, dans lequel chaque détail fut revu avec soin. J'envoyai le récit à M<sup>me</sup> Wight qui y fit quelques additions insignifiantes et le signa.

M<sup>me</sup> Wight ajoute :

M<sup>me</sup> Harnett est d'une santé délicate, et je ne voudrais pas la tourmenter à ce sujet. Quand je lui en ai parlé, elle s'est rappelé l'incident.

CIX. (34) Ce récit est dû à un homme fort honorable que nous désignerons par les initiales de A. Z... Il nous a donné les noms véritables de toutes les personnes dont il est question dans son récit, mais il désire qu'ils ne soient pas publiés en raison du caractère douloureux des faits qui y sont rapportés.

Mai 1885.

En 1876, je demeurais dans une petite paroisse agricole de l'est de l'Angleterre.

J'avais pour voisin un jeune homme, S. B... (1), qui possédait depuis peu une des grandes fermes du pays. Pendant qu'on arrangeait sa maison, il logeait avec son domestique à l'autre bout du village. Son logement était fort éloigné de ma maison ; il en était distant d'un demi-mille au moins, et il en était séparé par beaucoup de maisons et de jardins, par une plantation et des bâtiments de ferme. Il aimait les exercices du corps et la vie en plein air et passait une bonne partie de son temps à chasser. Ce n'était pas pour moi un ami personnel, mais une simple relation ; je ne m'intéressais à lui que comme à l'un des grands propriétaires du pays. Par politesse, je l'ai invité à venir me voir, mais, autant que je m'en souviens, je ne suis jamais allé chez lui.

(1) S. B. ne sont pas les vraies initiales de son nom.

Une après-midi du mois de mars 1876, comme je quittais la gare avec ma femme pour rentrer chez moi, S. B... nous aborda. Il nous accompagna jusqu'à la porte d'entrée; il resta encore quelques instants à causer avec nous, mais il n'y eut rien de particulier dans cette conversation. Il faut noter que la distance entre cette porte et les fenêtres des salles à manger est par le chemin à voitures d'environ 60 yards; mais les fenêtres de ces pièces donnent au nord-est sur le chemin à voitures.

Après que S. B... eut pris congé de nous, ma femme me dit : « Évidemment le jeune B... désirait que nous lui disions d'entrer, mais j'ai pensé que vous ne vous souciez pas de vous laisser déranger par lui. » Une demi-heure plus tard environ je le rencontrai de nouveau, et, comme je voulais jeter un coup d'œil sur un travail que l'on faisait tout au bout du domaine, je lui demandai de faire la route avec moi. Sa conversation n'eut rien de particulier ce jour-là; toutefois il semblait être un peu ennuyé par le mauvais temps et le bas prix des produits agricoles. Je me rappelle qu'il me demanda des cordages en fil de fer pour faire un treillage dans sa ferme et que je lui promis de lui en donner. Au retour de notre promenade et à l'entrée du village, je m'arrêtai au chemin de traverse pour lui dire bonsoir : le chemin qui conduisait chez lui tombait à angle droit sur le mien. Et à ma grande surprise je l'entendis dire : « Venez fumer un cigare chez moi ce soir. » Je lui répondis : « Ce n'est guère possible, je suis engagé ce soir. — Venez donc! me dit-il. — Non, lui répliquai-je, je viendrai un autre soir. » Sur ce mot nous nous séparâmes.

Nous étions peut-être à 40 yards l'un de l'autre, lorsqu'il se retourna vers moi, et me cria : « Alors, puisque vous ne viendrez pas, bonsoir. » Ce fut la dernière fois que je le vis vivant.

Je passai la soirée à écrire dans ma salle à manger. Je puis dire que, pendant quelques heures, il est fort probable que la pensée du jeune B... ne me vint point à l'esprit. La nuit était brillante et claire et la lune était pleine ou peu s'en fallait; il ne faisait pas de vent. Depuis que j'étais rentré il avait un peu neigé, tout juste assez pour blanchir la terre.

A 10 heures moins 5 environ je me levai et je quittai la chambre; je pris une lampe sur la table du vestibule et je la mis sur un guéridon, placé dans l'embrasure de la fenêtre de la salle à déjeuner. Les rideaux des fenêtres n'étaient pas fermés. Je venais de prendre dans la bibliothèque un volume de l'ouvrage de Macgillivray, sur *les Oiseaux d'Angleterre*, pour y chercher un renseignement. J'étais en train de lire le passage, le livre approché tout près de la lampe et mon épaule appuyée contre le volet; j'étais dans une position où je pouvais entendre le moindre bruit du dehors. Tout à coup j'entendis distinctement qu'on avait ouvert la grande porte de devant et qu'on l'avait refermée en la faisant claquer. Puis j'entendis des pas précipités qui s'avançaient sur le chemin. Les pas étaient d'abord fort distincts et très sonores, mais, quand ils arrivèrent en face de la fenêtre, la pelouse qui était au-dessous de la fenêtre en amortit le son, et au même moment, j'eus la conscience que quelque chose se tenait tout près de moi, en dehors, séparé seulement de moi par la mince jalousie et le carreau de verre. Je pus entendre la respiration courte, haletante, pénible du messager, ou de quoi que ce fût, qui s'efforçait de reprendre haleine avant de parler. Avait-il été attiré par la lumière qui filtrait à travers les volets ? Mais subitement, pareil à un coup de canon, retentit en dedans, en dehors, partout, le plus épouvantable cri, un gémissement, une plainte prolongée d'horreur qui glaça le sang dans mes veines. Ce ne fut pas un seul cri, mais un cri prolongé, qui commença sur une note très élevée, puis qui s'abaissa et qui allait s'égrenant, s'éparpillant en gémissements vers le nord ; il devenait de plus en plus faible comme s'il s'évanouissait dans les sanglots et les affres d'une horrible agonie. Impossible de décrire mon épouvante et mon horreur, augmentées dix fois lorsque je retournai dans la salle à manger et que j'y trouvai ma femme, tranquillement assise à son travail, près de la fenêtre, située sur la même ligne que celle de la salle à déjeuner et qui était éloignée seulement de 10 à 12 pieds. *Elle n'avait rien entendu.* Je vis cela du premier coup d'œil ; d'après la position où je la trouvai assise, je pouvais conclure qu'elle aurait dû entendre le moindre bruit qui se serait produit au dehors et surtout le bruit des pas sur le sable. S'apercevant que quelque chose m'avait alarmé, elle me demanda : « Qu'y a-t-il ? — Il y a seulement quelqu'un dehors, lui dis-je. — Alors pourquoi ne sortez-vous pas pour aller voir ? Vous le faites toujours quand vous entendez quelque bruit extraordinaire. » Je dis : « Il y a quelque chose de si étrange et de si terrible dans ce bruit, que je n'ose pas le braver. Ce doit être la *banshee* qui a crié. »

Le jeune S. B..., après avoir pris congé de moi, était rentré chez lui. Il avait passé la plus grande partie de la soirée sur le sofa, lisant un roman de Whyte Melville. Il avait vu son domestique à 9 heures et lui avait donné des ordres pour le lendemain. Le domestique et sa femme, qui habitaient seuls la maison avec S. B..., allèrent se coucher. A l'enquête le domestique déclara qu'au moment où il allait s'endormir il avait été brusquement réveillé par un cri. Il courut dans la chambre de son maître qu'il trouva expirant sur le sol. On constata que le jeune B... s'était déshabillé en haut, et qu'il était descendu dans son salon vêtu seulement de sa chemise de nuit et de son pantalon ; il s'était versé un demi-verre d'eau, dans lequel il avait vidé un flacon d'acide prussique (il se l'était procuré le matin sous prétexte d'empoisonner un chien ; en réalité il n'avait pas de chien). Il était remonté et, après être rentré dans sa chambre, il avait vidé le verre en poussant un cri : il s'était abattu mort par terre. Tout cela s'était passé, autant du moins que je puis le savoir, exactement au même moment où j'avais été si effrayé chez moi. Il est tout à fait impossible qu'aucun bruit, sauf peut-être celui d'un coup de canon, ait pu arriver à mon oreille, depuis la maison de B... Les fenêtres et les portes étaient fermées; il y avait entre sa maison et la mienne un grand nombre d'obstacles : des maisons, des jardins, des fermes, des plantations, etc.

Forcé de partir par le premier train, j'étais sorti le lendemain matin de bonne heure, et, examinant le terrain au-dessous de la fenêtre, je ne trouvai aucune trace de pas sur le sable ou sur le gazon : le sol était encore couvert de la légère couche de neige tombée le soir précédent.

Tout l'incident avait été un rêve d'un moment, une imagination, appelez-le comme vous voudrez; je raconte simplement les faits comme ils se sont passés, sans essayer d'en fournir une explication qu'en vérité je suis tout à fait incapable de donner. Tout l'incident est un mystère et restera toujours un mystère pour moi. Je n'appris les détails de la tragédie que dans l'après-midi du lendemain, parce que j'étais parti par le premier train. On disait que le motif du suicide était un chagrin d'amour.

Dans une lettre ultérieure, datée du 12 juin 1885, M. A. L.., nous dit :

Le suicide a eu lieu dans cette paroisse le jeudi 9 mars 1876, vers 10 heures du soir. L'enquête a eu lieu le samedi 11; elle fut faite par ..... alors coroner. Il y a quelques années qu'il est mort, autrement j'aurais peut-être obtenu de lui une copie des notes qu'il a prises alors ; vous trouverez probablement quelques détails de l'enquête dans le..... du 17 mars.

Moi-même, je n'appris les détails de l'événement qu'à mon retour, dans l'après-midi du vendredi, c'est-à-dire dix-sept heures plus tard.

La légère couche de neige tomba vers 8 heures, *pas plus tard*. A partir de ce moment la nuit fut claire et belle et très silencieuse, il gela assez dur; j'ai des preuves de tout cela qui pourraient satisfaire n'importe quel magistrat.

Le lendemain matin de bonne heure, avant de quitter la maison pour toute la journée, j'allai voir sous la fenêtre s'il y avait des traces de pas. Peut-être n'est-il pas tout à fait exact de dire qu'il avait neigé. Il était tombé plutôt un peu de grêle et de grésil, et l'on voyait à travers les brins d'herbe, mais cela suffisait pour que personne ne pût passer par là sans laisser de traces.

Je n'assistai pas moi-même à l'enquête, de sorte que je n'en sais que ce que j'en ai entendu dire. Dans mon récit j'ai dit que le domestique avait été réveillé par un cri. J'ai interrogé cet homme (dont M. Z... donne le nom) et je l'ai serré de près en le contre-interrogeant sur ce détail de sa déclaration; il est plus exact de dire qu'il fut réveillé par une série de bruits, qui se terminèrent par un « fracas » ou une « lourde chute ». Cela est probablement plus exact, car le fils du fermier (suit le nom), qui demeurait dans la maison voisine, fut réveillé par *la même sorte de bruit*, qui arriva de la maison de B... à travers le mur jusqu'à la chambre où il couchait.

Cependant je ne veux pas que l'on pense que des bruits *matériels* quelconques entendus dans la maison de B... aussi bien que dans celle du voisin, aient pu avoir quelque relation avec le bruit et le cri particuliers qui m'ont tant effrayé. Toute personne connaissant la localité doit admettre l'*impossibilité* absolue que de pareils bruits puissent traverser tous les obstacles interposés. Je veux seulement dire que la scène qui se passa dans l'une des deux maisons coïncida avec mon alarme et avec les phénomènes qui se passaient dans l'autre maison.

J'apprends par un renseignement, puisé dans le livre de..... (suit le nom), pharmacien de....., que le jeune S. B... s'était procuré le poison le 8 mars. Ci-joint, en réponse à votre demande, une note de Mme A. Z...

La note ci-jointe, signée par Mme A. Z... et aussi datée du 12 juin 1885, dit ce qui suit :

Je puis attester que dans la nuit du 9 mars 1876, vers dix heures, mon mari, qui était allé dans la chambre attenante pour consulter un livre, fut fortement alarmé par des bruits qu'il entendit. A ce qu'il me dit, il avait entendu la grande porte claquer, puis des pas sur le chemin et sur la pelouse, puis une respiration haletante près de la fenêtre, et enfin un cri terrible.

Je n'entendis rien du tout. Mon mari ne sortit pas pour regarder autour de la maison, comme il l'aurait fait en tout autre moment. Et lorsque je lui demandai *ensuite* pourquoi il n'était pas sorti, il me dit : « Parce que j'ai senti que je ne pouvais pas. » Lorsqu'il alla se coucher, il monta son fusil, et, lorsque je lui demandai pourquoi, il me répondit : « Parce qu'il doit y avoir quelqu'un par ici. »

Le lendemain matin il partit de bonne heure, et il n'entendit pas parler du suicide de M. S. B... avant l'après-midi du même jour.

M. A. Z... nous a dit qu'il n'avait jamais éprouvé d'impression semblable.

Un article d'un journal local, que nous avons lu, donne une relation du suicide et de l'enquête, relation qui confirme le récit donné par M. A. Z...

CX. (280) M. Goodyear, Avoca Villa, Park Road, Bevois Hill, Southampton.
9 février 1884.

Je suis grand amateur de chasse : j'étais sorti un soir avec mon carnier et mon fusil. Je traversais des prés tout à fait découverts, lorsque soudain un cri aigu et terrible de « Tom » retentit à mes oreilles. Je répondis aussitôt d'une voix forte : « Oui, oui », et me retournai vivement pour voir qui était en peine, mais je ne vis personne, et le cri retentit de nouveau avec plus de force. Je répondis encore : « Oui, oui »; puis je n'entendis plus rien. Je revins sur mes pas, car j'étais tout à fait bouleversé; mais, lorsqu'il fut nuit close, j'allai voir le garde-chasse dans les bois duquel j'allais chasser, et lui racontai ce qui était arrivé. Il me dit : « Mauvaises nouvelles » et il fut dans le vrai, car le lendemain matin je fus appelé auprès de ma fiancée, qui à ce moment même, à quelques minutes près, venait de perdre son père. Je savais que son père était malade depuis près de dix-huit mois, mais je ne pensais pas à eux à ce moment-là. Je ne sais si ce cas est particulièrement frappant, ni s'il y en a beaucoup de semblables, mais c'est exactement ce qui est arrivé et ce qui restera pour toujours présent à ma mémoire.

T. W. Goodyear.

D'après le registre des décès, la mort a eu lieu le 17 mars 1876 après deux ans de maladie.

M. Goodyear répond à nos questions que c'est le seul cas d'hallucination auditive qu'il puisse se rappeler.

Nous lui avons demandé si sa fiancée avait réellement prononcé son nom; il nous a répondu : « Ma femme ne croit pas avoir prononcé mon nom à haute voix, bien que pour plusieurs raisons elle pensât très fortement à moi. » Il m'a confié, sous le sceau du secret, certaines circonstances particulières qui auraient fait que l'esprit du mourant devait être très occupé de lui, et auraient à ce même moment fait désirer spécialement à sa fiancée qu'il fût là.

§ 4. — Le sujet entend parfois une phrase tout entière qui contient un renseignement ou un conseil. En voici des exemples :

CXI. (284) Rev. R. H. Killick, Greatmeaton Rectory, Northallerton. C'est un extrait d'une lettre adressée au Rev. R. H. Davies, de Chelsea. Cette lettre ne porte pas de date, le Rev. Davies nous a dit le 15 novembre 1885 qu'il devait l'avoir reçue il y a dix ou douze ans. M. Killick nous a envoyé le 23 avril 1884 un récit presque identique, nous n'avons pu obtenir de sa femme qui est maintenant infirme une confirmation directe du récit, mais M. Killick nous a dit que les souvenirs de sa femme étaient d'accord avec les siens. L'événement s'est passé il y a plus de trente ans.

Une de mes filles bien-aimées (maintenant mariée) était avec toute ma famille à notre presbytère dans le Wiltshire : j'étais alors à Paris. Un dimanche après midi, j'étais assis dans la cour de l'hôtel, où je prenais mon café, lorsqu'une pensée traversa subitement mon esprit : « Etta est tombée dans l'eau. »

Dans le récit qu'il nous a envoyé plus tard le passage parallèle est « Quand tout à coup je crus entendre une voix me dire : Etta est tombée dans l'étang. »

Je dois vous dire que nous avions une très grande pelouse, une belle pièce d'eau artificielle, avec une allée verte tout autour, une cascade, une grotte, etc. C'était l'endroit préféré (1).

J'essayai de chasser cette pensée, mais en vain. Je me promenai durant des heures dans Paris, essayant d'effacer cette impression, mais en vain. Je marchai jusqu'à ce que je ne pusse plus aller ; je rentrai me coucher, mais sans pouvoir dormir. Le lendemain j'allai au bureau de poste, dans l'espoir d'y trouver des lettres; il n'y en avait pas. Je ne pouvais plus rester à Paris, j'allai à l'Ambassade et je pris un passeport pour Bruxelles.

Je reçus ensuite des lettres où l'on me disait que tout le monde se portait bien ; j'achevai mon voyage, sans parler de « mon inquiétude absurde », comme je l'appelais.

Quelques mois plus tard, je dînais chez des amis, lorsque la maîtresse de la maison me dit : « Qu'avez-vous pensé au sujet d'Etta, quand vous l'avez appris?

— Appris quoi? dis-je.

— Oh! dit la dame, ai-je trahi un secret? »

Je répondis : « Je ne vous quitte pas avant de tout savoir. »

Elle me dit : « Ne me faites pas arriver d'ennuis, mais je parlais de sa chute dans l'étang.

— Quel étang?

— Votre étang.

— Mais quand?

— Lorsque vous étiez sur le continent. »

Comme j'allais partir, je ne parlai plus de cela, mais je me hâtai de rentrer à la maison. Je cherchai la gouvernante et lui demandai ce que tout cela voulait dire.

Elle me répondit: « Oh! que c'est cruel de vous le dire, maintenant que tout est passé. Eh bien, une après-midi de dimanche, nous nous promenions près de l'étang lorsque Théodore dit : « Etta, c'est si drôle de marcher les yeux fermés. » Elle essaya, et tomba dans l'eau. J'entendis un cri, je regardai et je vis la tête d'Etta sortir de l'eau; je courus, la saisis et la tirai hors de l'étang. Oh! c'était affreux! Alors je la

(1) Dans le récit postérieur, M. Killick ajoute que cet étang était « une terreur pour lui à cause des enfants ». Ils ne devaient s'en approcher qu'accompagnés d'un membre de la famille.

portai à sa maman ; nous la mimes au lit et elle se remit bien vite. » Je lui demandai le jour ; c'était le « dimanche » même où j'étais à Paris et où j'avais eu cette affreuse impression. Je demandai l'heure. C'était vers quatre heures ! le moment même où cette pensée pénible s'était présentée à mon esprit.

Je dis alors : « Cela m'a été révélé à Paris au moment même de l'accident », et pour la première fois je lui parlai de la triste impression que j'avais éprouvée à Paris cette après-midi.

R. HENRY KILLICK.

M. Killick nous écrit le 6 mai 1884 :

Vous me demandez si c'est la seule impression de ce genre que j'aie eue, je crois pouvoir répondre que oui. Je ne me rappelle rien de semblable. Vous demandez si l'étang était dangereux, etc. On ne permettait *jamais* aux enfants d'en approcher si ce n'est avec des personnes sérieuses ; l'accès en était défendu, et l'étang était loin de leur terrain de jeu. Nous étions si sévères et si attentifs qu'un accident était impossible. Nous n'avions pas d'inquiétude à ce sujet-là.

A ce moment dix enfants se trouvaient réunis chez moi ; et l'enfant qui faillit se noyer était bien présente à mon esprit à ce moment, et non une autre. La voix semblait dire : « Etta est tombée dans l'étang. »

CXII. (285) Docteur Nicolas, comte Gonemys, Corfou.

Février 1885.

En 1869, j'étais médecin major dans l'armée grecque. Par ordre du Ministère de la guerre, je fus attaché à la garnison de l'île de Zante. Comme j'approchais de l'île où j'allais occuper mon nouveau poste, (j'étais à une distance du rivage d'environ deux heures), j'entendis une voix intérieure me dire sans cesse en italien : « Va voir Volterra. » Cette phrase fut répétée si souvent que j'en fus étourdi. Quoique en bonne santé à ce moment, je fus alarmé par ce que je croyais une hallucination auditive. Rien ne me faisait penser au nom de M. Volterra, qui habitait à Zante, et que je ne connaissais même pas, bien que je l'eusse vu une fois, dix ans auparavant. J'essayai de me boucher les oreilles, de causer avec mes compagnons de voyage, rien n'y fit : la voix continua de se faire entendre de la même manière. Enfin nous atterrîmes ; j'allai droit à l'hôtel, et je m'occupai de défaire mes malles ; mais la voix ne cessait de me harceler. Un peu plus tard, un domestique entra, et me prévint qu'un monsieur était à la porte et désirait me parler de suite. « Qui est-ce ? demandai-je. — M. Volterra », me répondit-on. M. Volterra entra, tout en larmes, en proie au désespoir, et me suppliant de le suivre, de voir son fils, qui était très malade. Je trouvai le jeune homme en proie à la folie et au délire, nu, dans une chambre vide, et abandonné par tous les médecins de Zante, depuis cinq ans. Son aspect était hideux, et rendu plus affreux par des accès continuels, accompagnés de sifflements, de hurlements, d'aboiements, et d'autres cris d'animaux. Quelquefois il se tordait sur le ventre, comme un serpent ; d'autres fois il tombait sur les genoux dans un état d'extase ; parfois il parlait et se querellait avec des interlocuteurs imaginaires. Les crises violentes étaient parfois suivies de syncopes prolongées et complètes. Lorsque j'ouvris la porte de sa chambre, il s'élança sur moi avec furie, mais je restai immobile, et le saisis par le bras, le regardant fixement. Au bout de quelques instants, son regard perdit de sa force ; il se prit à trembler et tomba à terre les yeux fermés. Je lui fis des passes magnétiques, et en moins d'une demi-heure il était dans un état somnambulique. La cure dura deux mois et demi, durant lesquels j'observai plus d'un phénomène intéressant. Depuis sa guérison, le patient n'a plus eu de rechute.

Une lettre de M. Volterra au comte Gonémys, datée de Zante le 7 (19) juin 1885, contient une confirmation complète de ce qui est raconté plus haut et qui a trait à la famille Volterra. La lettre conclut ainsi :

Avant votre arrivée à Zante, je n'avais eu aucune relation avec vous, quoique j'aie passé bien des années à Corfou comme député de l'assemblée législative ; nous ne nous étions jamais parlé, et je ne vous avais jamais dit un mot de mon fils. Comme je l'ai déjà dit, nous n'avions jamais pensé à vous, ni demandé votre aide, jusqu'à ce que j'aie été vous voir lorsque vous êtes venu à Zante comme médecin militaire et que je vous aie supplié de sauver mon fils.

Nous devons sa vie d'abord à vous, puis au magnétisme. Je crois de mon devoir de vous affirmer ma reconnaissance sincère et de signer votre bien affectueux et bien reconnaissant.

DEMETRIO VOLTERRA, comte Crissoplevri.

*Signatures additionnelles :*

LAURA VOLTERRA (femme de M. Volterra).
DIONISIO D. VOLTERRA, comte Crissoplevri.
Ὁ θεραπευτεὶς Ἀναστάσιος Βολτέρρα (Anastasio Volterra, le malade guéri).
C. VASSAPOULOS (come testimonio).
DEMETRIO, comte Guérino (confermo).
LORENZO T. MERCATI.

§ 5. — Il existe d'assez nombreux exemples d'hallucinations auditives d'origine télépathique où le sujet n'a pas entendu une voix humaine, mais un simple bruit. Il est clair qu'il faut appliquer à ces cas une critique très sévère. Il peut très souvent en effet s'agir non pas d'une hallucination, mais d'un bruit très réel : c'est le vent qui souffle dans une lézarde ou une cheminée, c'est une ardoise qui tombe ou une boiserie qui craque. Et le sujet aura beau n'avoir trouvé aucune cause appréciable au bruit qu'il aura entendu, cela ne prouvera point encore que ce bruit ne se soit pas produit en réalité ; rien n'est plus difficile à localiser qu'un son. Mais il n'en est pas moins certain que les bruissements, les craquements, etc. sont une forme assez fréquente d'hallucination subjective. Il faut donc n'être point étonné d'en trouver des exemples dans le groupe des hallucinations télépathiques. En voici un exemple :

CXIII. (290) M. Hensleigh Wedgwood. Ce récit a été écrit sous la dictée de M$^{lle}$ Vaughan, 6 Chester Place, Regent's Park, N. W. Londres, morte depuis.

2 juin 1876.

Dans l'automne de 1856, M$^{me}$ D... était gravement malade, près de Windsor ; je reçus le vendredi une lettre de sa fille, qui, invitée au mariage de M. Cox et de M$^{lle}$ Aldersen, me disait que, puisque sa mère se portait mieux, elles pensaient venir au mariage le mardi suivant si je pouvais leur prêter un lit. Le samedi soir, je me couchai à mon heure habituelle, vers minuit, mais je ne m'endormis pas tout de suite ; je fus tout à coup effrayée par trois coups violents répétés trois fois, comme des coups de marteau sur une caisse vide à la tête de mon lit, suivis d'un long cri de femme, qui sembla s'éteindre au loin. J'appelai aussitôt ma femme de chambre, et lui demandai de regarder par la fenêtre s'il n'y avait pas quelqu'un dans la rue. Elle ouvrit les volets, leva la fenêtre, et répondit qu'il n'y avait personne, que j'avais dû rêver, car il était très tard. Je répondis : « Non, il n'est pas encore une heure » ; et je la priai de regarder l'heure à la pendule ; elle me dit en se retournant qu'il était 1 heure moins 10 minutes. Je dis alors que le bruit devait provenir de la chambre à côté de la mienne dans la maison voisine. Elle me répondit qu'il n'y avait personne dans cette maison ; mais je ne pus le croire, de sorte que je l'envoyai de bonne heure le dimanche matin s'informer. Elle revint, disant que les fenêtres étaient toutes fermées, qu'elle avait cogné en vain. Le lendemain matin, je l'envoyai à Albany Street chez la personne, chargée du soin de cette maison, pensant que quelqu'un y avait couché le samedi soir. Cette personne me fit savoir que cela ne se pouvait, car elle avait la clef ; mais elle vint voir elle-même, et me dit alors que personne n'avait pu entrer.

Quelques heures après, je reçus une lettre d'une des demoiselles D..., qui m'annonçait que leur mère s'était trouvée plus mal le samedi matin, et qu'elle était morte la nuit suivante. Un peu plus tard, je vis la garde-malade qui me déclara que M$^{me}$ D... était morte à 2 heures moins un quart, le dimanche matin, et qu'elle avait poussé un grand cri au moment de sa mort. La garde venait de lui donner une tasse de bouillon et elle avait posé la tasse sur la cheminée, devant la pendule, où elle avait remarqué l'heure. J'avais pensé que tous ces bruits étaient venus de la maison voisine de la mienne. M$^{me}$ D... était une de mes amies intimes; je sais que souvent elle pensait à moi, et, peu de jours avant sa mort, elle avait exprimé le désir, se sentant mieux, de me voir encore.

D'après le Registre des décès, la mort de M$^{me}$ D... a eu lieu le dimanche, 26 octobre 1856. En novembre 1876, M. H. Wedgwood lut le récit de M$^{lle}$ Vaughan à M$^{lle}$ E. T..., amie commune de M$^{lle}$ Vaughan et de M$^{me}$ D..., que M. Wedgwood a connue toute sa vie. M$^{lle}$ E. T... habitait avec sa sœur à Hastings au moment de l'incident et elle avait reçu une lettre de M$^{lle}$ Vaughan qui annonçait la mort de M$^{me}$ D... et la communication qu'elle en avait reçue. M$^{lle}$ T... fut vivement intéressée, et vint à Londres où elle entendit de la bouche de M$^{lle}$ Vaughan l'histoire telle qu'elle est racontée par M. Wedgwood, mais M$^{lle}$ Vaughan n'avait pas encore vu la garde-malade, et ignorait par conséquent la coïncidence précise qui existait entre le moment où M$^{me}$ D... avait crié et celui où elle avait entendu le cri. Deux ou trois mois plus tard, M$^{lle}$ Vaughan lui raconta ce que la garde lui avait dit.

M$^{lle}$ T... a vu ce récit, et y a ajouté ces mots : « Très exact. — E. H. T., 5 novembre 1883. »

M$^{me}$ Vaughan, qui habite The Deanery, Llandaff, nous a écrit le 10 juin 1886, et nous a envoyé de son côté un récit de l'incident qui ne diffère de celui de M$^{lle}$ Vaughan que par un ou deux détails sans importance. Elle ajoute : « M$^{lle}$ Vaughan nous en a souvent parlé. »

L'édition anglaise contient le récit de 29 autres cas semblables.

# CHAPITRE XIII

## HALLUCINATIONS TACTILES ET HALLUCINATIONS SIMULTANÉES DE PLUSIEURS SENS

§ 1$^{er}$. — Dans les chapitres précédents, nous avons cité plusieurs exemples de cas où deux des sens du sujet étaient hallucinés la perception d'un son, par exemple, précédait l'hallucination visuelle et la déterminait, et nous avons déjà vu que ces hallucinations complexes sont plus fréquentes parmi les hallucinations télépathiques que parmi les hallucinations purement subjectives.

Dans un certain nombre d'entre elles le sens du toucher est intéressé. Les hallucinations du toucher sont, chez les sujets normaux, beaucoup plus rares que celle de l'ouïe, plus rares même que celles de la vue. Je n'ai pu recueillir que 68 exemples d'hallucinations tactiles. Dans 43 cas le toucher seul était intéressé; dans 8 cas l'hallucination tactile était associée à une hallucination auditive; dans 4 cas les 3 sens étaient hallucinés. Ajoutons que dans un grand nombre d'exemples où le toucher seul a été intéressé, on peut supposer que la sensation a eu pour origine une secousse musculaire involontaire, ce qui réduit encore le nombre des hallucinations tactiles primitives. Il ne faut donc pas s'étonner que les hallucinations tactiles d'origine télépathique soient aussi rares.

CXIV.(35) Rev. P. H. Newnham (1). Maker Vicarage, Devonport.

Au mois de mars 1854, j'étais à Oxford, je faisais ma dernière année d'études et j'habitais une chambre garnie. J'étais sujet à de violents maux de têtes névralgiques, surtout pendant mon sommeil. Un soir, vers 8 heures, j'eus un mal de tête plus violent que d'habitude. Vers 9 heures, il devint insupportable, j'allai dans ma chambre à coucher, je me jetai sur mon lit, sans me déshabiller et bientôt je m'endormis.

(1) Mort depuis.

Alors je fis un rêve d'une netteté et d'une intensité singulières. Tous les détails de ce rêve sont aussi vivants dans ma mémoire qu'au moment même où je rêvais. Je rêvais que j'étais avec la famille de la dame qui devint plus tard ma femme. Tous les jeunes gens étaient allés se coucher, et j'étais resté à causer, debout près de la cheminée ; puis je leur dis bonsoir, je pris ma bougie et m'en allai me coucher. Lorsque j'arrivai dans le vestibule, je m'aperçus que ma fiancée était restée en bas et qu'elle arrivait seulement alors en haut de l'escalier. Je montai l'escalier quatre à quatre et, la surprenant sur la dernière marche, je passai par derrière mes bras autour de sa taille. Je portais mon chandelier de la main gauche, pendant que je montais l'escalier, mais cela dans mon rêve ne me gêna pas du tout. Je me réveillai alors, et presque immédiatement après une pendule de la maison sonna 10 heures.

L'impression produite sur moi par ce rêve fut si forte que j'en écrivis le lendemain matin un récit détaillé à ma fiancée. Je reçus une lettre de la dame en question, lettre qui n'était pas une réponse à la mienne, mais qui s'était croisée avec elle en route. En voici le contenu: « Est-ce que vous avez tout particulièrement pensé à moi, hier au soir, vers 10 heures? Comme je montais l'escalier pour aller me coucher, j'ai entendu distinctement vos pas derrière moi et j'ai senti que vous mettiez vos bras autour de ma taille. »

Les lettres en question sont à présent détruites, mais nous avons vérifié les faits, quelques années plus tard, quand nous avons relu nos vieilles lettres avant de les détruire. Nous nous sommes aperçus que nos souvenirs personnels étaient restés très fidèles. Ce récit peut donc être accepté comme absolument exact.

P. H. Newnham.

Nous avons demandé à M. N... si sa femme avait eu d'autres hallucinations; il nous a répondu: « M<sup>me</sup> N... n'a jamais eu en aucune autre occasion d'impression analogue. » Nous donnons ci-après le récit de M<sup>me</sup> Newnham.

9 juin 1884.

Je me souviens nettement de l'incident que mon mari vous a raconté et qui coïncidait avec son rêve. Comme d'habitude, je montais vers 10 heures pour aller me coucher. Lorsque je fus arrivée au premier palier, j'entendis distinctement les pas de mon fiancé qui montait rapidement l'escalier derrière moi. Puis je sentis qu'il mettait ses bras autour de ma taille. L'impression que je reçus fut si forte que j'écrivis dès le lendemain matin à mon fiancé, lui demandant s'il avait tout particulièrement pensé à moi la nuit précédente vers 10 heures. Quel ne fut pas mon étonnement lorsque je reçus une lettre de lui (au moment même où la mienne devait lui parvenir) où il me décrivait son rêve avec les mêmes mots presque dont je m'étais servie pour exprimer l'impression que m'avait faite sa présence.

M. NEWNHAM.

Il est fâcheux qu'on n'ait pas conservé les lettres originales. Mais comme M. N... affirme nettement qu'il a examiné les lettres et qu'il a constaté la coïncidence plusieurs années après l'événement, nous avons là une importante confirmation de ses souvenirs et ceux de sa femme.

On remarquera que l'hallucination tactile s'est accompagnée d'une hallucination auditive ; on remarquera aussi que le phénomène a été réciproque. Peut-être cependant pourrait-on considérer M. N... comme le seul agent et faire de son rêve normal la cause de l'hallucination de sa fiancée.

CXV. (292) M. J. C. Harris, Wellington, Nouvelle-Zélande, propriétaire du *New Zealand Times* et du *New Zealand Mail*.

6 juillet 1886

Ma femme avait un oncle, capitaine dans la marine marchande, qui l'aimait beaucoup lorsqu'elle était enfant, et souvent, lorsqu'il était chez lui à Londres, il la prenait sur ses genoux et lui caressait les cheveux. Elle partit avec ses parents pour Sydney, et son oncle continua son métier dans d'autres parties du monde. Environ trois ou quatre ans plus tard, elle était montée s'habiller pour dîner ; elle avait défait ses cheveux ; tout à coup, elle sentit une main se poser sur le sommet de sa tête et caresser rapidement ses cheveux jusqu'à ses épaules. Effrayée, elle se retourna et dit : « Oh ! mère ! pourquoi me faire peur ainsi ? » Car elle croyait que sa mère voulait lui faire une niche. Il n'y avait personne dans la chambre. Lorsqu'elle raconta l'incident à table, un ami superstitieux leur conseilla de prendre note du jour et de la date. On le fit. Un peu plus tard, arriva la nouvelle que son oncle William était mort ce jour-là ; si on tient compte de la différence de longitude, c'était à peu près à l'heure à laquelle elle avait senti la main se poser sur sa tête.

J. CHANTREY HARRIS.

Voici le récit de M<sup>me</sup> Harris elle-même.

Hill Street, Wellington, Nouvelle-Zélande, 5 décembre 1885.

Je regrette vivement qu'il ne soit pas en mon pouvoir, tout désireux que nous soyons d'aider, si peu que ce soit, la cause de la science, de vous fournir une confirmation du récit de mon mari. Des amies que j'avais alors, une seule vit encore, et elle habite dans le Queensland. Nous n'avons pas considéré les notes prises alors comme assez importantes pour être gardées ; et nous n'avons ni lettre de faire-part, ni annonce de décès. Par conséquent, mon récit ne peut, je le comprends, avoir une grande valeur, puisque aucun témoignage ne vient le confirmer. Toutefois, pour vous être agréable, je vous envoie mon récit, bien assurée que vous le considérerez comme authentique.

Le fait a eu lieu il y a si longtemps que, bien que l'incident soit présent à ma mémoire, la date précise (qui n'a jamais été soigneusement prise) m'échappe.

C'était en 1860, au mois d'avril. J'étais alors jeune fille, j'étais debout devant ma toilette dans ma chambre à coucher, arrangeant quelque détail de ma toilette. Il était à peu près 6 heures du soir et à cette époque de l'année c'était déjà le crépuscule, lorsque, tout à coup, je sentis une main se poser sur ma tête, descendre le long de mes cheveux, et s'appuyer lourdement sur mon épaule gauche. Effrayée par cette caresse inattendue, je me retournais vivement pour reprocher à ma mère d'entrer sans bruit, quand, à ma grande surprise, je ne vis personne. Aussitôt je pensai à l'Angleterre, où mon père était parti au mois de janvier précédent, et je pensai que quelque chose était arrivé, bien qu'il me fût impossible de rien définir.

« Je descendis, et je racontai ma peur à ma famille. Dans la soirée, M$^{me}$ et M$^{lle}$ W... vinrent, et, comme elles s'informaient des causes de ma pâleur, on les mit au courant de l'affaire. M$^{me}$ W... dit immédiatement : « Notez la date, et nous verrons ce qui aura lieu. » On le fit ; et l'incident cessa de nous troubler, bien que toute la famille attendit avec quelque inquiétude la première lettre de mon père. Dans la première lettre que nous reçûmes il nous raconta qu'à son arrivée en Angleterre, il avait trouvé son frère Henri gravement malade, mourant à vrai dire. Dans mon enfance j'étais sa préférée, et à sa mort mon nom fut le dernier mot qu'il prononça.

En comparant les dates et en tenant compte de la différence de longitude, nous trouvâmes que l'époque de la mort de mon oncle coïncidait exactement avec celle de mon étrange impression. Je me rappelai aussi que mon oncle avait l'habitude de me caresser les cheveux. Ma mère qui demeure avec moi est la seule personne qui puisse confirmer l'histoire, et elle signe avec moi ce récit.

ELISABETH HARRIS,<br>ELISABETH BRADFORD.

En réponse à nos questions, M$^{me}$ Harris nous dit qu'elle n'a jamais eu d'autres hallucinations.

Dans le *Thame Gazette* et le *Oxford Chronicle* nous voyons que l'oncle de M$^{me}$ Harris mourut le 12 mai (et non avril) 1860, à l'âge de 51 ans.

CXVI. (294) Rev. P. H. Newnham, Maker Vicarage, Devonport.

En juillet 1867, j'étais à Bournemouth, et je remplaçais momentanément le chapelain de l'hôpital ; il nous arriva un jeune homme très gravement atteint de phtisie ; il était si malade que nous ne pûmes le faire entrer dans l'établissement, mais nous l'installâmes en ville. Je le visitai plusieurs fois en qualité de pasteur; le chapelain revint et je partis en vacances. Je pensais ne plus revoir ce jeune homme, mais, à mon grand étonnement, quand je revins le 21 septembre, il vivait encore, et les médecins disaient qu'il pouvait durer encore quelques semaines. Le dimanche 29 septembre, j'avais dit les prières à la chapelle, et le chapelain prêchait à l'office du soir; c'était vers la fin du sermon, il était 8 heures environ; il ne pouvait guère être plus tard, mais je ne puis dire l'heure à cinq minutes près. Je sentis tout à coup une main se poser doucement mais fortement sur mon épaule droite.

J'en fus si saisi que, persuadé de la présence de quelque être invisible, je demandai : « Est-ce S...? » (Le nom de baptême d'un de mes élèves mort en 1860). La réponse fut immédiate, faite clairement et intérieurement : « Non, c'est William. » Je ne me rappelle rien de plus.

Après le service, je demandai des nouvelles de mon jeune ami : j'appris que la garde avait été mandée près de lui parce qu'il se trouvait plus mal. Le lendemain matin j'appris qu'il était mort vers 8 heures 10 minutes. Ce fut environ dix minutes avant sa mort que j'éprouvai cette impression. Je dois ajouter que je ne pensais pas à lui, que je n'étais pas allé le voir, que je n'avais pas reçu de message de sa part depuis mon retour, et que je n'avais aucune raison de croire sa mort si proche. P. H. NEWNHAM.

Une notice du *Lymington and Isle of Wight Chronicle* confirme la date de la mort de William Bryer (29 septembre 1867).

Mᵐᵉ Newnham confirme en ces termes le récit de son mari :

Je me rappelle parfaitement que mon mari m'a parlé à son retour de la chapelle de l'hôpital, du coup sur l'épaule et de la voix ; il ajouta qu'il était sûr que William était mort. Il n'apprit sa mort que le lendemain matin. M. NEWNHAM.

M. Newnham semble avoir une légère prédisposition aux hallucinations subjectives de l'ouïe, mais n'a jamais eu d'hallucination tactile semblable.

CXVII. — Mᵐᵉ Randolph Lichfield, Cross Deeps, Twickenham. Son mari n'a pu confirmer le récit par écrit parce que des douleurs dans la main l'empêchent d'écrire.

1883.

J'étais assise dans ma chambre, un soir avant mon mariage près d'une table de toilette, sur laquelle était posé le livre que je lisais ; la table était dans un coin de la chambre, et le large miroir qui était dessus touchait presque le plafond, de sorte que l'image de toute personne qui se trouvait dans la chambre pouvait s'y refléter tout entière. Le livre que je lisais ne pouvait nullement affecter mes nerfs, ni exciter mon imagination. Je me portais très bien, j'étais de bonne humeur, et rien ne m'était arrivé depuis l'heure où j'avais reçu mes lettres, le matin, qui eût pu me faire penser à la personne à laquelle se rapporte l'étrange impression que vous me demandez de raconter. J'avais les yeux fixés sur mon livre, tout à coup *je sentis*, mais sans *le voir*, quelqu'un entrer dans ma chambre. Je regardai dans le miroir pour savoir qui c'était, mais je ne vis personne. Je pensais naturellement que ma visite, me voyant plongée dans ma lecture, était ressortie, quand, à mon vif étonnement, je sentis un baiser sur mon front, un baiser long et tendre. Je levai la tête, nullement effrayée, et je vis mon fiancé debout derrière ma chaise, penché sur moi, comme pour m'embrasser de nouveau. Sa figure était très pâle et triste au delà de toute expression. Très surprise, je me levai et, avant que j'aie pu parler, il avait disparu, je ne sais comment ; je ne sais qu'une chose, c'est que, pendant un instant, je vis bien nettement tous les traits de sa figure, sa haute taille, ses larges épaules, comme je les ai toujours vus, et le moment d'après je ne vis plus rien de lui.

D'abord, je ne fus que surprise, ou pour mieux dire perplexe ; je n'éprouvai aucune frayeur ; je ne crus pas un instant que j'avais vu un esprit ; la sensation qui s'ensuivit fut que j'avais quelque chose au cerveau, et j'étais reconnaissante que cela n'eût pas amené une vision terrible au lieu de celle que j'avais éprouvée et qui m'avait été fort agréable. Je me rappelle avoir prié pour ne pas imaginer quelque chose de terrifiant.

Le lendemain, à ma grande surprise, je ne reçus pas la lettre habituelle de mon fiancé ; quatre distributions eurent lieu, pas de lettre ; le jour suivant, pas de lettre. Je me révoltais naturellement à l'idée que l'on me négligeait, mais je n'aurais pas eu la pensée de le faire savoir au coupable, de sorte que je n'écrivis pas pour connaître la cause de son silence. Le troisième soir — je n'avais pas encore reçu de lettre, — comme je montais me coucher, ne pensant pas à R..., je sentis tout à coup et avec une grande intensité, dès que j'eus franchi la dernière marche, qu'il était dans ma chambre, et que je pourrais le voir comme précédemment. Pour la première fois, j'eus peur qu'il ne lui fût arrivé quelque chose. Je savais fort bien combien serait grand dans ce cas son désir de me voir, et je pensais : « Serait-ce vraiment lui que j'ai vu l'autre nuit ? » J'entrai droit dans ma chambre, sûre de le voir ; il n'y avait rien. Je m'assis pour attendre, et la sensation qu'il était là, essayant de me parler et de se faire voir, devint de plus en plus forte. J'attendis jusqu'à ce que je me sentisse si somnolente que je ne pouvais plus veiller, j'allai me coucher et je m'endormis. J'écrivis par le premier courrier le lendemain matin à mon fiancé, lui exprimant ma crainte qu'il ne fût malade, puisque je n'avais pas reçu de lettre de lui depuis trois jours. Je ne lui dis rien de ce que je vous raconte. Deux jours après, je reçus quelques lignes horriblement griffonnées pour me dire qu'il s'était abîmé la main à la chasse, et qu'il n'avait pu encore tenir une plume, mais qu'il n'était pas en danger. Ce ne fut que quelques jours plus tard, lorsqu'il put écrire, que j'appris toute l'histoire.

La voici : Il montait un cheval de chasse irlandais, une bête superbe, mais très vicieuse. Ce cheval était habitué à désarçonner quiconque le montait, s'il lui déplaisait d'être monté, et pour cela il mettait en jeu une quantité de ruses, se débarrassant des grooms, des chasseurs, de n'importe qui, lorsque l'envie lui en prenait. Lorsqu'il vit que ni ses ruades, ni ses sauts, ni ses écarts ne pouvaient démonter mon fiancé, et qu'il avait trouvé son maître, il devint furieux. Il resta calme un moment, puis traversa la route à reculons, se redressa tout droit en arrière et pressa son cavalier contre le mur. La pression et la douleur furent telles, que R... pensa mourir ; il se rappelait avoir dit, au moment de perdre connaissance : « May, ma petite May ! que je ne meure pas sans te revoir. » Ce fut cette nuit-là qu'il se pencha sur moi et qu'il m'embrassa. Il ne fut pas aussi gravement blessé qu'il l'avait d'abord cru, quoi qu'il souffrit beaucoup, et qu'il ne pût tenir une plume pendant longtemps. La nuit pendant laquelle je sentis si soudainement que j'allais le voir, et où, ne le voyant pas, je sentis si bien qu'il était là, essayant de me le faire savoir, cette nuit-là même il se tourmentait de ne pouvoir m'écrire, et il désirait ardemment que je pusse comprendre qu'il y avait un motif grave pour expliquer son silence.

Je racontai tout à ma mère (qui est morte depuis), tel que l'ai raconté ; elle me conseilla de ne pas lui parler de son apparition jusqu'à ce qu'il fût tout à fait rétabli, et que je pusse le faire personnellement. Lorsqu'il vint me voir un peu plus tard, je me fis raconter toute l'histoire avant de lui parler de l'impression étrange que j'avais éprouvée pendant ces deux nuits.

Je viens de lui lire ceci, et il affirme que j'ai raconté exactement la part qu'il eut dans cette étrange affaire.

§ 2. — **Voici maintenant des cas où sont intéressés la vue et l'ouïe.**

CXVIII. (297) Mlle Paget, 130 Fulham Road S. W., Londres.

17 juillet 1883.

Voici le récit exact d'une apparition curieuse que j'ai eue de mon frère. C'était en 1874 ou en 1875. Mon frère était troisième officier à bord d'un grand navire de la compagnie Wigram. Je savais qu'il était alors sur une des côtes d'Australie, mais, autant que je m'en souviens, je ne pensais pas à lui particulièrement à ce moment-là ; cependant, comme c'était mon seul frère, et que nous étions grands amis, il y avait entre nous des liens très étroits. Mon père habitait la campagne ; un soir je descendis à la cuisine moi-même, peu après 10 heures, pour prendre de l'eau chaude au fourneau. Il y avait une grande lampe Duplex dans la cuisine, de sorte qu'il y faisait très clair ; les domestiques étaient couchés, et c'était à moi d'éteindre la lampe. Pendant que je prenais mon eau chaude, je levai les yeux, et, à ma grande surprise, je vis mon frère qui entrait dans la cuisine par la porte de dehors et qui se dirigeait vers moi. Je ne vis pas si la porte était ouverte, parce qu'elle était dans un recoin, et que mon frère était déjà dans la cuisine. La table était entre nous, et il s'assit sur le coin le plus éloigné. Je remarquai qu'il avait son uniforme de marin et une vareuse, et que l'eau brillait sur sa vareuse et sa casquette. Je m'écriai : « Miles ! d'où viens-tu ? » Il répondit de son ton de voix habituel, mais très vite : « Pour l'amour de Dieu, ne dis pas que je suis ici. » Ceci se passa en quelques secondes, et, comme je m'élançais vers lui, il disparut. J'eus très peur, car j'avais bien cru voir mon frère en personne ; et ce ne fut qu'après sa disparition que je compris que j'avais vu son ombre. Je montai dans ma chambre, et j'écrivis la date sur une feuille de papier que je rangeai dans mon secrétaire, sans parler de cet incident à personne.

Environ trois mois plus tard, mon frère revint à la maison, et, le soir de son arrivée, je m'assis auprès de lui dans la cuisine pendant qu'il fumait. Je lui demandai comme par hasard s'il n'avait pas eu quelques aventures, et il dit : « Je me suis presque noyé à Melbourne. » Il me raconta alors que, descendu à terre sans permission, il remontait à bord, après minuit, lorsqu'il glissa de la passerelle et tomba entre le quai et le navire. L'espace était très étroit, et, si on ne l'avait pas retiré de suite, il se noyait infailliblement. Il se rappelle qu'il avait pensé qu'il se noyait et qu'il avait alors perdu connaissance. On ne sut pas qu'il était descendu à terre sans permission, de sorte qu'il n'encourut pas la punition qu'il attendait. Je lui dis alors comment il m'était apparu dans la cuisine, et je lui demandai la date. Il put la donner exactement, parce que le navire avait quitté Melbourne le matin suivant, c'était là ce qui lui avait fait craindre une punition, tous les hommes devant être à bord la veille au soir. Les deux dates coïncidaient, mais il y avait une différence dans l'heure; je le vis peu après 10 heures du soir, et son accident eut lieu après minuit. Il ne se rappela pas avoir spécialement pensé à moi à ce moment-là, mais il fut frappé de la coïncidence, et il en parla souvent. Il n'en fut pas satisfait, et souvent, quand il partait en voyage, il disait : « Eh bien ! j'espère que ce ne vais pas me promener comme j'ai fait cette fois-là. »

J'avais vingt-deux ans à cette époque, et lui vingt ans. J'avais toujours peur de le revoir lui ou d'autres, après cet incident, mais je n'ai jamais eu, ni avant ni après, d'hallucination de la vue. Mon frère est mort à l'étranger, il y a trois ans, et je n'ai eu aucun avertissement; je ne crois pas voir encore chose pareille. Je ne recherche pas les faits de ce genre, mais, si j'en revoyais, j'en prendrais note. J'ai déchiré le papier qui portait la date, aussitôt que je l'eus vérifiée avec mon frère, ne croyant pas qu'elle pût avoir quelque intérêt pour autrui.

Ruth Paget.

J'ai reçu un récit de troisième main deux ans avant que le récit ci-dessus ne fût écrit, et ce récit plus ancien est identique au dernier ; ce qui prouve, en tout cas, que les incidents sont marqués avec netteté dans la mémoire de M$^{lle}$ Paget. Dans une conversation, M$^{lle}$ Paget m'a dit qu'au moment où elle avait pris l'apparition pour la personne même de son frère, elle s'était expliqué l'humidité de ses vêtements, qui l'avait frappée, en supposant qu'il avait été trempé par la pluie ; elle est tout à fait sûre, d'après la conversation qu'elle a eue avec son frère, que c'est dans la même nuit qu'ont eu lieu l'apparition et l'accident, ce qui rend la coïncidence des dates inexacte puisque l'accident a eu lieu après minuit. Si on tient compte de la longitude, l'impression doit s'être produite dix heures après l'accident.

CXIX. (300) M. Louis Lyons, 3, Bouverie square, Folkestone.

31 octobre 1882.

Il y a quelque temps, mon fils me raconta qu'un de ses amis, un garçon rude et de petite intelligence, lui avait raconté à son retour de Shields une histoire curieuse. Cet individu est marin et a servi avec son père, depuis son enfance, à bord d'une barque de cabotage, qui trafiquait entre ce port et le nord. Le garçon, étant devenu habile dans son métier, partait en voyage sans son père, alors âgé, qu'il laissait à la maison. Pendant une très mauvaise traversée, près de l'embouchure de l'Humber, le jeune marin vit son père, qu'il avait laissé en bonne santé, marcher sur le pont et crier plusieurs fois, selon son habitude: « Gare à ton gouvernail, Joe! » Le jeune homme voulut parler à son père, mais il ne le put ; quelque puissance occulte l'en empêcha. A la fin du voyage le jeune marin trouva une lettre qui lui annonçait que son père était mort, et à l'heure même où il était apparu à son fils ; mais remarquez, je vous prie (c'est une chose importante, je crois), que l'apparition demeura sur le pont pendant trois heures, jusqu'à ce que le navire fût arrivé à Grimsby. (Le récit diffère ici du récit de première main.)

Je ne crus pas un mot du conte de mon fils, et le chargeai de demander à son ami de venir prendre le thé avec moi, pour que je pusse entendre le récit de sa propre bouche. Il vint : ses manières simples, son récit naïf et sincère, je puis ajouter, la bêtise qui éclatait dans la manière toute personnelle dont il s'exprimait, donnaient une certaine force à son histoire.

Sur notre demande M. Lyons interrogea Edward Sings plus sérieusement la première fois que ce dernier revint à Folkestone. Voici le récit de Sings :

Folkestone, 29 décembre 1882.

J'ai quitté mon père il y a six ans, un Vendredi-Saint. Il se portait bien lorsque je le quittai. Nous avions un coup de vent, et nous entrions dans l'Humber ; nous carguâmes le grand pic ; j'étais à la roue pour faire entrer notre navire. Mon père vint à moi trois ou quatre fois, me frappa sur l'épaule, et me dit de prendre garde à ma roue ; je dis alors au capitaine que mon père était noyé, que quelque chose lui était arrivé. Une fois dans la rivière, quand je fus de garde, il marchait de long en large avec moi ; je descendis, et déclarai à mon camarade que je ne pouvais plus rester en haut, et que je n'y pouvais plus tenir. Mon camarade prit mon poste. Je ne pus pas réussir à parler à mon père, car quelque chose m'en empêchait. J'appris la mort de mon père une semaine plus tard. Personne, sauf moi, n'avait vu l'esprit de mon père. Mon père resta sur le pont avec moi pendant une heure, et, comme je ne pouvais supporter sa présence, je descendis et mon camarade prit ma place. Nous avions jeté les deux ancres, puis nous fûmes remorqués dans Grimsby. Ma mère et ma sœur étaient au chevet de mon père, lorsqu'il mourut, et elles me dirent que mon père avait demandé plusieurs fois si je n'étais pas dans le port.

Je certifie que ceci est véritable.

EDWARD SINGS.

Dans le registre des décès, nous trouvons que le père de E. Sings mourut le 7 avril 1877, âgé de cinquante-trois ans. Le Vendredi-Saint tomba le 30 mars ; et ces dates correspondent bien à ce qui a été dit ci-dessus.

M. Lyons a vu la mère et la sœur de Sings, 67, Tontine Street, Folkestone, et elles lui ont fait un récit semblable.

CXX. (301) Le récit suivant est dû à une dame qui consent à ce que son nom soit donné aux personnes que cela intéresse. Personnellement elle aurait consenti à ce qu'il fût publié, « car, dit-elle, cet incident est pour moi aussi naturel et aussi réel que tout autre événement de ma vie, » mais elle pense que cela pourrait déplaire à quelques-uns de ses parents.

C... Rectory, 23 mai 1884.

En juin 1878, pendant que je soignais un de mes frères qui était malade, je m'éveillai tout à coup vers 2 heures dans la nuit du 24, l'appelant, et sentant qu'il avait besoin de moi. Je sautai à bas du lit et me dirigeai vers la table pour prendre sa potion, comme j'avais l'habitude de le faire dans la journée : je m'éveillai entièrement en touchant la table, et j'allai me recoucher croyant à un effet de mon imagination. J'avais alors dix-sept ans, j'étais forte et bien portante et je n'avais jamais éprouvé pareille impression auparavant. Ma sœur, qui couchait dans une chambre qui donnait dans la mienne, m'entendit prononcer le nom de mon frère, et vint voir ce que je faisais, puis demeura près de moi quelques instants.

Je demandai le lendemain matin à mon frère comment il avait passé la nuit; il me dit : « D'abord je suis resté longtemps éveillé, mais après que tu es venue dans ma chambre, à 2 heures, j'ai bien dormi. » Je ne lui dis pas à ce moment-là ce qui m'était arrivé, mais je lui affirmai que je n'étais pas entré dans sa chambre de toute la nuit. Il répondit : « Mais si; tu est venue, tu m'as arrangé mes oreillers, puis je me suis levé, et j'ai fait ce que tu m'as dit » (ouvrir la fenêtre). Je l'assurai que je n'avais rien fait de pareil, lorsqu'il me dit avec impatience : « Je ne puis l'avoir imaginé, si tu ne l'as pas fait ; mais ne recommence plus ou tu prendras froid, en courant dans la maison la nuit. »

Je n'ajoutai rien de peur de l'effrayer, et je n'en parlai à personne de peur que l'on ne crût que cela me rendait malade de le soigner, bien que je fusse alors forte et en bonne santé. J'ai marqué le jour sur mon carnet, et l'année suivante j'ai rappelé le fait dans mes notes à la même date.

Deux mois plus tard, en août 1878, j'étais à Hampshire, mon frère en Sussex. Je savais qu'il était mourant, mais je n'avais pas de raison pour le croire en plus grand danger ce jour-là. Vers 9 heures, pendant le déjeuner, je sentis un grand malaise me saisir, qui s'accrut et ne me quitta pas de toute la matinée quoique je n'en attribuasse pas la cause à mon frère. Une de mes sœurs s'en aperçut, et me demanda si j'étais malade. Un peu plus tard, un télégramme vint annoncer que mon frère était mort subitement, quelques minutes après 9 heures. Je mentionne ce cas, car c'est la seule fois que je me rappelle avoir éprouvé une telle sensation.

K. A. O.

Cette coïncidence peut avoir été accidentelle.

M<sup>lle</sup> O... ajoute :

Ma sœur est absente, de sorte que je lui ai écrit, sans lui donner les raisons qui me faisaient lui demander son témoignage, et j'ai essayé de ne rien dire qui pût lui rappeler cet incident. Je lui ai demandé simplement : « Te rappelles-tu être entrée dans ma chambre une nuit pendant la maladie de H...? Si oui, je voudrais bien que tu m'écrives ce dont tu te souviens. »

Ci-inclus sa réponse : elle dit que j'ai prononcé le nom de mon frère, et qu'elle m'a trouvée en larmes, ce qui est vrai, tant l'idée que mon frère avait besoin de moi était forte, je croyais cependant à un effet de mon imagination. Elle sait que je n'ai pas quitté ma chambre, autrement j'aurais pu croire que j'avais suivi le couloir qui mène à la chambre de mon frère, mais je n'ai jamais marché pendant mon sommeil.

Mon frère affirmait si nettement que j'étais entrée chez lui que je suis certaine qu'il croyait que j'avais fait réellement ce que j'avais essayé de faire dans ma chambre. Tout cela me semblait fort naturel, mais je n'en parlai à personne autour de moi, de peur que l'on ne crût que la peine que je prenais pour le soigner m'avait rendue malade moi-même.

Voici les notes de mon carnet : 23 juin 1878, entre autres choses écrites, au sujet de mon frère : il dit qu'au milieu de la nuit il s'est éveillé, fermement persuadé que j'étais venue dans sa chambre, et que je lui avais parlé, qu'il s'était levé aussitôt pour faire ce que je lui demandais. 24 juin 1879 : « Cette nuit, il y a un an, je m'éveillai en appelant H..., et alors E... entra. Le lendemain matin, il me dit que juste à ce moment il croyait que j'étais entré dans sa chambre, et il se leva pour faire ce que je lui disais. »

Je ne puis m'expliquer comment il a pu penser que je lui disais d'ouvrir la fenêtre, si ce n'est parce que je me suis levée et me suis dirigée dans ma chambre vers la fenêtre près de laquelle se trouvait la table.

Mon frère avait quelques années de plus que moi, et je l'aimais beaucoup ; il avait l'habitude d'être soigné par moi pendant la journée.

Cela est arrivé à Salehurst Vicarage, Sussex, deux mois avant que mon père ne vint ici. Je ne leur en ai jamais parlé jusqu'à cette semaine ; alors j'ai tout raconté à mes frères et sœurs.

Voici la réponse de la sœur :

21 mai 1884.

Je me rappelle bien l'événement auquel tu fais allusion, je me souviens qu'une nuit tu t'étais éveillée en appelant Herbert, que je suis allée dans ta chambre, que tu étais en larmes et qu'alors j'essayai de te consoler. J'ai souvent pensé à cela depuis. EMILY C. O.

En réponse à quelques questions, M¹¹ᵉ K. A. O. nous dit :

Vous me demandez si cette hallucination est la seule que mon frère ait éprouvée, je crois bien que oui. Il aurait traité chose semblable de farce, et l'idée d'un transfert de la pensée ne lui serait jamais venue à l'esprit. Je n'avais rien fait auparavant qui pût le faire m'attendre la nuit, car je ne l'avais jamais soigné la nuit, et lui-même me gronda au sujet de ce qu'il appelait mon imprudence. Si j'avais eu l'habitude d'aller dans sa chambre, j'y aurais été dès que j'aurais senti qu'il avait besoin de moi, mais, comme je ne l'avais jamais fait, j'eus peur de l'effrayer en agissant ainsi. Je n'ai jamais eu d'autre hallucination.

§ 3. — Le cas suivant est d'un type plus rare ; les hallucinations de la vue et de l'ouïe, au lieu de se combiner en un même événement, ont été séparées par un intervalle de plusieurs heures.

CXXI. (302) M. Garling, 12, Westbourne Gardens, Folkestone.

Février 1883.

Un jeudi soir, vers le milieu d'août, en 1849, j'allai, comme je le faisais souvent, passer la soirée avec le Rev. Harrisson et sa famille, avec laquelle depuis bien des années j'avais les rapports les plus intimes. Comme le temps était très beau, nous allâmes passer avec les voisins la soirée aux Surrey Zoological Gardens. Je note ceci tout particulièrement parce que cela prouve que Harrisson et sa famille étaient incontestablement en bonne santé ce jour-là, et que personne ne se doutait de ce qui allait arriver. Le lendemain j'allai rendre visite à des parents dans l'Hertfordshire, qui habitaient dans une maison appelée Flamstead Lodge, à 26 milles de Londres, sur la grand'route. Nous dînions d'habitude à 2 heures, et le lundi, dans l'après-midi suivant, lorsqu'on eut dîné, je laissai les dames au salon, et je descendis à travers l'enclos jusqu'à la grand'route. Remarquez bien que nous étions au milieu d'une journée du mois d'août avec un beau soleil, sur une grande route fort large où il passait beaucoup de monde, à cent mètres d'une auberge. J'étais moi-même parfaitement gai : j'avais l'esprit à l'aise, il n'y avait rien autour de moi qui pût exciter mon imagination. Quelques paysans étaient auprès de là, à ce moment même. Tout à coup un « fantôme » se dressa devant moi, si près que, si c'eût été un être humain, il m'eût touché, m'empêchant pour un instant de voir le paysage et les objets qui étaient autour de moi; je ne distinguais pas complètement les contours de ce fantôme, mais je voyais ses lèvres remuer et murmurer quelque chose; ses yeux me fixaient et plongeaient dans mon regard, avec une expression si intense et si sévère que je reculai et marchai à reculons. Je me dis instinctivement, et probablement à haute voix : « Dieu juste, c'est Harrisson ! » quoique je n'eusse pas pensé à lui le moins du monde à ce moment-là. Après quelques secondes, qui me semblèrent une éternité, le spectre disparut : je restai cloué sur place pendant quelques instants et l'étrange sensation que j'éprouvai fait que je ne puis douter de la réalité de la vision. Je sentais mon sang se glacer dans mes veines; mes nerfs étaient calmes, mais j'éprouvais une sensation de froid mortel, qui dura pendant une heure, et qui me quitta peu à peu à mesure que la circulation se rétablissait. Je n'ai jamais ressenti pareille sensation ni avant ni après. Je n'en parlai pas aux dames à mon retour, pour ne pas les effrayer, et l'impression désagréable perdit de sa force graduellement.

J'ai dit que la maison était près de la grand'route; elle était située au milieu de la propriété, le long d'un sentier qui mène au village, à 200 ou 300 mètres de toute autre maison; il y avait une grille en fer de sept pieds de haut devant la façade pour protéger la maison des vagabonds; les portes sont toujours fermées à la nuit tombante; une allée longue de 30 pieds, toute en gravier ou pavée menait de la porte d'entrée au sentier. Ce jour-là, la soirée était très belle et très tranquille. Placée comme elle était, personne n'eût pu approcher de la maison dans le profond silence d'une soirée d'été, sans avoir été entendu de loin. En outre, il y avait un gros chien dans un chenil, placé de manière à garder la porte d'entrée, et destiné surtout à avertir dès que l'on entrait; à l'intérieur de la maison, un petit terrier qui aboyait contre tout le monde et à chaque bruit. Nous allions nous retirer dans nos chambres, nous étions assis dans le salon, qui est au rez-de-chaussée, près de la porte d'entrée, et nous avions avec nous le petit terrier. Les domestiques étaient allés se coucher dans une chambre de derrière, à 60 pieds plus loin. Ils nous dirent, lorsqu'ils furent descendus, qu'ils étaient endormis et qu'ils avaient été éveillés par le bruit. Tout à coup, il se fit à la porte d'entrée un bruit si grand et si répété (la porte semblait remuer dans son cadre et vibrer sous des coups formidables) que nous fûmes de suite debout tout remplis d'étonnement et les domestiques entrèrent un moment après, à moitié habillés, descendus à la hâte de leur chambre pour savoir ce qu'il y avait. Nous courûmes à la porte, mais nous ne vîmes rien et n'entendîmes rien. Et les chiens restèrent muets. Le terrier, contre son habitude, se cacha en tremblant sous le canapé, et ne voulut pas rester à la porte, ni sortir dans l'obscurité. Il n'y avait pas de marteau à la porte, rien qui pût tomber, et il était impossible à qui que ce fût d'approcher ou de quitter la maison, dans ce grand silence, sans être entendu. Tout le monde était effrayé, et j'eus beaucoup de peine à faire coucher nos hôtes et nos domestiques; moi-même, j'étais si peu impressionnable que je ne rattachai pas alors ce fait à l'apparition du « fantôme » que j'avais vu l'après-midi, mais que j'allai me coucher, méditant sur tout cela et cherchant quelque explication, bien qu'en vain, pour satisfaire mes hôtes.

Je restai à la campagne jusqu'au mercredi matin, ne me doutant pas de ce qui était arrivé pendant mon absence. Ce matin-là, je rentrai en ville et je me rendis à mes bureaux qui étaient alors 11, King's Road, Gray's Inn. Mon employé vint à ma rencontre sur la porte et me dit : « Monsieur, un monsieur est déjà venu deux ou trois fois; il désire vous voir de suite; il est sorti pour aller chercher un biscuit, mais il revient de suite. » Quelques instants après, ce monsieur revint; je le reconnus pour un M. Chadwick, ami intime de la famille Harrisson. Il me dit alors, à ma grande surprise : « Il y a eu une terrible épidémie de choléra dans Wandsworth Road », voulant dire chez M. Harrisson; « *tous sont partis.* » M$^{me}$ Rosco est tombée malade le vendredi et est morte; sa bonne est tombée malade le même soir et est morte; M$^{me}$ Harrisson a été atteinte le samedi matin et est morte le même soir. La femme de chambre est morte le dimanche. La cuisinière est aussi tombée malade; elle a été emmenée hors de la maison et il s'en est fallu de très peu qu'elle ne mourût aussi. Le pauvre Harrisson a été pris le dimanche soir, il a été très malade lundi et hier; on l'a emmené du lazaret de Wandsworth Road à Jack Straw's Castle à Hampstead, pour avoir un meilleur air; il a supplié en grâce son entourage, lundi et hier, de vous envoyer chercher, mais l'on ne savait où vous étiez. Prenons vite un cab et venez avec moi, ou vous ne le verrez pas vivant. Je partis avec Chadwick à l'instant, mais Harrisson était mort avant que nous fussions arrivés.

H. B. GARLING.

La nécrologie du *Watchman* du 15 août 1849 indique que M$^{me}$ Rosco est morte du choléra le 4 août, M$^{me}$ Harrisson le 8 août, et le Rev. T. Harrisson le jeudi (non le mercredi) 9, à Hampstead.

En réponse à quelques questions, M. Garling nous dit :

Les dames étaient âgées, et sont mortes, il y a quelque vingt-cinq ans. On a perdu la trace de tous les domestiques.

M. Garling ajouta quelques détails dans la conversation que nous eûmes avec lui. L'apparition qu'il rencontra sur la grand'-route était si près de lui qu'il n'observa en détail que la figure. Il a eu une autre hallucination : il a cru voir la figure d'un ami au pied de son lit. Mais il venait d'assister à l'enterrement de cet ami, qui avait de plus l'habitude de s'asseoir à la place où apparut la « vision », et M. Garling s'endormait à ce moment-là. Cette hallucination ne peut pas prouver une tendance aux hallucinations subjectives.

§ 4. — Nous ajouterons à ce chapitre deux cas où l'impression télépathique a donné naissance à une hallucination sensorielle qui en raison de sa nature n'a pu être complètement objectivée. Il s'agit dans le premier cas d'une douleur, et, dans le second, d'une hallucination olfactive.

CXXII. (17) M<sup>me</sup> Severn, Brantwood, Coniston. Nous devons ce cas à l'obligeance de M. le professeur Ruskin.

27 octobre 1883.

Je me réveillai en sursaut. Je sentis que j'avais reçu un coup violent sur la bouche ; j'eus la sensation distincte que j'avais été coupée, et que je saignais au-dessous de la lèvre supérieure.

Assise dans mon lit, je saisis mon mouchoir, je le chiffonnai et je le pressai en tampon sur l'endroit blessé. Quelques secondes après, en l'ôtant, je fus bien étonnée de ne voir aucune trace de sang. Je reconnus seulement alors qu'il était absolument impossible que quelque chose eût pu me frapper, car j'étais dans mon lit et je dormais profondément. Je pensai donc que je venais simplement de rêver. Mais je regardai ma montre et, voyant qu'il était 7 heures et qu'Arthur (mon mari) n'était pas dans la chambre, je conclus (avec raison) qu'il était sorti pour faire de grand matin une partie de bateau sur le lac, car il faisait beau temps.

Puis je me rendormis. Nous déjeunions à 9 heures et demie, Arthur rentra un peu en retard, et je remarquai qu'il s'asseyait un peu plus loin de moi que de coutume et que de temps en temps il portait à la dérobée son mouchoir à ses lèvres comme je l'avais fait moi-même. « Arthur, lui dis-je, pourquoi fais-tu cela ? » et j'ajoutai, un peu inquiète : « Je sais que tu t'es blessé, mais je te dirai après comment je le sais. — Eh bien, me dit-il, j'étais en bateau tout à l'heure, j'ai été surpris par un coup de vent, et la barre du gouvernail est venue me frapper sur la bouche ; j'ai reçu un coup violent sur la lèvre supérieure, j'ai beaucoup saigné et je ne peux arrêter le sang. » Je dis alors : « As-tu quelque idée de l'heure à laquelle cela est arrivé ? — Il devait être à peu près 7 heures », me répondit-il. Je lui racontai alors ce qui m'était arrivé à moi : il en fut très surpris et toutes les personnes qui déjeunaient avec nous le furent comme lui. Cela s'est passé à Brantwood, il y a environ trois ans.

JOAN R. SEVERN.

M^me Severn nous écrit en réponse à quelques questions :

Il est absolument certain que j'étais tout à fait éveillée puisque j'ai mis mon mouchoir sur ma bouche et je l'ai pressé sur ma lèvre supérieure pendant quelque temps pour « voir le sang ». Je fus bien étonnée de ne pas en voir. Bientôt après, je me rendormis de nouveau ; je crois que lorsque je me levai, une heure après, je ressentais encore une impression très vive et, pendant que je m'habillais, je regardai ma lèvre pour y voir si elle ne portait aucune marque du coup.

Voici le récit de M. Severn (1) :

Brantwood, Coniston, le 15 novembre 1883.

Par une belle matinée d'été, je me levai de bonne heure avec l'intention de faire une partie de bateau sur le lac. Je ne sais si ma femme m'a entendu lorsque je sortis de la chambre et il me semble qu'elle rêvait à demi à ce moment-là.

Lorsque je descendis vers l'eau, je la trouvai tranquille comme un miroir et je me rappelle que j'éprouvai une sorte de honte à troubler l'image charmante du rivage opposé qui se reflétait dans le lac. Cependant j'eus bientôt mis à flot mon embarcation et, comme il n'y avait pas de vent, je me contentai de hisser les voiles pour les faire sécher, et de mettre le bateau en ordre. Bientôt il se leva une petite brise qui me permit d'aller à peu près une lieue en aval de Brantwood. Puis le vent diminua et il y eut calme plat pendant à peu près une demi-heure. En regardant en arrière, vers la tête du lac, je vis une ligne bleu foncé sur l'eau. Tout d'abord je ne sus ce que c'était, mais bientôt je vis que cela devait être de petites vagues produites par un fort coup de vent. Je préparai mon bateau, aussi bien que possible en ce peu de temps, pour recevoir le grain ; mais, par une cause quelconque, il fut poussé en arrière et il semblait vouloir tourner sur lui-même, lorsqu'il fut saisi par le vent. Comme je voulais éviter la vergue, je rejetai la tête en arrière du côté du gouvernail, mais la barre vint me frapper sur la bouche et me coupa profondément la lèvre. Elle se détacha alors du gouvernail et tomba à l'eau. La bouche saignante, la grande voile enroulée autour du cou, le gouvernail perdu et le bateau en désordre, je ne pouvais m'empêcher de sourire en pensant avec quelle rapidité j'en étais arrivé presque à faire naufrage au moment même où je croyais avoir si bien arrangé tout. Cependant je réussis bientôt à rattraper ma barre, et, comme j'avais bon vent, je pus revenir à Brantwood. Après avoir amarré mon bateau dans le port, je me dirigeai vers la maison, tâchant de cacher autant que possible ce qui m'était arrivé à la bouche. Je pris un autre mouchoir, j'entrai dans la salle à manger et je réussis

(1) Le peintre bien connu.

à dire quelque chose sur ma sortie matinale. Au bout d'un instant, ma femme me dit : « Tu t'es peut-être blessé à la bouche », ou quelque chose de semblable. J'expliquai alors ce qui m'était arrivé et je fus bien surpris de l'intérêt extraordinaire que l'on voyait sur sa figure ; je fus encore plus surpris lorsqu'elle me raconta qu'elle s'était éveillée en sursaut, croyant qu'elle avait reçu un coup sur la bouche. Cela lui était arrivé vers 7 heures et quelques minutes et elle était curieuse de savoir si mon accident était arrivé à la même heure. Comme je n'avais pas de montre sur moi, je ne peux pas l'affirmer, mais il me semble que c'est vers 7 heures que l'accident a dû avoir lieu.

Arthur Severn.

CXXIII. (18) Rev. P. H. Newnham, Maker Vicarage, Devonport.

26 janvier 1885.

En mars 1861, je demeurais à Houghton, Hants. Ma femme qui avait les bronches délicates, était retenue à la maison à cette époque. Un jour, comme je cheminais le long d'un sentier bordé de haies, je trouvai les premières violettes sauvages du printemps, je les cueillis pour les porter à ma femme.

Au commencement d'avril je tombai dangereusement malade, et au mois de juin je quittai le pays ; jamais je n'avais dit exactement à ma femme où j'avais trouvé les violettes, et, pour la raison que j'ai dite, pendant bien des années je ne m'étais jamais promené avec elle à l'endroit où j'avais cueilli les fleurs.

En novembre 1873, nous étions à Houghton avec des amis ; ma femme et moi nous fîmes une petite promenade dans ce sentier. En traversant l'endroit, un souvenir de ces violettes printanières que j'y avais cueillies douze ans et demi auparavant me revint subitement à l'esprit. Après l'intervalle habituel d'à peu près vingt ou trente secondes ma femme fit cette remarque : « C'est étrange, mais, si ce n'était pas impossible, je déclarerais que je sens des violettes dans la haie. »

Je n'avais ni parlé, ni fait le moindre geste ou le moindre mouvement pour indiquer ce à quoi je pensais et le parfum des violettes n'était pas revenu à mon souvenir. Tout ce à quoi j'avais pensé, c'était à la place où poussaient les violettes sur le talus ; j'ai une mémoire des lieux extrêmement précise.

Le séjour de M. Newnham à Houghton ne dura que quelques mois, et son journal le met en état d'indiquer presque toutes les promenades qu'il fit et l'emploi de chacune de ses journées.

« Mon impression, dit-il, est que j'ai suivi ce sentier pour la première et unique fois lorsque j'ai cueilli des violettes ; je suis sûr que M^me Newnham n'a jamais vu cet endroit avant novembre

1873; l'endroit où poussait la haie avait été béché et il n'y avait plus de violettes. » Voici ce que M^me Newnham raconte :

Le 28 mai 1885.

Je me souviens parfaitement de notre promenade un jour de novembre en 1873 à Houghton. Tout d'un coup je sentis dans l'air un si fort parfum de violettes que je dis à mon mari : « Si ce n'était pas tout à fait impossible, je déclarerais que je sens des violettes. » M. Newnham me rappela alors ces premières violettes qu'il m'avait apportées au printemps de 1861, et il me raconta que nous nous trouvions justement à l'endroit où il les avait trouvées; j'avais tout à fait oublié ce fait, je ne m'en souvins que lorsqu'il me le rappela.

19 cas analogues aux précédents sont également relatés dans l'édition anglaise.

# CHAPITRE XIV

## HALLUCINATIONS RÉCIPROQUES

Dans les diverses classes de phénomènes télépathiques que nous avons passées en revue, le rôle de l'agent et celui du sujet étaient bien définis ; le sens du courant, pour ainsi parler, était nettement déterminé. Nous en venons maintenant à l'étude de cas où chacune des deux parties paraît être à la fois agent et sujet. Si deux personnes s'apparaissent l'une à l'autre en même temps, on ne peut que difficilement attribuer au hasard une pareille coïncidence, et cette hypothèse sera moins recevable encore si l'on peut avec quelque certitude accorder une origine télépathique à l'une des deux visions.

Nous donnons dans ce chapitre plusieurs exemples de ces hallucinations réciproques.

CXXIV. (303) Nous tenons ce cas de l'obligeance de M. G. J. Romanes, F.R.S. qui est lié avec le narrateur.

18 mars 1883.

Pendant la nuit du 26 octobre 1872, je me sentis tout à coup mal à l'aise, et j'allai me coucher à 9 heures et demie environ, une heure plus tôt que d'habitude ; je m'endormis presque de suite. J'eus alors un rêve très intense, qui me fit une grande impression, si bien que j'en parlai à ma femme à mon réveil ; je craignais que nous ne recevions de mauvaises nouvelles sous peu. Je m'imaginai que j'étais assis dans le salon près d'une table, en train de lire, quand une vieille dame parut tout à coup, assise de l'autre côté, tout près de la table. Elle ne parla ni ne remua, mais me regarda fixement, et je la regardai de même pendant 20 minutes au moins. Je fus très frappé de son aspect : elle avait des cheveux blancs, des sourcils très noirs, et un regard pénétrant. Je ne la reconnus pas du tout, et je pensai que c'était une étrangère. Mon attention fut attirée du côté de la porte, qui s'ouvrit, et ma tante entra, et, voyant cette vieille dame et moi qui nous nous regardions l'un l'autre, elle s'écria fort surprise et sur un ton de reproche « : John ! ne sais-tu donc pas qui c'est? » et sans me laisser le temps de répondre me dit : « Mais c'est ta grand'mère ! » Là-dessus l'esprit qui était venu me visiter se leva de sa chaise et disparut. A ce moment-là je m'éveillai. L'impression fut telle que je pris mon carnet et notai ce rêve étrange, persuadé que c'était un présage de mauvaises nouvelles. Cependant quelques jours se passèrent sans apporter de mauvaises nouvelles. Un soir je reçus une lettre de mon père, m'annonçant la mort subite de ma grand'mère, qui a eu lieu la nuit même de mon rêve et à la même heure, 10 heures et demie.

Quatre mois environ après son décès, j'allai à l'île de Wight, où elle habitait, pour savoir de mes parents comment était réellement ma grand'mère. Ma tante et ma cousine me la décrivirent en détail, et cette description coïncida d'une façon merveilleuse avec l'apparence de la figure qui m'était apparue ; elle avait en effet les cheveux blancs et les sourcils noirs ; c'était ce qui m'avait surtout frappé dans mon rêve. J'appris aussi qu'elle était très préoccupée de son bonnet, toujours attentive à ce que rien, même les rubans, ne fût hors de sa place, et, c'est très curieux, j'avais remarqué dans mon rêve qu'elle touchait d'une façon nerveuse les rubans de son bonnet, de temps en temps, de peur qu'ils ne fussent pas en place. Ma cousine qui était auprès d'elle, lorsqu'elle mourut, me raconta que ma grand'mère avait eu le délire pendant quelque temps avant sa mort ; à un certain moment, étant dans cet état, elle avait jeté les bras autour du cou de ma cousine ; puis, ayant ouvert les yeux et repris conscience, elle avait dit avec un regard surpris : « Oh ! Polly, est-ce toi ? Je croyais que c'était quelqu'un d'autre. » Ceci me semble très curieux, car c'est ce qu'elle fit avant de disparaître du salon. Je dois ajouter que je n'avais pas vu ma grand'-mère depuis quatorze ans, et que, la dernière fois que je l'avais vue, elle avait les cheveux noirs, peu à peu ils étaient devenus blancs ; les sourcils restèrent foncés, et je puis affirmer que personne ne m'avait parlé de cette particularité.

J. H. W.

M<sup>me</sup> W... dit :

1<sup>er</sup> juillet 1885.

Je me rappelle parfaitement que mon mari m'a dit, lorsque je me retirai dans ma chambre, le 26 octobre au soir, qu'il venait d'avoir un rêve étonnant, et que, le lendemain matin, il le noterait sur son carnet.

K. W.

Dans le registre des décès nous trouvons que Jane W... est mort à l'âge de soixante-douze ans, le 26 octobre 1870 (voir plus bas), à Brixton, île de Wight.

M. Podmore dit :

J'ai vu M. J. H. W... aujourd'hui (4 juillet 1884), et il m'a refait son récit de vive voix. Sa cousine, pour des motifs qu'il m'a expliqués, ne peut confirmer son récit. Mais il m'a expliqué qu'il était allé voir sa cousine trois mois environ après la mort, et qu'elle lui avait donné à ce moment les détails les plus complets. Je lui demandai s'il maintenait la phrase « 20 minutes au moins », lui montrant combien il était difficile d'attacher un sens précis à ces mots; si c'est une description exacte de ses impressions, il doit s'être introduit un incident grotesque au milieu d'un rêve qui porte à tous les autres points de vue un caractère de réalité. Il maintint l'exactitude de ses paroles; il lui sembla que la vieille dame et lui se regardèrent avec fixité à travers la table pendant très longtemps. M. W... m'a dit qu'il rêve très rarement, et qu'il n'a jamais eu d'autre rêve qui ait valu la peine d'être noté. Il n'a jamais rêvé de mort.

Après une seconde visite, M. Podmore écrit :

M<sup>me</sup> W... m'a envoyé le récit du rêve de son mari ; c'est ce qu'elle a entendu raconter à son mari une heure après son rêve et bien souvent depuis ; ce récit s'accorde parfaitement avec celui de M.W... J'ai vu aussi la note qu'il a prise le lendemain matin. Elle se trouve en haut de la première page d'un petit carnet à dessins ; le reste de la page est couvert de notes au crayon et à l'encre, de comptes, etc. Voici cette note : « Rêve étrange, nuit du 26 octobre 1870. » Ce dernier chiffre peu net est probablement un 0. M. W..., en écrivant son récit en mars 1883, avait revu cette note, et lu un 2 comme dernier chiffre. De là le désaccord. Il n'a aucune autre note au sujet de cette mort.

Je l'ai prié autant que j'ai pu le faire, mais il refuse de donner son nom, de peur d'acquérir la réputation d'un homme à revenants, d'un esprit malade, et de se nuire ainsi à lui-même dans sa profession.

CXXV. (304) M. J. T. Milward Pierce, Bow Ranche, Knox County, Nebraska, Etats-Unis.

Frettons, Danbury, Chelmsford, 5 janvier 1885.

J'habite dans le Nébraska, Etats-Unis, où j'ai un élevage de bétail, etc. Je dois épouser une jeune personne, qui habite Yankton, Dakota, à 25 milles au nord.

Vers la fin d'octobre 1884, pendant que j'essayais d'attraper un cheval, je reçus un coup de sabot dans la figure, et il ne s'en fallut que d'un pouce ou deux que je n'eusse le crâne brisé ; j'eus cependant deux dents cassées et je reçus un rude coup dans la poitrine. Plusieurs hommes se tenaient auprès de moi. Je ne perdis pas connaissance un seul instant, car il fallait me garer d'une seconde ruade. Il s'écoula un moment avant que quelqu'un ne parlât. Je m'appuyais contre le mur de l'écurie, lorsque je vis à ma gauche, et près de moi, la jeune personne dont j'ai parlé. Elle était pâle. Je ne fis pas attention à son costume ; mais je fus frappé de l'expression de ses yeux : c'était une expression de trouble et d'anxiété. Ce n'était pas son visage seulement que je voyais, mais sa personne tout entière, une forme parfaitement matérielle qui n'avait rien de surnaturel. A ce moment mon fermier me demanda si je m'étais fait mal. Je tournai la tête pour lui répondre, et, lorsque je regardai de nouveau, l'ombre avait disparu. Le cheval ne m'avait pas fait grand mal ; ma raison était parfaitement saine, car, tout de suite après, je rentrai dans mon bureau et je dessinai le plan et j'établis le devis d'une nouvelle maison, travail qui nécessite un esprit très dégagé et très attentif.

Je fus tellement obsédé par le souvenir de cette apparition que le lendemain matin je partis pour Yankton. Les premières paroles que la jeune fille me dit lorsque je la vis furent : « Mais, je vous ai attendu hier toute l'après-midi. J'ai cru vous voir : vous étiez très pâle, et votre figure était toute en sang. » (Je puis dire que mes contusions n'avaient pas laissé de traces visibles.) Je fus très frappé de cela, et lui demandai quand elle avait cru me voir. Elle dit : « Immédiatement après le déjeuner. » L'accident avait eu lieu juste après mon déjeuner. Je notai les détails. Je dois dire qu'avant d'arriver à Yankton, j'avais peur que quelque accident ne fût arrivé à la jeune fille. Je serai heureux de vous envoyer de plus amples détails, si vous le désirez.

JNO. T. MILWARD PIERCE.

**En réponse à quelques questions, M. Pierce nous dit :**

Je crois que la vision dura une quart de minute.

Il n'a pas eu d'autre hallucination visuelle, sauf une fois où, étendu à terre d'un coup de feu qu'un Indien lui avait tiré dans la mâchoire, il crut voir un Indien se pencher sur lui ; il pense que ce n'était pas un Indien en chair et en os, parce que dans ce cas il eût été scalpé.

M. Pierce nous écrivit le 27 mai 1885 :

J'ai envoyé votre lettre à la personne en question, mais n'ai pas reçu de réponse avant de quitter l'Angleterre, et, à mon arrivée, j'ai trouvé la jeune fille très malade, et ce n'est que récemment que j'ai pu obtenir les détails que vous désirez. Elle désire que je dise qu'elle se rappelle aussi m'avoir attendu, craignant que quelque chose ne me fût arrivé ; ce n'était pas cependant le jour où j'allais la voir d'habitude ; mais, bien qu'à cette époque elle m'eût dit qu'elle m'avait vu avec la figure en sang, maintenant elle ne semble plus s'en souvenir, et je ne lui en ai rien dit, afin de ne pas l'influencer.

Dans une lettre du 13 juillet 1885, M. Pierce nous dit :

Je regrette de ne pouvoir faire mieux. Il semble que des événements très importants et la maladie aient fait oublier presque complètement l'incident à M^lle Mac Gregor, qui n'y attachait pas une grande importance au début. J'ai aidé sa mémoire, mais elle dit que, sans doute, j'ai raison, mais qu'elle ne peut plus maintenant se souvenir de rien.

Lettre de M^lle Mac Gregor :

Yankton, D. T. 13 juillet 1885.

J'ai lu la lettre que vous avez envoyée à M. Pierce. J'ai peur de ne pouvoir me rappeler les choses assez clairement pour vous donner des détails exacts.

Je me rappelle que j'ai senti que quelque accident était survenu ; mais je racontais à M. Pierce alors tout ce qui m'arrivait d'anormal, et les événements qui sont survenus ont, je le crains, effacé de mon esprit tout souvenir des faits.

Annie MAC GREGOR.

CXXVI. (305) Extrait d'une communication faite par M. Cromwell F. Varley F. R. S. à une commission de la Dialectical Society le 25 mai 1869. (Rapport p. 161.)

Dans un second cas, ma belle-sœur avait une maladie de cœur. Nous allâmes, M^me Varley et moi, la voir à la campagne pour la dernière fois, à ce que nous craignions. J'eus un cauchemar et je ne pouvais remuer un muscle. Tandis que j'étais dans cet état, je vis l'esprit de ma belle-sœur dans la chambre. Je savais qu'elle pouvait quitter sa chambre à coucher. Elle me dit : « Si vous ne remuez, vous êtes mort. » Mais je ne pouvais remuer, et elle ajouta : « Si vous m'obéissez, je vous effraierai et vous pourrez alors remuer. » D'abord je fis des objections, afin d'être bien sûr de la présence de son esprit. Lorsque je consentis enfin, mon cœur ne battait plus. Je crois que ses efforts pour m'effrayer ne réussirent pas d'abord, mais tout à coup elle s'écria : « Oh, Cromwell ! je meurs », ce qui m'effraya, et me tira de mon état de torpeur, et je m'éveillai tout naturellement. Mes exclamations avaient éveillé M^me Varley ; nous examinâmes la porte : elle était encore fermée à clef et verrouillée. Alors je racontai à ma femme ce qui était arrivé, après avoir noté l'heure, 3 heures 45 du matin, puis je la priai de n'en parler à personne, mais d'attendre que sa sœur en parlât. Au matin, elle nous conta qu'elle avait eu une nuit épouvantable ; qu'elle était venue dans notre chambre, très troublée à notre sujet, et que j'avais failli mourir. C'était entre 3 heures 30 et 4 heures du matin qu'elle vit que j'étais en danger. Elle ne réussit à m'éveiller qu'en criant : « Oh, Cromwell ! je meurs. » Je lui paraissais être dans un état tel que j'aurais fatalement succombé.

CXXVII. (306) M. F. K. Munton, secrétaire de la Société Psychologique. (Extrait d'une lettre de M. T. W. Smith (1) adressée à cette société.)

26 février 1876.

Je trouvai la dame, qui est maintenant ma femme, dans une grande institution, dont je fus nommé directeur en 1872. Lorsqu'elle quitta sa place, je la décidai, pour diverses raisons, à cacher notre projet de mariage à celles de ses amies qu'elle laissait à l'école, et à cause de cela à ne pas leur écrire.

Environ six mois après notre mariage, je lisais dans mon lit, selon mon habitude. Ma femme était endormie à mes côtés; elle s'éveilla tout à coup, se mit sur son séant, et s'écria, très gravement : « Oh! j'ai été à X. » Naturellement je lui dis que ce qu'elle avait éprouvé, c'était un rêve plus intense que de coutume, et le lendemain je n'y pensai plus. Elle parla de temps en temps de son rêve, et je me rappelle la manière dont elle s'appesantissait sur chaque point, et surtout une expression particulière que je n'oublie pas, quoique je ne l'aie pas notée à cette époque.

Trois mois plus tard, ma femme alla voir sa mère, et trouva une lettre d'une de ses amies qui suppliait que quelqu'un lui écrivît et lui dît si M<sup>lle</sup> X (ma femme) était vivante ou morte. J'eus l'idée d'aller voir la personne qui écrivait, et alors je sus la cause de cette lettre étrange et pressante. Les deux faits avaient eu lieu le même jour, autant du moins qu'on peut en établir la date, car aucun de nous n'était très sûr de ce point essentiel; il y a ici une coïncidence que je n'ai jamais pu expliquer d'une manière satisfaisante en recourant à aucune hypothèse basée sur les lois de la nature actuellement connues.

Ma femme avait rêvé qu'elle se trouvait dans une chambre qu'elle se rappelait bien, au rez-de-chaussée du bâtiment, en compagnie de quatre femmes, deux de ses anciennes amies, et deux inconnues. Elles causaient et riaient et se préparaient à gagner leur chambre à coucher. Elle vit une d'elles éteindre le gaz. Elle monta l'escalier derrière elles, dans une chambre avec deux d'entre elles, elle entra, vit « Bessie » placer quelques objets dans une boîte, se déshabiller, se coucher; alors elle se dirigea vers « Bessie », lui prit la main, et dit : « Bessie, soyons amies. » Voilà le rêve.

La personne qui avait écrit la lettre me donna ce récit de ce qui avait motivé sa lettre; et je n'ai pas besoin de dire que je ne parlai pas tout d'abord du rêve de ma femme, car dans ce cas l'on pourrait supposer que j'ai suggéré cette expression remarquable qui, selon moi, oblige à placer ce fait ailleurs que dans la catégorie des coïncidences remarquables. Cette personne et son amie, « Bessie », s'étaient cou-

(1) Nous n'avons pu nous procurer l'adresse actuelle de M. Smith.

chées un dimanche soir, quand un cri d'alarme de cette dernière amena l'autre auprès de son lit : « Je viens de voir X » (ma femme); elle m'a touché la main et m'a dit : « Soyons amies. »

Le lendemain, on discutait l'affaire ; quelques personnes pensaient que Bessie avait rêvé et qu'elle imaginait ce qu'elle déclarait avoir vu, mais d'autres au contraire pensaient que c'était un « signe » que ma femme était morte. Et celle d'entre elles qui écrivait le mieux se décida à écrire à la seule adresse qu'elles avaient, pour connaître la vérité. La lettre ne nous avait pas été transmise, parce que ma femme, paraît-il, avait exprimé à sa mère mon désir qu'elle n'eût aucune communication avec ses anciennes amies.

La chose curieuse dans le rêve, c'est que ma femme avait toujours été en bons termes avec « Bessie », et même au moment de son départ.

Dans le récit que j'ai donné ci-dessus du rêve, et dans ce que j'appelle son complément, j'ai omis bien des détails sans importance, tels que le fait que deux nouvelles venues avaient pris la place de deux anciennes amies de ma femme; que l'effet sur ma femme et Bessie était plus grand que l'effet produit par un rêve ordinaire ; que les deux femmes que ma femme dans son rêve voyait entrer dans la chambre à coucher occupaient réellement la même chambre.

Il est très regrettable que nous n'ayons pu examiner la lettre ; mais la coïncidence des deux impressions aurait à peine frappé M. Smith, si elle n'avait pas renfermé de détails saisissants.

Ce qui affaiblit la valeur démonstrative de ce récit, c'est tout naturellement le doute qui existe sur l'exactitude de la coïncidence. Si nous admettons que les deux faits ont eu lieu la même nuit, nous ne pourrons nous empêcher d'établir un lien entre l'impression qu'a éprouvée Bessie, impression qui semble avoir été une hallucination et non un songe, et la remarquable vision de M$^{me}$ Smith.

Cette vision est un exemple de cette forme de transmission de pensées que l'on peut désigner sous le nom de clairvoyance télépathique. Il n'y a d'ordinaire aucune difficulté à déterminer à laquelle des deux personnes qui jouent un rôle dans le phénomène il convient d'en attribuer l'origine puisque l'une des deux est dans un état plus ou moins anormal. Dans le cas de M$^{me}$ Smith l'agent probable était simplement endormi; si c'est A qui se trouve dans un état anormal, nous devons attribuer à cet état la vision que B a de lui, mais nous ne pouvons inversement attribuer à l'état de B la vision que A a de B si l'état de B est complètement normal. On peut sans doute dire que l'état de B cesse d'être normal au moment où A agit sur lui et que le seul fait de recevoir une impression télépathique peut douer le sujet du pouvoir d'exercer une action télépathique, mais la manière la plus naturelle d'expliquer le phénomène serait de rapporter l'hallucination de A non moins que celle de B à l'état particulier de A. On pourrait alors supposer que le pouvoir de A d'agir d'une manière anormale, dans une certaine direction, implique le pouvoir d'être anormalement impressionné dans la même direction ou vice versa ; ou que le fait que les impressions exercent plus aisément une action sur lui, enveloppe le pouvoir d'agir anormalement. Dans l'un ou l'autre cas il irait au-devant de l'impression au lieu de la recevoir passivement ; aussi semble-t-il se servir momentanément de l'intelligence de B bien que l'état de B soit tel que B n'exerce sur lui aucune action télépathique exceptionnelle. Cependant bien que les perceptions de A puissent n'être pas conditionnées par l'état de B, elles doivent l'être par l'existence de B et son rapport avec A ; aussi faut-il distinguer nettement la clairvoyance d'origine télépathique de cette clairvoyance dont quelques auteurs ont parlé et qui est la connaissance par un sujet d'événements ou de faits, qui ne sont actuellement représentés dans aucun esprit.

CXXVIII. (307) Hon Mme Parker, 60, Elm Gardens, S. W., Londres.

24 mai 1883.

Les faits suivants se sont passés en novembre 1877, à Regency Square, Brighton. Mon mari (qui est mort depuis) suivait un traitement magnétique chez un Américain, M. L... Le traitement consistait en ceci : faire des passes magnétiques le long du dos, des bras, des jambes ; mais jamais il n'avait été question d'endormir mon mari. Les passes devaient donner de la force.

M. L... se disait, je crois, magnétiseur de profession, mais à cette époque il ne pratiquait pas. Il était venu se reposer à Brighton.

Après le traitement, mon mari avait l'habitude de s'asseoir, pendant quelques heures, dans son fauteuil roulant, en haut du jardin du square, et ce jour-là il avait désiré rester dehors plus longtemps que d'habitude. Je rentrai déjeuner, le laissant seul, mais vers 2 heures je regardai par la fenêtre, je vis un homme qui se tenait devant sa chaise et semblait lui parler. Je me demandais qui ce pouvait être, et je conclus que c'était un étranger, car je ne reconnus ni la figure, ni le grand chapeau, ni le manteau de coupe bizarre qu'il portait. Cependant comme souvent des étrangers s'arrêtaient et causaient avec mon mari, je ne fus pas étonnée. Je détournai les yeux un instant et, lorsque je regardai dans le jardin, l'homme avait disparu. Je ne le vis sortir du jardin par aucune des nombreuses portes, et je me fis à moi-même cette remarque qu'il avait dû marcher avec une vitesse bien grande, pour être déjà hors de vue. Dans Regency Square, il n'y a pas un arbre et à peine quelques buissons, de telle sorte que rien ne gênait la vue.

Lorsque mon mari rentra, un peu plus tard, je lui dis sans y attacher d'importance: « Oh! qui vous parlait dans le square, il y a un instant? »

Il répondit : « Personne ne m'a parlé depuis que vous m'avez quitté. Personne n'a passé près de moi. — Mais j'ai vu un homme debout devant vous, il y a un quart d'heure environ, et, à ce qui m'a semblé, il vous parlait; son habillement était bizarre, je ne pouvais deviner qui c'était. »

Mon mari se mit à rire et me dit : « Je le pense bien, car il n'y avait personne à reconnaître. Je vous assure que pas une âme n'est venue près de moi depuis que vous m'avez quitté. — Auriez-vous dormi? » demandai-je; je croyais d'avance le contraire. Il m'assura que non. Nous en restâmes là; et cependant, en moi-même, je savais que j'avais vu la figure mystérieuse.

Deux jours après, M. L..., après avoir donné ses soins à mon mari, vint, selon son habitude, me parler avant de quitter la maison. Après avoir échangé quelques paroles avec moi et m'avoir donné quelques conseils, il me dit : « C'est une chose très curieuse, mais j'ai éprouvé deux fois déjà la même impression depuis que je soigne votre mari, c'est-à-dire que, lorsque je suis dans un tout autre endroit, je me sens à ses côtés, soit dans votre salon, soit dans le jardin. »

Je le regardai, et pour la première fois je fis attention à son pardessus qu'il avait mis avant d'entrer dans la chambre et au grand chapeau qu'il tenait à la main. Je fus saisie en voyant leur ressemblance avec ceux que portait la figure que j'avais vue, et celle de M. L... avec l'apparition. Je lui demandai quand et à quelle heure il avait éprouvé sa dernière impression. « Avant-hier, me répondit-il. J'avais fini de dîner, et je lisais le journal assis devant le feu. Il était environ 2 heures; je me rappelle l'heure. Tout à coup je sentis que je n'étais plus là, mais près de votre mari dans le jardin du square. » Je lui parlai de la figure que j'avais vue au même moment et au même endroit, et je lui dis que je reconnaissais maintenant que c'était la sienne.

Je demandai ensuite à mon mari s'il avait parlé de l'affaire à M. L...; il ne l'avait pas fait et avait tout oublié. Mon mari était la seule personne à qui j'avais fait part de ma vision. Le fait ne pouvait être connu de M. L...

Augusta PARKER.

Mme Parker nous a dit qu'elle avait eu une autre hallucination ; mais il semble qu'elle s'était simplement trompée de personne ; elle avait vu la figure au bout d'un long couloir d'hôtel ; telle avait été du reste son impression sur le moment.

CXXIX. (308) Les noms des personnes peuvent être donnés, mais nous ne sommes point autorisés à les imprimer. Mme S..., l'une d'entre elles, nous écrit.

Avril 1883.

A... et B... sont deux villages du comté de Norfolk, éloignés l'un de l'autre d'environ cinq milles. Au moment où se sont passés les faits que je vais raconter, les pasteurs de ces paroisses portaient le même nom, quoique n'étant pas de la même famille ; les deux familles étaient très liées. Le 20 février 1870, une des filles du pasteur de A..., Constance, âgée de quatorze ans, habitait dans l'autre famille : une des filles de la maison, Marguerite, était sa meilleure amie. Edward W..., le fils aîné du recteur de A..., était à ce moment dangereusement malade d'une inflammation des poumons, et avait souvent le délire. Ce jour-là, vers midi, Marguerite et Constance étaient dans le jardin du presbytère de B..., en train de courir le long d'une allée séparée d'un verger voisin par une haie ; elles s'entendirent appeler distinctement par deux fois, et du verger selon toutes les apparences : « Connie, Margaret ! — Connie, Margaret ! » Elles s'arrêtèrent, mais ne virent personne, et alors rentrèrent à la maison, qui était à 40 yards à peu près, pensant qu'un des frères de Marguerite les avait appelées. Mais, à leur grande surprise, il n'en était pas ainsi ; et Mme W..., la mère de Marguerite, leur assura que personne ne les avait appelées de la maison, elles crurent alors qu'elles s'étaient trompées en entendant répéter leur nom. Cela semblait la seule explication, et il ne fut plus question de cela.

Ce soir-là Constance rentra chez elle à A... Le lendemain, Mme W... vint prendre des nouvelles d'Edward. Dans la conversation, sa mère raconta que la veille il avait eu le délire, qu'il avait parlé de Constance et de Marguerite, qu'il les avait appelées dans son délire, et qu'il avait alors dit : « Je les vois maintenant courir le long de la haie, mais, aussitôt que je les appelle, elles courent vers la maison. » Mme W..., de B..., se rappela l'incident mystérieux de la veille et demanda : « Savez-vous à quelle heure c'est arrivé ? » La mère d'Edward répondit que c'était quelques minutes après midi, car elle venait de donner un médicament au malade, et il devait le prendre à midi. Ainsi ces mots avaient été prononcés par Edward au moment même où les deux jeunes filles s'étaient entendu appeler, et c'est ainsi seulement qu'on peut s'expliquer la voix qui venait du verger.

M. K. S. (La « Marguerite » du récit.)

Le récit suivant est de M^me R..., la « Constance » du récit.

Septembre 1884.

Nous nous promenions, Marguerite et moi, dans les champs à B.., hors de la route, mais non loin de la maison. J'entendis une voix appeler « Connie et Margaret » très clairement et très distinctement. Je ne l'aurais jamais identifiée avec celle de Ted (son frère à A...), et nous avons pensé que c'était un des frères de Marguerite jusqu'à ce que nous ayons appris que personne ne nous avait appelées. Je me rappelle que c'était avant le dîner, et que je pensais être rappelée à la maison ce matin-là à cause de la maladie de Ted ; je me souviens en outre que M^me W... pensait demander à ma mère si Ted avait prononcé nos noms, *avant* de lui parler de ce qui s'était passé à B... Je dois ajouter que l'on pourrait expliquer toute l'histoire en disant que quelque garçon de ferme avait voulu nous jouer une farce. Car il eût pu aisément se cacher derrière une haie.

C. E. R.

M. Podmore dit :

26 novembre 1883.

J'ai vu M^me R... hier. Elle m'a dit qu'elle et sa sœur avaient reconnu la voix comme leur étant familière. Elle croit que la coïncidence a été très exacte, M^me W..., de B..., a noté en effet l'incident immédiatement. Son frère — un de mes anciens camarades de classe — ne se rappelle pas du tout cette histoire.

Si l'on a pris note par écrit de l'impression éprouvée par les jeunes filles, elle doit avoir semblé plus étrange que ne pourrait le faire supposer les expressions dont se sert M^me S... : « Puis on n'y pensa plus. »

M^me W..., d'A..., nous écrit :

Mon fils avait dix-sept ans. Il avait eu une fièvre et une inflammation et était affaibli par la maladie. C'était vers midi. J'étais assise auprès de lui, après sa toilette ; il semblait tranquille et assoupi, mais il ne dormait pas. Il s'élança tout à coup en avant, montra du doigt, les bras étendus, et s'écria d'une voix très forte, ce qui me surprit : « Connie et Margaret! » en appuyant sur chaque nom, « près de la haie », les yeux hagards; puis il se rejeta en arrière, épuisé. Je trouvai cela bien étrange ; mais, à l'idée que ce pouvait être un rêve, je n'y fis nulle allusion. Le lendemain, M^me W... vint avec Connie et Marguerite, et me raconta que les jeunes filles s'étaient entendu appeler par leur nom, et qu'elles étaient accourues à la maison ; elles se promenaient le long d'une haie dans le champ, et personne ne les avait appelées du presbytère de B... La voix leur était familière, mais, autant que je m'en souviens — ma fille pourra le dire, — on ne la reconnut pas pour celle d'Edward. Je leur racontai aussitôt mon histoire, trop saisissante pour n'être pas racontée. Elles me dirent que le fait avait eu lieu vers midi. Bien que mon fils eût toujours le délire le soir, au moment où la fièvre le reprenait, il n'avait jamais de délire au milieu du jour, et il n'y avait pas de raison de supposer qu'il en eût au moment où l'incident s'est produit.

M. A. W.

M<sup>me</sup> W..., de B..., dit :

Août 1882.

Connie restait avec nous à cause de la maladie de son frère Edward, et avait, ainsi que Marguerite, lu avec moi pendant la matinée. Vers 11 heures 30, elles allèrent jouer dans le jardin (c'étaient des filles de treize à quatorze ans) et, une demi-heure plus tard, elles vinrent à la fenêtre me demander ce que je désirais. Je répondis : « rien », et je leur dis que je ne les avais pas appelées, bien qu'elles eussent entendu toutes deux répéter leur nom. Je leur demandai où elles étaient, lorsqu'on les avait appelées; elles dirent: « Dans l'allée voisine » — qui est, vous vous en souvenez, bordée par la haie du verger. Marguerite dit de suite : « Là, Connie, je disais que ce n'était pas la voix de ma mère, mais d'un garçon. Je me retournai pour voir l'heure — car nous avions quelques élèves alors — et je dis : « Ce ne peuvent être les garçons, car ils ne sont pas sortis de l'étude ; il n'est que midi, je les entends sortir. »

Je devais reconduire Connie cette après-midi, et, à mon arrivée, ma première question fut : « Comment va Edward? » M<sup>me</sup> W... me dit qu'il n'avait pas été aussi bien que d'habitude et qu'il avait eu le délire. Elle raconta que ce matin-là il s'était écrié : « Margaret ! Connie ! Margaret ! Connie ! Oh, elles courent le long d'une haie et ne veulent pas m'écouter. » Je ne parlai pas de ce qui était arrivé chez moi, mais je lui demandai si elle savait à quelle heure il s'était ainsi tourmenté.

Elle me dit que oui, car elle avait regardé l'heure, pensant que c'était l'heure de lui donner sa potion qui le calmait toujours, et elle avait été très heureuse de voir qu'il était midi juste.

CXXX. *Journal of the Society for psychical Research*, février 1889. Chanoine X (il désire que son nom ne soit pas publié).

6 octobre 1888.

Monsieur, comme vous me le demandez, je vous envoie le récit d'événements curieux dont j'ai été témoin. Il y a près de vingt ans, en 1869, j'étais chargé d'une petite paroisse de campagne dans l'ouest du Yorkshire. Au mois d'août de cette année-là je fus appelé au lit de mort d'une de mes amies qui habitait à S..., ville éloignée de plus de

60 milles. Lorsque j'arrivai chez elle, je fus introduit dans sa chambre à coucher. En entrant, la garde me prévint que mon amie dormait, mais qu'elle se réveillerait sûrement dans quelques instants. Je m'assis, et presque aussitôt mon amie s'éveilla, disant : « Vous ici ! Mais je ne fais que rentrer de B... (ma paroisse). Quels beaux embellissements vous avez faits dans l'église ! » Elle se mit alors à énumérer plusieurs changements très ordinaires que j'avais fait faire la semaine précédente, et dont je n'avais parlé à personne en dehors de ma paroisse. Je fus fort surpris d'entendre la mourante parler aussi exactement et avec tant de détails de choses qu'elle n'avait jamais vues. Deux ou trois jours après, la personne mourut, et j'oubliai toute l'affaire pour quelque temps. Je n'avais pas soufflé mot de ce qu'elle m'avait dit à qui que ce fût. Mais, environ un mois après sa mort, j'allais sortir une après-midi pour ma promenade habituelle, lorsqu'une vieille domestique me dit qu'elle voulait me parler de quelque chose qui l'avait beaucoup tourmentée, mais dont elle n'avait pas parlé de peur qu'on ne rît d'elle. Elle me dit que, le jour où j'allai à S..., elle était dans le chœur de l'église, occupée à préparer une lampe, quand, à son grand étonnement, elle vit une dame agenouillée dans un coin de l'église. Elle regarda très fixement l'étrangère qui, au bout de quelques instants, se leva et s'en alla par la sacristie ; puis elle ne vit plus rien. Je puis ici faire la remarque que ma domestique m'assura que toutes les portes de l'église étaient fermées à clef quand elle entra. Alors je me rappelai ce que mon amie m'avait dit sur son lit de mort. Je demandai à ma domestique de me donner une description de la personne qu'elle avait vue dans l'église. Elle m'en fit une excellente, décrivant même une jaquette curieuse, pleine de poches, qu'elle portait toujours quand elle allait visiter les pauvres. Alors je lui demandai si elle se souvenait du moment de l'événement ; elle répondit que l'horloge sonnait 3 heures lorsqu'elle était entrée dans l'église. C'était le moment précis de mon entrée dans la chambre à coucher de mon amie. Je donnai ensuite à ma domestique un gros paquet de portraits, que j'avais toujours dans un tiroir fermé à clef dans mon cabinet, et je lui dis de voir si elle reconnaîtrait la personne qu'elle avait vue dans l'église. Elle examina soigneusement les photographies, et les parcourut jusqu'à ce qu'elle fût arrivée à celle de la personne morte ; elle l'examina de très près, et puis continua à en regarder d'autres, mais revint presque aussitôt à celle-là. « C'est, dit-elle, la personne que j'ai vue dans l'église. » Je répondis : « Pourquoi ne l'avez-vous pas reconnue tout de suite ? » Elle me dit : « La dame que j'ai vue dans l'église était plus maigre et avait la figure plus tirée que dans la photographie ; ses pommettes étaient plus saillantes, et sa mâchoire inférieure avançait. Mais je suis sûre que je ne me trompe pas. Elle me la décrivait telle qu'elle était peu avant sa mort, et non comme elle était lorsque la photographie avait été faite alors qu'elle était

en bonne santé. Je dois ajouter comme conclusion que ma domestique était la dernière personne du monde capable d'imaginer une telle apparition ; elle n'avait pas un atome d'imagination ; elle n'avait jamais vu de sa vie mon amie ; je ne lui avais jamais dit, ni à personne autre, que j'étais allé à S..., ni que j'avais veillé au lit de mort de quelqu'un à ce moment-là. Je n'avais pas de raison pour parler de cela, et je n'en avais pas parlé.

En réponse à nos questions, le chanoine X... nous informe que sa vieille ménagère est morte, et que l'on ne peut obtenir aucun témoignage qui confirme les faits.

Il ajoute :

La raison que ma ménagère avait d'être dans la chapelle à ce moment-là, c'était que son service l'obligeait d'y être *vers* cette heure-là pour arranger une lampe qui brûle sans cesse. Je ne puis réellement dire pourquoi je me rappelle si certainement que la pendule sonnait 3 heures lorsque j'entrai dans la chambre de la mourante. J'ai gardé le souvenir le plus net, sans que je puisse dire pourquoi, de bien des choses insignifiantes de cette espèce qui me sont arrivées pendant ma vie.

L'édition anglaise donne encore 7 cas analogues aux précédents.

# CHAPITRE XV

## HALLUCINATIONS COLLECTIVES

§ 1er. — Les hallucinations télépathiques dont nous avons parlé dans les chapitres précédents n'avaient affecté en très grande majorité qu'un seul sujet ; mais nous avons rencontré un petit nombre de cas où plusieurs personnes ont éprouvé à la fois la même hallucination. Nous consacrons ce chapitre à l'examen et à la discussion des cas de ce genre.

On peut donner de ces phénomènes deux interprétations :

La première ne s'applique qu'aux hallucinations véridiques, aux hallucinations qu'on peut appeler télépathiques en prenant le mot dans un sens littéral. A, qui traverse quelque crise grave, exerce simultanément une action télépathique sur B et C qui se trouvent ensemble. B et C éprouvent tous deux une hallucination et ces deux hallucinations ont une ressemblance plus ou moins étroite. La seconde interprétation peut s'appliquer également aux hallucinations qui ne sont point d'origine télépathique : nous avons affaire alors à une sorte de contagion de l'hallucination. B et C se trouvent ensemble. B éprouve une hallucination ; ce peut être une hallucination véridique due à l'action de A ou une hallucination purement subjective. Son esprit agit alors sur celui de C qui est halluciné à son tour. Il convient de rapprocher de ces faits les cas de rêves simultanés où un rêve peut être regardé comme la cause de l'autre.

A mon jugement ces deux explications ne sont pas exclusives l'une de l'autre et la meilleure solution du problème consiste à les combiner, mais, pour être plus clair, il convient de les exposer tout d'abord chacune séparément.

§ 2. — Nous ne voyons pas de raison pour que l'action de l'agent se limite à un seul sujet. S'il en est généralement ainsi, c'est parce que cette action ne peut s'exercer que sur des sujets d'une susceptibilité particulière ou parce qu'elle implique un rapport spécial entre le sujet et l'agent. Aussi la première explication semble-t-elle tout d'abord acceptable, et peut-on comprendre que l'action télépathique s'étende à tout le groupe des personnes qui sont étroitement liées avec l'agent. S'il ne s'agissait que d'une idée ou d'une émotion, cette interprétation des faits serait assez plausible, mais il ne faut pas oublier que l'impression télépathique ne fait que donner le branle à l'esprit du sujet ; que c'est lui, à proprement parler, qui crée l'hallucination ; il faut aussi se souvenir que le temps pendant lequel de telles hallucinations peuvent se produire est fort long (nous l'avons nous-mêmes arbitrairement fixé à 12 heures) ; il devient alors extrêmement improbable que deux ou plusieurs personnes projettent indépendamment l'une de l'autre leurs impressions télépathiques sous la *même* forme, au *même* moment. Ce qui devrait arriver, c'est que l'une d'elle perçoive un son, tandis qu'une autre, une heure ou une demi-heure plus tard, verrait lui apparaître son ami, et que la troisième éprouverait quelque douloureuse impression qu'elle n'objectiverait point. Ce sont des cas qui ne sont point sans exemple, mais qui sont fort rares.

Mais ce n'est pas tout. Dans un grand nombre de cas l'hallucination a été partagée par une personne tout à fait étrangère à l'agent, et, d'autre part, il est fort rare que des personnes étroitement liées avec l'agent, les unes et les autres, éprouvent au même moment la même hallucination, si elles ne sont point ensemble. Mais il existe cependant des cas où les deux sujets B et C semblent avoir subi indépendamment l'un de l'autre l'action de l'agent ; en voici des exemples.

CXXXI. (36) M. John Done, Stockley Cottage, Stretton.

1885.

Ma belle-sœur, Sarah Eustance, de Stretton, était à l'agonie et ma femme était partie de Lowton Chapel, où nous demeurions (à 12 ou 13 milles de Stretton), pour la voir et pour l'assister à ses derniers moments. La nuit avant sa mort (environ 12 ou 14 heures avant qu'elle ne mourût) je dormais seul dans ma chambre ; je me réveillai, j'entendis distinctement une voix qui m'appelait. Je pensai que c'était ma nièce Rosanna, qui habitait seule avec moi la maison ; je crus qu'elle était effrayée ou malade. J'allai donc à sa chambre, et je la trouvai réveillée et agitée. Je lui demandai si elle m'avait appelé. Elle répondit : « Non, mais quelque chose m'a réveillée : j'ai entendu quelqu'un appeler. »

Lorsque ma femme revint, après la mort de sa sœur, elle me dit combien elle avait désiré me voir. Elle demandait qu'on envoyât me chercher ; elle disait : « Oh ! comme je désire voir Done encore une fois ! » Bientôt après elle ne put plus parler. Ce qu'il y a d'étrange, c'est qu'au moment même où elle me demandait, moi et ma nièce nous l'avons entendue appeler.

John Done.

M. Done s'exprime ainsi dans une lettre ultérieure :

Pour répondre aux questions que vous m'avez faites sur la voix ou l'appel que j'ai entendu dans la nuit du 3 juillet 1866, je dois vous expliquer qu'une sympathie et une affection puissantes existaient entre ma belle-sœur et moi ; nous avions l'un pour l'autre les sentiments d'un frère et d'une sœur. Elle avait la coutume de m'appeler « oncle Done », comme un mari appelle sa femme « mère » quand il y a des enfants dans la famille, ce qui était le cas. Or, comme je m'entendais appeler : « Oncle, oncle, oncle », je supposai que c'était ma nièce qui m'appelait ; c'était la seule personne qui fût cette nuit-là à la maison.

Copie de la lettre de faire-part (*funeral card*) :

« En souvenir de feu Sarah Eustance, morte le 3 juillet 1866, âgée de quarante-cinq ans et enterrée à l'église de Stretton le 6 juillet 1866. »

Ma femme qui était partie le dimanche en question de Lowton, pour voir sa sœur, peut attester que la nuit où elle était auprès de Sarah (après le départ du pasteur) Sarah désirait me voir et me demandait avec insistance, répétant à plusieurs reprises : « Oh ! que je voudrais voir oncle Done et Rosie encore une fois avant de m'en aller. » Bientôt après, elle perdit conscience ou du moins elle ne parla plus ; elle mourut le lendemain. Je n'appris cela qu'au retour de ma femme, le soir du 4 juillet.

J'espère que ma nièce voudra bien témoigner de l'exactitude des faits. Je puis en tous cas affirmer qu'elle m'a dit qu'elle croyait que je l'appelais et qu'elle allait venir auprès de moi, lorsqu'elle m'a rencontré dans le couloir ; je puis affirmer aussi que je lui ai demandé si elle m'avait appelé.

Je ne me rappelle pas avoir jamais entendu une autre voix ou un autre appel.

Le 7 août 1885, M. Done nous a écrit ce qui suit :

Comme ma femme est malade et affaiblie, elle me dicte la déclaration suivante :

« Moi, Elisabeth Done, femme de John Done et tante de Rosanna Done (à présent Sewill), je certifie que le 3 juillet 1866 j'assistai ma sœur agonisante, Sarah Eustance, à Stretton, à douze milles de ma maison à Lowton Chapel, Newton-le-Willows. Pendant la nuit qui précéda sa mort elle me sollicitait sans cesse d'envoyer chercher mon mari et ma nièce, parce qu'elle désirait les voir encore une fois avant de s'en aller pour toujours. Elle disait souvent : « Oh ! combien je voudrais que Done et Rosie fussent ici ! Oh ! comme je voudrais voir l'oncle Done ! » Bientôt après elle perdit la parole et sembla rester sans conscience ; elle mourut le lendemain.

« Elizabeth Done. »

M. Done ajoute :

En pensant, parlant et écrivant sur cet étrange incident, je me suis ressouvenu de plusieurs détails ; en voici un : Le lendemain du jour où j'entendis la voix qui m'avait appelé, je restai inquiet. J'avais le pressentiment que ma chère belle-sœur était morte et je sortis vers le soir pour voir arriver un train à Newton Bridge, car il me semblait que ce train devait ramener ma femme, *si sa sœur était morte, comme je m'y attendais.*

N. B. — Nous étions convenus qu'elle resterait à Stretton, pour soigner Mᵐᵉ Eustance, jusqu'au dénouement fatal ou jusqu'à sa convalescence.

Je rencontrai ma femme à quelques centaines de yards de la station, et je devinai d'après l'expression de ses traits que mes suppositions étaient vraies. Elle me raconta les détails de la mort de sa sœur. Elle me dit combien elle avait *désiré* voir Rosanna et moi. Je lui racontai alors que, *dans le courant de la nuit précédente,* une voix nous avait appelés qui ressemblait à la sienne ; en même temps ma femme me dit que Mᵐᵉ Eustance avait bien souvent répété nos noms dans la nuit précédente avant de perdre conscience.

Voici de quelle manière la nièce confirme ce récit :

11, Smithdown Lane, Paddington, Liverpool, le 21 août 1885.

Sur la demande de mon oncle et la vôtre, je vous écris pour confirmer l'assertion de mon oncle au sujet de la voix que j'ai entendue. Sans cause apparente je fus subitement réveillée, et j'entendis une voix qui m'appelait distinctement ainsi : « Rosy, Rosy, Rosy ! » Je pensai que mon oncle m'appelait, je me levai et je sortis de la chambre, mais je rencontrai mon oncle qui venait voir si, moi, je l'appelais. Nous étions seuls à la maison cette nuit-là ; ma tante était partie pour soigner sa sœur. C'est dans la nuit du 2 au 3 juillet que je me suis entendu appeler ; je ne peux pas dire à quelle heure, mais je sais que le jour commençait à poindre. Je ne me suis jamais entendu appeler auparavant ni depuis.

ROSANNA SEWILL.

CXXXII. (309) M$^{me}$ Bettany, 2, Eckington Villas, Ashbourne Grove, Dulwich, Londres.

Juin 1885.

Le 23 mars 1883 au soir, je crois, je fus en proie à une inquiétude sans raison apparente à propos d'une voisine, que je ne connaissais que de nom ; nous n'étions même pas en relation de visite. C'était une dame qui semblait avoir une bonne santé. J'essayai de secouer cette impression, mais en vain, et, après une nuit sans sommeil, durant laquelle je pensai sans cesse que cette personne se mourait, j'envoyai un domestique chez elle pour savoir si tout allait bien. La réponse fut : « M$^{me}$ J... est morte la nuit dernière. »

Sa fille me déclara plus tard que sa mère l'avait effrayée en lui disant : « M$^{me}$ Bettany sait que je vais mourir. »

Je ne m'étais jamais intéressée à cette dame avant cette nuit mémorable. Après la mort, la famille quitta notre voisinage, et je n'ai revu depuis aucun de ses membres.

JEANIE GWYNNE BETTANY.

D'après le registre des décès, M$^{me}$ J... mourut le 23 mars 1883. Voici le témoignage du domestique qui a fait la commission :

Janvier 1886.

Je me rappelle que M$^{me}$ Bettany m'envoya demander si tout le monde se portait bien chez M$^{me}$ J... La réponse que l'on me fit fut que M$^{me}$ J... était morte. M$^{me}$ Bettany m'envoya demander parce qu'elle avait le pressentiment que M$^{me}$ J... était mourante ou morte.

M$^{me}$ Bettany ajoute :

Ma cuisinière, à qui je fis part de mon pressentiment, me dit le matin même : « J'ai eu un rêve si affreux au sujet de M$^{me}$ J... que je crois qu'elle va mourir. » Elle se rappelle que quelqu'un (elle ne sait pas qui, et ne l'a jamais su) lui disait dans son rêve que M$^{me}$ J... était morte.

Voici le témoignage de cette personne :

11 janvier 1886.

Je me rappelle que quelqu'un dans mon rêve me dit : « M$^{me}$ J... est morte. » Je ne me rappelle pas le reste du rêve, mais je sais qu'il était affreux. J'en parlai à M^me Bettany, qui me fit part de son pressentiment au sujet de M^me J...

M. WENT.

M^me M. Went a souvent rêvé à des personnes de sa connaissance, sans que ses rêves aient coïncidé avec aucun événement.

CXXXIII. (311) M^me John Evens, Old Bank, Enniskillen.

4 décembre 1885.

J'ai un souvenir net et complet de cette apparition ou illusion optique. Elle a eu lieu après un accès cataleptique provoqué par des pratiques hypnotiques. L'opérateur m'avait quittée et avait enjoint à mon mari de l'envoyer chercher, si quelque chose semblait exiger sa présence.

J'étais éveillée, et j'étais heureuse d'être soulagée de ma souffrance ; on avait soigneusement rendu obscure ma chambre. L'opérateur s'était assis, pendant qu'il était auprès de moi, sur une chaise, à moitié chemin entre mon lit et une commode, à peu près à trois pieds de chaque meuble. Je pensais avec gratitude au soulagement que j'éprouvais, lorsque je vis une lueur bleuâtre autour de la chaise. Elle semblait vaciller, puis rayonner dans un large ovale, mais peu à peu elle se concentra de manière à présenter l'apparence d'une figure assise sur la chaise. Cette apparition ne me surprit pas le moins du monde ; ma première pensée fut : « C'est M. T... », un jeune officier, un de nos intimes, et qui avait passé la soirée à la maison ce jour-là. Mais l'expression de la bouche me frappa, et je pensai : « Est-ce M. D...? » un de nos plus chers amis qui était mort peu auparavant. Pendant ce temps, la figure semblait changer et devenir plus nette. Tout à coup je m'écriai : « Est-ce M. B... (le père de l'opérateur) ? » Je ne connaissais pas du tout ce monsieur, si ce n'est d'après sa photographie. (Chose curieuse, sa bouche et celle de M. D... avaient presque la même expression.) La figure était entourée d'une sorte d'auréole sombre. Je n'étais pas étonnée ; je ne dis rien, mais je pensai : « Vous êtes venu voir P... (le fils) ; il a été ici toute la soirée, mais il est maintenant rentré chez lui. » Comme je pensais cela, la lueur se dissipa peu à peu et devint diffuse, et la figure disparut. La netteté des traits me frappa et aussi un mouvement particulier : la figure croisa et décroisa les jambes deux ou trois fois.

La même nuit, et presque à la même heure, l'ami qui m'avait magnétisée s'éveilla en entendant prononcer mon nom deux fois. Il pensa que j'avais besoin de lui, et il se préparait à venir (il habitait à un mille de notre maison), si l'appel se répétait. Mais il n'en fut rien. Le lendemain, lorsque je le vis, je lui demandai, sans lui parler de ce que j'avais vu : « Votre père a-t-il quelque habitude particulière ou quelque tic ? » Il me répondit d'abord : « Non », puis, « à moins d'appeler tic l'habitude de croiser et de décroiser fréquemment les jambes. Il a des varices et est parfois agité. »

Voilà toute l'affaire. Le père, qui déteste ces sortes de sujets, n'a jamais voulu dire s'il avait rêvé de son fils et s'il avait pensé à lui tout particulièrement; mais cela est probable.

Agnès Evens.

Dans une lettre datée du 18 décembre 1885, M^me Evens nous écrit qu'elle croit que le fait s'est passé en septembre ou en octobre 1881. Elle n'a jamais eu d'autres hallucinations visuelles

En réponse à quelques questions, elle ajoute :

1° Je ne puis dire à quelle heure je vis l'apparition, mais, en rapprochant les diverses circonstances, je crois que ce fut entre minuit et 1 heure plus près de cette dernière heure.

2° Je suis certaine de ne pas avoir parlé; la disparition du fantôme sembla coïncider avec la pensée qui surgit dans mon esprit : « Vous désirez voir Preston ? Il a été ici toute la soirée, mais il est reparti pour le Fort Tourgis depuis un moment. »

3° Je n'avais nullement désiré sa présence. J'étais étendue, je goûtais les bienfaits que me procurait la cessation d'une douleur horrible, et de l'agitation de mes nerfs ; dans cet état ma pensée ne travaillait guère. Je pensais à lui, avec une sorte de reconnaissance un peu engourdie, parce qu'il m'avait soulagée.

Le capitaine Battersby, R. A., F. R. A. S., Ordnance House, Enniskillen, gendre de M^me Evens, nous écrit :

21 décembre 1885.

J'avais magnétisé M^me E... pendant plusieurs mois, à cause de violentes névralgies, et pour lui rendre le sommeil. Un soir, je l'avais endormie ; après l'avoir réveillée, je rentrai à la caserne, à un demi-mille de sa maison, la laissant dans sa chambre. Je me couchai et je m'endormais, lorsque je fus éveillé en sursaut, en entendant prononcer mon nom très distinctement. Je m'assis dans mon lit et cherchai à voir qui m'appelait, mais je ne vis personne. Il faisait trop sombre pour voir l'heure à ma montre, de sorte que je ne puis dire quelle heure il était. Je pensai alors que M^me E... pouvait avoir besoin de moi. Je n'avais pas reconnu la voix et je n'eus pas occasion de la reconnaître, car elle ne se fit pas réentendre. Le lendemain matin j'allai voir M^me E... pour savoir si elle n'avait pas éprouvé quelque chose d'anormal. Elle me demanda si rien ne m'était arrivé la nuit précédente. Je répondis : « Oui », et lui demandai pourquoi elle me posait cette question. Elle dit: « Votre père n'aurait-il pas l'habitude de croiser les jambes l'une sur l'autre et de les décroiser sans cesse? » Il avait en réalité cette habitude.

Elle me dit alors que vers une heure du matin elle avait été réveillée, qu'elle avait vu une apparition phosphorescente, sur la chaise près de son lit, apparition qui s'était transformée en une forme humaine, qu'elle avait reconnue pour être mon père d'après un portrait que je possède. La forme n'avait pas parlé, mais semblait lui demander mentalement : « Où est Preston ? » Ce à quoi elle répondit mentalement : « Il était ici, mais il est rentré. » Là-dessus la forme disparut. Je fus alarmé de tout cela, et j'écrivis pour savoir si mon père se portait bien. Il était en bonne santé, et ne se rappelait pas avoir rêvé de moi cette nuit-là. M^me E... avait surtout remarqué l'habitude qu'il avait de croiser une jambe, puis l'autre, ce que je ne lui avais jamais dit.

T. Preston Battersby.

En réponse à nos questions, le capitaine Battersby nous a dit :

Je vous déclare que jamais, sauf dans le cas précité, je ne me suis éveillé avec l'impression que quelqu'un m'appelait. C'est la seule fois dans ma vie que j'ai entendu ou vu quelque chose d'anormal.

CXXXIV. (313) Ce récit est dû à une personne fort intelligente qui a été pendant plusieurs années au service d'une famille que nous connaissons personnellement. Ni le témoin ni sa mère n'ont jamais eu d'autre impression de cette espèce ; la mère est morte depuis quelques années.

M. Charles Matthews, 9, Blandford place, Clarence Gate, Regent's Park, Londres.

21 octobre 1882.

Pendant l'hiver 1850-51, moi, Charles Matthews, âgé alors de vingt-cinq ans, j'étais maître d'hôtel chez le général Morse à Troston Hall, près Bury Saint-Edmunds. Ma mère, Mary-Ann Matthews, était dans la même maison comme cuisinière et femme de charge ; c'était une femme très droite et très consciencieuse, aimée de tous les domestiques, sauf de la femme de chambre, nommée Suzanne, j'ai oublié son nom de famille. Cette Suzanne se rendait désagréable à tous par ses cancans et sa tendance à faire le mal, mais elle craignait beaucoup ma mère, dont le caractère ferme lui imposait considérablement.

Suzanne eut la jaunisse ; on la soigna d'abord pendant quelques mois à Troston Hall, mais finalement elle fut transportée à l'hôpital de Bury Saint-Edmunds, et placée dans le dortoir réservé aux domestiques, aux frais du général Morse ; elle y mourut une semaine après son admission. Le général envoyait une femme du village à l'hôpital, éloigné de sept milles, pour prendre les nouvelles, toutes les fois que la voiture n'allait pas à Bury Saint-Edmunds. Un certain samedi la femme y alla, mais elle ne revint que le dimanche soir ; elle dit alors qu'elle avait trouvé Suzanne sans conscience, et que, comme sa fin approchait, on lui avait permis de rester dans le dortoir jusqu'à la fin.

Pendant cette nuit du samedi, les faits mystérieux que je vais raconter se sont produits; ils m'ont toujours intrigué. J'étais endormi; tout à coup je fus éveillé avec ou par un sentiment soudain de terreur. Je regardai dans l'obscurité, mais je ne vis rien ; je me sentis en proie à une terreur anormale, et complètement effrayé. Je me cachai sous mes couvertures. La porte de ma chambre donnait sur un couloir étroit qui conduisait à la chambre de ma mère, et tous les gens qui passaient touchaient presque ma porte. Je ne dormis plus de toute la nuit. Au matin, je rencontrai ma mère en bas, et je vis qu'elle paraissait malade, pâle et singulièrement bouleversée. Je lui demandai : « Qu'y a-t-il donc ? » Elle répondit : « Rien ; ne me le demande pas. » Une heure ou deux s'écoulèrent, et je voyais bien qu'il y avait quelque chose. Je me décidai à savoir ce que c'était ; ma mère de son côté ne voulait pas parler. Enfin je demandai : « Est-ce que cela a trait à Suzanne? » Elle éclata en pleurs et me dit : « Pourquoi cette question ? » Je lui racontai ma frayeur pendant la nuit, et elle me raconta l'étrange histoire qui suit :

« Je fus éveillée en entendant ouvrir ma porte, et je vis, à ma vive terreur, Suzanne entrer en costume de nuit. Elle vint droit à mon lit, releva les couvertures et se coucha à côté de moi; je sentis un frisson glacial courir le long de mon côté là où elle semblait me toucher. Je crois que je m'évanouis, car je ne me rappelle plus rien après, et, lorsque je recouvrai mes sens, l'apparition avait disparu ; mais je suis sûre d'une chose, c'est que ce n'était pas un rêve. »

Nous apprîmes par la paysanne à son retour, le dimanche soir, que Suzanne était morte au milieu de la nuit, et, qu'avant de perdre connaissance, elle ne parlait que de retourner à Troston Hall. Nous n'appréhendions nullement sa mort. Nous pensions qu'elle était allée à l'hôpital, non parce qu'elle était en danger, mais pour subir un traitement spécial.

Voilà les faits aussi bien que je puis les rapporter. Je n'étais ni superstitieux ni naïf à ce moment-là, ayant déjà vu beaucoup le monde; mais je n'ai pas encore pu satisfaire mon esprit au sujet du comment et du pourquoi de cet incident.

M. Matthews me dit qu'il n'a jamais eu pareille sensation, et il croit que cette hallucination fut la seule qu'eut jamais sa mère, qui est morte il y a quelques années.

CXXXV. (314) M$^{me}$ Coote, 28 Duke Street, Grosvenor Square W. Londres.
29 juillet 1885.

Le mercredi saint 1872, ma belle-sœur, M$^{me}$ W., partit avec son mari et ses trois jeunes enfants de Liverpool sur le vapeur *Sarmatian* pour

Boston, États-Unis, où ils arrivèrent sans encombre, et s'établirent. Le mois de novembre suivant, elle tomba malade de la petite vérole, alors épidémique à Boston, et en mourut. Vers la fin de novembre, ou au commencement de décembre de la même année, je fus troublée un matin avant qu'il ne fît jour, entre 5 et 6 heures, par l'apparition d'une figure de haute taille vêtue d'une longue chemise de nuit, et qui se penchait sur mon lit. Je reconnus distinctement cette figure pour ma belle-sœur, M$^{me}$ W..., qui me toucha, je le sentis distinctement. Mon mari, qui dormait à côté de moi, ne vit ni ne sentit rien. Une de mes tantes déjà âgée à cette époque, qui résidait alors à Theydon Bois, près Epping, Essex, eut la même apparition. Elle vit encore, elle est âgée de plus de quatre-vingts ans, et habite à Hextable, près Dartford, comté de Kent. Elle est en pleine possession de ses facultés. Elle a raconté à mon mari le 4 juillet dernier, qu'une forme très brillante lui apparut dans un coin obscur de sa chambre à coucher, un matin de très bonne heure. L'apparition était si distincte que non seulement elle reconnut sa nièce M$^{me}$ W..., mais qu'elle remarqua la broderie de sa robe de nuit ! La demi-sœur de mon frère, qui n'était pas encore mariée, et habitait, Stanhope Gardens, vit aussi cette apparition. Elle fut la première avertie de la mort de M$^{me}$ W..., par une lettre du mari, datée de décembre 1872, 156 Eighth Street, South Boston. La lettre a été conservée. La mort a été annoncée (comme mon mari l'a su depuis peu) dans plusieurs journaux, entre autres le *Boston Herald*. La comparaison des dates, qui a été faite pour deux des cas, a prouvé que l'apparition a eu lieu de la même façon, et à peu près au même moment, c'est-à-dire au moment de la mort ou peu après. Ni la vieille M$^{me}$ B..., ni la demi-sœur de mon mari, ni moi n'avons jamais vu pareille apparition ni avant ni depuis. Ce n'est que récemment, lorsque mon mari a prié sa demi-sœur de rechercher la lettre de Boston, que nous avons appris pour la première fois cette *troisième* apparition.

M. Coote nous écrit ce qui suit :

La vision de M$^{me}$ Coote a eu lieu dans la semaine qui suivit la mort de M$^{me}$ W... à Boston, États-Unis, sans aucun doute possible ; et sans chercher à préciser davantage nos souvenirs, je puis ajouter que, dès le début, j'ai toujours pensé que le trait le plus remarquable de ce cas (je m'appuie sur une opinion formée lorsque les circonstances étaient encore présentes à ma mémoire) c'était que l'apparition avait eu lieu dans les vingt-quatre heures qui ont suivi la mort. Je crains que, vu le temps écoulé, on ne puisse arriver à aucune conclusion en ce qui regarde la concordance des temps dans les deux autres cas ; on peut affirmer seulement que la vieille M$^{me}$ B... et M$^{me}$ *** sont persuadées que les visions ont eu lieu au même moment que celle de M$^{me}$ Coote, et qu'elles ont présenté le même aspect. M$^{me}$ Coote me prie d'ajouter que jusqu'à présent elle n'a jamais parlé de sa vision, même à la vieille M^me B..., ce qui donne à son témoignage toute sa valeur.

C. H. Coote.

Il n'est pas possible d'obtenir un récit de première main de la demi-sœur de M. Coote pour le moment.

§ 3. — J'en viens maintenant à la seconde théorie, celle qui attribue à l'hallucination un caractère contagieux. C'est l'explication qui se présente d'elle-même dans les cas où l'un des sujets n'a pas de relations avec l'agent; mais on peut apporter à l'appui de cette théorie une preuve plus démonstrative encore. Il y a en effet des exemples d'hallucinations subjectives partagées par plusieurs personnes. Ces exemples sont à vrai dire en petit nombre, car la plupart des cas de soi-disant hallucinations collectives ne sont en réalité que des cas d'illusions collectives. Il faut aussi tenir compte de ce fait que les gens sans culture se figurent aisément avoir vu ce dont ils ont seulement entendu parler. Les épidémies d'hallucinations religieuses qui ont été fréquemment observées peuvent s'expliquer par l'attente où sont tous les gens du pays de voir leur apparaître Dieu ou la Vierge. L'attente même n'est point une condition indispensable; dans certains cas une suggestion faite au moment même suffit pour déterminer l'hallucination. Le sujet est presque toujours dans ce cas, dans l'état hypnotique, mais à certains moments la simple suggestion verbale peut agir de la même manière sur des sujets non hypnotisés. Je dis avec intention « à certains moments », car des témoignages établissent qu'il faut, pour que le phénomène se produise, une particulière concentration d'esprit qui va parfois jusqu'à la demi-syncope. Je ne connais aucun exemple d'un cas où une personne en bonne santé et saine d'esprit ait réussi à faire croire à une autre personne également saine d'esprit et en bonne santé qu'elle voyait un objet qu'en réalité elle ne voyait point, simplement en lui affirmant que cet objet était devant elle. Aussi ne suffit-il pas, pour attribuer avec certitude une hallucination à la suggestion verbale, d'établir que l'un des sujets a parlé à l'autre de son hallucination avant que celui-ci l'ait éprouvée.

Pour que nous puissions attribuer légitimement à une transmission de pensée l'apparition simultanée d'une hallucination chez deux ou plusieurs sujets, il faut : 1° que nous soyons sûrs d'avoir affaire à une hallucination et non pas simplement à une illusion ; 2° que cette hallucination ne se rapporte point aux idées qui occupent alors l'esprit des sujets ; 3° enfin qu'aucune suggestion n'ait pu intervenir. Il est très difficile de savoir, dans le cas d'hallucination auditive surtout, dans quelle mesure ces conditions ont été réalisées, mais on y peut parvenir cependant dans quelques circonstances exceptionnelles. Nous ne pouvons être toujours certains que les récits des sujets soient entièrement exacts et que leurs hallucinations aient été aussi parfaitement semblables qu'ils l'affirment après coup. Mais cela importe peu. Ces différences de détails entre les deux hallucinations seraient même un argument en faveur de leur origine télépathique, ainsi que le montre le grand nombre de succès approximatifs obtenus dans les expériences de transmission de pensées. Voici maintenant quelques exemples de cas où l'hallucination subjective semble bien avoir été due à l'action d'un sujet sur un autre :

### CXXXVI. (322) Lady C.

13 octobre 1884.

En octobre 1870, je demeurais à Bishopthorpe, près de York, avec l'archevêque de York. J'étais couchée avec M$^{lle}$ Z. T..., lorsque tout à coup je vis une forme blanche passer à travers la chambre, de la porte à la fenêtre. Ce n'était qu'une forme vaporeuse, et la vision ne dura qu'un moment. Je fus terrifiée et je criai : « L'avez-vous-vu ? » Au même moment M$^{lle}$ Z. T... s'écria : « L'avez-vous entendu ? » Je dis immédiatement : « J'ai vu un ange voler à travers la chambre. » Et elle répondit : « J'ai entendu un ange chanter. »

Nous étions très effrayées, mais nous ne parlâmes à personne de ce qui nous était arrivé.

K. C.

Miss T. nous écrit :

19 décembre 1884.

Une nuit, vers le 17 octobre 1879, lady C... (alors lady K. L.) et moi, nous nous préparions à dormir, après avoir causé quelque temps, lorsque j'entendis une musique très douce, et crus sentir ce que l'on appelle « une présence ». J'étendis la main et je touchai lady C..., en disant : « Avez-vous entendu cela ? » Elle me dit : « Oh silence ! Je viens de voir quelque chose traverser la chambre ! » Nous fûmes très effrayées toutes deux, et nous essayâmes de nous endormir le plus vite possible. Mais je me rappelle avoir demandé à M$^{me}$ C... ce qu'elle avait vu au juste, et elle me dit : « Une sorte d'ombre, comme un esprit. » Cela est arrivé à Bishopthorpe, York.

Z. J. T.

CXXXVII. (323) M. Bettany, 2 Eckington Villas, Ashbourne Grove, Dulwich, S. E. Londres.

Novembre 1884.

Une nuit, au commencement de cette année, j'eus conscience qu'il y avait un être dans ma chambre à coucher. C'était une femme accroupie avec un manteau noir et un capuchon. J'avais l'impression que cette femme était vieille, mais je ne pouvais voir sa figure. Cette figure avança lentement et avec précaution de la chambre à coucher à une armoire du même côté de la chambre. Tout à coup, elle disparut complètement, et le saisissement me fit pousser un cri perçant. Je n'ai jamais vu pareille apparition auparavant ni depuis. Je me considère comme peu porté à voir des apparitions. La figure que j'ai vue ne ressemblait pas à celles qu'on aperçoit dans les rêves ; c'était pour moi une figure réelle, j'étais complètement éveillé et il n'y avait pas eu de transition entre le sommeil et la veille. Je ne sais qui cette forme représentait. J'occupais alors cette maison depuis près de trois ans, et je ne sais rien au sujet des locataires précédents.

Il n'y avait aucune lumière dans la chambre. La figure et l'armoire étaient très visibles. Mais lorsque la figure disparut, l'obscurité fut complète. La porte était fermée à clef.

G. T. Bettany.

M<sup>me</sup> Bettany écrit :

Cette nuit-là, je m'éveillai subitement, je ne sais pourquoi. Mon mari était appuyé sur son coude, occupé à regarder une femme étrange que je vis accroupie près de l'armoire. Je croyais que c'était une personne vivante. Tout à coup, elle disparut. Mon mari poussa un cri, comme il le dit. Il me raconta alors ce qu'il avait vu. Je courus à la porte et je la trouvai fermée à clef.

Je pensai tout d'abord que c'était sous l'influence de mon mari que j'avais eu cette vision ; il y aurait eu alors transmission de pensée, mais je dois dire cependant que je suis beaucoup plus sujette que lui aux impressions de cette nature.

Je n'en parlai pas à mes domestiques ; le lendemain, la bonne d'enfants me dit que Marcel (un enfant de trois ans) l'avait éveillée au milieu de la nuit en criant, sans paraître avoir peur : « Clara ! Clara ! il y a une vieille femme dans la chambre. » La bonne n'avait rien vu. Je puis ajouter que ma cuisinière avait plusieurs fois demandé si je n'étais pas entrée dans sa chambre pendant la nuit, alors que, très certainement, je ne l'avais pas fait. Elle semblait très surprise lorsqu'on le lui disait.

Jeannie Gwynne Bettany.

CXXXVII. — **Capitaine Cécil Norton, 5ᵉ lanciers, 8 Queen's Gate, S. W. Londres.**

20 décembre 1885.

En 1875 ou 1876, vers Noël, j'étais à mon corps, caserné à la caserne de cavalerie de l'Ouest, à Aldershot. J'étais assis à la table du mess avec dix ou douze autres officiers. M. John Atkinson, qui habite maintenant à Erchfont Manor, près de Devizes, Wilts, était des nôtres ; il était alors chirurgien major à notre régiment. Il était assis à ma droite, mais au bout de la table, le plus éloigné de moi, et tout près de M. Russell (le capitaine Norton était assis au bout de la table et faisait face à la fenêtre).

A 8 heures 45 environ, Atkinson regarda par la fenêtre qui était à sa droite et Russell lui saisissant le bras lui dit : « Bon Dieu, docteur, que vous arrive-t-il ? » Cela me fit regarder dans la direction où je voyais regarder Atkinson, c'est-à-dire du côté de la fenêtre qui était en face de moi ; je vis alors (car les rideaux étaient relevés, bien que la chambre fût éclairée par un lustre à gaz et des candélabres placés sur la table), une jeune femme vêtue d'une robe de mariée salie ou usée qui passait ou glissait lentement le long de la fenêtre de l'est à l'ouest. Elle était à peu près au milieu de la fenêtre lorsque je la vis, et en dehors de la fenêtre ; personne ne pouvait réellement occuper la position où avait apparu cette figure, car la fenêtre en question est à environ trente pieds au-dessus du sol.

Les bâtiments les plus proches sont ceux de la caserne d'infanterie, ils sont situés en face la fenêtre et distants d'environ 300 yards. Derrière l'endroit où j'étais assis, il y avait un office ; je l'examinai avec soin, aussi bien que la fenêtre, immédiatement après l'incident ; il n'y avait personne dans l'office (on ne s'en servait pas pendant l'hiver). Le bâtiments les plus voisins de cet office sont les écuries des officiers, au-dessus desquelles sont les chambres des sous-officiers ; ce bâtiment est à environ cinquante yards de là. L'incident me fit très peu d'impression, bien qu'il impressionnât fortement plusieurs des personnes qui étaient dans la pièce. Tous ceux qui étaient là n'avaient bu que très peu de vin, et le dîner avait été fort tranquille.

Il se peut que je me trompe sur la date et que l'événement ait eu lieu vers le 15 octobre ou vers le 15 mars.

M. Atkinson nous écrit :

Erchfont Manor, Devizes, 31 août 1885.

La femme que j'ai vue m'apparaître à la fenêtre de la salle du mess, à Aldershot, semblait être hors de la fenêtre ; la salle du mess est au premier étage, la femme se serait donc promenée dans les airs ; on a fait avec cela une très jolie histoire fondée, comme la plupart des histoires de revenant, sur une illusion d'optique.

Le récit que nous a fait de vive voix le capitaine Norton semble prouver, à mon avis, qu'il s'agissait d'une hallucination et non d'une illusion ; le capitaine Norton a ajouté que M. Atkinson et lui étaient convaincus qu'ils connaissaient fort bien cette femme, bien qu'ils fussent hors d'état, à ce moment, de lui donner un nom. Le capitaine Norton est tout à fait sûr que cette figure ressemblait à une photographie qu'il avait l'habitude de voir dans la chambre du vétérinaire du régiment et qui représentait sa femme en robe de mariée ; cette dame était morte à cette époque. Le capitaine Norton n'a reconnu la figure qu'après coup. Par une coïncidence singulière, ce vétérinaire était mourant au moment de l'apparition. Mais M. Atkinson ne se souvient pas de la photographie et nous ne pouvons guère attacher d'importance à cette coïncidence.

Le capitaine Norton nous dit qu'il n'a jamais eu d'autre hallucination.

CXXXIX. (327) M$^{me}$ Moberley, Tynwald, Hythe.

9 mai 1884.

Une de mes amies et moi, nous avons éprouvé une hallucination assez étrange. Nous fûmes toutes deux convaincues d'avoir vu, une après-midi, passer un ami devant la fenêtre derrière laquelle nous étions, et entrer dans le jardin. Nous le saluâmes toutes deux, et nous crûmes qu'il nous avait répondu. Il resta en vue un moment, assez longtemps pour que nous puissions le reconnaître, et la route qu'il suivait passait près de la fenêtre où nous étions. C'était un chemin de campagne très tranquille ; nous connaissions tous les passants de vue et par leur nom, et notre ami était un homme facile à reconnaître et que l'on ne confondait pas aisément avec les autres : un homme de petite taille, vif et souple ; il avait l'air d'un étranger, les cheveux noirs et les favoris blancs, un pardessus qui n'était pas du tout de coupe anglaise, une manière de saluer qui lui était particulière ; il agitait son chapeau et se courbait profondément devant nous, toutes les fois qu'il nous rencontrait. Nous espérâmes en vain l'entendre annoncer. En retournant chez elle, mon amie rencontra le fils de ce monsieur qui fut très surpris d'apprendre que son père était venu chez nous. Il avait eu l'intention de venir, mais, se trouvant occupé, il avait envoyé son fils à sa place. Naturellement, lorsque nous nous rencontrâmes, on discuta sur ce mystère à perte de vue, et on en arriva finalement à la conclusion que c'était un mystère.

Fras. Moberley.

En réponse à nos questions, M^me Moberley nous dit que le fait a eu lieu en 1863, qu'elle avait alors dix-neuf ans, qu'elle se portait bien, et qu'elle n'avait jamais eu d'autre hallucination. La personne qui a partagé cette hallucination refuse de répondre aux questions, « par principe ». M^me Moberley ajoute : « Elle n'a pas oublié les faits, elle serait bien heureuse qu'il en fût ainsi. »

CXL. (329) M. R. Mouat, 60 Huntingdon Street, Barnsbury, N., Londres.

Le jeudi 5 septembre 1867, vers 10 heures 45 du matin, comme j'entrais dans mon bureau, je vis mon employé qui causait avec le portier, et le Rév. M. H... était debout derrière l'employé. J'allai demander à M. H... ce qui l'amenait de si bonne heure (il travaillait à mon bureau, mais n'arrivait jamais avant midi), lorsque mon employé m'interrogea à propos d'une dépêche qui était arrivée après mon départ. La conversation dura quelques minutes, et le portier me donna pendant ce temps-là une lettre qui expliquait qui avait envoyé la dépêche. Pendant ceci, M. R... descendit de son bureau, entra et écouta ce qui se disait. En ouvrant la lettre, je fis part du contenu et, tout en parlant, je regardais M. H... bien en face. Je fus frappé de son expression mélancolique, et je remarquai qu'il n'avait pas de cravate. A ce moment M. R... et le portier quittèrent la chambre. J'adressai alors la parole à M. H... et je lui dis : « Mais qu'avez-vous donc ? Vous semblez ennuyé. » Il ne répondit pas, mais continua à me regarder fixement. Je pris un pli qui avait été joint à la lettre et je le lus d'un bout à l'autre, je voyais toujours M. H... en face de moi au coin de la table. Comme je posais mes papiers sur la table, mon employé dit : « Voici, Monsieur, une lettre de M. H... » Il n'eut pas plutôt prononcé ce nom que M. H... disparut. Je restai anéanti pendant un moment, ce qui étonna mon employé, qui (comme je le sus ensuite) n'avait pas vu M. H..., et qui nia absolument qu'il fût venu au bureau ce matin-là. La lettre de M. H... me prévenait que, ne se sentant pas bien, il ne viendrait pas au bureau ce jeudi-là, mais qu'il me priait de lui faire parvenir sa correspondance. La lettre avait été écrite la veille.

Le lendemain (vendredi) vers midi, M. H... entra dans le bureau ; et, lorsque je lui demandai où il se trouvait le jeudi vers 10 heures 45, il me répondit qu'il finissait de déjeuner, qu'il était avec sa femme, et n'avait pas quitté la maison de la journée. Je n'osai pas en parler à M. R..., mais, le lundi suivant, je ne pus m'empêcher de lui demander, s'il se rappelait être entré le jeudi matin : « Parfaitement, dit-il, vous discutiez longuement avec votre employé au sujet d'une dépêche, qui vous était adressée par M. C..., à ce que vous avez appris ensuite. » Je lui demandai s'il se rappelait qui était présent ; il me répondit : « L'employé, le portier, vous et H... » Je le questionnai encore, et il me dit : « Il se tenait debout, au coin de la table, en face de vous. Je lui parlai, mais il ne me répondit pas, prit un livre et se mit à lire. Je ne pus m'empêcher de le regarder de nouveau, car d'abord j'étais étonné de le voir de si bonne heure à son bureau, et ensuite son expression mélancolique me frappa, tant elle était différente de son expression habituelle; mais je pensais que la discussion qui avait lieu l'ennuyait. Il était dans la même position, lorsque je sortis avec le portier. » J'appris à M. R... que M. H... était resté toute la journée à quatorze milles du bureau : il se fâcha à l'idée que je pusse mettre en doute ce qu'il affirmait avoir vu, et insista pour que l'on fît monter et que l'on interrogeât le portier. Le portier ni l'employé n'avaient rien vu.

M. R... nous a fourni des détails sur ces faits et il nous en a donné une confirmation précise en ce qui le concerne. La seule différence entre son récit et celui de M. L..., et c'est une différence insignifiante, c'est qu'il dit qu'il n'a pas parlé à M. H..., mais qu'il lui a montré en riant M. M... et l'employé, qui se disputaient au sujet d'une dépêche. Ma gaieté, ajoute-t-il, ne semblait nullement communicative ; M. H.. ne paraissait pas disposé, contre son habitude, à prendre les choses en plaisanterie. Il ajoute qu'il n'a jamais eu d'autre hallucination, et M. Mouat nous a dit la même chose, en ce qui le concerne.

CXLI. (331) M. Charles A. W. Lett, Military and Royal Naval Club, Albemarle street, Londres.

3 décembre 1885.

Le 5 avril 1873, le père de ma femme, le capitaine Towns, mourut dans son habitation à Cranbrook, Rose bay, près de Sydney, N. S. Wales. Environ six semaines après sa mort, ma femme entra par hasard, un soir vers 9 heures, dans une des chambres à coucher de la maison. Elle était accompagnée d'une jeune personne, M^lle Berthon, et, comme elles entraient dans la chambre — le gaz était allumé, — elles furent surprises de voir l'image du capitaine Towns reflétée sur la surface polie de l'armoire. L'on voyait la moitié de son corps, la tête, les épaules et la moitié des bras; en réalité on eût dit un portrait de grandeur naturelle. Sa figure était pâle et maigre, comme avant sa mort; et il avait une jaquette de flanelle grise, avec laquelle il avait l'habitude de coucher. Surprises et à demi effrayées, elles pensèrent d'abord que c'était un portrait que l'on avait pendu dans la chambre, et qu'elles en voyaient l'image reflétée, mais il n'y avait aucun portrait de ce genre.

Pendant qu'elles regardaient, la sœur de ma femme, M^lle Towns, entra, et, avant que les autres lui aient parlé, elle s'écria : « Mon Dieu ! Regardez, papa ! » Une des femmes de chambre passait dans les escaliers à ce moment-là, on l'appela, et on lui demanda si elle voyait quelque chose ; sa réponse fut : « Oh ! Mademoiselle ! le maître ! » On fit venir Graham, l'ordonnance du capitaine Towns, et il s'écria aussitôt : « Dieu nous garde ! Madame Lett, c'est le capitaine ! » On appela l'intendant, puis M^me Crane, la nourrice de ma femme, et tous deux dirent ce qu'ils voyaient. Enfin, on pria M^me Towns de venir ; en voyant l'apparition, elle s'avança le bras étendu comme pour la toucher, et, comme elle passait la main sur le panneau de l'armoire, l'image peu à peu disparut, et on ne la vit jamais dans la suite, quoique la chambre fût occupée.

Tels sont les faits qui ont eu lieu ; et il est impossible d'en douter ; l'on n'influença en rien les témoins ; on leur posa la même question lorsqu'ils entraient dans la chambre, et tous répondirent sans hésiter. Ce fut par accident que je ne vis pas l'apparition. J'étais dans la maison à ce moment, mais je n'entendis pas que l'on m'appelait.

C. A. W. Lett.

Les soussignées, après avoir lu le récit ci-dessus, certifient qu'il est exact. Nous avons été toutes deux témoins de l'apparition.

Sara Lett, Sibbie Smyth (née Towns).

M^me Lett m'assure que ni sa sœur ni elle n'ont jamais eu d'autre hallucination des sens. Elle est certaine que les témoins ont reconnu indépendamment l'apparition et que cette reconnaissance n'est due à aucune suggestion de la part des personnes qui étaient déjà dans la chambre.

CXLII. (332) Rév. C. Jupp, directeur de l'orphelinat de Aberlour, Craigellachie (1).

En 1875, un homme mourut, laissant une femme et six enfants. Les trois aînés furent admis à l'Orphelinat. Trois ans après, la veuve mourut, et des amis réussirent à recueillir de l'argent pour placer les autres enfants ici ; le plus jeune avait quatre ans. [Un soir assez tard, environ six mois après l'admission des enfants, quelques visiteurs arrivèrent subitement.] Le Directeur consentit à se faire dresser un lit dans le dortoir des petits, qui contenait dix lits, dont neuf étaient occupés.

Au matin, pendant le déjeuner, le directeur fit le récit suivant : « Autant que je me rappelle, je m'endormis vers 11 heures et je dormis

(1) Ce récit a d'abord paru en juin 1883 dans un compte rendu annuel de l'Orphelinat.

profondément pendant quelque temps. Tout à coup je m'éveillai, sans raison apparente, et je me sentis poussé à me retourner vers les enfants. Avant de me retourner, je levai les yeux et je vis une lumière douce dans la chambre. Le gaz était baissé dans le couloir, et comme la porte du dortoir était ouverte, je crus que la lumière provenait de là. Je m'aperçus bientôt qu'il n'en était pas ainsi. Je me retournai et je vis quelque chose de surprenant. Au-dessus du second lit à partir du mien, et du même côté de la chambre, flottait un petit nuage lumineux, formant un halo comme autour de la lune par un clair de lune ordinaire.

« Je m'assis dans mon lit, pour bien voir cette apparition étrange, je pris ma montre et je sentis que les aiguilles marquaient 1 heure moins cinq minutes. Tout était tranquille, et tous les enfants dormaient profondément. Dans le lit, au-dessus duquel la lumière semblait flotter, dormait le plus jeune des enfants mentionnés plus haut.

Je me demandai : « Est-ce que je rêve ? » Non ! j'étais bien éveillé. J'eus l'idée de me lever et de toucher la substance ou quoi que ce pût être (car le tout avait cinq pieds de haut), mais quelque chose me retint. Je n'entendis rien, mais je sentis et je compris parfaitement ces paroles. « Restez couché, vous n'aurez aucun mal. » Je fis de suite ce que je sentais devoir faire. Je m'endormis peu après et me levai à 5 heures et demie, selon mon habitude.

Vers 6 heures, je commençai à habiller les enfants, en prenant le lit le plus éloigné du mien. J'arrivai au lit sur lequel j'avais vu la lumière flotter. Je levai le petit garçon, je le mis sur mon genou, et je lui passai ses vêtements. L'enfant venait de causer avec les autres ; tout à coup il se tut. Puis, me regardant bien en face avec une expression extraordinaire, il me dit : « Oh ! Monsieur Jupp, ma mère est venue auprès de moi la nuit passée. L'avez-vous vue ? » Pendant un instant, je ne pus lui répondre. Je pensai qu'il valait mieux ne plus parler de tout cela et je dis : « Viens, dépêchons-nous, ou nous serons en retard pour le déjeuner. »

L'enfant n'a jamais reparlé de cela, nous a-t-on dit, et on ne lui en a jamais parlé. Le directeur dit que c'est un mystère pour lui ; il note simplement le fait et s'en tient là ; il a cherché à ne commettre d'erreur sur aucun détail, il se contente de cela.

En réponse à nos questions, le Rév. C. Jupp nous écrit :

Orphelinat et Maison de convalescence, Aberlour, Craigellachie.

13 novembre 1883.

Je crains bien que tout ce que le petit garçon dirait maintenant ne soit sujet à caution, sinon je l'interrogerais de suite. Quoique nous ayons discuté l'affaire à fond sur le moment, l'enfant n'en a jamais rien su ; et cependant, lorsque l'enfant a lu le récit qui, sur la demande de quelques amis, a été publié dans notre petit journal, il a changé de figure et levant les yeux, il m'a dit « Monsieur Jupp, c'est moi. » Je répondis : « Oui, c'est ce que nous avons vu. » Il me dit alors « Oui », puis tomba dans une profonde rêverie, qui ramenait de doux souvenirs, car il souriait doucement, et semblait oublier que j'étais là.

Je regrette beaucoup maintenant de n'avoir pas interrogé l'enfant sur le moment. Chas. JUPP.

En réponse à d'autres questions, M. Jupp nous dit n'avoir jamais eu d'autre hallucination des sens, et ajoute: « Ma femme fut la seule grande personne à qui j'en parlai sur le moment. Quelque temps après, j'en parlai à notre évêque et notre doyen. »

Mᵐᵉ Jupp nous a écrit de l'Orphelinat le 23 juin 1886 :

Je certifie que le récit du directeur de cet établissement est exact, et qu'il m'a été fait au moment même, c'est-à-dire le lendemain matin.

CXLIII. (333) Mᵐᵉ Hall, The Yews, Gretton, près Kettering.

Décembre 1883.

A l'automne de 1863, je vivais avec mon mari et mon premier enfant, un bébé de huit mois, dans une maison isolée appelée Sibberton, près de Wansford, Northamptonshire, qui avait été autrefois une église. A l'approche de l'hiver une de mes cousines et son mari vinrent nous voir. Un soir, comme nous soupions, une apparition se dressa près du buffet ; nous étions tous les quatre assis à table, et cependant ce visiteur spectral vêtu d'une légère robe d'été de mousseline rayée, c'était moi, il ne présentait rien de terrible ni dans son expression ni dans sa manière d'être. Nous le vîmes tous les quatre, lorsque mon mari eut attiré notre attention sur lui en disant : « c'est Sarah » du ton de quelqu'un qui vous reconnaît, c'est de moi qu'il voulait parler; l'apparition disparut alors. Aucun de nous n'avait eu peur; l'apparition nous avait semblé à tous toute naturelle et familière. Cette figure était extérieure à moi et à ce que je ressentais, comme aurait pu l'être une peinture ou une statue. Mes trois parents, qui, avec moi, virent l'apparition, sont tous morts; ils moururent entre 1868-69. Sarah Jane HALL.

La robe que portait l'apparition ne ressemblait à aucune de celles que Mᵐᵉ Hall possédait à ce moment. Mais elle en porta une semblable deux ans plus tard. Mᵐᵉ Hall a eu d'autres hallucinations visuelles, qui ont été toutes causées par sa mauvaise santé ou par des secousses nerveuses ; une de ces hallucinations avait eu lieu quelques mois avant celle que nous venons de rapporter.

§ 4. — Passons maintenant à l'examen des cas où une hallucination d'origine nettement télépathique a été éprouvée par plusieurs sujets et où l'on peut attribuer avec vraisemblance le caractère collectif de l'hallucination à l'action que les sujets ont exercée les uns sur les autres.

CXLIV. (339) M. J. Wood-Beilby, Redbank Cottage, Elgin Road, Beechworth, Victoria.

17 octobre 1883.

Une jeune fille, amie de ma femme, demeurait avec nous dans la brousse; elle était sortie à cheval pour quelques heures (elle était allée jusqu'à la ville où se trouvait la poste, à quelque huit milles de là), ma femme et moi qui étions dans la maison, un domestique, une servante et mon fils adoptif, un jeune garçon, qui étaient dans une cuisine hors de la maison, nous entendîmes tous cette jeune personne crier et appeler : « Oh, Johnnie ! Johnnie ! C'était le nom de mon garçon, il était le compagnon habituel de la jolie amazone. Tous nous sortîmes en même temps, mais nous n'entendîmes ni ne vîmes rien. Une heure après, lorsqu'elle revint, elle nous apprit qu'à un certain endroit éloigné d'environ quatre ou cinq milles, elle avait eu à ouvrir une barrière. Elle avait voulu le faire sans descendre de son cheval, et pour cela elle s'était penchée de sa selle pour décrocher une sorte d'anneau. Son cheval avait eu peur de quelque chose et s'était jeté de côté, la laissant, heureusement, suspendue à la barrière. Elle nous dit qu'elle avait crié au secours, et qu'elle s'était imaginée que « Johnnie » était derrière elle; mais elle avait réussi à se dégager, j'oublie comment, et elle avait rattrapé son cheval. Elle était remontée à cheval et était arrivée chez nous sans autre mal que la peur. Il était absolument impossible d'entendre sa voix à travers une région boisée qui s'étendait entre elle et nous sur le tiers de la distance. Ce qui me paraît étrange, c'est que les autres, qui n'ont pas la même sensibilité magnétique que moi, aient entendu le cri en même temps que moi et aussi distinctement. Tous aussitôt répondirent à l'appel, en sortant des divers bâtiments dans lesquels ils se trouvaient à ce moment, et en se dirigeant vers l'entrée, dans la pensée qu'ils trouveraient la personne aux prises avec quelque difficulté dans les environs; et tous furent étonnés de ne pas la voir même sur une grande plaine, bordée par l'espace boisé qu'elle avait à traverser.

J. Wood-Beilby.

M<sup>me</sup> Beilby confirme ce récit comme suit:

Je me rappelle parfaitement que la voix a été entendue, comme il est raconté ci-dessus par mon mari. Je me porte garant de l'exactitude du récit.

Catherine W. Beilby.

Dans un autre récit, écrit le 28 janvier 1886, et signé par M. et M^me Beilby, il est dit plus clairement encore que la jeune personne, M^lle Snell, a appelé « Johnnie, Johnnie. » La seule différence entre les deux récits, c'est que le second, au lieu de dire que les quatre personnes s'élancèrent dehors simultanément, déclare que M. et M^me Beilby sortirent et crièrent aux domestiques que M^lle Snell était de retour et que « ceux-ci dirent qu'ils avaient entendu son appel », et qu'ils étaient allés immédiatement à la grille d'entrée de la propriété, mais n'avaient trouvé personne.

M. Beilby ajoute plus loin :

L'habitation est isolée ; il n'y a pas d'autre résidence dans un rayon d'environ trois milles ; personne ne se trouvait là à ce moment, si ce n'est les domestiques et les employés qui étaient dans des bâtiments séparés mais très rapprochés les uns des autres.

Il nous a dit aussi qu'il n'avait pas eu d'autre hallucination auditive.

CXLV. (340) Ce récit nous a été fourni par le Rev. W. Stainton Moses, ami intime de l'agent. Il a été revu par ses parents qui ont éprouvé l'hallucination ; ils l'ont déclaré exact.

1881.

Il y a deux ans environ, W. L... quitta l'Angleterre pour l'Amérique. Neuf mois après il se maria, il espérait amener sa femme dans son pays pour la présenter à sa mère qu'il aimait tendrement. Le 4 février, il tomba malade subitement ; il mourut le 12 du même mois vers 8 heures du soir. Cette nuit-là, environ trois quarts d'heure après que les parents de W. L... étaient allés se coucher, la mère entendit clairement la voix de son fils lui parler ; son mari qui entendit aussi cette voix, demanda à sa femme si c'était elle qui parlait. Ni l'un ni l'autre ne s'étaient endormis, et elle répondit. « Non, reste tranquille ! » La voix continua. « Comme je ne puis venir en Angleterre, mère, je suis venu te voir. » Les deux parents croyaient à ce moment leur fils en bonne santé en Amérique, et attendaient chaque jour une lettre annonçant son retour à la maison. Ils prirent note de cet incident qui les avait beaucoup frappés et, lorsqu'une quinzaine plus tard la nouvelle de la mort du fils arriva, ils virent qu'elle correspondait avec la date à laquelle la voix de « l'esprit » avait annoncé sa présence en Angleterre. La veuve déclara que les préparatifs du départ étaient presque terminés à ce moment-là, et que son mari était très désireux d'aller en Angleterre voir sa mère.

Malheureusement les parents de W. L. n'aiment à parler de ce sujet, et on a jugé préférable de ne pas les presser d'autres questions. Autrement nous nous serions naturellement informés s'ils avaient ou non eu d'autres hallucinations.

CXLVI. (341) Commandant T. W. Aylesbury, Sutton, Surrey.

Décembre 1882.

Celui qui écrit ces lignes tomba d'une barque à l'âge de 13 ans, lorsqu'il prenait terre à l'île de Bali, à l'est de Java, et fut presque noyé. Après avoir plongé plusieurs fois, le garçon en revenant à la surface appela sa mère. L'équipage de la barque s'amusa fort de cela et en causa depuis, quelquefois on n'épargna pas les moqueries. Bien des mois plus tard, arrivé en Angleterre, le garçon alla chez lui, et, en racontant à sa mère comment il s'était sauvé à grand'peine, il lui dit :

Tandis que j'étais sous l'eau, je vous vis toutes assises dans cette chambre ; vous travailliez à quelque chose de blanc. Je vous vis toutes : Mère, Emilie, Elise et Ellen. Sa mère dit aussitôt : C'est vrai, je t'ai entendu m'appeler, et j'ai envoyé Emilie regarder à la fenêtre, car j'avais fait la remarque que « quelque chose était arrivé à ce pauvre garçon ». L'heure, eu égard à la différence de longitude est, correspondait avec l'heure à laquelle la voix avait été entendue.

Le commandant Aylesbury ajoute dans une autre lettre :

Je vis leurs traits (les traits de ma mère et de mes sœurs), la chambre et le mobilier, surtout les volets vénitiens de vieille forme. Ma sœur aînée était assise à côté de ma mère.

Au sujet de l'heure de l'accident, le commandant Aylesbury dit :

Je crois que c'était de très bonne heure dans la matinée. Je me rappelle qu'une barque avait chaviré la veille, et avait été jetée à la côte. L'officier nous donna l'ordre d'aller la chercher et de la ramener le matin, mais je ne puis me rappeler l'heure exacte. La position était terrible, et les vagues déferlaient avec rage. Nous fûmes retournés poupe par-dessus proue, jamais je ne me crus si près de ma fin, et j'ai traversé cependant plus d'une mauvaise passe ; mais cet accident-là a fait une telle impression sur mon esprit que je ne puis oublier aucun détail ni les plaisanteries des matelots. « Garçon, pourquoi appelais-tu ta mère ? Penses-tu qu'elle pourrait te tirer des griffes du diable, etc. », et autres expressions que je ne puis citer.

Extrait d'une lettre adressée au commandant Aylesbury par une de ses sœurs (elle nous a été envoyée en 1883) :

Je me rappelle distinctement l'incident dont tu parles dans ta lettre (la voix qui appelait: Mère); cela me fit une telle impression que je ne l'oublierai jamais. Nous étions assises et nous travaillions tranquillement un soir; il était environ 9 heures. Je crois que c'était tard dans l'été puisque nous avions laissé la porte d'entrée ouverte. Nous entendîmes d'abord un faible cri de « Mère! » Nous levâmes tous les yeux, et nous nous dîmes : « Avez-vous entendu? Quelqu'un a crié : Mère! » Nous avions à peine fini de parler, que la voix appela encore très rapidement: « Mère! » deux fois de suite ; le dernier cri était empreint d'effroi, c'était comme un cri d'agonie. Nous nous levâmes toutes et mère me dit : « Va à la porte voir ce qu'il y a. » Je courus dans la rue et j'y demeurai quelques minutes, mais tout était silencieux et l'on ne voyait personne; la soirée était belle, sans un souffle d'air. Mère était tristement bouleversée par cet incident. Je me rappelle qu'elle se promenait à travers la chambre, et qu'elle craignait que quelque chose ne te fût arrivé. Elle nota la date le lendemain, et lorsque tu revins et que tu nous racontas de combien peu il s'en était fallu que tu ne fusses noyé, en nous donnant l'heure de l'accident ; Père dit qu'à ce moment il devait être environ 9 heures chez nous. Je sais que la date et l'heure correspondirent.

La différence d'heure dans les deux endroits est d'un peu plus de 7 heures ; par conséquent neuf heures du soir en Angleterre correspondraient au premier matin du lendemain à Bali. Mais l'incident a eu lieu il y a trop longtemps pour qu'on puisse s'en fier à la mémoire pour l'exactitude de la coïncidence.

CXLVII. (342) M. W. R. Weyer, 7, Willis Street, Saint-Paul's, Norwich.

Juin 1883.

Au moment où cet incident a eu lieu, le frère de ma mère était alité, et fort malade ; une vieille blessure qu'il avait reçue en Crimée, quelque temps auparavant, le faisait souffrir et une autre maladie était venue compliquer son état à ce moment-là. Aussi mes parents étaient-ils fort tourmentés. C'était pendant la nuit du 6 juillet 1865 ; mes parents venaient de se retirer à une heure assez tardive, lorsque tous deux ils furent subitement effrayés par le bruit de trois sanglots distincts qui d'après ma mère ressemblaient à ceux d'une personne mourante. Mon père se leva de suite, alluma une lumière, et l'on chercha partout, mais sans succès. Ils se recouchèrent, les sanglots se firent entendre de nouveau, cette fois bien clairement et bien distinctement. Ma mère nota l'heure, 10 heures 50 du soir, en faisant la réflexion que nous recevrions de mauvaises nouvelles. Ils firent de nouvelles recherches et se recouchèrent ensuite, les sanglots ne s'étant plus fait entendre.

Le lendemain ma mère reçut une lettre, portant le timbre de la poste de Chatham, annonçant que son frère, David Mackenzie Annison, était mort à l'hôpital de Chatham la nuit du 5 juillet, à 10 heures 50, juste à l'heure où les sanglots avaient été entendus par mes parents.

William Robt. Weyer.

Reconnu exact et signé par M<sup>me</sup> Weyer, le témoin survivant.

Maria E. Weyer.

M. Weyer, le père, est mort un an après l'incident.

En réponse à quelques questions, M. W. R. Weyer nous dit :

> Mes parents informèrent ma cousine et ma tante (qui est maintenant décédée) de l'événement, avant qu'elle n'eût reçu la lettre ; et ma tante, qui vient de mourir, se rappelait très bien l'événement. Ma grand'-mère en parlait souvent. J'ai insisté auprès de ma cousine pour qu'elle écrivît ce dont elle se souvenait, mais je ne puis maintenant la décider à le faire.

Dans une conversation, M<sup>me</sup> Weyer nous dit qu'il n'y avait pas de tuyaux d'eau près de la chambre, et que le son semblait étonnamment voisin près de la tête du lit. Elle n'est nullement prédisposée aux frayeurs ni aux visions, et n'a jamais eu d'autre hallucination, à moins de considérer comme telle un bruit saisissant de coups frappés que d'autres entendirent aussi, et pour lesquels on ne put découvrir aucune cause extérieure. L'idée qu'elle exprima que ces bruits présageaient de mauvaises nouvelles, n'était pas fondée sur une connaissance suffisante des phénomènes télépathiques ; elle indique donc une tendance à admettre sans critique l'existence de prodiges. Mais la seule question pour nous est celle-ci : Jusqu'à quel point un tel état d'esprit peut-il avoir altéré la valeur du témoignage de M<sup>me</sup> W... ; et mon impression très nette est que ce témoignage n'a pas été affecté d'une manière appréciable par cette opinion préconçue. Nous pouvons considérer comme probable cependant que les sanglots ne furent reconnus pour ceux « d'une personne mourante » qu'après que le fait de la mort a été connu.

Voici le résultat d'une enquête faite sur l'heure de la mort.

Hôpital Melville, Chatham, 18 juillet 1885.

> En réponse à votre lettre qui me demandait l'heure exacte de la mort de David *Mackenzie* Annison, j'ai l'honneur de vous informer qu'un nom-

mé *David* Annison, chauffeur en chef, âgé de trente-huit ans, a été admis à cet hôpital le 26 juin 1865 ; il appartenait à l'équipage du Cumberland. Il souffrait d'une maladie chronique du foie et de la jaunisse. Il est mort à 11 heures 35 du soir, le 5 juillet 1865, et ses amis ont emmené son corps à Sheerness.

Lorsqu'un décès se produit dans cet établissement, le corps est vu par le médecin de service, qui *lui-même* inscrit sur la feuille de l'homme l'heure et la minute du décès. C'est dans ce document que j'ai trouvé le renseignement que vous désirez.

BELGRAVE NINNIS, D. M.,
Inspecteur général délégué.

Pour ce point, M. Weyer écrit, le 7 août 1885 :

En ce qui regarde l'erreur qui a été commise sur l'heure, j'ai consulté ma mère, et elle dit qu'elle pourrait bien s'être trompée, mais elle est *tout à fait sûre que l'heure qu'elle a notée cette nuit-là correspondait exactement avec l'heure indiquée dans l'avis qui arriva le lendemain*; sur ce point, il n'y a pas d'erreur possible. Ma mère était presque sûre que l'heure était 10 heures 30, mais le fait a eu lieu il y a si longtemps qu'elle n'en a pas le moment exact bien présent à la mémoire ; elle pense par conséquent qu'il faut s'en fier au rapport médical officiel.

CXLVIII. (343) M^me Paget, Farnham, Surrey.

5 juin 1884.

Un domestique, qui vivait avec nous depuis son enfance, et qui était pour nous un véritable ami, tomba malade de la poitrine, et, dans l'idée que le climat de Ventnor prolongerait sa vie pendant quelques mois, nous l'envoyâmes au Saint-Catharine's Home en septembre 1880. Le 8 octobre, je reçus une lettre de la sœur supérieure, disant que Arthur Dunn était plus mal, mais que le Docteur ne pensait pas qu'il y eût un danger immédiat, et que par conséquent elle ne croyait pas que je dusse me rendre à Ventnor *de suite*. J'écrivis donc pour lui annoncer que j'irais le lundi suivant, j'espérais pouvoir rester avec lui jusqu'au dernier moment. Ce matin-là, je dis à mes filles : « Il faut absolument que je pense à dire au nouveau domestique d'éteindre le gaz en haut à 10 heures et demie, car depuis que ce pauvre Arthur nous a quittés, on ne l'a jamais éteint exactement, et plusieurs fois même le bec qui est près de ma chambre à coucher et du cabinet de toilette de ma fille ainée a brûlé toute la nuit. »

Ce même soir, il faisait très chaud, et ma fille et moi nous avions laissé nos portes ouvertes afin de pouvoir causer après être montées (le bec de gaz était tout *près* de nos chambres). Pendant que nous faisions toutes deux notre prière, la pendule sonna 10 heures et demie, et à ce moment nous entendîmes le pas lourd d'un homme le long du couloir ; il s'arrêta au bec de gaz, puis nous entendîmes les pas s'éloigner. Presque au même moment ma fille et moi nous allâmes à nos portes et nous nous écriâmes : « Mais l'homme n'a pas éteint le gaz. Comme son pas ressemblait à la démarche lourde du pauvre Arthur ! »

Le lendemain matin, je reçus une dépêche de la supérieure de Saint-Catharine's Home, disant : « Tout est fini depuis la nuit dernière. » Je partis de suite pour Ventnor afin de prendre quelques dispositions, et, comme je disais à la sœur Marthe combien j'étais désolée de n'être pas partie pour Ventnor plus tôt, elle fit cette remarque : « Nous ne pensions pas qu'il y eût un danger immédiat, et son esprit divaguait tellement ce jour-là qu'il avait à peine conscience de ce qui se passait. C'était curieux de voir la direction que suivaient ses divagations, car, après être resté silencieux pendant quelques heures, lorsque la pendule sonna 10 heures et demie, il se leva sur son lit et dit distinctement : « L'heure vient de sonner, je *dois* aller éteindre le « gaz. » Puis il tomba en arrière et mourut immédiatement. »

Je dois dire que cette exactitude était chez lui une véritable manie. Il n'était jamais, autant que je me le rappelle, trois minutes en retard pour exécuter un ordre qu'on lui avait donné, et il était tout à fait dévoué et attaché à notre famille.

Frances Paget.

M<sup>lle</sup> Paget (maintenant M<sup>me</sup> P. Hanham) nous écrivit ce qui suit le 11 juin 1884.

Je ne puis que confirmer le récit de ma mère de la manière la plus positive. J'ai entendu distinctement les « pas » tels qu'elle les a décrits, et il était 10 heures et demie du soir, l'heure *exacte*, ainsi que nous l'apprîmes ensuite, où notre pauvre domestique mourut. J'interrogeai le lendemain matin notre nouveau domestique pour savoir s'il n'était pas monté la veille au soir ; mais il avait oublié l'ordre qu'on lui avait donné d'éteindre le gaz et n'était pas monté. Les pas, comme j'en fis la remarque sur le moment, ressemblaient exactement à ceux du pauvre Arthur Dunn, et vous pouvez juger de ma surprise lorsque, à son retour de l'enterrement, ma mère me raconta sa conversation avec la sœur, qui était restée auprès de lui jusqu'à la fin ; ses dernières paroles avaient été : « L'heure a sonné, je dois aller éteindre le gaz. »

Voici la réponse à vos questions :

1° L'incident a eu lieu ici, c'était le 8 octobre 1880, comme je l'ai depuis vérifié en cherchant dans un agenda.

2° Ni ma mère ni moi-même ne nous rappelons avoir eu des hallucinations d'aucune sorte, ni avant ni après.

Gertrude F. Paget.

A la supposition que les pas eussent pu être ceux d'une femme de chambre à la démarche lourde, Mᵐᵉ Paget répondit :

Je puis affirmer positivement que la femme de chambre n'est *pas montée* la nuit de la mort de mon domestique ; car nous nous sommes enquis de ce point à cette époque.

La supérieure du Saint-Catharine's Home, Ventnor, nous écrit ce qui suit, le 6 mars 1886 :

Arthur Dunn mourut à 10 heures 30 du soir, le 8 octobre 1880. J'étais avec lui lorsqu'il mourut ; il n'est resté avec nous que huit jours.

MATHILDE S. S. S. M.

Le récit de Mᵐᵉ Paget ayant été envoyé à la sœur Mathilde, elle nous répondit ce qui suit, le 9 mars 1885 :

Arthur John Dunn n'est venu ici que huit jours avant sa mort. Je le soignais, et j'étais auprès de lui lorsqu'il mourut, le 8 octobre. Je ne me souviens pas du tout de ce que dit Mᵐᵉ Paget ; tout ce que je me rappelle, c'est qu'il fut alité pendant trois jours ; sa respiration était très pénible ; il avait le cœur faible, il avait toute sa connaissance ; c'était un homme très taciturne, il parlait rarement, sinon pour répondre aux questions posées. Juste avant de mourir, il me demanda l'heure ; il était 10 heures et demie ; ses paroles furent: « Quelle heure est-il ? » Je ne pense pas qu'il ait parlé ensuite. Il ne parla pas du gaz. Il ne pouvait entendre une pendule sonner, car il n'y en avait pas dans la salle ni auprès. Sœur Marie-Marthe était notre supérieure à ce moment, et je soignais les hommes.

La sœur Marie-Marthe écrit de Saint-Margaret's, East Grinstead, le 17 mars 1885 :

Je regrette de ne pouvoir me rappeler les détails de la mort d'Arthur Dunn. Je me rappelle le jeune homme parfaitement ; il était au « Home » depuis huit jours, et il mourut *presque subitement*. Il souffrait d'une maladie de cœur et était phtisique. C'était un très gentil garçon, et nous l'aimions toutes beaucoup. Mᵐᵉ Paget, je me le rappelle, parlait de lui dans les meilleurs termes. Mon *sentiment* est que sa fin fut très subite, trop subite pour qu'il pût prononcer quelques dernières paroles.

SŒUR MARIE-MARTHE.

On remarquera qu'il y a deux désaccords entre les récits de Mᵐᵉ Paget et des sœurs. Ce qui concerne la manière dont l'homme apprit l'heure — soit en entendant la pendule sonner, soit en interrogeant la sœur — n'a pas d'importance ; ce qui concerne la phrase à propos du gaz, quoique cela non plus ne soit pas essentiel, a plus d'importance. J'ai parlé en détail de l'affaire avec Mᵐᵉ Paget et sa fille. Mᵐᵉ Paget se rappelle clairement le récit de sœur Marie-Marthe ; mais elle ne se rappelle pas à qui son domestique a fait la remarque dont il s'agit. Sa fille se rappelle aussi clairement que sa mère lui a raconté ce détail à cette époque. S'il y avait eu un laps de temps considérable entre la conversation de Mᵐᵉ Paget avec la sœur et son récit à quelque autre personne, il ne serait pas difficile de supposer que l'incident de l'homme qui demande l'heure, combiné avec l'impression que sa fille et elle-même avaient éprouvée à ce même moment, l'eussent graduellement amenée à imaginer ce détail final, qu'il avait parlé du gaz ; mais que ce détail, s'il ne lui a pas été rapporté, se soit *immédiatement* gravé dans son esprit, et qu'elle ait cru qu'on le lui avait raconté, cela semble certainement moins vraisemblable que de supposer qu'il soit sorti de la mémoire des sœurs, pour lesquelles il n'avait aucun intérêt spécial, puisque Mᵐᵉ Paget ne leur avait pas raconté ce qui s'était passé chez elle. Mais il y a un dernier détail qui, je pense, est absolument en faveur de ce point de vue. En supposant que le domestique ait fait cette remarque à propos du gaz, il est très aisé de comprendre comment Mᵐᵉ Paget peut avoir cru qu'il avait entendu sonner la pendule ; car la remarque deviendrait le fait intéressant, et la manière dont l'homme aurait appris l'heure n'aurait aucune importance. Si, d'autre part, on avait seulement rapporté à Mᵐᵉ Paget que l'homme avait demandé et appris l'heure qu'il était, cela eût suffi complètement à montrer la coïncidence, et à faire conjecturer quelle était à ce moment la direction des pensées de l'homme. En résumé l'introduction de la pendule, dans la première hypothèse, semble plus aisément compréhensible que l'introduction du gaz dans la seconde.

Mᵐᵉ Paget m'a montré le lieu de l'incident. Le bec de gaz est au bout d'un long couloir, juste à côté de la chambre de sa fille et de la sienne. La maison est très tranquille, elle est assez éloignée de la route ; et il est difficile d'imaginer qu'on ait pu prendre un bruit véritable pour celui de pas lourds qui auraient traversé deux fois le couloir dans toute sa longueur ; les portes des chambres (on doit se le rappeler) étaient ouvertes. Mᵐᵉ Paget dit, en outre, que le pas d'Arthur Dunn était tout à fait particulier, que les pas n'étaient pas ceux du nouveau domestique. Cela est prouvé (en laissant de côté son affirmation du lendemain) par ce fait que le gaz n'était pas éteint; car il n'avait rien autre à faire dans cette partie de la maison la nuit que d'éteindre le gaz ; et il n'y avait aucun autre homme dans la maison. Mᵐᵉ Paget et sa fille m'ont affirmé de nouveau toutes deux qu'elles n'ont jamais eu d'autres hallucinations. Elles sont loin d'être des témoins crédules ou superstitieux, mais l'étrangeté de cet incident leur fit une impression extrêmement profonde.

CXLIX. (345) Mᵐᵉ Cox, Summer Hill, Queenstown, Irlande.

26 décembre 1883.

Dans la nuit du 21 août 1869, entre 8 et 9 heures, j'étais assise dans ma chambre à coucher, dans la maison de ma mère à Devonport. Mon neveu, un garçon de sept ans, était couché dans la pièce voisine ; je fus très surprise de le voir entrer tout à coup en courant dans ma chambre ; il criait d'un ton effrayé : « Oh ! tante ! je viens de voir mon père tourner autour de mon lit ! » Je répondis : « Quelle bêtise ! tu as dû rêver. » Il dit : « Non, je n'ai pas rêvé », et il refusa de retourner dans sa chambre. Voyant que je ne pouvais lui persuader d'y rentrer, je le mis dans mon lit. Entre 10 et 11 heures je me couchai. Une heure après environ, je crois, je vis distinctement, en regardant du côté de l'âtre, à mon grand étonnement, la forme de mon frère assise sur une chaise, et, ce qui me frappa particulièrement, ce fut la pâleur mortelle de sa figure (mon neveu à ce moment était tout à fait endormi). Je fus si effrayée (je savais qu'alors mon frère était à Hong-Kong) que je me cachai la tête sous les couvertures. Peu après j'entendis nettement sa voix m'appeler par mon nom ; mon nom fut répété trois fois. Lorsque je regardai, il était parti. Le lendemain matin, je dis à ma mère et ma sœur ce qui était arrivé, et je dis que j'en prendrais note, ce que je fis. Le courrier suivant de Chine nous apporta la triste nouvelle de la mort de mon frère ; elle avait eu lieu le 21 août 1869, dans la rade de Hong-Kong, subitement (par suite d'insolation).

MINNIE COX.

Nous avons reçu de l'amirauté la confirmation officielle de la date de la mort.

En réponse à d'autres questions, M. Cox (maintenant secrétaire du commandant en chef des forces navales à Devonport) nous a écrit ce qui suit :

21 février 1884.

Ma femme étant trop souffrante pour répondre à votre lettre, elle m'a prié de le faire à sa place.

Comme elle n'a maintenant aucune note entre les mains, et que sa mère est morte, elle ne peut vous dire exactement l'heure à laquelle son frère est mort. L'événement a eu lieu il y a environ quinze ans. Les personnes à qui elle en a parlé sont toutes deux mortes. Tout ce qu'elle peut affirmer maintenant avec certitude, c'est qu'elle pense que c'est après minuit qu'elle a vu l'apparition, mais d'autre part elle est bien sûre que son petit neveu est entré dans sa chambre *avant* minuit. Elle est certaine que, lorsque les nouvelles arrivèrent de Chine, on a constaté que les heures correspondaient, mais elle ne peut le prouver. Je crains que ce ne soit pas là des preuves suffisantes, et qu'en réalité il n'y ait aucune preuve maintenant de ce qu'elle dit ; mais c'est une vieille histoire qu'elle m'a souvent racontée, et je n'ai jamais le moindrement douté qu'elle ait vu l'apparition.

JAMES COX.

Dans une conversation, M$^{me}$ Cox m'a dit qu'elle était absolument certaine d'avoir noté la date, et de l'avoir comparée avec celle de la lettre. Elle n'a jamais eu la moindre hallucination dans d'autres circonstances. L'enfant n'était pas sujet aux frayeurs, et ne craignait pas l'obscurité.

Si l'heure, soit de l'hallucination de M$^{me}$ Cox, soit de celle de son neveu, coïncidait avec celle de la mort, la première date donnée dans le récit est évidemment mal donnée, car 9 heures du soir en Angleterre correspondraient avec 5 heures du matin le lendemain à Hong-Kong. Si la première date est exacte, les deux hallucinations ont dû alors suivre la mort de quelques heures. On peut supposer que l'hallucination de M$^{me}$ Cox était causée par la suggestion qu'elle avait reçue de son neveu. Mais il est peu probable qu'une personne qui n'a aucune tendance aux hallucinations ait pu en avoir une sous l'influence de ce qu'elle considérait comme le rêve d'un enfant effrayé.

CL. (348) M$^{me}$ Elgee, 18, Woburn Road, Bedford,

1$^{er}$ mars 1885.

Au mois de novembre 1864, je m'étais arrêtée au Caire, en allant aux Indes ; voici le curieux événement qui m'arriva :

A cause de l'affluence inaccoutumée de voyageurs, je dus, avec la jeune personne qui m'accompagnait (M^lle Dennys) et quelques autres passagers du courrier des Indes, m'installer dans un hôtel assez peu fréquenté. La chambre habitée par M^lle D... et moi-même était grande, haute de plafond et sombre ; le mobilier, des plus pauvres, était composé de deux petits lits, placés presque au milieu de la chambre et qui ne touchaient pas du tout les murs, de deux ou trois chaises de cannes, d'une très petite toilette et d'un grand sofa de forme ancienne, qui était placé contre un battant de la grande porte de la chambre. Ce meuble était beaucoup trop lourd pour être déplacé, si ce n'est par deux ou trois personnes. On entrait par l'autre battant de la porte, la porte faisait face aux deux lits. Je me sentais assez triste et sous l'impression d'un sentiment bizarre, et comme M^lle D... était une personne nerveuse, je fermai la porte à clef, et je mis la clef sous mon oreiller; mais M^lle D... ayant fait la remarque qu'il pouvait y avoir une autre clef pour ouvrir la porte du dehors, je mis une chaise contre la porte, avec mon sac de voyage dessus, et ainsi disposée que, à la moindre pression du dehors, la chaise ou le sac devaient tomber sur le plancher, et faire assez de bruit pour me réveiller. Nous nous couchâmes alors ; le lit que j'avais choisi était près de l'unique fenêtre de la chambre, ses deux battants allaient presque jusqu'au plancher. A cause de la chaleur, je laissai la fenêtre ouverte, après m'être assurée que l'on ne pouvait entrer par là. La fenêtre donnait sur un petit balcon isolé, et nous étions à trois étages au-dessus du sol.

Je m'éveillai brusquement d'un profond sommeil avec le sentiment que quelqu'un m'avait appelé, et, m'asseyant dans mon lit, à mon étonnement sans bornes, je vis à la claire lumière d'une lueur matinale qui entrait par la grande fenêtre déjà mentionnée, la forme d'un vieil ami que j'aimais beaucoup et que je savais être en Angleterre. Il me semblait très désireux de me parler, et je lui dis : « Mon Dieu ! comment êtes-vous venu ici ? » La forme était si nette que je remarquai chaque détail de son habillement, et même trois boutons de chemise en onyx qu'il portait toujours. Il sembla s'avancer d'un pas vers moi, lorsque tout à coup il montra du doigt l'autre côté de la chambre, et, en me retournant, je vis M^lle D... assise dans son lit et qui regardait cette forme avec une expression de terreur intense. Je me retournai, mon ami parut secouer la tête, et se retira pas à pas, lentement, jusqu'à la porte, puis il sembla s'enfoncer à travers le battant devant lequel le sofa se trouvait. Je n'ai jamais su ce qui m'arriva après cela, mais je ne me souviens que du brillant soleil qui inonda la chambre en traversant la fenêtre. Peu à peu le souvenir de ce qui était arrivé me revint, et cette question se présenta à mon esprit : Avais-je rêvé, ou avais-je eu une visite de l'autre monde ? La présence corporelle de mon ami était absolument impossible. Me rappelant que M^lle D... avait paru voir la forme aussi bien que moi, je résolus de l'interroger pour arriver à savoir si c'était un rêve ou une vision. Je me gardai de lui en parler avant qu'elle ne m'en parlât elle-même. Comme elle semblait encore endormie, je me levai ; j'examinai la porte soigneusement, je trouvai le sac et la chaise à leur place, et la clef sous mon oreiller ; le sofa n'avait pas été touché, et le battant de la porte ne semblait pas avoir été ouvert depuis des années.

Peu après, M$^{lle}$ D... s'éveilla ; elle regarda autour de la chambre, et jetant les yeux sur la chaise et le sac, elle fit la remarque que cela n'avait pas servi à grand'chose. Je dis : « Que voulez-vous dire ? » Alors elle dit : « Mais, cet homme qui était dans la chambre ce matin a dû sortir d'une manière ou de l'autre. » Elle se mit alors à me décrire exactement ce que j'avais vu moi-même. Je ne lui dis pas ce que j'avais vu et je la mis en colère en semblant traiter tout cela de pure vision, je lui montrai la clef encore sous mon oreiller, la chaise et le sac encore en place. Je lui demandai alors si, puisqu'elle était si sûre d'avoir vu quelqu'un dans la chambre, elle savait qui c'était. « Non, dit-elle, je ne l'ai jamais vu avant, ni personne comme lui. » Je dis : « Avez-vous jamais vu son portrait ? » Elle répondit : « Non. » M$^{lle}$ D... ne sut jamais ce que j'avais vu, et cependant elle fit à une tierce personne la description exacte de ce que nous avions vu toutes deux.

Naturellement, j'avais l'idée que mon ami était mort. Ce n'était pas cependant le cas ; je le rencontrai quatre ans plus tard, et, sans lui parler de ce qui m'était arrivé au Caire, je lui demandai, en plaisantant, s'il pouvait se rappeler ce qu'il faisait certain soir de novembre 1864. « Ma foi, dit-il, vous me demandez d'avoir bonne mémoire » ; mais, après avoir réfléchi un peu, il répondit : « Mais c'était au moment où je me trouvais si tracassé en essayant de me décider pour ou contre le poste qu'on m'offrait, et où je désirais tellement vous avoir avec moi pour causer de cette affaire. Je restai assis au coin du feu très tard, essayant de penser ce que vous m'eussiez conseillé de faire. » Quelques questions et la comparaison des dates mirent en lumière ce fait curieux que, eu égard à la différence d'heure qu'il y a entre l'Angleterre et le Caire, ses réflexions auprès du feu et mon hallucination avaient été simultanées. Lui ayant raconté les faits rapportés ci-dessus, je lui demandai s'il avait eu conscience d'une sensation inaccoutumée ou particulière. Il dit que non, mais qu'il avait seulement désiré me voir.

É. H. ELGEE.

En réponse à nos questions, M$^{me}$ Elgee nous dit :

Je crains qu'il ne soit absolument impossible d'obtenir des détails de M$^{lle}$ D... (1) Elle se maria peu après notre arrivée aux Indes, et je ne

---

(1) On a pu depuis lors obtenir de M$^{lle}$ Dennys, maintenant M$^{me}$ Ramsay, une confirmation complète du récit de M$^{me}$ Elgee. Les moustiques l'avaient tenue éveillée ; elle vit la figure apparaître dans la chambre et s'avancer vers M$^{me}$ Elgee, elle vit ensuite M$^{me}$ Elgee s'éveiller et montrer quelque trouble en apercevant cette

l'ai plus rencontrée depuis ; je ne sais où elle est, ni même si elle est vivante. Je comprends bien la valeur qu'aurait son témoignage ; à ce moment elle raconta tout l'incident à un compagnon de voyage, qui me le raconta à son tour : son histoire et la mienne étaient d'accord sur tous les points, sauf en ceci que le visiteur était un étranger pour elle ; et son récit n'était pas influencé par le mien, puisque je traitai toujours ce qu'elle racontait de fantaisie, et ne voulus *jamais* reconnaître que quelque chose d'inaccoutumé s'était passé dans notre chambre au Caire. Je n'ai jamais vu, ou cru voir quelqu'un, ni avant ni depuis.

Mon visiteur, lui aussi, est mort ; il ajouterait sans cela, je le sais, son témoignage au mien, si peu important qu'il soit. C'était un homme très calme, paisible, intelligent et d'esprit scientifique, qui ne se laissait aller à des rêveries sur aucun sujet, et qui, certainement, n'avait pas conscience d'un désir de m'apparaître.

Cela semble à tout le moins un exemple intéressant d'hallucination collective ; en ce qui concerne l'influence exercée par la pensée de l'ami de M<sup>me</sup> Elgee, l'on peut douter qu'après un laps de quatre années l'on puisse obtenir une certitude complète sur la coïncidence des dates.

CLI. (349) M<sup>lle</sup> Catherine M. Weld.
19 mai 1883.
The Lodge, Lymington.

Philippe Weld était le plus jeune fils de M. James Weld, de Archers Lodge, près Southampton, il était neveu de feu le cardinal Weld. Il fut envoyé par son père, en 1842, au Collège Saint-Edmond, près de Ware, dans le Hertfordshire, pour faire ses études. C'était un garçon de bonnes manières, aimable, et très aimé de ses maîtres et camarades. L'après-midi du 16 avril 1845, Philippe, accompagné d'un des maîtres et de quelques camarades, alla canoter sur la rivière ; c'était un exercice qu'il aimait beaucoup. Lorsque le maître fit la remarque qu'il était temps de rentrer au collège, Philippe demanda la permission de faire une course encore ; le maître consentit et l'on rama jusqu'à l'endroit où l'on tournait. Arrivé là, en faisant tourner le bateau, Philippe tomba accidentellement dans une partie très profonde de la rivière, et, malgré tous les efforts faits pour le sauver, il se noya.

Son corps fut ramené au collège, et le Très Rév. D<sup>r</sup> Cox (le directeur) fut profondément saisi et affligé. Il se décida à aller lui-même chez M. Weld, à Southampton. Il partit l'après-midi même, et, passant par Londres, arriva à Southampton le lendemain ; il alla en voiture à

figure. La seule différence entre sa description et celle que M<sup>me</sup> Elgee a donnée de l'apparition, c'est que la figure qu'elle a aperçue avait toute la barbe, tandis que le colonel L... ne portait que les favoris et les moustaches. M<sup>me</sup> R... n'a jamais eu d'autre hallucination.

Archers Lodge, résidence de M. Weld; avant d'entrer dans la propriété, il vit M. Weld à une petite distance de sa grille, qui marchait vers la ville. Le Dʳ Cox arrêta la voiture aussitôt, descendit et il allait parler à M. Weld, lorsque celui-ci l'en empêcha en disant : « Vous n'avez pas besoin de parler, car je sais que Philippe est mort. Hier après-midi, je me promenais avec ma fille Catherine et nous l'avons vu tout à coup. Il se tenait dans le sentier, de l'autre côté de la route, entre deux personnes, dont l'une était un jeune homme vêtu d'une robe noire. Ma fille la première les aperçut et s'écria : « Oh! papa! as-tu jamais vu « quelqu'un ressembler à Philippe comme cette personne?—Comme lui, « répondis-je, car c'est lui! » Chose étrange, ma fille n'attacha aucune importance à cet événement, sinon que nous avions vu quelqu'un qui ressemblait extraordinairement à son frère. Nous marchâmes vers ces trois formes. Philippe regardait, avec une expression souriante et heureuse, le jeune homme en robe noire, qui était plus petit que lui. Tout à coup ils parurent s'évanouir à mes yeux; et je ne vis rien, si ce n'est un paysan, que je voyais auparavant *à travers* ces trois formes, ce qui me fit penser que c'étaient des esprits. Cependant je n'en parlai à personne, de peur d'alarmer ma femme. Je guettai anxieusement la poste le matin suivant. A ma grande joie, aucune lettre n'arriva. J'oubliais que les lettres de Ware n'arrivaient que l'après-midi, et mes terreurs se calmaient, je ne pensai plus à cet événement extraordinaire jusqu'au moment où je vous ai vu en voiture à ma grille. Alors tout est revenu à mon esprit, et je n'ai point douté que vous ne soyez venu m'annoncer la mort de mon cher garçon. »

Le lecteur peut s'imaginer l'étonnement inexprimable du Dʳ Cox à ces mots. Il demanda à M. Weld s'il avait jamais vu le jeune homme en robe noire que Philippe regardait avec un sourire si heureux. M. Weld répondit qu'il ne l'avait jamais vu auparavant, mais que les traits de son visage étaient si nettement gravés dans son esprit qu'il était sûr de le reconnaître aussitôt où qu'il le rencontrât. Le Dʳ Cox raconta alors au père désolé toutes les circonstances de la mort de son fils, qui avait eu lieu à l'heure même où il était apparu à son père et à sa sœur. M. Weld alla à l'enterrement de son fils, et comme il quittait l'église, après la triste cérémonie, il regarda autour de lui pour voir si aucun des religieux ne ressemblait au jeune homme qu'il avait vu avec Philippe, mais il ne put trouver chez aucun d'eux la moindre trace de ressemblance avec la figure qui lui avait apparu. Environ quatre mois plus tard, il rendit visite avec sa famille à son frère, M. Georges Weld, à Seagram Hall, dans le Lancashire. Un jour il alla se promener avec sa fille Catherine au village voisin de Chipping, et, après avoir assisté à un service à l'église, fit une visite au prêtre. Il se passa un moment avant que le Révérend Père pût venir auprès d'eux, et ils s'amusèrent en attendant à examiner les gravures suspendues au mur de la chambre. Tout à coup M. Weld s'arrêta devant un portrait, on ne pouvait lire le nom qui était écrit au-dessous du portrait parce que le cadre le recouvrait, et s'écria : « *C'est* la personne que j'ai vue avec Philip ; je ne sais de qui c'est le portrait, mais je suis *certain* que c'est *cette* personne que j'ai vue avec Philip. » Le prêtre entra dans la chambre quelques instants après, et M. Weld le questionna immédiatement au sujet de la gravure. Il répondit que la gravure représentait saint Stanislas Kostka, et qu'il croyait que c'était un très bon portrait du jeune saint.

M. Weld fut très ému ; saint Stanislas était un jésuite qui était mort très jeune ; et, comme le père de M. Weld avait été un grand bienfaiteur de cet Ordre, on supposait que sa famille était placée sous la protection particulière des saints Jésuites ; puis Philippe avait été amené depuis peu, par suite de diverses circonstances, à une dévotion spéciale envers saint Stanislas. En outre, saint Stanislas est regardé comme l'intercesseur spécial des noyés, ainsi qu'il est dit dans sa vie. Le Révérend Père donna aussitôt le portrait à M. Weld, qui, naturellement, le reçut avec la plus grande vénération, et le garda jusqu'à sa mort. Sa femme y tenait beaucoup également, et à sa mort il passa à sa fille [la narratrice], qui avait vu l'apparition en même temps que son père ; elle l'a encore chez elle.

En réponse à quelques questions posées par M. Ward, M$^{lle}$ Weld nous a écrit le 20 juin 1883 :

Je vous répéterai les questions que vous me posez pour rendre les réponses plus claires.

Avez-vous, comme votre père, trouvé la disparition étrange ? — Non ; je n'y pensai plus.

Votre père, *avant que le D$^r$ Cox lui ait parlé*, avait-il considéré l'apparition comme présageant quelque malheur arrivé à son fils ? — Oui ; il pensait beaucoup à cet incident, et attendait avec une grande anxiété l'arrivée des lettres le lendemain matin ; mais il ne parla de tout cela que plus tard. Il avait tellement effrayé ma mère dans un cas analogue qu'il avait promis de ne jamais parler de choses semblables.

M$^{lle}$ Weld ajoute dans une autre lettre :

Lorsque je vis Philippe, je n'attachai pas plus d'importance à ce que je voyais que je n'en aurais attaché à retrouver chez un étranger une ressemblance très grande et inattendue avec quelque ami absent. L'affaire sortit de mon esprit si complètement que je ne sentis pas une seule impression d'inquiétude. Je ne me rappelai l'événement qu'à l'arrivée du D$^r$ Cox, et à la nouvelle de la mort de mon frère. Je vis que deux personnes marchaient avec le jeune homme qui ressemblait tellement à mon frère. Il semblait heureux et souriant ; mais je ne remarquai ni leur figure ni leur habillement ; par conséquent je ne pus reconnaître la gravure dans le salon du prêtre.

En réponse à la question que nous lui avons faite, si c'était l'unique hallucination qu'elle eût éprouvée, M^lle Weld ajoute : « Je n'ai jamais avant ni depuis cet événement rien vu de l'autre monde. »

L'apparition de saint Stanislas s'explique très bien dans l'hypothèse que l'on a affaire à une hallucination télépathique. Nous pouvons concevoir, en effet, que l'idée de son saint favori fût réellement présente à l'esprit du jeune garçon pendant qu'il se noyait, mais nous n'avons aucune explication de la présence de la troisième figure. Il est très improbable qu'il faille attribuer à une erreur de mémoire un fait auquel on pouvait aussi peu s'attendre, mais en même temps cela rend moins inacceptable l'hypothèse d'une erreur de personne. Les figures cependant ont été vues en pleine lumière à quelques mètres seulement de distance, elles ont disparu subitement et, si l'on peut s'en fier à la mémoire de M^lle Weld, son père aurait reconnu spontanément le tableau ; l'erreur qu'il aurait commise aurait donc été double. Il faut en outre faire remarquer que même s'il s'agit d'une erreur de personne, d'une illusion et non d'une hallucination, la coïncidence cependant a besoin d'être expliquée. Si nous supposons, ainsi que nous en avons le droit, l'illusion de M. Weld indépendante de celle de sa fille, nous ne pourrons nous empêcher de constater l'improbabilité qu'il y a à ce que deux personnes commettent une erreur de cette sorte l'après-midi même où le parent qu'ils ont cru reconnaître s'est noyé. Supposons que ce soit une chose commune de commettre dans le cours de sa vie 50 erreurs de cette sorte, ce qui est à coup sûr une estimation libérale, et de les commettre en plein jour et lorsqu'on est tout près de la personne, fixons en outre à $\frac{1}{20}$ la probabilité que dans l'une quelconque de ces occasions l'objet de cette erreur soit un des parents les plus proches du sujet et c'est là une proportion presque extravagante. Supposons maintenant que la vie adulte de chacun des sujets soit de 35 ans, c'est-à-dire de 12.775 jours. La probabilité pour chacun des sujets de commettre une erreur de personne le jour où la personne qui est l'objet de l'erreur meurt, sera de $\frac{50}{20 \times 12775}$ et la probabilité de la combinaison supposée sera de $\frac{1}{5110^2}$. En d'autres termes, les chances *contre* la coïncidence fortuite sont de plus de 26 millions ; les chances *pour*, de 1. Même s'il s'agit d'illusions et non d'hallucinations, on peut donc légitimement supposer qu'elles sont d'origine télépathique.

CLII. (356) M. H. G. Barwell, 33, Surrey Street, Norwich.

1883.

Pendant la dernière semaine de juillet 1882, M. et M^{me} W... et sa famille s'étaient installés confortablement dans une maison qu'ils avaient louée à « The Lizard », Cornwall ; et quelques jours plus tard M. Cox, un artiste amateur de Liverpool, les rejoignit. M. Barwell s'était arrangé pour rejoindre M. Earle, un artiste qui habitait Londres (ils ont signé tous deux le document), le lundi 7 août 1882, dîner avec lui et prendre le train-poste de nuit à Paddington ; ils avaient pris leurs billets pour Penryn, Cornwall ; des voitures menaient les voyageurs de cette station à Helston, et de là au Lizard, où ils allaient rejoindre M. W... et sa famille, comme maintes fois auparavant.

Barwell et Earle partirent par conséquent, comme ils l'avaient arrangé, par le train-poste de Paddington à 8 heures 10 du soir, le jour du *Bank Holiday*, lundi 7 août 1882. Ils voyagèrent toute la nuit ; le train à son arrivée à Penryn avait un peu plus de 15 minutes de retard, arrivant à destination le mardi matin, 8 août 1882, à 7 heures 23. Il ne descendit pas d'autres voyageurs à cette station. Ils éprouvèrent quelque difficulté pour trouver un porteur pour charger leur bagage sur l'omnibus en station à la gare. Le cocher leur dit que, s'ils ne venaient pas de suite, il serait obligé de partir sans eux. Pour lui les voyageurs ne comptaient pas, il devait se charger des sacs de dépêches et les distribuer aux différents villages sur sa route. Ils éveillèrent le porteur et insistèrent auprès de lui ; pendant ce temps-là leur train était parti et un autre train, allant de Falmouth à Londres, entra en gare (à l'heure exacte, 7 heures 24 du matin). On plaçait leur bagage sur l'omnibus ; Earle avait déjà grimpé sur son siège près du cocher, et Barwell, ayant vu tout leur bagage placé en sûreté sur le véhicule, grimpait à côté de lui, lorsque Earle s'écria : « Mais, regarde là ! » Et Barwell, levant les yeux, vit dans le train, qui venait de quitter la station et de partir dans la direction de Londres, leur ami W..., de Lizard, qui leur faisait des signes avec la main tout en se penchant anxieusement par la portière, pour s'assurer apparemment s'ils étaient arrivés. Ils rendirent le salut cordialement et le train disparut dans une courbe, W... était toujours penché à la portière et agitait la main.

Les deux amis firent alors diverses conjectures sur les raisons qui avaient pu faire partir M. W... le matin même de leur arrivée ; et sur l'endroit où il pouvait bien aller ; ils étaient désappointés qu'il fût ainsi obligé de s'absenter le jour même où notre réunion d'amis allait avoir lieu. Earle en était très affecté, et désirait laisser de côté toute discussion sur ce sujet jusqu'à ce qu'ils aient pu apprendre de M^me W... la cause du départ de son mari au moment de leur arrivée. Voici l'une des hypothèses qu'ils firent sur la présence de W... dans ce train qui venait de Falmouth, et non du Lizard où il résidait: il avait probablement, pensèrent-ils, reçu au Lizard, le lundi 7 août, une dépêche le demandant de suite à Londres ou ailleurs, et, pour ne pas être obligé de partir de très bonne heure par la voiture de mardi matin du Lizard afin d'attraper à Penryn le train de 7 heures 30 du matin pour Londres, il avait sans doute profité du retour d'un vapeur d'excursion pour le « Bank Holiday » qui faisait le service de Falmouth au Lizard, couché à Falmouth, et pris le train de 7 heures 15 du matin pour Londres, le train dans lequel ils l'avaient vu.

Ils arrivèrent en temps voulu à Helston, déjeunèrent, et se promenèrent à travers la vieille ville jusqu'à ce que la diligence partit pour le Lizard c'est-à-dire jusqu'à 11 heures du matin. En approchant du Lizard, ils guettaient anxieusement les enfants de M^me W..., ils espéraient recevoir comme à l'ordinaire leur cordial accueil de bienvenue à l'arrivée de la diligence, et apprendre d'eux où il devaient loger. La diligence arriva, mais il n'y avait là aucun membre de la famille W...

Le bagage fut descendu de la diligence et déposé sur la pelouse en face de l'hôtel, jusqu'à ce que l'on sût où les chambres avaient été retenues. Les deux amis s'éloignèrent, mais rencontrèrent bientôt deux des fils W... à qui ils demandèrent pourquoi leur père était parti. Ils semblèrent assez surpris de la question, et répondirent que leur père était malade au lit chez lui, et que leur mère était aussi à la maison et très inquiète à son sujet. Les fils accompagnèrent Earle et Barwell à la maison de leur père dans le village. M^me W... sortit et les accueillit cordialement, leur disant en peu de mots que M. W... avait eu une syncope grave le matin même, et qu'elle le veillait avec une grande inquiétude.

M. Cox rentra alors de son travail du matin, et, après avoir salué Earle et Barwell, leur raconta les détails suivants sur la syncope de M. W... : M. W..., ses deux fils et lui-même, étaient partis du village du Lizard à 7 heures du matin, pour aller se baigner à Housel Cove à une distance d'un peu plus d'un demi-mille. Lorsque W... était sorti de la mer, il s'était assis contre un roc. Tout à coup il s'évanouit; Cox fut terriblement secoué et alarmé, car pendant un moment il ne put sentir les battements du cœur, et il craignit que W... ne fût mort ou mourant. Il employa tous les moyens qu'il put se rappeler, et étendit W... sur le sol: les pulsations se firent alors sentir et W... se remit un peu, mais se sentit trop faible pour faire de longtemps un mouvement. On alla chercher M^me W.., et on déjeuna au Cove, et, lorsque

M. W... eut recouvré assez de vigueur et de force pour grimper la côte raide avec l'aide de quelqu'un, ils rentrèrent à la maison.

L'évanouissement de W... avait eu lieu à 7 heures 30 du matin à Housel Cove, au moment précis où Earle et Barwell avaient vu W... agiter la main par la portière du train de Penryn.

On a demandé à M. W... s'il avait pensé à Earle et à Barwell, ou s'il les avait vus, soit avant soit pendant sa syncope, mais il ne se rappelle rien de la sorte.

Signés : Charles Earle, 9, Duke Street, Portland Place, London,
H. G. Barwell, Surrey Street, Norwich.
Charles H. Cox, Shrewsbury Road, N. Birkenhead.

En réponse aux questions, M. Barwell dit: « Earle et moi nous avons tous deux une très bonne vue. Mon impression est que la personne que j'ai vu regarder par la portière du train portait un chapeau rond mou. Il ne se rappelle avoir éprouvé aucune autre hallucination, sauf une seule qu'il a eue il y a bien des années, à une époque où il n'était pas tout à fait remis d'une fièvre grave.

M. Cox nous a écrit, le 2 janvier 1885 :

J'étais au Lizard, en Cornouailles, lorsque mes amis, Earle et Barwell, virent (à ce qu'ils crurent) le double de mon ami W..., qu'à ce moment j'essayais de faire revenir à lui après une syncope. Mon rôle dans cette affaire fut simplement de soigner M. W... qui avait été atteint d'un malaise très inquiétant.

C. H. Cox.

Ici encore il peut s'agir d'une erreur d'identité, mais il y a plusieurs faits qui, combinés, la rendent improbable. Le fait que l'apparition fit imaginer aux deux amis — c'est-à-dire le départ de W...— était si peu en accord avec ce à quoi ils s'attendaient qu'il les surprit réellement; ils étaient donc dans un état d'esprit totalement différent de celui par exemple où l'on est lorsque l'on attend un ami. Et puis, la figure qu'ils ont vue semble bien nettement les avoir reconnus, de sorte que nous devrions non seulement supposer que les deux sujets ont pris *quelqu'un* pour leur ami, mais qu'ils ont pris pour lui quelqu'un de leur connaissance, ou en tout cas quelqu'un qui était connu de l'un d'eux. C'est là évidemment une hypothèse improbable. On observera, de plus, que deux personnes douées d'une bonne vue ne peuvent guère à la fois se tromper à ce point sur une ressemblance. Cependant, on peut imaginer, quoique ce soit à peine compatible avec le récit, que le premier signe de reconnaissance ait été donné par M. Earle, et qu'un étranger, en voyant ce geste, y ait répondu, soit par amusement, soit dans la pensée que celui qui le faisait était quelqu'un qu'il avait connu et qu'il devrait reconnaître.

CLIII. (357) Le mémorandum suivant rédigé par le général Birch Reynardson, d'après le récit donné par un des sujets, nous a été envoyé par M. Wm. Wynyard, Northend House, Hursley, Winchester. Il croyait le document original dans la bibliothèque de M. Chas. Reynardson, Holywell Hall, Stamford, qui, cependant, l'a recherché sans succès. Une copie en fut faite le 20 juin 1864 par le père de M. Wynyard, le général E. B. Wynyard (un frère de Georges Wynyard l'un des sujets) qui rapporte que le rédacteur du mémorandum l'écrivit aussitôt qu'il le put après la conversation rapportée ci-après. Le général E. B. Wynyard a mis en tête du papier :

*Mémorandum d'une conversation entre feu le général Birch Reynardson et le colonel, depuis sir John, Sherbrooke.*

Au mois de novembre, sir John Sherbrooke et le général Wynyard dînaient (entre 5 et 6 heures) dans leur chambre à la caserne, à Sydney Cove, en Amérique. Il faisait sombre, et une bougie était placée sur la table à une petite distance. Une forme, vêtue d'habillements simples et coiffée d'un bon chapeau rond, passa doucement entre les personnes nommées ci-dessus et le feu. Tandis qu'elle passait, sir J. Sherbrooke s'écria : « Dieu bénisse mon âme, qui est-ce ? » Presque au même moment le colonel W... dit : « C'est mon frère, John Wynyard, et je suis sûr qu'il est mort. » Le colonel W... était très agité ; il pleura et sanglota beaucoup. Sir John dit : « Le personnage a un diablement bon chapeau, je voudrais bien l'avoir. » Ils se levèrent aussitôt (sir John avait des béquilles, s'étant cassé la jambe), prirent une bougie et entrèrent dans la chambre à coucher, où la forme avait passé ; ils cherchèrent sous le lit et dans tous les coins de la chambre sans résultat ; les fenêtres étaient bouchées avec du mortier. M. Stuart, le trésorier-payeur du régiment, nota le fait au moment même. Sir John me déclara que le colonel W... fut pendant deux ou trois jours très chagrin et très ennuyé, et qu'il resta parfaitement convaincu de la mort de son frère.

Ils ne reçurent aucune nouvelle d'Angleterre pendant cinq mois. Au bout de ce temps arriva une lettre de M. Rush, le chirurgien; il annonçait la mort de John Wynyard qui avait eu lieu, autant qu'on put s'en assurer, au moment où la figure avait apparu. Sir John me raconta en outre que deux ans et demi plus tard, comme il se promenait avec Lilly Wynyard à Londres, il avait vu quelqu'un de l'autre côté de la rue et qu'il lui avait semblé reconnaître la personne qui lui était apparue ainsi qu'au colonel Wynyard en Amérique. Lilly Wynyard lui avait dit que la personne qu'il montrait était un certain M. Eyre; qu'il ressemblait tellement à John Wynyard qu'on les avait souvent pris l'un pour l'autre, et que l'on avait versé par erreur de l'argent à ce M. Eyre.

Le récit suivant a paru dans les *Notes and Queries* du 2 juillet 1859, dans une lettre signée « Eric ».

Le 23 octobre 1823, un certain nombre de gros bonnets dînaient avec feu le premier président Sewell, dans sa maison de l'esplanade de Québec, lorsque l'histoire en question devint le sujet de la conversation. Parmi les convives se trouvait sir John Harvey, adjudant-général des forces militaires du Canada, qui déclara qu'il y avait alors dans la garnison un officier qui connaissait tous les détails de l'histoire et qui, probablement, ne refuserait pas de répondre à quelques questions sur ce sujet. Sir John écrivit aussitôt cinq questions, laissant de la place devant chacune pour la réponse, et les envoya au colonel Gore, qui, si ma mémoire me sert fidèlement, se trouvait à la tête de l'arsenal ou du Génie Royal. Voici une copie des demandes et des réponses, qui furent renvoyées à sir John avant que les autres convives et lui n'eussent quitté la maison du premier président :

Mon cher Gore, ayez la bonté de répondre aux questions suivantes :

### QUESTIONS

1° Étiez-vous au 33ᵉ régiment lorsque les capitaines Wynyard et Sherbrooke crurent voir l'apparition du frère du premier traverser la chambre dans laquelle ils étaient assis ?

2° N'étiez-vous pas une des premières personnes qui entrèrent dans la chambre, et aidèrent à chercher le fantôme ?

3° N'étiez-vous pas la personne qui a écrit un mémorandum où sont rapportés les faits qui établissent que le frère de Wynyard est mort au moment ou presque au moment où l'apparition a été vue ?

4° Ne pensez-vous pas que vous êtes avec sir J. Sherbrooke le seul survivant parmi les témoins de cet événement extraordinaire ?

5° Quand, où, et dans quelle espèce de bâtiment le fait a-t-il eu lieu ?

Signé : J. HARVEY.

RÉPONSES

Jeudi matin, 23 octobre 1823.

1º Oui, j'y étais. Le fait a eu lieu à Sydney, dans l'île du Cap-Breton, à la fin de 1785 ou de 1786, entre 8 et 9 heures du soir. Nous étions alors bloqués par la glace, et n'avions aucune communication avec le reste du monde. R. G.

2º Oui. L'apparition a passé près d'eux, pendant qu'ils étaient assis devant le feu à prendre le café, et est allée dans l'alcôve de G. Wynyard, dont la fenêtre était fermée. R. G.

3º Je n'ai pas écrit le mémorandum moi-même, mais j'en ai suggéré l'idée le lendemain à Sherbrooke, et il a écrit le mémorandum. Je me rappelai la date, et, le 6 juin, nos premières lettres d'Angleterre apportèrent la nouvelle que John Wynyard était mort la nuit même où ils l'avaient vu apparaître. R. G.

4º Je crois que tous sont morts, sauf le colonel Yorke, qui commandait alors le régiment (il est actuellement sous-gouverneur de la Tour), et, je crois, Jones Panton, alors enseigne au régiment. R. G.

5º Le fait s'est passé dans les nouvelles casernes à Sydney; elles avaient été bâties l'été précédent. C'était une des premières constructions de la colonie. R. G.

Signé : RALPH GORE.

Sherbrooke n'avait jamais vu John Wynyard vivant ; mais, après son retour en Angleterre, l'année suivante, comme il se promenait dans Bond Street avec Wm. Wynyard, au moment même où il venait de lui raconter l'histoire du fantôme, il s'écria : « *Mon Dieu!* » et montra une personne, un gentleman qui ressemblait d'une manière frappante à l'apparition, et qui portait un costume pareil au sien. Ce monsieur ressemblait tellement à J. Wynyard qu'on le prenait souvent pour lui, et qu'il affectait de s'habiller comme J. Wynyard. Je crois que son nom était Hayman.

J'ai entendu Wm. Wynyard parler souvent de cette histoire et déclarer qu'*alors il avait cru* à cette histoire de spectre. Signé : R. G.

Ce document est un extrait d'une copie des questions et des réponses originales, qui ne m'a été donné que quelques semaines après la date que portent les questions ; la note suivante, écrite de la main du copiste, a été ajoutée à cette copie.

« Copie exacte de l'original. Les questions étaient écrites à l'encre noire par sir John Harvey, adjudant général en second de l'Amérique anglaise, et signées par lui ; les réponses étaient à l'encre rouge, écrites et signées par le colonel Gore. L'original appartient au premier président Sewell. Sir John Sherbrooke était en dernier lieu gouverneur général du Bas-Canada. On dit que sir John Sherbrooke ne pouvait entendre parler de cet événement. »

Le copiste était un proche parent du premier président; il mourut en 1832. C'était un de mes amis les plus intimes.

Il y a un désaccord entre les récits du colonel Gore et de sir J. Sherbrooke. D'après sir John Sherbrooke, c'était Lilly Wynyard qui l'accompagnait dans Bond Street, et, d'après le colonel Gore, c'était W. Wynyard. Cet incident de Bond Street qui suit immédiatement le récit a l'air d'une malencontreuse addition, qui n'a d'autre effet que d'inspirer une méfiance, sans doute injuste, vis-à-vis du reste de l'histoire.

On doit bien regretter que la personne qui a envoyé ce récit aux *Notes and Queries* ne l'ait pas signé. Il est cependant très improbable que les déclarations du colonel Gore soient des inventions et nous sommes autorisés à les considérer, je crois, comme véridiques, par le récit suivant que nous avons reçu d'une de ses nièces, M$^{lle}$ Langmead, de Belmont, Torre. Torquay.

3 septembre 1883.

Le colonel Gore, du 33$^e$, a épousé la sœur de ma mère, et il a raconté l'histoire à ma mère et ma sœur aînée, comme s'il en avait été très frappé. Je l'ai entendu la leur raconter bien des fois, et ma sœur a écrit le récit il y a quelques années. Elle avait entendu le colonel Gore la raconter plus d'une fois, et elle en avait été toujours si impressionnée que chaque mot s'était gravé dans sa mémoire. Je n'ai pas entre les mains ce qu'elle a écrit, mais je le savais par cœur. J'ai souvent entendu ma sœur dire que tous ceux qui entendaient le colonel Gore raconter l'histoire ne pouvaient douter de la grande impression qui avait été en tous cas produite sur lui.

Il y avait d'autres petits détails, tels que l'impossibilité de se cacher dans les chambres de la caserne (il y en avait deux au-dessus et deux au-dessous, et si légèrement construites que chaque bruit était entendu); mais je n'ai pas ajouté plus de détails que je n'en pouvais certifier. L'histoire a été imprimée avec des variantes dans bien des recueils d'histoires de spectres, mais pas toujours correctement. L'on dit habituellement que c'était un frère jumeau qui fut rencontré dans Bond Street, mais ce n'était pas le cas.

C'était au moment de la guerre d'Amérique, et quelques-unes de nos troupes avaient pris leurs quartiers d'hiver au cap Breton. L'hiver fut très rigoureux et la rade gela. Les vaisseaux attendus d'Angleterre n'étaient pas arrivés, et les provisions étaient épuisées, surtout le vin. Quatre officiers, Wynyard plus tard nommé général (colonel seulement), sir John Sherbrooke, sir Hildebrand Oakes et le colonel Gore du 23⁰ (? 33⁰) régiment, étaient aux casernes dans un logement où l'on arrivait par un escalier très raide qui était gardé par une sentinelle. Ils avaient dîné ensemble et s'étaient séparés, deux d'entre eux étaient occupés en haut à parcourir des cartes et des plans du théâtre de la guerre. Les deux autres, le général Wynyard et sir J. Sherbrooke, étaient restés dans la chambre d'en bas.

Tout à coup une exclamation du général Wynyard surprit les deux officiers qui étaient au-dessus, ils descendirent précipitamment, pensant que la glace s'était brisée et que les navires attendus étaient arrivés. Ils trouvèrent sir J. Sherbrooke seul, tout stupéfait, et en réponse à leurs questions pressantes pour savoir ce qui était arrivé, il leur dit qu'un *monsieur*, inconnu pour lui, était entré par la porte, avait regardé fixement le général W..., et était entré dans la chambre de derrière. Le général W... s'était écrié tout haut : « Bon Dieu ! mon frère Jack ! » et l'avait suivi dans la chambre à coucher, qui n'avait pas de sortie. Il revint alors très agité, n'ayant trouvé personne. Le colonel Gore sortit sa montre et prit note de l'heure, tandis qu'un autre des officiers courait à la sentinelle qui déclara que personne n'avait passé. Sir J. Sherbrooke décrivit la figure : elle était vêtue d'un costume de chasse, comme il n'en avait jamais vu, et avait un fouet de chasse à la main. Les jours passèrent, la débâcle eut lieu, et le général W... reçut d'Angleterre la nouvelle de la mort de son frère, qui avait été tué dans une chasse au moment même où la figure apparaissait dans la chambre de la caserne. Des journaux étaient arrivés par ce courrier, qui contenaient les nouvelles modes, et entre autres un costume de chasse avec des bottes d'une forme particulière, pareilles à celles que portait l'apparition. La paix faite, lorsque les troupes furent de retour en Angleterre, sir John Sherbrooke se promenait dans Bond Street avec le colonel Gore, lorsqu'il s'arrêta et dit, en montrant un homme qui venait vers lui : « *Voilà* l'apparition que j'ai vue au cap Breton. » Le colonel Gore répondit : « On appelait cet homme le double de Jack Wynyard, tellement il lui ressemblait. »

Longtemps après ces événements, un ami de sir J. S. lui demanda ce qu'il pensait alors de l'apparition du cap Breton. Il répondit qu'il ne pouvait l'expliquer, mais que tous les détails étaient vrais.

M. F. L.

Le costume de chasse et le fait que Jack Wynyard a été tué à la chasse, peuvent presque sûrement être attribués à une déformation que les événements ont subie dans l'esprit du colonel Gore. Les bottes de forme particulière tiennent probablement la place du chapeau que nous trouvons dans le récit de sir J. Sherbrooke. En outre ce serait une erreur bien naturelle de la part de la nièce du colonel que de s'imaginer que le colonel Gore lui-même avait accompagné Sherbrooke dans la promenade de Bond Street.

Viennent ensuite deux témoignages, qui émanent de Georges Wynyard.

Le général Edward Winyard, Portman street, W. Londres, nous a écrit le 7 avril 1886 ; il nous raconte que l'incident lui a été raconté par sa tante, M^me Wright, qui « avait souvent entendu raconter l'histoire » par son frère, Georges Wynyard. Il fait observer que son récit concordait presque sur tous les points avec le récit donné dans le *Chamber's Book of Days* (vol. II, p. 448). Ce récit pour lequel on n'indique aucune source (on dit seulement qu'un parent éloigné de Georges Wynyard l'avait déclaré véridique en substance) s'accorde pour les points essentiels avec celui du colonel Gore; mais il en diffère en ce qu'il raconte que la reconnaissance eut lieu un jour où Sherbrooke se promenait avec deux messieurs, dans Piccadilly, et qu'il aborda réellement le monsieur, qui lui annonça qu'il était le *frère jumeau* de Wynyard.

Ce sont justement ces sortes d'inexactitudes qui s'introduisent le plus habituellement dans une histoire, lorsqu'elle passe de bouche en bouche.

Le Rév. O. H. Cary, de la paroisse de Tresham, Chudleigh, a écrit à notre ami le Rév. A. T. Fryer, le 3 avril 1882 :

Voici l'histoire, telle que ma mère, qui l'a entendu raconter à Wynyard lui-même, avait l'habitude de la raconter : Le général Sherbrooke et M. (ou le Général) Wynyard étaient assis ensemble dans une hutte au Canada (ou Nouvelle-Ecosse, ou ailleurs dans l'Amérique du Nord), lorsqu'une forme entra dans la tente et passa dans une pièce intérieure, d'où l'on ne pouvait sortir qu'en passant par la pièce où ils étaient assis. Wynyard reconnut la figure pour celle de son frère, mais crut que quelqu'un lui jouait un tour, car il savait que son frère était alors en Angleterre. En cherchant dans la chambre intérieure, ils s'aperçurent que la figure avait disparu.

Tous deux avaient vu la figure. Le frère de W... mourut à ce moment. Quelques années après, les deux mêmes officiers se promenaient ensemble à Londres, lorsque Sherbrooke vit un homme de l'autre côté de la rue et dit : « Regardez, voilà l'homme que nous avons vu sous la tente. » Wynyard répondit : « Non, ce n'est pas mon frère, mais il lui ressemble tellement, que mon frère a été pris par erreur pour lui et arrêté pour dettes. »

Ici encore nous avons des preuves caractéristiques de la manière dont les récits sont modifiés par leur transmission.

« Les deux mêmes officiers » est naturellement plus facile à se rappeler que « l'un des mêmes officiers et le frère de l'autre » ; et « l'arrestation pour dettes » semble une réminiscence étrangement interprétée du détail mentionné par sir J. Sherbrooke, que « l'argent avait été payé à l'un en le prenant pour l'autre ».

Pour conclure, la lettre suivante parut dans *Daily Telegraph* du 29 octobre 1881 :

Monsieur,

A propos des événements qui sont rapportés comme ayant eu lieu dans la tente de sir John Sherbrooke, dans l'Amérique du Nord, permettez-moi d'ajouter que j'ai entendu faire un récit exactement semblable à Dublin vers l'année 1837 par le général d'Aquilard, qui appartenait alors à l'état-major, et qui, je crois, se trouvait dans la tente.

Le nom du colonel Wynyard, qui était à l'état-major à Dublin à ce moment, fut aussi mentionné.

Bien sincèrement vôtre,

G. Crichton, M. D.

§ 5. — Il serait irrationnel de ne point attribuer une importance particulière au fait que dans tous les cas rapportés au § 4 et dans la plupart de ceux du § 3, les sujets étaient ensemble. Il semble que, pour qu'il existe entre deux personnes un rapport qui leur permette d'exercer l'une sur l'autre une action télépathique, ce soit une condition très favorable que leurs esprits perçoivent les mêmes objets et possèdent par conséquent le même contenu. Cette remarque nous permettra de donner des hallucinations collectives une interprétation plus correcte et plus complète à la fois que ne pouvait l'être l'une des deux que nous avons proposées au commencement de ce chapitre. Lorsque A, l'agent éloigné, est en *rapport* avec B et C, on peut supposer que B et C subissent ensemble et indépendamment l'action de A, bien que la forme particulière qu'ils donnent à la fois à l'impression qu'ils ont reçue soit toujours un effet de l'action de B sur C ou de C sur B. L'action exercée par A peut être conçue comme facilitant les communications entre C et B et leur action réciproque. Cependant la rareté des phénomènes télépathiques rend ces coïncidences si improbables qu'il vaudrait mieux supposer que c'est seulement par l'intermédiaire de B que l'action de A s'exerce sur C. C'est bien A qui agit sur C, mais il n'agit pas directement. Un esprit dans lequel B tient une place prédominante, comme celui de C par exemple, peut être sensible à l'action qu'un tiers, A, exerce sur B à un moment donné. Dans certains cas C, étranger à A, semble avoir seul éprouvé l'hallucination; mais la présence de B, le proche parent de l'agent supposé, était, on en peut à peine douter, la condition nécessaire du phénomène. Il semble absurde de supposer que B ait pu communiquer à C une hallucination qu'il n'éprouvait pas lui-même, aussi la seule hypothèse vraisemblable, c'est qu'il a inconsciemment servi d'intermédiaire, de conducteur.

L'édition anglaise contient la relation de 63 autres cas analogues aux précédents.

# CONCLUSION

§ 1. — Il me paraît inutile de donner au terme de ce livre un résumé des chapitres précédents ; il est impossible de résumer une argumentation dont toute la force est constituée par l'accumulation des faits. Je ne veux insister que sur un seul point, la connexion intime qui unit les faits de télépathie expérimentale et les faits de télépathie spontanée. Si je n'avais été convaincu, par un ensemble d'expériences, qu'une pensée peut se transmettre d'un esprit à un autre, je ne sais trop l'effet qu'auraient produit sur moi les témoignages que nous avons recueillis relativement à la télépathie spontanée ; c'est parce que la transmission de la pensée est à mes yeux un fait démontré que j'ai le droit de donner la télépathie comme l'explication probable des hallucinations véridiques.

Je n'ai pas cherché à dissimuler les côtés faibles d'un grand nombre des cas que nous avons rapportés dans ce livre ; mais si l'on prend dans leur ensemble les témoignages que nous avons recueillis, il faut bien avouer qu'ils ne sont point comme une ombre fuyante qu'il dépend de la fantaisie de chacun d'interpréter à sa guise, mais qu'ils constituent une masse solide, placée en pleine lumière ; on peut éviter de se heurter contre elle, mais il faut se détourner avec intention.

C'est là une tentation très forte. Cet amas de faits, si on le considère au point de vue littéraire, est ennuyeux et monotone ; au point de vue scientifique, ce qu'on en peut dire est toujours à quelque degré inexact et confus. C'est une rude tâche de l'étudier en détail, et ce travail ne donne à l'esprit ni de hautes ni de profondes jouissances. Ce n'est cependant que par cette minutieuse étude de chaque cas que nous sommes arrivés, mes collègues et moi, aux conclusions que nous avons adoptées, et nous regarderions comme aventurée toute conclusion qui ne reposerait pas sur un examen de ce genre. Sur ce territoire contesté, il nous faut user de précautions inutiles ailleurs. Il nous fallait un grand nombre de témoignages de première main indépendants les uns des autres pour édifier notre théorie; ceux qui voudront la vérifier auront à rechercher des faits du même ordre, à faire comme nous de longues et de minutieuses enquêtes. On ne peut encore, dans ce domaine, s'en fier à la parole d'autrui comme cela est d'usage dans les divers ordres de recherches qui ont dès maintenant droit de cité dans la science.

En fait, il est à peine nécessaire de nous excuser de la monotonie de ces recherches. On n'y aurait pas en effet prêté attention si le public n'avait point eu l'habitude d'envisager la question d'une manière peu scientifique. On a toujours mêlé à ces questions d'actions à distance, de transmission de pensées, etc., des conceptions surnaturelles, on en a fait une occasion d'histoires émouvantes. Mais on s'aperçoit vite que, si l'on évite avec soin ces mélanges dangereux, nos recherches ne présentent ni beaucoup plus ni beaucoup moins d'intérêt que les sciences physiques reconnues de tous.

Si le présent livre, qui est assez pauvre en histoires à sensations, mais qui, par contre, est riche en dates vérifiées, pouvait contribuer à faire prévaloir cette vue plus exacte des choses, il aurait rendu un important service. Exactement comme dans les sciences physiques, la recherche est ici affaire de méthode et non de sentiment, et c'est en ce livre que l'on peut trouver la première tentative d'enquête méthodique sur cet ordre de faits. Nous avons recueilli assez de faits, et ils sont assez solidement établis, nous semble-t-il, pour rassasier ceux que ne troublent point les difficultés à priori, et notre méthode d'autre part a été soumise aux règles d'une critique assez rigoureuse pour décourager les amateurs de merveilles; mais nous ne pouvons cependant espérer avoir réussi à convaincre tous les hommes sensés qui cherchent consciencieusement la vérité. Personne en effet, comme je l'ai déjà fait remarquer, ne peut déterminer d'avance la quantité de preuves qu'il faut à un esprit sincère pour être convaincu. Cela ne nous décourage pas, mais nous excite bien plutôt à continuer notre travail. Nous croyons en effet que ce ne sont point les faits qui ont manqué jusqu'ici, mais les hommes décidés à les rechercher et à les recueillir méthodiquement. Les cas qui sont rapportés dans ce livre sont empruntés au petit groupe formé par les personnes qui ont entendu parler de nous, et la majorité d'entre eux à nos propres amis. Nous avons donc le droit de dire que nous n'avons exploré qu'un petit coin d'un grand territoire qui peu à peu sera conquis à la science.

Nous n'avons même point à regretter les lacunes qui existent dans notre collection ; elles attirent l'attention, en effet, sur les preuves qu'on est en droit de demander pour que la démonstration soit faite ; peut-être ceux qui auront lu notre livre songeront-ils à recueillir, au moment où cela est possible, les renseignements qui nous sont nécessaires.

§ 2. — Nous pouvons au reste nous attendre à ce que les obstacles que nous avons le plus fréquemment rencontrés devant nous disparaissent à mesure que marche le temps. Lorsqu'on aura compris ce que c'est que la télépathie, on fera de plus en plus de différence entre les faits qui démontrent qu'elle existe et ceux qui ne le démontrent pas. On ne se refusera plus à fournir des preuves sous le prétexte qu'il n'en est aucun besoin, que tout le monde a vu s'accomplir des pressentiments, ou a une fois ou l'autre deviné ce que pensait un ami, et on pourra plus aisément construire un cadre où les faits viendront se placer.

On peut espérer aussi que dans l'avenir on arrivera à envisager la question d'une manière plus sensée qu'aujourd'hui ; on aura moins de répugnance à communiquer des faits de cette espèce, malgré leur caractère intime, lorsqu'on aura compris qu'ils ne peuvent avoir, même pour soi, de valeur ni d'importance que s'ils sont rapprochés d'autres faits de même ordre ; et l'on consentira plus aisément à témoigner directement de leur réalité. Ce sont en effet ces témoignages directs qui seuls peuvent garantir l'exactitude des faits avec lesquels s'édifie cette théorie que l'on souhaite de voir démontrer, et ces témoignages, on les donnerait sans peine en toute autre matière. L'esprit de notre temps a au reste changé ; une plus large tolérance règne maintenant ; on se défie des restrictions et des entraves, quels que soient ceux qui les veuillent imposer ; on a foi dans la libre recherche où qu'elle puisse conduire. On cesse déjà de dire que les faits dont nous parlons n'arrivent point parce qu'ils ne peuvent arriver ; ou bien que la télépathie n'est peut-être point un fait démontré et que, par conséquent, s'il était démontré, il serait sans importance ; ou bien encore que les domaines reconnus de la science où l'on a fait de si solides découvertes, et où il y en a tant encore à faire, sont assez variés et assez nombreux pour que ce soit sottise de les abandonner pour s'engager dans un sentier perdu qui ne conduit peut-être nulle part, ou qui aboutit en quelque endroit où nous n'avons nul besoin d'aller.

§ 3. — Mais bien que nous puissions être certains que les vérités que nous avons établies triompheront avec le temps du ridicule et des préjugés et qu'elles se frayeront à elles-mêmes une route sûre entre la crédulité facile et l'incrédulité facile, nous devons avouer que la rapidité de nos progrès dépend de la sympathie et du concours que nous rencontrerons dans la masse des hommes et des femmes cultivés. Il n'y a aucun domaine où l'esprit démocratique de la science moderne puisse trouver aussi librement son emploi. Ici, en effet, les gens ne sont point seulement comme en anthropologie la matière des recherches, ils les font eux-mêmes. Nous témoignons ici de toute notre reconnaissance pour tous ceux qui nous ont aidé dans notre pénible tâche. Mais s'ils ne nous continuent point leur assistance, nous pouvons à peine espérer de mener à bien notre œuvre. L'intérêt de nos recherches n'est point un intérêt de curiosité, il ne nous suffit pas que l'on recueille pour nous de côté et d'autre quelques faits plus ou moins surprenants ; en réalité, tant que les faits étonnent, c'est que l'œuvre n'en est qu'à son début.

Si la télépathie existe réellement, il est certain que les quelques exemples que nous en avons recueillis ne sont point les seuls. Il est essentiel de noter les faits à mesure qu'ils se produisent, parce qu'ils perdent de leur valeur à mesure qu'ils reculent dans le passé. Lorsque des phénomènes ne peuvent se produire à volonté, c'est une raison de plus pour les rechercher avec soin ; s'ils sont fugitifs et difficiles à fixer, il n'en est que plus important d'accumuler les témoignages contemporains.

Les expériences doivent être indéfiniment multipliées, elles peuvent l'être aisément et, pendant bien des années, il faudra s'attacher à recueillir les cas de télépathie spontanée, comme si chacun d'eux était seul de son espèce. Notre espoir, c'est que l'aide ne nous fera défaut, ni pour l'une, ni pour l'autre de ces deux tâches; s'il n'est point déçu, notre livre n'aura point été inutile et nous aurons atteint le but que nous nous étions assigné.

FIN

# TABLE DES MATIÈRES

| | |
|---|---|
| Introduction . . . . . . . . . . . . . . . . . . . . . . . . . . . . . . | 1 |
| Chapitre I. — Précautions et réserves. . . . . . . . . . . . . . . . . | 14 |
| Chapitre II. — Base expérimentale : la transmission de la pensée . . . . . | 19 |
| Chapitre III. — Passage de la télépathie expérimentale à la télépathie spontanée . . . . . . . . . . . . . . . . . . . . . . . . . . . . . | 32 |
| Chapitre IV. — Critique générale des témoignages relatifs à la télépathie spontanée. . . . . . . . . . . . . . . . . . . . . . . . . . . . . | 52 |
| Chapitre V. — Transmission des idées et des images . . . . . . . . . . | 69 |
| Chapitre VI. — Transmission des émotions et des tendances au mouvement. . . . . . . . . . . . . . . . . . . . . . . . . . . . . . . . . | 86 |
| Chapitre VII. — Rêves. . . . . . . . . . . . . . . . . . . . . . . . . | 97 |
| Chapitre VIII. — Hallucinations qui surviennent dans l'état intermédiaire au sommeil et à la veille (Borderland Cases). . . . . . . . . . . . . | 117 |
| Chapitre IX. — Les hallucinations transitoires chez les sujets normaux et les hallucinations télépathiques. . . . . . . . . . . . . . . . . | 165 |
| Chapitre X. — Théorie de la coïncidence fortuite. . . . . . . . . . . . | 208 |
| Chapitre XI — Hallucinations visuelles. . . . . . . . . . . . . . . . | 226 |
| Chapitre XII. — Hallucinations auditives. . . . . . . . . . . . . . . | 293 |
| Chapitre XIII. — Hallucinations tactiles et hallucinations simultanées de plusieurs sens. . . . . . . . . . . . . . . . . . . . . . . . . . . | 310 |
| Chapitre XIV. — Hallucinations réciproques. . . . . . . . . . . . . . | 329 |
| Chapitre XV. — Hallucinations collectives. . . . . . . . . . . . . . . | 343 |
| Conclusion . . . . . . . . . . . . . . . . . . . . . . . . . . . . . . | 391 |

Librairie FÉLIX ALCAN, 108, boulevard St-Germain, Paris

# ANNALES
### DES
# SCIENCES PSYCHIQUES

RECUEIL D'OBSERVATIONS ET D'EXPÉRIENCES

**Dirigé par le D<sup>r</sup> DARIEX**

*DEUXIÈME ANNÉE 1892*

ABONNEMENTS, UN AN, DU 15 JANVIER, **12** FRANCS

La livraison : 2 fr. 50. — La première année se vend séparément : 12 francs

---

Les *Annales des Sciences psychiques*, dont le plan et le but sont tout à fait nouveaux, paraissent tous les deux mois depuis le 15 janvier 1891. Chaque livraison forme un cahier de quatre feuilles in-8° carré, 64 pages, renfermé sous une couverture.

Elles rapportent, avec forces preuves à l'appui, toutes les observations sérieuses qui leur sont adressées, relativement aux faits soi-disant occultes :

### Télépathie, Lucidité, Pressentiments
### Mouvements d'objets, Apparitions objectives

En dehors de ces recueils de faits, sont publiés des documents et discussions sur les *bonnes conditions pour observer et expérimenter*, des *analyses*, des *bibliographies*, des *critiques*, etc.

---

#### EXTRAITS DES JOURNAUX

Tandis que nous vaquons bien tranquillement à nos affaires, des hommes très curieux et très entreprenants s'occupent de mettre un peu plus de merveilleux dans la science, ou plutôt de rendre scientifique ce qui n'est encore que merveilleux. Il s'a... des *phénomènes psychiques*. La curiosité du public se porte parfois capricieusement sur cet ordre de phénomènes et l'abandonne ensuite avec autant de désinvolture. Mais ce n'est pas la passion de quelques néophytes inconsidérés, ou la répulsion de quelques dilettanti déçus, qui peut nous aider ici à découvrir une part de vérité ou saisir une explication plausible. Il vaut bien mieux la toute simple attention patiente d'observateurs laborieux qui procéderaient selon les lois rigoureuses de la méthode.

Or, ces observateurs laborieux existent. Ils recueillent et notent des « cas », non pas pour nous imposer leurs théories, mais pour préparer un « dossier » complet de la question.

Ceux qui ont fondé les *Annales des sciences psychiques* croient évidemment (l'hypothèse étant la base de toute recherche scientifique) à l'existence de forces que nous ne connaissons pas ; ils pensent que l'explication mécanique ne suffit pas à expliquer tout ce qui se passe autour de nous. Ils espèrent que l' « occulte » — c'est-à-dire, étymologiquement, l'*inconnu* d'aujourd'hui, sera le *connu* demain. Ils savent qu'il y a trois cents ans l'électricité était une science occulte, comme aussi la chimie avant Scheele et Lavoisier, et que le magnétisme animal commence à avoir droit de cité dans la science depuis vingt ans à peine. Ils ne se font pas faute, on le conçoit, de citer ces précédents où ils puisent l'encouragement qu'ils ne trouveraient pas chez nous, profanes, dans une très grande prédisposition à croire.

(*Le Temps*, septembre 1891.)

Cette publication, dont la bonne foi et la sincérité sont évidentes mais qui troublera bien des cervelles, est recommandée par la probité scientifique de M. le docteur Dariex et la haute autorité de M. le professeur Charles Richet. Ces deux savants, au cours de leur pratique professionnelle, ont été frappés par certains phénomènes, qui n'ont pas encore pu sortir du domaine de l'empirisme, qui ont donné lieu à des théories absurdes ou qui ont été niés en bloc par des observateurs superficiels. Les faits qu'ils ont notés se divisent en trois catégories principales : 1º les faits de *télépathie*, c'est-à-dire ceux dans lesquels un phénomène a été ressenti par A, alors que B éprouvait le même phénomène (ou un phénomène analogue), sans que A ait pu en être averti. Les hallucinations véridiques rentrent dans le groupe des phénomènes télépathiques ; — 2º les faits de *lucidité*, c'est-à-dire la connaissance, par un individu A, d'un phénomène quelconque, non percevable par les sens normaux, en dehors de toute transmission mentale, consciente ou inconsciente. Par exemple, une somnambule voit un incendie qui se passe à 25 kilomètres, alors que parmi les assistants personne ne connaît l'incendie ; — 3º les faits de *pressentiment*, c'est-à-dire la prédiction d'un événement plus ou moins improbable qui se réalisera dans quelque temps, et qu'aucun des faits actuels ne permet de prévoir.

MM. Dariex et Richet ont résolu de contribuer à une science possible de ces phénomènes, en réunissant le plus grand nombre possible d'observations, et de donner à leur enquête toutes les garanties d'exactitude et de véracité. Leurs *Annales* doivent être un répertoire de cas rigoureusement classés. Ils font appel à l'obligeance et à la bonne foi de tous ceux qui ont eu l'occasion de noter sur eux-mêmes ou sur leurs proches des faits intéressants. Ils s'interdisent sévèrement toute conclusion prématurée, et leur unique ambition est d'ouvrir une liste d'hallucinés et de visionnaires où chacun de nous pourra s'inscrire, dès qu'il en trouvera l'occasion. Ils ont déjà fait une ample moisson de documents, et ce n'est pas sans une certaine inquiétude qu'on lit, dans leur recueil, cette série d'histoires fantastiques, racontées par des témoins honorables et dignes de foi.

Gaston Deschamps.

(*Les Débats*, septembre 1891.)